CHRISTIAN SEEBAUER

ISRAEL TRAIL
MIT HERZ

CHRISTIAN SEEBAUER

ISRAEL TRAIL
MIT HERZ

Das Heilige Land zu Fuß,
allein und ohne Geld

Mit 37 farbigen Abbildungen
und einer Karte

Mehr über unsere Autoren und Bücher:
www.malik.de

Aktualisierte Taschenbuchausgabe
ISBN 978-3-492-40496-9
April 2019
© Piper Verlag GmbH, München 2019
© der deutschen Originalausgabe: SCM-Verlag GmbH & Co. KG,
Holzgerlingen 2016
Umschlaggestaltung: Dorkenwald Grafik-Design, München,
nach einem Entwurf von Kathrin Spiegelberg, Weil im Schönbuch
Umschlagfoto: Tsur Vimer, Jerusalem
Autorenfoto: Constanze Seebauer
Fotos im Bildteil und Karte: Christian Seebauer
Satz: Kösel Media GmbH, Krugzell
Litho: Lorenz & Zeller, Inning a. A.
Druck und Bindung: CPI books GmbH, Leck
Printed in the EU

Stimmen zu »Israel Trail mit Herz«

»Christian Seebauer lässt sich mit Leib und Seele auf Israel ein und entdeckt ein faszinierendes Land voller Herzlichkeit. Davon berichtet er in diesem hochemotionalen Buch und zeigt ein Bild von Israel, das man hierzulande viel zu wenig wahrnimmt.«

Yakov Hadas-Handelsman,
Botschafter des Staates Israel in Deutschland

»Christian Seebauer ist ein Brückenbauer par excellence. Aus Dachau stammend, suchte er mit leeren Händen und vollem Herzen die direkte Begegnung mit den Menschen in Israel und erkundete gleichzeitig ein Juwel im Nahen Osten – den Israel National Trail – in seiner ganzen Länge. Zurück in Deutschland, zeigt er ein hier oft verkanntes Israelbild: ein atemberaubend schönes Land mit großherzigen und hilfsbereiten Menschen, mit Menschen, die sich nach Frieden sehnen.«

Dr. Dan Shaham,
Generalkonsul des Staates Israel

»Israel ist ein faszinierendes Land mit vielen Gesichtern. Wie kaum in einem anderen Land leben dort Menschen mit ganz unterschiedlicher Herkunft, ganz unterschiedlichen Glaubensüberzeugungen und kulturellen Traditionen. Trotz aller Spannungen ist Israel bis heute Ziel unzähliger Pilger und Touristen, die dieses Land entdecken wollen. Die einen im Schoß einer gut organisierten Reisegruppe, die anderen – wie Christian Seebauer – zu Fuß, allein und ohne Geld.«

Wolfgang Bosbach,
Mitglied des Deutschen Bundestages

»Seebauer beschreibt die Vielfalt und Schönheit Israels, die einem auf politischen Delegationsreisen leider meist verwehrt bleiben. Israel ist ein spannendes Land, das immer wieder eine Reise wert ist.«

Volker Beck,
Mitglied des Deutschen Bundestages

»Vergessen Sie, was Sie über Israel und seine Bewohner zu wissen glauben. Wenn man sich Seebauers Erfahrungen und Eindrücken vom Israel Trail öffnet, wird man das Land und seine Bewohner anschließend mit anderen Augen sehen!«

Dr. Christoph Münz,
Deutscher Koordinierungsrat der Gesellschaften
für Christlich-Jüdische Zusammenarbeit

»Christian Seebauer hat einen einzigartigen und sehr mutigen Weg gewählt, unser Land zu erkunden, indem er den Israel National Trail mit seinem Herzen wanderte. Auf seinem Weg hat Christian eine Beziehung zu fantastischen Menschen und unserem wunderbaren Land bekommen. Für mich ist Christian ein Freund und Botschafter Israels. Seine Erfahrungen sind so beeindruckend und von Herzen kommend, dass ich mich geehrt fühle, sie mit Ihnen zu teilen. Dabei hoffe ich, dass dadurch noch mehr Menschen ermutigt werden, das Land Israel zu bereisen.«

Efi Stenzler,
Weltpräsident des Jüdischen Nationalfonds (KKL-JNF),
und Avi Dickstein,
Geschäftsführer des KKL-JNF und Leiter der Abteilung
Ressourcen und Entwicklung

»Ausdauer, Neugierde und Bescheidenheit. Das alles zeichnet Christian Seebauer aus. Und nur so hat er den Israel Trail allein und so schnell bewältigen können. Ich durfte ihn auf einer Etappe begleiten. Immer wieder gern erinnere ich mich an die Wanderung durch die Negev-Wüste. Es hat riesig Spaß gemacht!«

Markus Rosch,
ARD-Korrespondent, Tel Aviv

Inhalt

Vorwort von Dr. Charlotte Knobloch

Die erste Begegnung mit Christian Seebauer gehörte zu den besonderen, und ich erinnere mich noch sehr genau daran. Suchenden Menschen begegnet man immer wieder. Menschen, die sich wirklich auf die Suche machen wollen, die bereit sind, etwas hinter sich zu lassen und sich auf unbekanntes Terrain zu begeben, sind nicht so oft anzutreffen. Aber hier kam ein Mann zu mir, der den Aufbruch wagen würde – das spürte ich sofort, auch wenn er noch viele Fragen und Zweifel hatte.

Christian Seebauer wollte zu Fuß durch das Heilige Land, auf der Suche nach sich selbst und dem Land, das für so viele Menschen verschiedener Religionen ein Ort der Sehnsucht, ein Traum bleibt. Ihn aber ließ die Idee einer Wanderung, des »Shvil Israel«, nicht los. Und nun hoffte er – auch gegen die scheinbar vernünftigen Einwände, die er von verschiedenen Seiten zu hören bekam und die sich nicht einfach von der Hand weisen ließen – auf Ermutigung.

Die konnte ich ihm von ganzem Herzen geben. Denn ich war sicher, dass er in Israel finden würde, wonach er suchte. Welches Land wäre ein besseres Ziel für einen solchen Aufbruch als Israel, das Verheißene, das Gelobte, das Heilige Land? Ist es nicht geradezu kennzeichnend für diesen schmalen Landstreifen zwischen Wüste und Mittelmeer, dass er Menschen aufnimmt, die aufgebrochen sind – im konkreten wie im übertragenen Sinn? Ist Israel mit seiner einzigartigen Natur- und Kulturlandschaft, seiner jahrtausendealten Geschichte, nicht seit jeher ein Land mit besonderer Anziehungskraft?

Sofort hatte ich die Bilder von meiner ersten eigenen Israelreise 1952 mit meinem Mann vor Augen: Wir haben uns damals spontan in dieses bezaubernde Land verliebt. Heute lebt dort ein Teil meiner engsten Familie, und ich erlebe regelmäßig das pulsierende Leben mit all seinen herrlichen Seiten – aber natürlich auch die Bedrohung, der diese einzige Demokratie im Nahen Osten seit ihrer Gründung ausgesetzt ist.

Dennoch: Israel ist kein Land, das einem Angst machen oder in dem man Angst haben muss – auch wenn die tägliche Berichterstattung denen, die es nicht kennen, einen anderen Eindruck vermittelt. Im Gegenteil: Die fröhliche Offenheit und umwerfende Gastfreundschaft der Israelis würden Christian Seebauer aufnehmen – ihn, den Nichtjuden aus Deutschland, den Suchenden, den Menschen. Da war ich mir sicher. Auf seiner Wanderung würde er ein ungewöhnlich vielgesichtiges und vielgestaltiges Land kennenlernen, Menschen aus aller Herren Länder, die ein außergewöhnlicher Gestaltungswille und Optimismus eint – und eine ansteckende Lebensfreude.

Nun freue ich mich mit Christian Seebauer, dass er seinen Traum wahr gemacht hat und zu seiner Wanderung aufgebrochen ist, zu Fuß, mit wachen Sinnen und offenem Herzen – und dass er so viele Schätze gefunden hat: Menschen, Geschichten, Orte, die es wert sind, erzählt zu werden. »Nur wo du zu Fuß warst, bist du auch wirklich gewesen«, wusste schon Johann Wolfgang von Goethe. Christian Seebauer ist wirklich im Heiligen Land gewesen – möge sein Buch viele ermuntern, es ihm gleichzutun.

Dr. Charlotte Knobloch wurde 1932 in München geboren und ist seit 1985 Präsidentin der Israelitischen Kultusgemeinde München und Oberbayern. Von 2005 bis 2013 war sie Vizepräsidentin des Jüdischen Weltkongresses und von 2003 bis 2010 Vizepräsidentin des Europäischen Jüdischen Kongresses. Von 2006 bis 2010 war sie Präsidentin des Zentralrats der Juden in Deutschland.

Mein Traum vom Heiligen Land

Hoch über dem »Small Crater«, wie sie im Heiligen Land ihren Krater Makhtesh Katan auch liebevoll nennen, habe ich meine innere Ruhe wiedergefunden. Ich liege allein auf einer verschlissenen Isomatte auf dem warmen Wüstenboden und blicke in einen tiefschwarzen Sternenhimmel. So intensiv wie hier habe ich das Firmament noch nie in meinem Leben gesehen. Mein Zelt habe ich längst verschenkt. So wie fast alles, was ich nicht tragen konnte. Doch mit jedem Gegenstand, von dem ich mich auf meinem langen Weg getrennt habe, bin ich dem Glück und mir selbst immer näher gekommen. Ich fühle wieder etwas. Langsam lasse ich den steinigen Sand durch meine Finger bröseln. Keine Geräusche. Keine Laute. Kein Licht. Hier ist nichts, außer Gott und mir. Habe ich gerade »Gott« gesagt? Daran muss ich noch arbeiten. Trotzdem huscht mir heute ein kleines »Danke, lieber Gott. Danke, dass du da bist« über die Lippen. Was morgen ist? Wer weiß? Mein Ziel, irgendwo anzukommen, habe ich längst aufgegeben. Ich lebe von der Hand in den Mund. Von Tag zu Tag. Dafür lebe ich wieder im Hier und Jetzt. Ein gutes Gefühl.

Seit über vier Wochen bin ich nun zu Fuß unterwegs auf dem Israel National Trail. Ein Weg, der mich vor allem zu mir selbst geführt hat. Und ein Weg, der alles Verbitterte in mir weggefegt hat. Was übrig geblieben ist, ist eine schutzlose Hülle. Und die Bereitschaft, echte Gefühle zuzulassen. Während mein richtiges Leben nicht gerade so verlaufen ist, wie ich es mir einmal vorgestellt hatte, gibt mir dieser Weg vom ersten Meter an eine wunderbare Geborgenheit. Ruhe von alldem, was zuvor mein Gehirn zermartert hat. Genau so wie hier hätte ich mir vor Jahren meinen Jakobsweg gewünscht.

Heute werde ich noch so lange in den atemberaubend schönen Sternenhimmel blicken, bis mich der Schlaf übermannt. Und morgen werde ich mich im ersten Licht rekeln und darauf freuen, dass ich einfach weiterlaufen darf. Völlig frei. Ich werde darauf vertrauen, dass auch morgen ein guter Tag wird. Einer, an dem ich wieder jemanden treffe und etwas menschliche Nähe spüren darf. Und einer vielleicht, an dem ich ein Stück Brot bekomme. Einer, an dem ich vor Freude lachen oder weinen kann. Und einer, der mich noch einmal weiter über alles hinausführt, was ich mir jemals hatte vorstellen können.

Tausend Kilometer gehe ich hier einsam den auf Stein gemalten orange-blau-weißen Markierungen nach. Ich träume von Millionen Schritten und den vielen wunderbaren Menschen, die mir auf dem Fernweg bisher begegnet sind. Menschen, die vielfältiger nicht sein können. Juden, Muslime, Christen. Israelis, Araber, Beduinen. Jung und alt. Immer waren es Menschen, die mir ihr Herz weit geöffnet haben. Diesen Weg ganz allein und ohne Geld zu gehen war für mich ein lang gehegter Traum. Eigentlich stehe ich in meinem Leben auf der Sonnenseite. Wie sich das Leben aber anfühlt, wenn ich nichts außer meinem Charme und einem Lächeln zurückgeben kann, das wollte ich unbedingt am eigenen Leib erfahren.

Dass viele Gefühle oft ganz unverhofft wie ein Sturm über mich hinweggefegt sind, mich klein und demütig, aber auch offen und neugierig gemacht haben, empfinde ich als das größte Geschenk meiner Reise. Meiner Frau Conny, die mich wieder einmal verständnisvoll losgelassen hat, damit ich mich selbst finden darf, verdanke ich, dass ich heute hier bin. Nachdem auch meine beiden Töchter ihr Okay gegeben hatten, ging alles recht schnell.

Das erste Mal in Israel

Über Istanbul fliege ich mit der Billigairline nach Tel Aviv. Der Flieger nach Istanbul ist brechend voll, und wenn man über die Eigenheiten anderer Nationalitäten schmunzeln darf, dann jetzt.

Alles ist so voll, dass ich bezweifle, dass der Airbus je von der Startbahn abheben wird. Für die meisten geht es »heim« in die Türkei. Nach wenigen Stunden Aufenthalt in Istanbul wartet dann das Flugzeug nach Tel Aviv. Was sind das für Menschen, die da jetzt einsteigen? Gebannt und fasziniert versuche ich mir einen ersten schüchternen Überblick über das zu verschaffen, was mich womöglich im Heiligen Land erwartet.

Es sind ganz andere Typen als im Flieger nach Istanbul. Plötzlich sieht wieder alles recht vertraut aus, oder sagen wir besser: europäisch. Keine Bärte mehr oder allerhöchstens bei den jungen Reisenden recht coole Bärte. Bärte, die mehr zum Typus Windsurfer, Rucksacktourist oder eben »Chiller« passen. Die Erwachsenen in meinem Alter sehen so aus wie bei uns. Entspannte, zeitgemäße Kleidung. Jeans und T-Shirt. Auch sind die Passagiere hier nicht mehr so laut. Zum ersten Mal höre ich Sprachfetzen auf Hebräisch. Es ist doch Hebräisch, oder? Kurzerhand frage ich einfach. Denn obwohl es fremde Menschen sind, fühlt sich alles doch recht vertraut an. Eigentlich hatte ich den jungen Typen mit den Rastalocken und der Bob-Marley-Bommelmütze vor mir gefragt. Doch die beiden etwa 18-jährigen Mädels vor ihm drehen sich zu mir um und antworten mit einem zauberhaften Lächeln: »Ja, das ist Hebräisch. Aber wir können es selbst nicht perfekt.« Was folgt, ist ein herzliches Lachen.

Hier im Flieger gibt es keine Sippen wie auf dem Flug nach Istanbul, da spricht jeder mit jedem, und das in einem kunterbunten Sprachenmix. Ich höre immer wieder so etwas wie Hebräisch, dann wieder viel Englisch, aber auch Deutsch, Französisch, Russisch, alles eben. Das gefällt mir. Ich bin hundemüde und lehne mich entspannt zurück. Endlich fasse ich etwas Mut für meine Reise. Ich spüre, dass ich an diese Menschen herankommen kann, dass sie freundlich sind. Das lässt mich für die Zeit, in der wir über Zypern und das Mittelmeer fliegen, glücklich schlafen (erzählt mir Lisa, meine Sitznachbarin, später).

Kurz nach Mitternacht stehe ich bepackt mit einem viel zu schweren Rucksack vor einem grimmig blickenden Zollbeamten am Ben-Gurion-Flughafen in Tel Aviv. Lisa war vor mir und ist schon durch die Kontrolle. Der Zöllner fragt mich nach meinem Reiseziel, und sein Blick wechselt dabei ständig zwischen dem Pass und meinem Gesicht hin und her. Ich bin jedoch zu müde, um nervös zu sein. »Israel National Trail«, sage ich ihm, und dann schallt mir ein erstauntes »Wow« entgegen. Ich muss es gerade mit diesem Stichwort geschafft haben, ihn aus seiner gewohnten Abfertigungsroutine herauszureißen. Ganz langsam wiederholt er »Shvil Israel«, so nennen die Einheimischen ihren »Israel-Weg«. Seine undefinierbare Mimik wechselt spontan in einen aufmerksamen und begeisterten Zustand: »Fantastic!« Sofort knallt er kraftvoll seinen Stempel wie einen Akt der ganz persönlichen Begrüßung in den Ausweis, beugt sich vor und sagt in akzentfreiem Deutsch: »Herzlich willkommen in Israel! Alles Gute am Shvil Israel!«

Keine zwanzig Minuten hat es gedauert vom Flugzeug bis zum Ausgang des Flughafens. Hier draußen atme ich erst einmal tief durch. Die Luft ist kühl und feucht, und es ist erstaunlich ruhig im Freien. Worauf habe ich mich da eingelassen? Die letzten Fluggäste, die mit mir gerade den Airport verlassen, werden alle irgendwie von Familien und Freunden abgeholt. Auch Lisa sehe ich noch, wie sie von Freunden umarmt wird und dann in einen wartenden Pick-up einsteigt. Jeder Ankommende scheint hier abgeholt zu werden und hat wohl eine feste Bleibe. Ich selbst muss mich auf einen Kontakt verlassen, den ich gestern Abend noch im Internet geknüpft habe. »Ido Ben« heißt der – zumindest im Internet. Er ist Couchsurfer, also jemand, der Durchreisenden ein Bett zur Verfügung stellt. Und er hat mir gestern geschrieben, wenn er Zeit hat, wird er mich gegen Mitternacht am Flughafen »eventuell« abholen. Mehr habe ich nicht in petto, und so kann ich nur hoffen und warten, auf einen gewissen Ido, den ich ebenso wenig kenne wie er mich.

Der Vorplatz des Flughafens leert sich vor meinen Augen, und das erste Mal überkommen mich Zweifel über mein Vorhaben. Klar, ein Teil meines Bekanntenkreises hat mich für verrückt erklärt. Aussagen wie »Das schaffst du niemals!« habe ich immer wieder zu hören bekommen. Nur diesmal war es noch schlimmer. Da gab es auch die, die meiner Frau gegenüber sagten, ich sei absolut verantwortungslos. Zwei kleine Kinder und ausgerechnet Israel, wo es doch so unsicher sei – und so weiter und so fort. Mit jeder Minute fühle ich mich schlechter, und mir wird klar, dass ich nun so ziemlich der Letzte bin, bevor die Lichter ausgehen. Warum auch sollte irgendein Couchsurfer weit nach der vereinbarten Zeit einen fremden Reisenden noch von hier abholen?

Doch wie aus dem Nichts erscheint tatsächlich gegen halb eins ein klappriger blauer Mitsubishi, und ein junger Mann steigt aus. Das muss Ido sein! Ist er es wirklich? Habe ich tatsächlich so viel Glück? Der junge Mann mit Wollmütze ruft laut fragend über den Vorplatz: »Chris-ti-an?« zu mir hinüber, und ich kann mein Glück kaum fassen. Meine erste Nacht scheint gerettet zu sein. Zumindest ist also hier meine Reise noch nicht zu Ende. Auch ich habe nun, wie all die anderen Passagiere, eine liebe Seele gefunden, die mich hier im fremden Heiligen Land ganz persönlich in Empfang nimmt.

»Ist doch selbstverständlich«, meint Ido fröhlich. Trotzdem kommt mir noch immer alles wie ein guter Traum vor. Dass es wirklich ist, fällt mir schwer zu glauben. Und genau darum wird es in den nächsten zwei Monaten gehen: Glauben!

Je länger wir nun mit dem Auto aus Tel Aviv in Richtung Süden – also der für mich falschen Richtung – hinausfahren, umso hilfloser fühle ich mich allerdings. Denn Ido lebt gar nicht in Tel Aviv, sondern 40 Autominuten außerhalb in der absoluten Pampa. Jede Minute Nachtfahrt bringt mich nun erst einmal fort von meinem geplanten Startpunkt im äußersten Norden Israels und stellt mich vor ein neues Problem. Wie soll ich hier vom Land wieder wegkommen? Gegen halb drei Uhr nachts erreichen Ido und ich einen kleinen Kibbuz im Nirgendwo. Ich habe noch nie einen Kibbuz gesehen. Er gleicht einem kleinen Dorf, ist jedoch eingezäunt, und hinein geht es durch ein großes gelbes Tor. Erst einmal bin ich sehr froh, dass ich hier eine Bleibe gefunden habe. Auch wenn die Bibel sagt: »Kein Fremder durfte draußen zur Nacht bleiben, sondern meine Tür tat ich dem Wanderer auf« (Hiob 31,32), kommt mir mein Start schon sehr surreal vor.

Ido ist etwa 25 Jahre alt und lebt noch bei seinen Eltern. Sein Zimmer besteht im Wesentlichen aus zwei Matratzen am Boden, einem selbst zusammengeschraubten PC mit offenem Gehäuse und einer Stereoanlage aus vergangenen Zeiten. Ido ist Weltenbummler und selbst viel mit dem Rucksack unterwegs, zuletzt mehrere Monate in Kanada, erzählt er mir. Weil er Wandererfahrung hat, glaube ich ihm sofort, dass mein Rucksack viel zu schwer ist. Aber das soll mich heute nicht mehr interessieren. Ido besorgt uns im Elternhaus noch Brot, eine vegane Wurst, und dann macht er frischen Pfefferminztee. Und zwar wirklich frischen, nämlich mit dem, was im Vorgarten wächst. Kurz darauf überfällt mich die Müdigkeit, und es stört mich nicht im Geringsten, dass Ido ein Nachtmensch ist und noch mit irgendwem am Computer chattet.

Erste Woche

Meinrad ist ein deutscher Name

Per Anhalter nach Kibbuz Dan

Am nächsten Morgen habe ich meine liebe Mühe und vor allem ein schlechtes Gewissen, Ido aufzuwecken. Ich will endlich los. Doch Ido schläft wie ein Murmeltier. Meine ersten verbalen Versuche (»Hey, Ido!«) helfen rein gar nichts. Also warte ich erst einmal ein wenig. Hat Ido gestern nicht ausdrücklich gesagt: »Du kannst mich wecken, wenn du loswillst«? Hat er. Aber andererseits sind zwischen dem Pfefferminztee und dem Erwachen wohl gerade erst zwei, höchstens zweieinhalb Stunden vergangen. Aber ich kann doch jetzt nicht hier neben einem schlafenden Unbekannten vor mich hin warten, wo ich doch meine Reise beginnen möchte.

Noch einmal rufe ich ein wenig lauter: »Ido, Idooo« und rüttle ihn dann ein wenig an der Schulter. Ido öffnet ein Auge, mustert mich und meint: »Good morning, Christian. How are you?« Und schon dreht er sich um und schnarcht wieder tief und fest. Ich will los, schnell raus aus der Bude von Ido. Also nehme ich mein Zeug und gehe vor die Tür. Hier wird mir schnell klar, dass ich mit all dem schweren Gepäck keinen Meter weit kommen werde. Ich habe viel zu viel mitgenommen. Beherzt entleere ich auf der Terrasse von Idos Eltern meinen kompletten Rucksack und meine zwei Plastiktüten, die ich zu Hause mit allerlei Proviant gefüllt habe. Auf den bunten Steinplatten verteilt, sieht mein Gepäck aus, als wolle eine vierköpfige Familie vier Wochen Urlaub machen. Jedenfalls kommt es mir so vor. Irgendwie beschleicht mich das Gefühl, dass ich so nicht die geringste Chance habe. Ein wenig deprimiert blicke ich auf all meine Utensilien, als plötzlich Ido hinter mir steht und lautstark zu lachen anfängt. »Das alles willst du mitnehmen? Hast du einen Esel mit dabei?« Ido fragt mich weiter, ob ich durch Island oder Alaska will. Ob ich Angst vor dem Erfrieren hätte. Wäre alles nicht so schlimm für mich, würde ich jetzt wohl auch loslachen. Ich fühle mich aber hilflos. Was soll ich tun?

»Komm, ich helfe dir«, sagt Ido, während er mir auf die Schulter klopft. Ido war schon viel unterwegs in der Welt. Immer zu Fuß. Immer mit seinem Rucksack. Immer mit ganz wenig Geld. Und immer mit dem Optimismus eines Menschen, den ich bisher als naiven Dümmling bezeichnet hätte.

»Du brauchst nichts!«, beginnt Ido seine Lebensweisheit. »Nichts, außer dem Glauben an Gott!« Und weiter: »Das viele Geld, also ich meine das viele Gepäck, das zieht dich wie Blei nach unten. Du kannst entweder hier sitzen bleiben und es bewachen, oder du befreist dich von ihm. Nur dann kannst du den ersten Schritt nach vorn machen. Hier in Israel brauchst du vor allem Wasser«, meint Ido. »Wo bringst du dein Wasser unter?« Ich zeige ihm ein paar stabile Plastikflaschen und sehe schon an seiner Mimik, dass er mich nicht mehr ganz ernst nimmt. Ido bringt mich zu einem kleinen Holzschuppen im hinteren Garten. Hier bewahrt er seine Wanderausrüstung auf. Ich sehe, dass Ido kein Geld besitzt und seine Ausrüstung spärlicher nicht sein könnte. Aber sie ist gut sortiert und wohl erprobt. Muss ich mir jetzt von diesem jungen Burschen helfen lassen? Im Augenblick habe ich wohl keine andere Option, als mich zu schämen und die Hilfe von Ido dankbar anzunehmen. Annehmen zu müssen, trifft es vielleicht besser. Ido zaubert ein Wassersystem für meinen Rucksack hervor, in das schon mal 3 Liter passen. Dann gehen wir zusammen jeden einzelnen Gegenstand durch, der am Boden vor uns ausgebreitet ist.

Zwei Paar lange Hosen und eine Regenhose findet Ido übertrieben. Lieber wäre mir gewesen, er hätte mich ausgelacht. Aber so ernst, wie Ido mich anblickt, interpretiere ich es eher als Mitleid. Ich trenne mich also von einer langen Hose und meiner schwarzen Regenhose. Meine Regenjacke lege ich auch gleich noch beiseite, als Ido anfängt zu lachen: »Ja, für Kanada ist das gut«, erwidert er schmunzelnd und erzählt mir gleich von seinem regenreichen Kanada-Trip, der drei Monate dauerte. Jetzt, nach seinem Lachen, geht es mir besser.

Ob er sich vorstellen könne, dass ich ohne Geld durch Israel komme, frage ich ihn und erwarte als Antwort einen weiteren Brüller oder wenigstens ein sachliches Nein. Sofort blickt Ido mich wieder ernst an und antwortet wie aus der Pistole geschossen: »Yes, of course, klar geht das. Und natürlich geht das in Israel.« Hier helfe jeder jedem gern. Ich frage gleich weiter, ob das für einen Deutschen auch gelte, und wieder sieht Ido mich ganz ernst an und erwidert mit einem klaren: »Ja, natürlich« und ergänzt noch: »We love the Germans!«

Für mein Gepäck gibt es jetzt eine Radikalkur. Kurzum, alles ab der Primzahl »3« muss hierbleiben. Denn »3« ist mindestens »1« zu viel. Das dritte T-Shirt, die dritte Unterhose, das dritte Paar Sportsocken und so weiter. In meiner Plastiktüte habe ich auch noch ein Buch zum Lesen dabei. Es ist eines über den Glauben. Meine Mutter hat es mir geschenkt. Am Flughafen von Istanbul habe ich es »überflogen«. Aber weiter kann ich es nicht mitnehmen, und ich hoffe, meine Mutter verzeiht mir das. Weg damit!

Und Lebensmittel, die lange reichen, mich aber nach wenigen Kilometern unter ihrem Gewicht erdrücken würden. Weg damit! Auch Sandalen als Reserveschuhe fallen der Tabula-rasa-Aktion zum Opfer. Für Ido scheint all das normal zu sein. »Du kannst es wieder abholen, wenn du möchtest.«

»Nein«, antworte ich und schüttle den Kopf.

Dann befüllt Ido erstmals meine Wasserflaschen und das Wassersystem, und ich schultere mein Gepäck. Obwohl ich nun einiges aussortiert habe, schlagen die 8 Liter Wasser voll zu Buche. Noch einmal nehme ich den Rucksack ab und stelle ihn bei Idos Eltern im Badezimmer auf die Waage. 26 Kilogramm. Immer noch viel zu viel. Dann sagt Ido herzlich, aber bestimmt zu mir: »Du musst jetzt los« und begleitet mich noch hinaus aus dem Kibbuz bis zur ersten Straße.

Unterwegs ist er recht schweigsam. Erst als wir das Tor des Kibbuz durchschreiten, fängt er an zu reden. Er erzählt mir, dass es im Leben immer um die Arbeit gehe. Seine Eltern stehen früh um fünf auf, um den ganzen Tag zu arbeiten. Und so geht das jeden Tag, jede Woche, jeden Monat, jedes Jahr. »So lange, bis am Ende nichts mehr von dir übrig geblieben ist und du dich fragst, warum du das alles tust. Und dann ist es zu spät, dir Gedanken über den Sinn des Lebens zu machen. In deinen Kindern steckst du dann nicht mehr drin. Und es schmerzt dich, wenn die es anders machen, und es schmerzt dich noch mehr, wenn du es nicht verstehst. Dann flüchtest du wieder in deine Arbeit und wirst verbittert, und es geht immer so weiter.« Ido zieht sich seine Wollmütze, die er heute wieder aufhat, noch tiefer ins Gesicht. Dann wendet er sich zu mir und sagt, indem er jedes einzelne Wort betont: »Und Reisen durchbricht diesen Kreislauf!«

Fast unbemerkt haben wir nun eine kleine Nebenstraße erreicht, und Ido hält das erstbeste Auto für mich an. »Einfach den Arm herausstrecken. Aber nicht den Daumen heben.« So richtig getrampt bin ich noch nie in meinem Leben.

Nun sitze ich einem Minibus mit älteren Menschen, der mich zur nächsten Kreuzung bringt. Zum Erzählen bleibt nicht viel Zeit, aber alle sind supernett und möchten mehr über mich erfahren. *Dabei weiß ich eigentlich selbst so wenig über mich.* Immerhin, für einen Small Talk reicht es. Nach zwei Stunden sitze ich schon im vierten Fahrzeug und habe bereits einiges über die Hilfsbereitschaft im Lande erfahren. Jeder nimmt dich hier mit. Und wenn es am Ende nur ein paar Kilometer sind und du danach wieder am Straßenrand deiner nächsten Mitfahrgelegenheit entgegensiehst. Was ich hier zu spüren bekomme, sind Optimismus, eine liebenswerte Neugierde und eine Art Selbstverständlichkeit, keinen im Regen, Pardon, in der Sonne stehen zu lassen. Und die zeigt mir mittlerweile recht unmissverständlich, dass ich mich im Mittelmeerraum befinde. Es ist heiß geworden am Straßenrand, und immer mehr kommt mir mein Vorhaben naiv und undurchführbar vor. Und das, obwohl es bislang immer wieder weitergegangen ist. Schon jetzt kommt mir meine kurze Reise wie eine Ewigkeit vor, und plötzlich kann ich mir meine lange Wanderung auf dem Israel National Trail nicht mehr richtig vorstellen. Immerhin liegen da gut 1000 Kilometer und über 20 000 Höhenmeter Gesamtanstieg[1] vor mir. Zu Fuß und ohne Geld. Ganz nebenbei geht es dann auch noch durch die heiße Wüste. Und: Ich laufe den Trail in der falschen Richtung. Und: Hebräisch verstehe ich nicht. Untrainiert bin ich auch. Und überhaupt: Ich habe Angst. Und, und, und?

Tatsächlich hat nun schon seit einer geschlagenen halben Stunde kein Auto mehr angehalten, der Platz hier auf einer vereinsamten Kreuzung ist auch nicht gerade optimal. Bis auf ein paar Lkws war noch nicht viel los. Ich erinnere mich an Idos Worte: »Du musst viel trinken hier.« Sofort wende ich mich dem für mich neuartigen Wassersystem im Rucksack zu. Und der fühlt sich unten sehr, sehr nass an. Kein gutes Zeichen. Natürlich werden meine Befürchtungen wahr, dass Idos altes Wassersystem schon vor der ersten Benutzung seinen Geist aufgegeben hat. Alles ist nass im Rucksack. Im Wasserbeutel selbst ist kaum noch Flüssigkeit vorhanden.

Genau jetzt, als sämtliche Einzelteile meines Gepäcks vor mir am Straßenrand ausgebreitet vor meinen Füßen liegen und ich gerade wirklich nicht an ein Weiterkommen denke, hält ein alter, weißer Pkw gut 100 Meter weiter an und hupt. Der Fahrer scheint mich zu meinen und winkt mich aus dem offenen Fenster zu sich heran. Hektisch stopfe ich alles, so gut es geht, in meinen Rucksack und nehme Schlafsack, Jacke und zwei Tüten unter meine Arme. Unterwegs fällt mir dann mein Waschbeutel heraus, und Zahnbürste, Zahnpasta sowie die Nagelschere verteilen sich auf dem Asphalt. Die runde Dose Hirschhorntalg für meine Füße rollt in absurden Schlangenlinien Richtung Fahrzeug und veranstaltet direkt unter dem Auspuff eine Art immer schneller werdenden Kreiseltanz. Der Fahrer sitzt immer noch geduldig in seinem Auto, und dann ruft er mir durch das geöffnete Beifahrerfenster etwas auf Hebräisch entgegen. Offensichtlich hat er mich nicht als Ausländer erkannt. Gut oder nicht gut, frage ich mich, und dann sage ich ihm auf Englisch, wohin ich will.

Angespannt sitze ich neben einem älteren Herrn, so um die 65. Der ist, im Gegensatz zu mir, die Ruhe selbst. Auch dass mein Rucksack nass ist, stört ihn nicht im Geringsten. Er spricht eine ganze Weile mit mir auf Englisch über den Israel National Trail, den er selbst leider nie gemacht habe, aber auf dem er nächste Woche mit einer Gruppe eine kleine Etappe wandern will. Schließlich möchte auch er einen Teil seines Heimatlandes mit eigenen Füßen durchwandern, auch wenn er eigentlich schon alles kenne, fügt er an. »Die jungen Leute, die machen das alle. Das ist eine gute Tradition, nach dem Militärdienst das Land ohne Waffe zu durchqueren und es von seiner schönsten Seite kennenzulernen. Du wirst hier auch Arabern und Beduinen begegnen. Und du wirst sehen: Sie helfen dir ganz genauso.«

Ob ich Wasser möchte, fragt er mich und unterbricht seinen Bericht kurz. »Gern«, antworte ich ihm, und er erzählt mir, obwohl er selbst ja noch nie da war: »Weißt du, auf dem Shvil Israel sind wir alle gleich. Da gibt es keine Religion. Aber da gibt es Gott. Und wenn du ihn findest, dann ist es ein guter Gott, der wenigstens unseren Kindern ein besseres Leben schenkt.«

Es vergehen ein paar Minuten ganz ohne Reden, und irgendwie schnürt es mir die Kehle zu. Dann fängt er wieder an, weiterzuerzählen: »Ich meine alle Kinder. Egal, woher sie kommen. Sie alle sollten diesen Weg gehen und sehen, dass sie in derselben Welt leben. Und ich denke, sie tun es. Es wird besser, mit unseren Kindern. – Hast du Kinder?«

»Ja, zwei Töchter«, sage ich.

Als ich ihn frage, wie er heißt, antwortet er: »Meinrad – das ist doch ein deutscher Name.« Dann schweigt er ein paar lange Minuten. »Woher kommst du?«, und er ahnt es schon …

»Aus Dachau«, sage ich und schweige nun auch. Doch Meinrad durchbricht Gott sei Dank schnell das beklemmende Schweigen und sagt fast väterlich zu mir: »Und nun gehst du den Israel Trail. Gut. Das finde ich toll. Es wird dir gefallen. Du wirst viel Kraft finden für deine Familie.« Nach einer kurzen Pause und einigen weiteren Kilometern sieht mich Meinrad an und sagt auf Deutsch: »Vielleicht begegnest du Gott?« Meinrad erzählt mir erst später, dass er aus Essen stammt und als kleines Kind hierherkam. Seine Eltern hat er beide im Holocaust verloren. »Aber das ist lange her«, schiebt er sofort nach, »und heute sind die jungen Leute aus Israel und Deutschland miteinander befreundet.« Nach einer weiteren guten halben Stunde setzt mich Meinrad an einer vielbefahrenen Kreuzung ab, steigt aus und schreibt mir einen Zettel auf Hebräisch, »damit dir andere auch helfen können«. Meinrad umarmt mich und sagt: »Danke, es war schön, dass du mit mir mitgefahren bist. Ich wünsche dir viel Glück auf deiner Reise. Du wirst sehen, jeder wird dir hier gern helfen!« Meinrad steigt ein und fährt ganz langsam los, nicht ohne noch einmal zu hupen und zu winken. Ich sehe ihn noch lange, bis er dann doch irgendwann im Flirren der heißen Luft in der Ferne entschwindet.

Und dann bricht es über mich herein. Ich fühle das Alleinsein, und ich spüre plötzlich, dass wieder Menschen an mich herankommen. Und das mit voller Wucht. Da war keine Spur von Hass bei Meinrad. Kein Geschichtsunterricht. Keine Schuldzuweisungen. Nur Güte und eine große Herzenswärme. Was er mich spüren ließ, war diese unglaubliche Nächstenliebe, die mich hier in Israel seit der ersten Minute zu behüten scheint. Alles ist ganz anders, als ich es mir vorgestellt habe, und dabei habe ich ja noch gar nicht viel erlebt.

Zwei weitere Autofahrer bringen mich ein weiteres Stück in Richtung Kibbuz Dan, dem nördlichen Ausgangspunkt des Israel Trails. Dann stehe ich am frühen Nachmittag eine ganze Weile in der brütenden Mittagshitze herum und bekomme Durst. Noch nie in meinem Leben habe ich versucht, Nahrung und Wasser umsonst zu bekommen. Zu erbetteln! Heute werde ich es versuchen. Zur Not habe ich ja noch etwas Wasser und Verpflegung in meinem Rucksack. Mit meinem Gepäck in der Hand betrete ich eine kleine Bar am Rand der Kreuzung. Sofort sehen mich alle an in der Erwartung, ich werde ihnen gleich meine Geschichte erzählen. Und das tue ich.

»Hallo, ich bin Christian aus Deutschland. Und ich mache den Israel Trail.« Rasch füge ich noch mit ersten Zweifeln hinzu: »Äh, ohne Geld.« Dabei rast mein Puls sofort so, als stünde ich vor einem gefährlichen prähistorischen Raubtier mit übergroßen Zähnen. Zur Flucht nach draußen fehlt mir der Antrieb. Die Stresshormone, die gerade meinen Körper durchfluten, lähmen mich. »Schockstarre« beschreibt es irgendwie ganz gut. Dabei sieht mein Gegenüber absolut zuvorkommend und freundlich aus.

»Brauchst du Wasser?«, fragt die adrette Chefin hinter der Theke und lächelt mich sehr sympathisch an, während sie auf meine Antwort wartet. »Das wäre großartig«, sage ich und wiederhole sicherheitshalber noch einmal, dass ich ohne Geld unterwegs bin.

»Hab schon verstanden«, meint Sarah und bittet mich höflich, Platz zu nehmen. Sofort ist das Thema der Israel Trail, und Sarah sagt: *»Wer den Shvil geht, muss lernen anzunehmen.«* Ich müsse mich nicht schämen, nach Wasser und Brot zu fragen. Es sei ihr eine Ehre, mir etwas zu geben. Noch lieber würde sie für ein paar Tage mitkommen und mich auf meiner Reise begleiten, damit mir nichts passiere. Auch Sarah fragt mich, ob ich Familie habe, und ich hole mein kleines schwarzes Tagebuch heraus, das mir meine Kinder ein wenig ausgeschmückt haben. Ich zeige Sarah das eingeklebte Foto von meiner Familie. Und dann wische ich mir zum ersten Mal ein paar Tränen aus den Augen.

Sarah ist genauso bewegt wie ich und setzt sich für einen Moment zu mir, obwohl andere Kunden an der Theke warten. Sarah gibt ihnen zu verstehen, dass sie gerade nicht kann, und sagt auf Hebräisch irgendwas wie »Rega, Rega« und »Schwil 'Sra-äl«. Dabei legt sie ihre Arme um mich, steht dann aber doch auf und bedient die anderen. »Rega, Rega« bedeutet wohl so viel wie »Warte, warte« oder »Gleich, gleich«. Ich weiß es noch nicht, aber auch ganz ohne Lexikon erschließt sich mir die Bedeutung – ein Sinngehalt, der es gut mit mir meint. Ich bekomme ein großes Glas Wasser, und Sarah füllt mir meine Trinkflaschen auf. Dann zeige ich ihr den leckgeschlagenen Wasserbeutel von Ido und bringe Sarah damit richtig zum Lachen. Ich darf den Beutel hier entsorgen und bekomme dafür zwei volle Eineinhalbliter-Flaschen Sprudelwasser. Und nun werde ich noch mit richtig gutem, öligem Blätterteig-Gebäck verwöhnt und bekomme für meine Weiterreise sogar noch etwas davon abgepackt mit auf den Weg. Mehr noch als Essen und Trinken motiviert mich in diesem Moment, dass stockfremde Menschen nicht nur an mich selbst glauben, sondern auch felsenfest davon überzeugt sind, dass meine Reise hier in Israel, rein basierend auf Nächstenliebe, mit absoluter Sicherheit funktionieren wird. Schnell steckt mir Sarah noch die Visitenkarte der Bar zu und sagt: »Falls du irgendwann Hilfe benötigst oder dich jemand nicht versteht, dann ruf mich an.« So gestärkt gehe ich die paar Meter zurück zur Hauptstraße und weiß nun: Heute werde ich noch im Kibbuz Dan ankommen!

Noch 200 Kilometer sollen es von hier aus sein bis zum Ausgangspunkt des Trails in der Nähe der libanesischen Grenze. Und wieder erfahre ich unverhofft Hilfe. Diesmal erneut von einem jungen Burschen, schwarz gekleidet mit Hut. Ganz so, wie man es aus dem Fernsehen kennt. Ein ultraorthodoxer Jude wird das wohl sein. Natürlich habe ich noch nicht die geringste Ahnung, was das bedeutet, merke aber, dass er mich mag und dass er mir gern hilft. Das genügt fürs Erste. Jitzchak versucht gerade selbst zu trampen. Allerdings in die andere Richtung. Er steht nun auf meiner Seite und zeigt mir, wie das geht. Er scheint mit seinem dreimaligen Tippen in die Luft tatsächlich so etwas wie einen Zauberspruch ausgestoßen zu haben, denn bereits das erste Auto macht eine heftige Vollbremsung. Dann rennt Jitzchak vor und erklärt dem Fahrer – so verstehe ich es zumindest –, dass er mich mitnehmen muss.

Weiter geht es also ein Stück weit dem unbekannten Ziel entgegen. Als ich danach wieder auf der Straße stehe und hier schlichtweg gar nichts mehr los ist, hält ein Bus voll mit Soldaten und Soldatinnen vor mir und fordert mich quasi zum Einsteigen auf. Was soll ich tun? Ich muss Kibbuz Dan ja ohne Geld erreichen. Sofort nimmt mir einer der jugendlichen Soldaten mein Gepäck freundlich ab und verstaut es im Bus. Nun ist mein Rucksack im Bus, und ich stehe im Freien. Der Busfahrer winkt nervös zum Einsteigen, und schon geht die Reise weiter in Richtung Kibbuz Dan.

Auf Englisch versuche ich, den Busfahrer zu bitten, mich wieder aussteigen zu lassen, denn ich habe kein Geld bei mir. Doch wie es so sein soll, ist dieser Busfahrer wohl der einzige Mensch in Israel, der kein Englisch versteht oder einfach kein Englisch verstehen will. Freundlich, aber bestimmt gestikuliert er mit einem hebräischen Redeschwall, dass ich mich doch bitte endlich hinsetzen soll, wobei mir Jodi, eine junge Soldatin, von hinten zuruft: »Setz dich hin. Ist alles okay, entspann dich!« Jodi, die eigentlich Judith heißt, setzt sich neben mich und öffnet eine Navigationsapp auf ihrem Handy. Wie in einem alten James-Bond-Film – als das noch alles kindische Science-Fiction war – zeigt ein blinkender roter Punkt, wie sich der Bus gerade auf der Straße in Richtung Kirjat Schmona bewegt. Mit ein paar flinken Fingergesten hat Jodi auch Kibbuz Dan auf ihr Display geholt, und ich kann sehen, dass wir uns auf mein Ziel zubewegen.

Jodi hat ihr halb automatisches Maschinengewehr zwischen sich und mich gestellt. Es ist in der Kurve nun so verrutscht, dass der Lauf direkt in mein Gesicht zielt. Jodi lacht entspannt. »Sorry. Scharf, aber gesichert«, und richtet den Lauf wieder nach oben aus. Wenigstens hätte so nur der Bus ein Loch im Blech und nicht ich. Irgendwie habe ich trotzdem keinerlei Angst und fange an, mich hier richtig sicher und wohl zu fühlen. Jodi erzählt mir einiges über den Militärdienst in Israel, der drei Jahre dauert. Ich selbst war bei der Bundeswehr, aber drei Jahre für jeden finde ich schon ziemlich lang.

Jodi möchte nach Berlin reisen, wenn diese Zeit vorüber ist. Sie fragt mich, warum es in Deutschland überhaupt Militär gebe, wenn es doch ringsherum keinerlei Feinde gibt. Eine gute Frage. Aber ich habe definitiv keine Antwort darauf. Sofort fragt Jodi weiter, ob es stimme, dass wir in Europa keine Grenzzäune zwischen den Ländern haben. Ich erzähle ihr, dass ich von Deutschland nach Italien in den Urlaub fahren kann, ohne irgendwo eine Grenze zu sehen. Und Jodi überrascht mich mit der Aussage: »Das werden wir hier auch eines Tages haben.« Was soll ich darauf noch antworten? Sind das Kindheitsträume von ihr? Meint sie es ernst?

Es scheint so. Steht es mir überhaupt zu, sie in dieser Meinung zu bestärken? Schließlich weiß ich nicht wirklich viel über den Nahen Osten. Und mein Weg, der Israel Trail, soll ja auch kein politischer Weg werden.

Interessant ist es trotzdem, dass ich hier nun schon dreimal – von Ido, von Meinrad und nun von Jodi – so etwas wie einen weitreichenden Traum von einer friedlichen Zukunft gehört habe. Ich denke gerade nach, als der Lauf des Maschinengewehrs sich schon wieder direkt auf mich richtet. »Immer noch gesichert«, meint Jodi diesmal trocken. Dann steigen alle aus. Kirjat Schmona. Endstation.

Der Busfahrer, der bisher kein Englisch zu verstehen schien, hält mich auf und sagt fast militärisch »Wait!«. Dann steigt er aus und zündet sich eine Zigarette an. Als ich fragend auch aussteigen möchte – schließlich ist hier ja Endstation –, wiederholt er noch mal sein »Wait«. Will er jetzt doch Geld von mir? Viele unangenehme Gedanken gehen mir durch den Kopf, aber dann tritt er seine Zigarette aus, steigt wieder ein und drückt auf einen Knopf, der zischend die Türen schließt.

»Kibbuz Dan?«, spricht er mich an und sagt »Sit«, setz dich her zu mir! Hamid fährt selbst nach Hause zu seiner Familie. Kibbuz Dan liegt zwar nicht direkt am Weg, aber in der Nacht könne er mich ja auch nicht einfach hier zurücklassen, meint er. Zum ersten Mal fühle ich mich hier in Israel wie ein kleines Kind, das sein Schicksal nicht selbst bestimmt, sondern auf Gutes vertrauen muss. Aber: Bestimmen wir denn als Erwachsene unser Schicksal? Es ist mir unangenehm, plötzlich so tief in der Schuld vieler hilfsbereiter Menschen zu stehen. Aber ich wollte es doch so, oder? Wer jetzt noch nett ist zu mir, ganz ohne Geld, der meint es wohl ehrlich. Da gibt es kein aufgesetztes Lächeln mehr. Kein oberflächliches »How are you?«. Ab jetzt ist alles unverfälscht. Und damit meine ich auch: Es kommt bei mir auch so ohne Filter an. Es bewegt mich, und es rüttelt ganz stark an mir.

Urplötzlich fühle ich eine merkwürdige Mischung aus Scham, Betroffenheit und unendlich tiefer Dankbarkeit. Ich fühle mich gerade ganz klein und angreifbar. Und trotzdem fühle ich mich so sicher und behütet, wie ich es noch nie zuvor in meinem Leben erlebt habe. Was bin ich? Ein Schmarotzer? Ein Bettler? Bin ich einer, der andere ausnutzt, um ans Ziel zu kommen? Hamid, der mich gerade fährt, ist Araber, und er scheint einiges zu riskieren, um mich mit dem leeren Bus an mein Ziel – ich wiederhole: an mein Ziel – zu bringen. Hamid legt großen Wert darauf, dass hier in Israel alle Menschen einander helfen, und sagt: »That's Israel!«

Noch immer bin ich nicht an meinem Ausgangspunkt für meine Wanderung angelangt, aber das, was ich bisher gesehen habe, hat nichts, rein gar nichts mehr mit dem zu tun, was wir tagtäglich in den Medien über Israel erfahren. Auch Hamid frage ich, ob man den Israel Trail machen könne, ganz ohne Geld. Hamid lacht und meint: »Wenn die Juden dir nichts geben, dann geh zu den Arabern«, und fügt dann schnell an: »Und wenn die dir nichts geben, dann geh zu einem Busfahrer. Das sind immer gute Menschen!« Damit stehe ich direkt vor dem großen gelben Stahltor des Kibbuz Dan.

Es ist schon dunkel. Schnell finde ich ein paar Menschen, bei denen ich mich durchfragen kann, und ich darf nach Rücksprache ausnahmsweise einmal ohne Entgelt in der Turnhalle übernachten. Noch darf ich nicht hinein, denn es wird noch Damenhandball gespielt. So warte ich draußen und verzehre im Schein meiner Taschenlampe die letzten Gebäckstücke von Sarah. Da sind zwei Kinder, die mich wohl schon eine ganze Weile beobachtet haben. Nun kommen sie direkt auf mich zu und bitten mich auf Englisch mitzukommen. Es hat sich herumgesprochen, dass hier ein Deutscher ohne Geld unterwegs ist, und ich bin eingeladen bei Tsiv.

Tsiv sitzt seit vielen Jahren im Rollstuhl. Er baut Räucheröfen für Fischer und zeigt mir, wie er das macht. Vor seinem Häuschen hat er sich einen Holzsteg gebaut, der gerade so hoch ist, dass er seine Produktion sitzend machen kann. Innen begegnet mir Kunst, und weil ich selbst ja auch male, zeige ich Tsivs Familie im Internet ein paar meiner Bilder. Es gibt Reis, Gemüse und sogar Fleisch. Aber ich bringe nichts davon hinunter: Irgendwie bin ich von alldem, was ich heute erlebt habe, so bewegt, dass es mir die Kehle zuschnürt. Tsiv ermuntert mich immer wieder zum Essen, bis er merkt, dass ich zwar Hunger habe, aber einfach nicht kann. Er begleitet mich mit dem Rollstuhl nach draußen, während seine Frau noch das Essen nebst frischen Orangen für meinen morgigen Aufbruch liebevoll in Tüten verpackt. Tsiv sieht mich an und sagt leise zu mir: »Nimm es mit, auch wenn du es nicht tragen kannst.« Und: »Ist es okay, wenn meine Kinder dich noch zurückbegleiten, oder möchtest du jetzt allein sein?«

»Allein« ist das einzige Wort, das ich noch herausbringe. Ich bücke mich und umarme ihn. Dann gehe ich langsam im Dunkeln zurück zur Turnhalle.

Es stört mich nicht, dass mitten im Tiefschlaf das Flutlicht angeht und noch eine Altherrenmannschaft um diese Zeit Basketball spielen will.

»Du kannst ruhig schlafen«, rufen sie mir lachend zu.

Es ist ein fast surreales Spektakel. Jedes Mal, wenn einer einen Korb geworfen hat, stürmt er zu mir, greift meine Hand, obwohl ich längst wieder eingeschlummert bin, und brüllt voller Begeisterung ein lautes »Yeah!«. Es riecht hier wie in einer uralten deutschen Turnhalle nach Schweiß und Gummimatten. Doch jetzt möchte ich einfach nur schlafen, egal welches Team gewinnt.

Orange-Blau-Weiß: Hier beginnt mein Weg

Von Kibbuz Dan nach Tel Hai (Kfar Giladi)
Etwa 14 Kilometer, 210 Höhenmeter Gesamtanstieg. Über das Dan
Nature Reserve, den Senir National Park, den Senir Stream, vorbei an
Kibbuz Ma'ayan Baruch. Trinkwasserverbrauch 7 Liter.

Als ich aufwache, wird mir schnell klar, dass ich den frühen
Morgen bereits verpasst habe. Längst höre ich Stimmen und ein
geschäftiges Treiben im Kibbuz. Hastig packe ich meine Sachen
zusammen und begebe mich an den Hinterausgang des Dörfchens. Hier frage ich zwei ältere Herren nach dem Israel National
Trail, während zeitgleich eine junge, bildhübsche Israelin mit
einem Riesenrucksack und federleichtem Schritt an mir vorbei-
läuft. Das war die Antwort auf meine Frage, und auch die zwei
Herren sehen es mir nach, dass ich auf ihre ausführliche Antwort
nicht mehr vollständig warte. Was ich im Davongehen auf Hebräisch von den zwei Rentnern noch aufschnappe, verstehe ich auch,
ohne Hebräisch zu sprechen. Sie scheinen sich trotz ihrer alten
Tage gerade lebhaft auszumalen, wie es wohl wäre, ebenfalls hinter der flotten Pilgerin herzulaufen!

Doch bereits nach der ersten Kurve ist diese mit ihren un-
menschlichen Riesenschritten für mich unerreichbar weit vorne.
Noch eine Kurve und sie ist nicht mehr da. Ein frustrierender
Augenblick, aber auch einer, der mir den Blick für die eigenen
begrenzten Möglichkeiten öffnete: Ich bin 47 und keine 18 mehr.
Während die gut trainierte Pilgerin wie eine Fata Morgana aus
meinem Horizont verschwunden ist, glaube ich, unter meinem
eigenen Gewicht gleich zusammenzubrechen. An mehr ist da
nicht zu denken. Mein inneres Gefühl sagt mir, dass ich bei der
aufkommenden Hitze mit meinem untrainierten Körper so keine
2 Kilometer weit komme. Also setze ich mich erst einmal hin und
organisiere mich neu. Hosenbeine abzippen. Hemd aus. Hut auf.

Was für eine herrliche Landschaft! Ist das das Heilige Land? Alles um mich herum ist grün, fast so wie im Allgäu. Und wie zur Bestätigung dieses abwegigen Gedankens stellen sich an der nächsten Kurve frei laufende Kühe in den Weg. Ich habe ja gelesen, dass der Israel Trail Dörfer und Städte meidet und fast ausschließlich durch die Natur führt. Aber das, was ich hier gerade erlebe, ist das, was ich mir hin und wieder vom Jakobsweg gewünscht hätte: Feldwege, bunt blühende Wiesen, fruchtbare Felder. Weit und breit kein Asphalt, sondern echte Natur. Wahnsinn! Noch recht unsicher folge ich den ersten Wegweisern des Israel Trails: orange-blau-weiße Streifen. Auf Steine gemalt oder auf Zaunpfosten. Und man muss genau hinsehen, denn manchmal scheint die dichte Vegetation die Wegweiser förmlich zu verschlucken.

Mitten im Grün komme ich zu ein paar Soldaten, die vor ihrem Jeep stehen und miteinander reden. Meine heutige Etappe verläuft nur wenige Kilometer entfernt von der libanesischen Grenze. Schon aus der Ferne grüßen die Uniformierten und rufen mir »Shvil Israel« zu. Ein gutes Zeichen. Als ich zu ihnen komme, zeigt mir einer mit vielen Streifen auf der Schulter, wo es weitergeht. Und dann, als ich schon ein paar Meter entfernt bin, ruft er mich zurück: »Look here«, meint er, »schau dir das an!« Er kniet vor einem kleinen zerbrochenen Felsbrocken nieder und zeigt mir drei kleine blühende Alpenveilchen, jedenfalls würde ich sie so bezeichnen. Hat mein Gehirn das gerade richtig begriffen? Da sind fünf Soldaten auf Wache nahe der libanesischen Grenze, und der Offizier ruft den Touri zurück, um ihm ein Alpenveilchen zu zeigen? Krass. Leider klappt es diesmal nicht ganz so gut mit dem Englisch, aber auf Hebräisch erklärt er mir jede Einzelheit der Pflanze, streicht mit den Fingern über die Blüte und sieht mich immer wieder fragend an, ob ich seinen begeisterten Vortrag auch verstehe. Ja, ich verstehe. Gerade eben hatte ich noch ein etwas mulmiges Gefühl, an so einem Posten vorbeizulaufen, und jetzt sitze ich mitten auf der Weide und bestaune mit dem Offizier ein

Alpenveilchen. Absurd? Oder ist es einfach das, was Menschen bewegt?

Mit einem etwas merkwürdigen und ungläubigen Gefühl laufe ich weiter und entdecke viele neue Alpenveilchen. Kann so etwas Kleines und Unbedeutendes Menschenseelen wirklich bewegen? Kann sich so ein rosa-weißes Blümchen am Weg für uns beide mal eben zum Mittelpunkt der Welt erheben? Und wie viele solch »sprechender« Alpenveilchen-Verwandten, die für kurze Zeit als Sonderangebot in einem deutschen Supermarkt stehen, würden dann ihre jeweilige Botschaft den Vorbeigehenden zurufen, ohne je gehört zu werden? Bücken würde sich für sie zu Hause niemand. Es scheint also eine ganz andere Welt zu sein, hier im Heiligen Land. Und doch scheinen die tief in uns verankerten Wünsche vom Leben so gleich zu sein.

Etwas bewegt von diesem merkwürdigen Erlebnis mit dem Offizier und dem Veilchen gehe ich weiter. Der Trail folgt hier direkt dem Lauf eines kleinen Flusses, dem man nur trockenen Fußes folgen kann, wenn man dabei gut aufpasst – was mir natürlich nicht gelingt. Dann komme ich an einem Wasserreservoir vorbei. Es ist fast voll. An der silbern glitzernden Plastikfolie am Rand erkenne ich, dass hier von Menschenhand Wasser »gesammelt« wird und dass Wasser hier eine ganz andere Bedeutung als bei uns zu Hause haben muss. Dass es Anfang März hier noch so grün ist und wenig später vieles verdorrt, begreife ich noch nicht wirklich. Zu sehr ähnelt die Landschaft hier noch einer fortwährend unbeschwerten Landschaft im deutschen Voralpenland.

Das Laufen tut mir gut, auch wenn ich mein schweres Gepäck schon jetzt infrage stelle, für den Moment ist es einfach überwältigend schön hier! Nach einigen Kilometern Fußmarsch komme ich zum Eingangsbereich des Senir-Nationalparks. Hier kommt mir die junge Pilgerin von heute Morgen entgegen; sie wendet sich enttäuscht vom Eingang ab und ruft mir zu: »Too expensive for me«, zu teuer. Sie möchte es außen herum versuchen, und ich wünsche ihr viel Glück. Der Senir-Nationalpark soll übrigens der einzige Park am Israel Trail sein, für dessen Durchwanderung man Eintritt bezahlen muss.

Unbeirrt gehe ich weiter in Richtung Kassenhäuschen und werde von einem netten Ranger empfangen. Außer mir sind keine Touristen weit und breit, niemand. Eigentlich ist es mir egal, ob er mich durchlässt oder nicht. Ich frage ihn erst einmal, ob ich hier meine Wasserflaschen auffüllen darf. Livnah, eine adrette Mittdreißigerin hinter der Theke, nimmt zwei leere Eineinhalbliter-Flaschen von mir entgegen und fragt mich, woher ich komme. Wasser hätte ich auch selbst zapfen dürfen, wenige Meter von hier entfernt an einem Wasserspender. Aber Livnah lässt es sich nicht nehmen, mich zu bedienen.

Kurze Zeit später sitze ich hier und bekomme einen Kaffee von ihr. Wohlgemerkt, einen israelischen Kaffee, darauf legt Livnah wert, denn der deutsche Kaffee, den sie ebenfalls kennt, schmeckt ihr nicht. Auch Jacob, der Ranger, setzt sich nun mit an den schweren Holztisch vor dem Häuschen, über den eine große, helle Plane gespannt ist, die uns Schatten spendet. Während ich kostenlos Kaffee trinke und Gebäck genieße, zahlt ein Schweizer Ehepaar den Eintritt zum Nationalpark. Ein komisches Gefühl. Jacob und Livnah ziehen los und verschwinden vor meinen Augen, dabei diskutieren sie mutmaßlich über mich. Dann kommen sie zurück und meinen unisono: »It's free for you«, du darfst ohne Eintritt durch. Zum ersten Mal kommt mir die Idee, dass ich die beiden als Helfer eigentlich auf meiner Hose unterschreiben lassen könnte. Einen dicken Folienstift habe ich dabei. Livnah ist zu schüchtern, aber Jacob unterschreibt gern und schreibt noch irgendetwas wie »Guten Weg« dazu – hoffe ich. Ich verstehe ja kein Hebräisch.

Zusammen mit ein paar geschenkten Keksen als Wegzehrung mache ich mich dann wieder auf. Der Senir River ist so etwas wie eine kleine Isar oder Ache bei uns. Zugegeben: Er ist kein Rhein, und der Vergleich mit Isar und Ache hinkt. Trotzdem ist alles sattgrün hier, und der Senir zaubert ein angenehmes Mikroklima herbei. Ringsherum hört es sich an wie in einem exotischen Vogelkäfig. Kein Wunder, denn das Hula Valley, auch »Chulaebene« genannt, in dem der Senir fließt, liegt auf bekannten Vogelfluglinien, die das Mittelmeer über die Länder an seiner Ostküste umgehen. Hier kann man definitiv Rast machen und sich ein wenig Energie für die Weiterreise holen. Nicht nur als Vogel, auch als Mensch.

Längst habe ich mich an meine Alpenveilchen gewöhnt. Hier blüht nun plötzlich auch großes Strauchwerk und hüllt das Tal in einen süßlich-herben Kräuterduft. Der lehmige Pfad ist weich und tut meinen Füßen gut. Er folgt den Windungen des Senirs in schönen Schlangenlinien, immer im Schatten großer Bäume. Ein paarmal heißt es für mich: Schuhe ausziehen und barfuß kleine Seitenarme des Senirs überqueren. Mehr als knietief ist das Wasser hier nicht, stolpern möchte ich trotzdem nicht. Es ist traumhaft schön hier und völlig anders, als ich es mir vorgestellt hatte.

Der Senir zwingt mich gerade wieder, meine Schuhe auszuziehen und barfuß über die flachen Steine zu balancieren. Zeit habe ich ja. Als ich ein Selfie mit meiner Kamera mache, treffe ich auf das Schweizer Ehepaar, das mit meiner Ausrüstung gern ein paar »richtige« Fotos von mir macht. Es bleibt bei einem kurzen Small Talk im Gehen, doch der hat mir meine Grenzen brutal aufgezeigt. Während das Ehepaar neben mir – beide sind wohl um die 60 – sich quasi ohne Luft zu holen unterhält, schnellt mein Puls erbarmungslos in die Höhe, und mein schwerer Rucksack drückt mich zu Boden. Es dauert keine fünf Minuten, um festzustellen, dass ich nicht Schritt halten kann. Denn diese fünf Minuten haben mich bereits völlig entkräftet.

Zu ersten Mal ärgere ich mich über mich selbst, dass ich zu Hause nicht ein bisschen zur Vorbereitung gelaufen bin. Immer weiter habe ich dieses »Vorbereitungstraining« hinausgeschoben – hatte ich es je ernsthaft vor? –, bis ich mir am Schluss zur Beruhigung meines Gewissens einredete, das beste Training sei doch der Weg selbst.

Längst habe ich die beiden davonziehen lassen. Doch mein Puls will sich gar nicht mehr beruhigen.

Als ich den Nationalpark Richtung Kibbuz Ma'ayan Baruch verlasse, stoße ich das erste Mal für wenige Hundert Meter auf eine ruhige Teerstraße. Es ist heiß geworden, und mein Rucksack drückt mich fast zu Boden. Nur ein einziges Auto fährt an mir vorbei und hüllt mich in eine kleine Staubwolke. Und dann das: Der Pick-up bremst weit vor mir noch einmal ab, legt den Rückwärtsgang ein und kommt zurück zu mir.

»You want water?«, »Möchtest du Wasser?«, fragt mich der Fahrer durch das Beifahrerfenster und reicht mir zeitgleich drei Mandarinen heraus. »Danke, es geht mir gut«, antworte ich und habe irgendwie Bedenken, die drei Mandarinen anzunehmen. Sehe ich aus wie ein Hilfsbedürftiger? Oder ist das im Heiligen Land so üblich? Israel ist nun mein neunundvierzigstes Land der Erde, das ich bereise, doch so etwas ist mir noch nie passiert, so eine aktive Hilfe. Völlig ungefragt. Das ist für mich extrem schwer erträglich und beschämend. Denn zugegebenermaßen geht es mir im Augenblick wirklich elend. Doch würde ich selbst für einen Wanderer anhalten? Einfach so? Ja klar – wirklich? Sehe ich, dass mich da gerade jemand braucht? Jemand, der sich besser fühlt, wenn ich einfach einmal anhalte und frage? Würde ich? Ja. Und wie gern würde ich! Aber gibt es in Deutschland überhaupt solche Gelegenheiten, bei denen man helfen und etwas Gutes tun kann? Natürlich nicht! Oder sehe ich solche Momente einfach nicht mehr, an denen sich die Wege zweier Menschen kreuzen könnten? Bin nur ich nicht mehr fähig, solche »Verbindungen« wahrzunehmen? Bin ich schon zu einem totalen Egoisten verkommen? Ich kann mich wenigstens ein bisschen im Mainstream verstecken: Die Umstände sind doch schuld, nicht ich. Schließlich scheint es bei uns doch normal geworden zu sein, nicht anzuhalten, selbst wenn das Auto am Straßenrand auf dem Dach liegt. Da ist bestimmt schon jemand, der längst jemand anderen verständigt hat. Bestimmt. So ist bestimmt auch das »Gaffen« zu erklären. Man möchte ja helfen. Man hat aber doch gar keine Chance dazu. Irgendwie scheint Nächstenliebe bei uns nicht mehr normal zu sein.

Vielleicht hat Gott auch einfach keine Lust mehr, unserem oberflächlichen Treiben zuzusehen. Wir brauchen ihn ja auch längst nicht mehr. Wer geht mit seinen Problemen schon zu Gott, schließlich bezahlt die Krankenkasse keine Gottessitzungen, sondern nur den in der Kindheit herumstochernden Psychoanalytiker nebst spezifisch indizierten Psychopharmaka. Gefühle werden als gefährlich verteufelt, und standardmäßig wird sodann medikamentös in unsere Psyche – das eigentliche Ich – eingegriffen. Nicht nur Pillen, auch jede Menge abstumpfender »Realitysoaps« entfremden uns von der Realität. Da geben Leute zwischen den jeweiligen Werbepausen dummes Zeug von sich oder, wenn redaktionell genehm, tun auch mal was Gutes. Das entsprechende Product-Placement folgt in diesem Falle meist zeitversetzt um zweieinhalb Minuten. Gerade genug, um sich an das Gute noch zu erinnern, aber den Zusammenhang der Manipulation nicht mehr zu verstehen. Alles ist Geld. Alles ist Kalkül. Und: So gut wie nie hat man in unserer Welt die Chance, das Leben unmanipuliert, also »echt« zu erleben. So gut wie nie. Außer eben, man versucht es einmal ganz bewusst ohne Geld.

Dass Geld mittlerweile viel abstrakter geworden ist als beschriebenes Papier, schwant vielen schon. Und dass es keine soziale Verantwortung übernimmt, erscheint vielen nicht abwegig. Und dass die Relationen der Einkommen nicht mehr stimmen, würde der Großteil der Bevölkerung wohl auch unterschreiben. Täglich werden uns von unseren Politikern Hunderte von Milliarden Euros um die Ohren geworfen, wenn es um eigene Interessen, die Rüstung oder die EU im Allgemeinen geht. Oft teile ich diese Summen interessehalber durch achtzig Millionen, um einmal eine Vorstellung davon zu bekommen, was das pro Kopf bedeutet. Da geht es dann schon um große Summen – pro Kopf. Doch wenn man einmal etwas von Katastrophenhilfe hört, dann brüsten sich die Minister mit Summen im ein- bis maximal zweistelligen Millionenbereich. Das hört sich für den Normalbürger nach viel Geld an. Ist es aber nicht. Geteilt durch 80 Millionen Bundesbürger sind das dann Beträge zwischen einem Cent und einem Euro pro Kopf. Doch das Gewissen ist beruhigt, man hat ja geholfen.

Und jetzt halte ich etwas in Händen, was mehr wert ist als Geld. Es sind »nur« drei Mandarinen. Geschenkt mit großer Aufmerksamkeit. Geschenkt mit einem Lächeln. Es war ein echtes Lächeln, nichts Aufgesetztes, da bin ich mir sicher. In der unglaublichen Hitze am Straßenrand beiße ich beherzt in die erste geschälte Mandarine. Und eigenartig: Mir schießen Tränen in die Augen, und ich habe ein Gefühl von unermesslicher Dankbarkeit. Ist es das, was wir Glück nennen? Vor Glück weinen? Oder bin ich nur einer von denen, die gleich überschnappen und sich dringend behandeln lassen müssen? Ist Glück etwas, das wir uns nicht kaufen können? Wäre ich ebenso glücklich, wenn ich mir diese drei Mandarinen einfach irgendwo gekauft hätte? Ausnahmsweise nehme ich mir Zeit für dieses unverhoffte Glück. Für *mein* Glück. Ich setze mich an den staubigen Straßenrand und lasse es zu, dass alle meine Sinne diese herrliche Mandarine genießen und gleichzeitig salzige Tränen über meine Wangen laufen. Der Fahrer ist längst fort und hat nichts davon mitbekommen. Gott sei Dank. Ja, Gott? Ist das alles nur eine biochemische Reaktion, die hier gerade in meinem Körper abläuft, eine Reaktion, die mich Glück spüren und mich gleichzeitig so schwach und verletzlich werden lässt?

Ehrlich gesagt, ich habe Angst vor diesem Gefühl. Es ist wie ein großes Tor, das sich da vor mir auftut und bei dem ich große Angst habe, es zu durchschreiten. Ja, ich habe Angst vor meinen Gefühlen. Nicht vor dem Weg und nicht, ob er für mich machbar ist. Darüber brauche ich mir wirklich keine Sorgen zu machen. Ich kann ja jederzeit aufhören, mir von meiner Frau ein Rückflugticket schicken lassen und basta! Aber mit dem Thema »Gefühle«, »Hilfsbereitschaft« oder gar, ob einer spürt, dass man ihn braucht, möchte ich mich jetzt nicht weiter befassen. Das macht mir eher Angst.

Die unerträgliche Mittagshitze kommt gerade recht, um mir mit roher Gewalt jeden Gedanken aus dem Kopf zu treiben. Ich schinde mich. Ich will mich schinden! Und dieser Gott scheint mich wieder einmal ganz wörtlich zu nehmen und mich dabei tatkräftig zu unterstützen. Er lässt mich mich gleich göttlich verlaufen, und er möchte mich auch noch richtig demütigen. Er will wohl, dass die reine Wut in mir ausbricht. Keine Wegweiser mehr, also bin ich hier falsch. Das ist mir klar. Aber ich bin ja auch trotz fehlender Wegweiser mindestens eine halbe Stunde weitergelaufen, weil es schon richtig sein würde. Ist es aber nicht. Ich brauche gar keine Landkarte, denn schlagartig wird mir meine Situation klar: Nur wenige Hundert Meter Luftlinie von mir entfernt sehe ich das Schweizer Ehepaar. Und die laufen garantiert richtig. Das Einzige, was uns trennt, ist ein langer Metallzaun um den Kibbuz Ma'ayan Baruch. Die beiden außerhalb, ich innerhalb! »Lass die mich bitte jetzt bloß nicht sehen!«, denke ich.

Gott sei Dank gibt es keine Gedankenübertragung! Manch einer, wie etwa meine Frau, würde allerdings behaupten, ich hätte gerade recht energiegeladen »sehen« ins Universum gerufen und dadurch bewirkt, dass die beiden Schweizer mich sahen. Sie würde das höfliche »Huhu-Winken« der beiden wahrscheinlich mit extremer Schadenfreude genießen. »Schatz, man sollte halt vorher mal lesen. Wofür hast du denn den Reiseführer gekauft?« Garantiert würde ihr der Wind auf Anhieb die richtige Seite im Buch öffnen und sich ein von oben geschickter schwarzer Käfer hilfreich auf ebenjene Zeile setzen, in der steht: »Und jetzt vor dem Zaun links abbiegen und von da ab südlich des Zauns diesem folgen.« Womöglich würde meine Frau im Gegensatz zu den lieben Schweizern, die ja nur freundlich gewinkt haben, noch nachsetzen: »Was gibt es jetzt an dieser Beschreibung nicht zu verstehen?«

Gerade eben noch glücklich, jetzt voller Wut im Bauch. Und daran sind definitiv nicht die Schweizer schuld. Würde ich mich von oben sehen, also wäre ich dieser Gott, dann wäre bei so viel Selbstmitleid jetzt eine Ohrfeige für mich das Richtige. Und die schickt er mir, indem ich den steilen Anstieg, den ich innerhalb des Zauns schon absolviert hatte, nun außerhalb des Zauns in der vollen Nachmittagshitze noch einmal zurücklegen muss. Es war ja so klar, dass ich hier, fast ganz am Ende meines Umwegs, ein größeres Loch im Zaun entdecke, quasi ein »Wurmloch«, das mich gleich beim ersten Mal bequem außerhalb des Zauns befördert hätte. Aber es ist nun mal das Einzige, was man in Israel besser nicht tun sollte: einen Zaun ignorieren oder mehr noch: ihn unterwandern.

Langsam fange ich an, den Weg wieder zu genießen, und der kleine ungewollte »Ausflug« hinein in den umzäunten Kibbuz war ja auch ganz nett. Jeder Meter nach oben beschert mir jetzt einen traumhaften Blick über das Hula Valley. Mir gegenüber sind die Golanhöhen. Auch etwas, das man ja nur aus den Medien kennt. Hier soll es traumhafte Wanderwege geben, hat mir Jacob, der Ranger, erzählt. Die sanften Hügel, die das Tal auf meiner Seite säumen und auf denen die Felder bräunlich trocken sind, erinnern mich dagegen ein wenig an die Toskana. Es ist schön hier.

Mein erster Wandertag endet beim letzten Sonnenlicht nach offiziell nur 12 Kilometern und kaum Höhenmetern in Tel Hai. Dort haben mich drei junge Studenten erschöpft am Straßenrand aufgelesen und begleiten mich nun einen halben Kilometer zurück nach Kfar Giladi. Hier stellen sie mir Ruth vor, einen sogenannten »Trail Angel«, oder sollte ich besser sagen, eine »Trail Angelin«? Trail Angels sind Menschen, die Wanderern auf dem Israel National Trail ehrenamtlich eine Bleibe für eine Nacht geben. Ruth, mein Engel am Weg, ist schon 63 Jahre alt, rennt mir jedoch die letzten Meter bis zum Zimmer buchstäblich davon. Ich kann einfach nicht mehr. Aber ich bin sehr dankbar. Ruth ist braun gebrannt, und ihre grauen Haare lassen sie eher sportlich aussehen. »Das hier ist die Grenze zum Libanon«, meint sie im Gehen und zeigt hinüber auf den Steinbruch, der Kfar Giladi nur wenige Hundert Meter von hier vom Nachbarland trennt. Seit 2006 sei es hier ruhig geworden, erzählt mir Ruth.

Dann betrete ich mit Ruth eine richtige Ferienwohnung mit mehreren Zimmern, und ich darf hier allein bleiben. Zuvor frage ich Ruth noch, ob ich einen meiner zwei Camcorder hierlassen dürfe, weil mir das Gewicht zu schaffen macht. Streng genommen habe ich sogar vier Kameras dabei: eine wasserfeste HD-Action-Cam, ein Handy mit 41 Megapixel Fotoauflösung und zwei Camcorder. Was für ein Blödsinn! Ruth schüttelt den Kopf über derlei Doppelausrüstung und bietet mir an, den Camcorder zu mir nach Hause zu schicken. »Es ist ja noch nie einer hierher zurückgekehrt auf seinem Weg.« Sagt es und lacht über die doppelte Bedeutung. Ich denke, das ist ein gutes Zeichen! Dass ich ihr kein Geld für das Porto anbieten kann, hat Ruth schon bei unserem Kennenlernen verstanden. Sie tue das gern. »Ist doch selbstverständlich«, fügt sie an.

Heute bekomme ich sogar noch etwas Verpflegung. Und: Ich habe eine warme Dusche. Ich hätte ja gewettet, dass das Leitungswasser hier in Israel entweder total gechlort oder ebenso ungenießbar wie in einem kleinen Dorf in Ägypten ist. Doch ich werde eines Besseren belehrt. Denn: Was den Standard ihres Trinkwassers anbelangt, verstehen die Israelis solche Sorgen überhaupt nicht. Von jedem – wirklich jedem – höre ich hier, dass man jedes Leitungswasser überall bedenkenlos trinken kann. Ungechlort! Mit den vielen neuen Eindrücken schlafe ich heute ganz friedlich ein.

Stacheldraht und Nächstenliebe

Von Kfar Giladi nach Ramot Naftali und weiter

Kfar Giladi – Ramot Naftali: etwa 17 Kilometer, 640 Höhenmeter Gesamtanstieg. Trinkwasserverbrauch 6 Liter. Weiter über den Mount Meron nach Ein Koves.

Gut, dass die ersten Etappen auf dem Israel Trail recht »human« sind. So habe ich auch kein schlechtes Gewissen, dass ich erst gegen acht Uhr aufwache. Dafür fühle ich mich perfekt und freue mich auf meinen heutigen Tag. Zuvor aber lasse ich noch mein schweres dreiteiliges Stativ bei Ruth zurück und schreibe einen Zettel dazu, dass ein anderer es gern haben darf. Gleich die ersten Schritte raus aus Kfar Giladi gefallen mir richtig gut. Die Morgenluft ist noch angenehm kühl und ein wenig feucht. Noch einmal gehe ich die paar Meter hinab nach Tel Hai, wo ich gestern schon war. Heute aber fällt mir jeder Schritt leicht, und ich habe offene Augen für die Schönheit, die mich hier umgibt. Die schmalen Steintreppen, die mich zunächst nach unten in Richtung des Städtchens Kirjat Schmona bringen, sind gesäumt von rot blühenden Oleanderhecken und hochwachsendem, violettem Lavendel. Unter mir breitet sich im leichten Morgendunst das über und über grüne Hula Valley aus.

Der Weg, der jetzt ein Feldweg geworden ist, führt geradeaus hinunter in die Stadt. Und wieder einmal habe ich vor lauter »schön« gar nicht bemerkt, dass ich schon seit Längerem keine Markierungen mehr gesehen habe. Hätte ich den Reiseführer nur gut genug gelesen, dann wäre ich wohl längst vor dem Feldweg rechts abgebogen. Aber im Verlaufen bin ich ja Meister. Kirjat Schmona hätte ich links unter mir liegen gelassen und idyllisch von oben gesehen. Doch jetzt bin ich mittendrin.

Macht nichts, denke ich mir und nutze meinen Umweg dafür, in einem kleinen Minimarkt nach etwas Brot zu fragen. Man gibt mir nicht nur Brot und frisches Wasser. Man klärt mich sogar freundlich darüber auf, dass ich ohne »richtige« Kalorien den Israel Trail verfluchen werde. Und das möchte der stämmige Ladenbesitzer nicht. Er schenkt mir zwei Dosen Thunfisch und ein Plastikschälchen »Hummus«, eine Kichererbsenpaste, von der ich schon so viel gehört habe. Dann begleitet er mich aus dem Minimarkt heraus und zeigt mir, dass gar nicht so weit weg rechts oben der Trail verlaufen muss. Selbst sei er ihn noch nicht gegangen, aber das werde er jetzt nach meiner Bekanntschaft umgehend nachholen. Ich lasse ihn auf meiner beigefarbenen Hose unterschreiben und erkläre ihm, dass er nun ein Teil meines Weges sei.

Wenige Meter später finde ich am Straßenrand eine leicht angefahrene, leuchtend gelbe Pampelmuse. Im Weitergehen denke ich mir, jeder Survivalfreak aus dem Fernsehen hätte sich wohl auf diese gottgegebene Nahrungsquelle gestürzt und gezeigt, wie man hier in Israel »überleben« kann. Dann aber gehe auch ich zurück, denke ein wenig nach und nehme die Pampelmuse an mich. Weil sie beschädigt ist, beschließe ich, sie sofort zu essen. Mit meinem Taschenmesser, welches ich eigentlich nicht nach Israel hätte einführen dürfen, schneide ich den angefahrenen Teil weg und genieße den großen Rest der Frucht. Etwas Zucker tut mir gut.

Fast unbemerkt ist es in der Zwischenzeit deutlich wärmer geworden. Statt angenehmer Kühle fühle ich mich nun wie im Hochsommer in Ägypten am Strand. Nur eben in voller Montur, mit Rucksack auf dem Rücken und bereit, die 200 Höhenmeter zurück zum Shvil Israel als Direttissima zu nehmen. Schnell kehrt wieder Ruhe ein. Ich höre nur noch mein Herz schlagen. Und zwar so, als wenn es sich unmittelbar hinter meinem linken Gehörgang befände. Dafür ist der Blick nach unten atemberaubend schön. Und: Ich stoße endlich auf die erste lang ersehnte Markierung meines Weges. Ein richtig gutes Gefühl. Die orange-blauweiße Markierung befindet sich diesmal direkt neben einer großen Holztafel, die hier oben einen kleinen Park mit herrlich vielen Bäumen ausweist. Auf der Holztafel, die den Park auf Hebräisch erklärt, stoße ich auch das erste Mal auf meiner Reise ganz bewusst auf das Logo des KKL, Israels größter grüner Organisation, für die ich später im Karmelgebirge noch ein Bäumchen pflanzen möchte.

Mit dem JNF-KKL (Jüdischer Nationalfonds, Keren Kayemeth LeIsrael), der auch in München ein Büro[2] unterhält, habe ich deshalb kurz vor meiner Reise Kontakt aufgenommen und gefragt, ob das möglich wäre. Jetzt, so außer Atem, kann ich ein wenig die Bäume genießen, die hier schon ausgewachsen sind und mir wohlverdienten Schatten spenden.

Irgendwie laufe ich dem einzigen Menschen direkt in die Arme, der außer mir noch hier ist. Es ist ein groß gewachsener Herr um die fünfzig, der hier mit seinem silberfarbenen Prius heraufgefahren ist. Zur etwas verbleichten schwarzen Hose trägt er ein hellblaues Hemd, darüber einen dunkelgrauen Wollpullover mit weißen Streifen. Das erste Mal sehe ich bei ihm eine Kippa, eine kleine runde Kappe, die man etwas nach hinten versetzt in den Haaren trägt. Sein grauer Bart ist kurz geschnitten und gepflegt, und das Erste, was er mir zuruft, ist: »You need water?« – »Brauchst du Wasser?« Meine Antwort wartet er gar nicht erst ab – ich habe noch 8 Liter dabei – und geht sofort zurück zu seinem Auto, öffnet den Kofferraum und reicht mir eine große, mit Wasser gefüllte Plastikflasche. Ablehnen? Undenkbar!

Dann dreht er sich um, geht zu einer ausgewachsenen Pinie und klopft mit der flachen Hand auf den Stamm. »Water!«, wiederholt er noch einmal und deutet mir mit beiden Händen an »groß!«. Ich merke aber auch, dass er diesen Platz hier wohl aufgesucht hat, um allein zu sein. Vielleicht, um zu beten. Deshalb rufe ich ihm noch einmal ein Danke hinterher. Diesmal auf Hebräisch: »Todaa!«

Weiter geht es mit einem gigantischen Blick ins Tal erst einmal flach dahin. Links von mir blüht eine Gruppe von Mandelbäumen in kräftigem Rosa. Etwas entfernt von mir fährt eine Seilbahn in die Höhe und gibt mir eine erste Ahnung davon, dass das Heilige Land auch bergig sein kann. Sehr bergig. Denn auch mein zunächst flaches Stück Weg zur Schonung ist längst wieder steil nach oben gerichtet. Diesmal versäume ich die Abzweigung nach links aber nicht. Es wird wieder flach, und aus der Sandpiste wird nun ein schmaler Trampelpfad mit tiefroter, weicher Erde.

Bald schon sehe ich wieder Kühe. Und ebenso bald stelle ich fest, dass diese friedfertigen Wiederkäuer hier ganz viele solcher »Israel Trails« angelegt haben. Welcher ist der richtige? Weil ich im Wanderführer auf die Frage nach den von den Kühen angelegten Abzweigungen nichts finden kann und auch schon wieder keine Wegmarkierung erspähe, versuche ich es mit meiner Navigationsapp, die ich auf meinem Handy installiert habe. Und die zeigt mir, dass ich ungefähr richtig bin. Also gehe ich weiter. Dass »ungefähr« im freien Gelände keinesfalls »exakt« ist, muss ich leider erst in einer nächsten Lektion lernen – denn Kühe scheinen sich nicht an den offiziellen Israel Trail zu halten! Hier hätte ich mir auch den versehentlichen Tritt in einen Kuhfladen wohl erspart. Aber was soll's. Erst einmal geht es kräfteschonend und fast überschwänglich gestimmt bergab. Dass aus einer klitzekleinen Richtungsungenauigkeit im Laufe der Zeit dann doch eine ganz erhebliche Abweichung entstehen kann, beginne ich ganz langsam zu ahnen, als es immer steiniger und vor allem stacheliger wird.

Und wie würde ein wohlgesonnener Gott mir hier wohl sagen wollen, dass ich schon wieder falsch bin, wenn nicht durch Dornen, die mich mittlerweile sogar schon auf Augenhöhe vehement vom Weg abzuhalten versuchen? »Kratz dich nur, du Idiot!«, scheinen sie mir zuzurufen, »merkst du denn nicht, dass das nicht der Weg ist? Wie sehr müssen wir dich denn noch piksen und stechen, bis du auf dein dummes Navi schaust?« Aber: Wer so geschunden wird, der will da nur noch durch. Längst hat in mir so eine Art steinzeitlicher Autopilot die Kontrolle an sich gerissen. Verstand aus. Tunnelblick an. Ganz so wie auf einer dicht befahrenen Autobahn, auf der ich jedes mich behindernde Gestrüpp, äh, ich meine Auto, mit der Lichthupe wegpusten würde. Alles, was sich mir in den Weg stellt, muss überholt und besiegt werden! So führt mich mein Steinzeitprogramm immer weiter in die Tiefe der israelischen Stachelbotanik, in der sich längst auch keine dumme (?) Kuh mehr verirren würde. Aufgeben? Keinesfalls. Umkehren? Niemals! Leiden? Gern doch, wenn es sein muss!

Was auf der Autobahn womöglich tödlich ausgegangen wäre, ist hier im stacheligen Strauchwerk nur ein kleiner Überschlag. Und dann noch einer und noch einer. Gefolgt von einem freien Fall 2 Meter nach unten, wo ich mit einem dumpfen Knall auf dem Rucksack aufschlage. Dann wird es erst einmal schwarz um mich. Das Erste, was ich mit geschlossenen Augen bewege, ist meine linke Handfläche, die einen abgebrochenen Ast umklammert. Noch bevor ich die Augen öffne, frage ich mich, ob ich noch ganz bin und ob noch alle Körperteile an mir dran sind. Meine Familie fällt mir ein und wie enttäuscht sie wären, wenn mein Israel Trail ein solches Ende gefunden hätte.

Nach und nach stelle ich fest, dass ich noch alles bewegen kann, und drehe mich auf die linke Seite. Ich spüre keinerlei Schmerz und öffne die Augen. Ich liege direkt an einem Gitterzaun im Gestrüpp, hinter mir schließt mich eine kleine Felswand ein, über die ich nie zurückkommen würde. Als ich mir mit meiner rechten Hand über das Gesicht wische, bemerke ich, dass alles voll Blut ist. Es stammt von meinen beiden Schienbeinen, und die sehen nicht gerade gut aus. Ich liege wohl eine halbe Stunde untätig herum, bevor ich mich dazu aufraffen kann, mein Verbandszeug aus dem Rucksack zu holen und meine Wunden zu desinfizieren. Längst ist mir kotzübel, und ich bekomme es mit der Angst zu tun. Ich liege hier so dumm eingekeilt, dass ich mich nicht befreien kann.

Es vergeht noch eine weitere Stunde, in der ich liegen bleibe und nachdenke, bis ich mit meinem Handy den israelischen Notruf 100 wähle. Ich lande bei einer jungen Dame namens Maya, die mir immer wieder die gleichen Fragen stellt: »Wie lange sind Sie schon in Israel?«, »Wie lange bleiben Sie noch in Israel?« und so weiter. Dann irgendwann piepst mein Handy und zeigt mir an, dass mein Akku nicht mehr ewig halten wird. Ich schlage Maya vor, ihr meine Koordinaten per SMS zu schicken. Das wäre für mich mit ein paar Tastenschlägen erledigt. Denn erklären kann ich ihr meinen Standort ja ohnehin nicht. Maya ignoriert meine Bitte und spult dogmatisch ihren Leitfaden ab, der vermutlich in Schriftform vor ihr liegt. Ich kann ihn förmlich sehen.

»Was sehen Sie direkt vor sich?«

»Stacheldrahtzaun«, antworte ich.

»Und was sehen Sie hinter sich?«

»Eine Felswand«, antworte ich.

Doch Maya scheint mich nicht zu verstehen und fragt auf Englisch weiter: »Und wie heißt diese Felswand?« Doch dann, nach vier Telefonaten, gibt Maya mir – sicher entgegen allen Richtlinien – ihre private Handynummer, auf die ich ihr meine Koordinaten per SMS senden kann. Und nun geht alles sehr schnell. Maya meint: »Wir holen Sie da sofort raus, wie sieht es mit Ihrem Wasser aus?«

Ich stehe mittlerweile das erste Mal wieder auf meinen Füßen. Vor mir ist ein eingezäuntes Weingut. Da sollte es doch auch einen Zugang geben. Nachdem der Zaun nicht allzu hoch ist, frage ich Maya, ob ich da hinüberklettern darf. Maya meint, ich solle aber aufpassen und mein Handy anlassen. Gesagt, getan. Als Erstes werfe ich meinen Rucksack über den Zaun. Und dann folge ich selbst. Mit einem Schlag fühle ich mich frei!

Während meines Marsches durch das Weinfeld bleibt Maya bei mir und fragt immer wieder, wie es mir geht. Dann kommt der Zugang zum Weinfeld, der aber recht leicht zu überwinden ist.

»Ich sehe da oben jetzt Strommasten und höre Autos«, sage ich Maya am Telefon. Und: »Ich komme klar. Danke, Maya. Ich komme klar.«

Trotzdem möchte Maya mich eigentlich ins Krankenhaus bringen lassen.

Als ich ihr in ernstem und ruhigem Tonfall sage: »Wenn ich das tue, dann, denke ich, endet hier mein Israel Trail«, meint sie: »Ich kenne dieses Gefühl gut, du bist noch nicht angekommen.«

Es folgt eine kurze Pause, und dann sagt Maya mir, dass sie das eigentlich gar nicht dürfe, mich jetzt so weitergehen zu lassen, aber dass sie mich gut verstehe. Ich stünde noch ganz am Anfang meiner großen Strecke und dürfe mein Ziel nicht aus den Augen verlieren. Eines aber musste ich Maya am Telefon versprechen: dass ich zum nächsten Dörfchen gehe und mich dann noch einmal bei ihr melde.

Am Eingangstor von Ramot Naftali trifft zeitgleich mit mir das Schweizer Ehepaar ein. Auch sie haben sich verlaufen, sind aber dann rechts den Berg hinaufgestiegen und damit wieder auf den richtigen Weg gestoßen, während ich mich links im … Lassen wir es lieber! Nichts davon erzähle ich den beiden, und die blutigen Schienbeine, das waren ja nur ein paar Sträucher, die sich mir in den Weg gestellt hatten. Nichts Schlimmes. Für ein paar Kilometer begleite ich die beiden sympathischen Schweizer. Er ist Professor und Psychologe. Und eine Tochter lebt hier in Israel, wenn ich alles richtig verstanden habe.

Kurz nach Yesha Fort, in Ramot Naftali, trennen sich dann unsere Wege. Ich mache mich auf die Suche nach Trail Angel Agmon, der mir hier im Kibbuz empfohlen wurde. Agmon ist ein sportlicher Typ und dürfte so Anfang vierzig sein. Zusammen mit seinem kleinen Sohn schließt er mir stolz meine heutige Bleibe auf. Es ist der frühere Kindergarten des Dorfes, den er heute für Wanderer zur Verfügung stellt. Was ich da sehe, kommt den Pilgerherbergen am Jakobsweg an der Küste, dem Camino de la

Costa, sehr nahe. Agmon nimmt sich Zeit und führt mich durch die Räume. Ich bin der einzige Pilger heute. Im großen Hauptraum liegen ein paar Matratzen herum. Alles ist hell, sauber und ordentlich. Sogar ein Klavier gibt es hier, auf dem sein Sohn mir etwas vorspielt. Und er kann es richtig gut. Agmon ist sichtlich stolz auf das, was er mir zu bieten hat. Es gibt eine kleine Küche. Auch sind Spaghetti vorhanden, ebenso geöffnetes Tomatenmark und Öl, was ich alles verwenden darf. Agmon zeigt mir die großen Werbebanner von Carlos Goldberg, einem israelischen Extremsportler, der auch schon hier zu Gast war. Goldberg ist den Israel Trail in einer Art gigantischem Marathon gelaufen.

Normalerweise, meint Agmon, weise er seine Gäste auf das Spendenglas hier hin. Es stehe jedem frei, ein wenig zum Erhalt der Unterkunft beizutragen. Ganz wie er wolle. Aber heute, meint er, möchte er mir gern helfen. Israel werde in den Medien oft schlecht dargestellt. Ob wir im Fernsehen auch etwas über das Land selbst und die Menschen erfahren, fragt er mich. Ohne eine Antwort abzuwarten, erzählt er mir, wie gut ihm Berlin letztes Jahr gefallen habe und dass vor mir schon zwei Deutsche hier auf dem Israel Trail für ein paar Tage unterwegs waren und bei ihm übernachtet haben.

»Zwei?«, wiederhole ich erstaunt und Agmon nickt. Ich komme nicht umhin, einen gedanklichen Vergleich zum oftmals überlaufenen Jakobsweg zu ziehen, auf dem mittlerweile pro Jahr mehr als 300 000 Pilger unterwegs sind, viele davon auch Deutsche. Ein ernst gemeintes »zwei« – also eine Zahl ohne viele Nullen – hätte ich für völlig unmöglich gehalten.

Heute komme ich nicht mehr dazu, den schönen Vorgarten zu genießen. Hier könnte man sogar grillen und im Freien schlafen. Lieber nutze ich die Gelegenheit, meine Klamotten zu waschen, und koche mir 300 Gramm Nudeln, zwar ohne Salz, dafür aber mit Genuss! Die nächsten Etappen von insgesamt 46 Kilometern führen in traumhaft grüner Landschaft über den knapp 1200 Meter hohen Mount Meron nach Ein Koves (Safed). Täglicher Trinkwasserverbrauch ca. 7 Liter.

So in die Synagoge?

Ein Koves ist nicht viel mehr als ein Name. Ein kleiner Platz unterhalb des Städtchens Safed beziehungsweise Tsefat – wie immer man es aussprechen mag. Ohnehin gibt es für hebräische Bezeichnungen keine exakten Umschriften, sondern immer ein wenig Spielraum, an den man sich gewöhnen muss. Englische Bezeichnungen auf Schildern sind daher manchmal in den verschiedensten denkbaren Schreibweisen zu lesen.

Nachdem es noch recht früh ist, wandere ich ein paar Hundert Meter hoch von Ein Koves nach Safed. Mir ist heute nach einer Dusche zumute, und etwas Verpflegung kann auch nicht schaden. Obwohl: Richtig Hunger gelitten habe ich bislang im Heiligen Land noch nicht. Und richtig große Anstrengungen, um etwas zu bekommen, habe ich bislang auch nicht unternehmen müssen. Eher kam bisher alles fast von selbst. Damit habe ich nicht gerechnet, aber ich bin ja auch noch ganz am Anfang meiner Reise und in einem eher besiedelten Raum unterwegs.

In Safed selbst komme ich keine 200 Meter weit, ohne von zwei schwarz gekleideten jungen Burschen mit weißem Hemd angesprochen zu werden. Ich grüße sie freundlich, doch verstehe ich nichts von dem, was sie mir sagen wollen, und mit großen Schritten gehe ich daher weiter. Die Schritte der jungen Burschen – jetzt sind es plötzlich gleich drei – sind allerdings schneller als meine, und weil ich nicht das Gefühl habe, dass sie mir schlecht gesinnt sind, halte ich schließlich an. Alle drei reden gleichzeitig mit mir, wohl um den Moment maximal zu nutzen, falls ich mich doch noch umdrehen und weiterziehen sollte. Dann binden sie mir einen Tefillin, einen jüdischen Gebetsriemen, an meine Stirn. Es handelt sich dabei um eine Art schwarzer Schachtel, die sie mir mit einem Lederriemen an die Stirn schnallen. Man könnte das auch mit einer Stirnlampe vergleichen. Nun, da ich nicht mehr davonlaufe, konzentriert sich wenigstens einer der drei auf das Reden. In Englisch.

Sie möchten mir ihren Segen geben, das würde nur ein oder zwei Minuten dauern. Das Tefillin, so erzählt er mir, enthalte, eingewickelt in Leder, kleine Schriftröllchen mit Texten aus der Thora, den fünf Büchern Mose. Auch wenn es mir schwerfällt zu glauben, dass meine Seele gleich direkten Kontakt zu Gott aufnehmen wird, spreche ich den Burschen drei Fürbitten auf Englisch nach. Zumindest waren es gute Wünsche, und es kann ja nichts schaden, wenn man die ins Universum aussendet. Die drei halten Wort und »befreien« mich umgehend von meinem Tefillin, den ich zumindest aus Respekt nun auch nicht mehr mit einer Stirnlampe vergleichen möchte. »Nun werden jüdische Menschen spüren, dass du da bist«, meint der kleinste der drei Burschen und sagt: »Es ist gut, dass du da bist.«

Dann trennen sich unsere Wege, und ich laufe ein paar Steintreppen nach unten. »Carmel Hotel Safed« steht hier an einem schmucken Steinhaus. Es sieht einladend aus, und ich möchte hier mein Glück noch einmal versuchen. Noch einmal, weil ich schon von Ein Koves aus hier angerufen habe, die Telefonnummer steht im Reiseführer. Der Besitzer hat mir am Telefon bereits einen Spezialpreis für Wanderer zugesichert, in Sachen »kostenlos« ließ sich aber am Telefon nichts erreichen. Wenigstens versuchen muss ich es, und das geht wohl nur, indem ich persönlich anklopfe. Den direkten Draht zu Gott habe ich ja nun, falls er nicht schon wieder, so wie bei einem Handynetz, abgerissen ist. Bei dieser Vorstellung muss ich schmunzeln, und exakt jetzt öffnet sich die schwere Holztür.

»Mein Name ist Shlomo«, begrüßt mich der Hotelbesitzer höchstselbst mit einem ebenso freundlichen Lächeln an der Tür.

»Wie gefällt dir Safed?«, fragt er mich noch, während wir in den hellen Empfangsraum treten.

»Gut«, antworte ich und erzähle ihm, dass ich gerade einen Tefillin am Kopf hatte. »Dann hast du eine Fürbitte für uns gesprochen«, sagt Shlomo, nimmt einen Schlüssel vom Brett und möchte mir sofort mein Zimmer zeigen. Zuvor muss ich ihm aber unbedingt noch sagen, dass … Doch ich komme nicht dazu. Shlomo würgt mich immer wieder ab. Jetzt hat er mir sogar, ganz so wie ein Gentleman das bei einer Dame tun würde, meinen Rucksack abgenommen. Ich stehe recht betreten vor dem Zimmereingang, während Shlomo die Fensterläden öffnet und Licht »mein« Zimmer durchflutet. »Hier ist deine Dusche«, sagt er.

»Ich muss Ihnen etwas sagen«, beginne ich herumzustammeln.

»Sag es mir unten«, antwortet mir Shlomo fröhlich, und schon ist er die paar Stiegen ins Parterre wieder hinabgesaust.

»Ich brauch noch deinen Ausweis«, sagt er jetzt, als er hinter dem Tresen steht und sich mit beiden Händen auf die Theke aufstützt. Jetzt muss ich es ihm sagen. Meinen Rucksack habe ich immerhin gleich wieder mit nach unten genommen und aufgeschnallt. Ob ich bei ihm putzen dürfe, für Unterkunft und Verpflegung, frage ich. Und sofort schiebe ich hinterher: »Ich schlafe auch im Garten, und ich möchte wirklich bei Ihnen arbeiten.«

»Brot und Wasser? Du hast das am Telefon wirklich ernst gemeint?« Dann schließt er bedächtig sein schweres schwarzes Gästebuch und sagt: »Niemals würde ein Said«, und jetzt erzählt er mir von der langen Familientradition der Saids, »einen Wanderer einfach stehen lassen.« Shlomo begleitet mich noch einmal zurück zu meinem Zimmer und drückt mir dann den Schlüssel in die Hand.

In dem Moment, als ich die Tür hinter ihm schließe, spüre ich, wie klein und verletzlich ich doch als Wesen bin. Die Güte, die mir gerade widerfahren ist, bewegt mich. All das hat nichts, aber auch gar nichts mit Geld zu tun. Es geht nicht ums Herunterhandeln von Hoteliers. Es geht nicht darum, ein Schnäppchen zu ergattern. Es geht nicht um den besten Deal und auch nicht darum, etwas umsonst zu bekommen. Vielleicht geht es einfach nur darum, alles abzulegen, was ansonsten Glück verhindert. Heute besucht mich mein Glück im Gewand eines tiefen Urvertrauens. Ein Zustand, der völlig frei ist von jedem Zweifel. Shlomo hat mich »zu sich« genommen. Er hat mir eine Bleibe gegeben, weil er es wollte. Für Shlomo gibt es kein Kalkül, keine Marge, nicht den kleinsten Gewinn.

Aber Shlomo hat meine feuchten Augen bemerkt, als er genickt hat. Das hat auch ihn berührt. Auch das war echt.

Als mir Shlomo eine Stunde später zeigt, wie ich den Treppenflur putzen kann beziehungsweise darf, haben wir beide unseren Spaß. Shlomo meint, es sei ihm noch nie passiert, dass ein Gast hier auf den Knien herumgekrochen sei und die Treppe putze. Nun bin ich direkt bei ihm angekommen. Hoffentlich hat er noch ein paar weitere Aufgaben für mich, denn ich möchte mich hier gern ein wenig austoben. Doch Shlomo hat anderes für mich auserkoren.

»Now you take a kippa« – »Nun nimmst du eine Kippa und gehst in die Synagoge. Wenn du willst.« Klar möchte ich, aber darf man da als Christ einfach mal eben so hineinspazieren? »Ja, natürlich«, antwortet Shlomo und befestigt gerade mit einer kleinen Klammer die Kippa an meinem Hinterkopf. Dann holt er mir aus seinen Privaträumen noch ein weißes Hemd. Leihweise! Mit Kippa und schlecht sitzendem weißen Hemd, strapazierter Wanderhose und Trekkingschuhen fühle ich mich nicht gerade wohl in meiner Haut. Direkt vor der Hoteltür frage ich zwei Einheimische, ob ich denn in so einem Outfit eine Synagoge besuchen könne. Und die antworten mir gleich auf Deutsch: »Ja, gut so. Geht absolut. Du brauchst keinen Luxus, um Gott zu gefallen!« Trotzdem bin ich irgendwie fast erleichtert, als die Synagoge, zu der Shlomo mich geschickt hat, dann doch geschlossen ist.

Weil ich aber auf dem Weg zur Synagoge gleich mehrere Menschen nach dem Weg gefragt habe, fragen mich die jetzt beim Zurückgehen alle, wie es mir denn gefallen habe. Und da bringe ich dann doch nur ein »War geschlossen« über die Lippen. Kurz vor dem Hotel klopft mir dann einer, dem ich gerade eben noch das »War geschlossen« zugerufen hatte, auf die Schulter. Er sieht es offenbar als seine Pflicht an, mich zu einer anderen kleinen Synagoge zu führen, die zwar gerade leer, aber nicht verschlossen ist. Hier begrüßt mich ein Rabbi, dessen Namen ich leider auch beim zweiten Nachfragen nicht verstehe.

Obwohl er merkt, dass ich kein einziges Wort Hebräisch spreche, führt er mich durch die Räume und erklärt mir geduldig jede Ecke der Synagoge. Was hätte ich jetzt dafür gegeben, Hebräisch zu verstehen. Aber auch so habe ich das Gefühl, aus der mir gänzlich unbekannten Sprache etwas herauszuhören. Natürlich keine einzelnen Wörter und schon gar keine Grammatik. Was aber unsere Sprachlehrer in der Schule wohl nie verstehen werden, ist: *Sprache beginnt mit Intuition.* So etwas wie eine Eingebung habe ich gerade wirklich. Der Rabbi erklärt mir ein wenig über die Wurzeln seiner Religion und schwenkt um auf Englisch. So erklärt er mir, dass auch das Christentum und der Islam auf den Überlieferungen des Judentums, den fünf Büchern Mose, basieren.

Das Judentum sei die älteste der großen monotheistischen Religionen. Und wo immer man hier im Heiligen Land grabe, stoße man auf jahrtausendealte Zeugnisse jüdischer Vergangenheit. »Vielleicht«, meint der Rabbi, »fällt es uns allen mit einem Blick auf unsere Wurzeln irgendwann wieder ein, dass wir auch zusammenleben können, ohne uns gegenseitig zu bedrohen.«

Angenehmerweise habe ich nicht im Geringsten das Gefühl, dass der Rabbi hier auf irgendetwas anspielt, sondern einfach eine persönliche, weise Hoffnung äußert. »Christian« – dummerweise hat er sich also meinen Namen gemerkt –, »Christian, ich wünsche dir auf deinem Weg durch das Heilige Land Gottes Segen!

Und ich möchte dich bitten, vertraue ihm. Bitte Gott unterwegs um die Dinge, die du gerade dringend benötigst. Bitte nicht um mehr. Aber bitte auch nicht um weniger. Bitte ihn einfach, und er wird dich erhören!«

So gesegnet gehe ich zurück zu Shlomo und gebe ihm dankbar sein Hemd und die Kippa zurück. »Tomorrow ...«, sage ich zu Shlomo, und noch bevor ich weitersprechen kann, ergänzt er schon: »... wirst du sehr früh aufbrechen. Morgen wird es heiß.«

Zweite Woche

Wandern wie vor 2000 Jahren

Hinab zum See Genezareth

Etwa 20 Kilometer, 750 Meter Gesamthöhenabstieg auf etwa
200 Meter unter null. Trinkwasserverbrauch ca. 5 Liter.

Heute geht es nur bergab. Von Safed (550 Meter über null) werde
ich dem Nahal Amud – »Nahal« bedeutet »Tal« – nach unten bis
zum See Genezareth folgen. Fast jedenfalls, denn der Israel Trail
wird mich nicht ganz bis zum Ufer des Sees führen. Und da sind
wir wieder beim Thema: Der Israel Trail will ganz bewusst kein
religiöser oder politischer Weg sein. Er will nicht spalten mit Dingen, die dem einen alles und dem anderen nichts bedeuten, oder
schlimmer noch, mit Dingen, um die gestritten werden könnte,
weil gleich mehrere einen Anspruch darauf erheben.

Indem sich der Weg bewusst zurücknimmt, macht er die Sinne
frei! Während man viele Sehenswürdigkeiten in Israel zweifels-
ohne mit Bustouren abklappern kann, kommt man da, wo es nur
Steine und Blumen und viel Zeit gibt, mit dem Bus nicht hin. Und
wo bei einer geführten Tour das eine oder andere nur am Rande

per Durchschieben mitgenommen wird, darf hier jeder Augenblick genossen werden. Auch gibt es hier keine Verpflichtung, sich vorzubereiten oder belehren zu lassen, vom Weg selbst einmal abgesehen. Ich muss weder etwas über Geschichte lernen, noch werde ich über einen Kopfhörer beschallt. Hier draußen ist einfach nur die Natur, die ansonsten von mir kaum Notiz nimmt. Der ganz große Unterschied ist: Ich kann ihr zuhören und lauschen. Wenn ich möchte. Und heute bin ich ganz Ohr.

Gleich auf den ersten Metern entdecke ich eine neue Leichtigkeit im Gehen, und ich fühle mich richtig wohl. Das Zwitschern der Vögel und das Zischen der Grillen scheint heute doppelt so laut zu sein wie sonst. Es hat in der Nacht kräftig geregnet, und alles ist feucht, warm und dampfig. Der schmale Trampelpfad, der mich immer tiefer hinein in den Canyon führt, ist manchmal etwas glitschig. Er fordert meine volle Aufmerksamkeit, denn ausrutschen möchte ich nicht. Auf Stöcke habe ich auf meiner Reise verzichtet. Ich gehe nicht so gern mit Stöcken. Doch hier wären sie gut. Aber auch ganz ohne Stöcke kann ich mich an allerlei Strauchwerk links und rechts festhalten. Fünf Liter Wasser schreibt mein Reiseführer für die heutige Etappe mindestens vor. Eigentlich recht viel, wenn man bedenkt, dass es ja nur ein paar Kilometer bergab geht. Doch schon jetzt, nach einer knappen Stunde, habe ich meine erste Eineinhalbliter-Flasche Wasser ausgetrunken. Bleiben nur noch dreieinhalb Liter.

Und es wird heiß, wie Shlomo schon sagte. Denn hier unten im Canyon weht kein Lufthauch mehr. Die Sonne strahlt sehr steil in das Tal hinein, und die hohen Felswände sorgen für ein ganz eigenes Treibhausklima. Zum ersten Mal bekomme ich hier unten in Anbetracht meiner nur dreieinhalb Liter Wasser ein beklemmendes Gefühl. Auch wird mir klar: Heute bist du wirklich allein. Handynetz habe ich hier unten auch nicht. Ich bin heute früh da oben »rein«, und ich komme am Nachmittag da unten wieder »raus«. Hoffe ich. Und genau jetzt treffe ich auf jemanden, der mich zu verstehen scheint. Es ist ein kleiner, gelb-schwarzer Feuersalamander, der sich in der Feuchtigkeit auf den Bergpfad herausgetraut hat. Ich sehe sein Herz schlagen und behalte ein wenig Abstand zu ihm, während ich mich bücke. Er (oder sie) ist ein wunderschönes Wesen, welches mich mit seinen Augen nun genauso intensiv anblickt wie ich ihn.

Nach meinem Treffen mit dem kleinen, schönen Winzling habe ich wieder Vertrauen zum Weg geschöpft. Ein paar wenige schwierigere Stellen sind hier mit Metallgriffen oder Metallleitern gesichert. Insgesamt also auch für den Normalwanderer alles recht gut und sicher machbar. Ich bin überwältigt von dieser absolut unberührten Natur. Und das mitten in Israel, wo man sich doch auch Dürre gut vorstellen kann. Bis jetzt folge ich dieser überwältigenden Bachlaufkulisse, ohne auch nur einem einzigen Menschen zu begegnen. Die senkrechten Felswände, die das Tal einschließen, sind gut und gern 100 Meter hoch. Jeder Fels kann hier eine lange Geschichte erzählen, wie er immer wieder gefaltet, geschichtet und geschliffen wurde. Die orangerot-beigen Wände sind beeindruckend. Sie sind wohl alle über und über gefüllt mit Leben. Aus jeder noch so steilen Wand ragen Büsche, Stauden und sogar kleine Bäume heraus. Die Wände scheinen durchsiebt mit Löchern und Höhlen zu sein, bestimmt ein Paradies für alle möglichen Tiere. Wer weiß schon, wie viele Augen von Wald- und Felsbewohnern mich hier schon gemustert haben.

Es geht noch weiter bergab. Der schmale Pfad führt mich nun über eine weitere Metallleiter direkt nach unten zum Bachlauf. Hier ist es auch gleich richtig dunkel unter den dichten Baumkronen. Immer wieder überquert der Weg den Wasserlauf. Mal führt er links entlang, dann wieder rechts, und stellenweise geht es über größere Feldbrocken direkt den Bach entlang. Dass ich noch immer nicht einmal 6,4 Kilometer zurückgelegt haben soll, kann ich kaum glauben. Hier soll ich laut Karte die Schnellstraße 85 unterqueren, bevor ich wieder dem Tal des Amud folgen kann. Kurz vor der Straße stoße ich wieder einmal auf eine Wandertafel, die die Natur erklärt und erneut das Engagement des KKL deutlich macht. Und ruck, zuck bin ich wieder mitten im Grünen.

Auf dieser Seite der Straße öffnet sich der Canyon ein klein wenig, und ich wandere durch eine Almwiese mit Kühen. Wenige Hundert Meter weiter folge ich dann der »linken« Abzweigung in eine Sackgasse aus 2 Meter hohen Brennnesseln. »Ja, ich habe verstanden, was ihr mir sagen wollt«, murmle ich in meinen Dreitagebart, drehe mich um und gehe zur Abzweigung zurück. Fünf Minuten später kommen mir die ersten Wanderer auf dem Israel National Trail entgegen. Eine Gruppe von fünf Jugendlichen und zwei Erwachsenen. Fast scheint es so, als hätten die Jugendlichen nicht den geringsten Spaß an dem »tollen« Bergauf-Ausflug, den ihnen wohl die Eltern aufgedrängt haben. In ihren Gesichtern lese ich das Gegenteil von Begeisterung, und ihre Negativmimik scheint sich im Verlauf des Weges wohl auch auf die anfangs sicher begeisterten Eltern übertragen zu haben. Das Schuhwerk der Teenager besteht wie zum Trotz aus Badeschlappen »Made in China«, während sich die Eltern alle Mühe gegeben haben, wie echte Bergsteiger daherzukommen. Im Moment der Begegnung denke ich mit einem inneren Grinsen »Glückwunsch, ihr seid gerade bei null angekommen!«, aber ich belasse es einfach bei einem höflichen »Schaaaloooom!«

In der Tat habe ich gerade die Meereshöhe unterschritten. Kann ich noch atmen? Ja! Aber auch an der Luft merkt man irgendwie, dass da etwas nicht stimmt. Es wird nämlich mit jedem Meter weiter nach unten stickiger und heißer. Gerade erheitert mich meine Navigationsapp auf dem Handy, die hier »unten« plötzlich recht lustige Zahlenwerte im Höhenprofil ausspuckt. Dass es auf der Erde Punkte unter dem Meeresspiegel gibt, an denen man noch wandern kann, ohne eine Wassersäule über sich zu haben, wurde übersehen. Auf die Navigation selbst allerdings ist Verlass.

Und die habe ich in den letzten Tagen immer wieder einmal zurate gezogen, um mich nicht erneut zu weit zu verlaufen. Während ich mich am Jakobsweg noch über Menschen mit Navi lustig gemacht habe, bin ich hier dann doch recht froh darüber.

Der weitere Weg beschert mir noch eine irre Kulisse, den Ha'Amud, »The Pillar«, ein riesengroßer Felsklotz, der sich da gerade über mir erhebt. Dem hätte ich gern, wäre er nicht mindestens 20 Meter hoch, wie einem Schneemann eine Nase und Augen angesteckt. Später ziehen langsam dunkle Wolken auf, und es beginnt, stürmisch zu werden. Und wie stürmisch! Wie auf Kommando gießt es plötzlich in Strömen. In kürzester Zeit müssen sich meine grüne Outdoorjacke und der pinkfarbene Regenschutz für meinen Rucksack bewähren.

Trotz allem erzeugt der Regen in mir auch ein sehr intensives Gefühl der Verbundenheit mit der Natur. Obwohl die Nässe überall durchgeht, ist es ein schönes Gefühl, sich auf die Elemente einzulassen. Wie auf einem See spritzt der Regen gischtartig umher, gepeitscht vom Sturm, der auch mich in eine leichte Seitenlage versetzt. Dann fällt mir plötzlich Jesus ein, wie er vielleicht vor gut 2000 Jahren exakt hier einen Fuß vor den anderen gesetzt hat. Bisher habe ich mir Jesus immer nur in Sandalen wandelnd in der Wüste vorgestellt, wenn überhaupt. Jetzt aber geht es durch einen eiskalten Regenguss. Hätten sich Jesus und seine Jünger irgendwo Unterschlupf gesucht? Hätten sie sich in dicke Decken oder Felle eingewickelt? Hätten sie sich ein Feuerchen gemacht und das Unwetter gelassen abgewartet?

Alles hier scheint so ganz anders zu sein, als ich es mir vorgestellt habe. Aber ich muss zugeben: Es ist um ein Vielfaches schöner, als ich es mir je hätte ausmalen können. Mag sein, dass Jesus und seine Jünger damals nicht wie ich jetzt gerade an Bananenplantagen vorbeigewandert wären. Aber gewiss hätten sie ebenso wie ich den Regen genossen und nicht das Geringste daran auszusetzen gehabt.

Jeder Schritt, den ich hier gehe, hat wohl seine Geschichte. Es ist aber eine Geschichte im ganz Kleinen. Ich werde keine Sehenswürdigkeiten besuchen, sondern einfach mal sehen, was mir meine unmittelbare Umgebung zu erzählen hat. Könnte sie mir gar etwas ganz anderes erzählen als das, was uns die Kirche heute lehrt?

Und was würde Jesus heute den Extremisten entgegnen, die sich überall in unserer Welt breitzumachen scheinen? Würde er sich noch immer hinstellen und eine Wange hinhalten? Würde er Liebe predigen? Wie würde er auf Raketenangriffe antworten, und was würde er politischen Hardlinern sagen? Wie würde er heute die Spirale der Gewalt durchbrechen? Und was würde sein Vater dazu sagen? Wäre er ein gütiger, ein friedlicher Vater? Welche Beschreibung passt zu ihm? Was ist mit den anderen, die als Gott bezeichnet werden? Oder gibt es nur einen einzigen Gott, den wir nur mit verschiedenen Namen anreden? Ist Gott anwesend, während ich so an ihn denke? Oder nur »wenn zwei oder drei in meinem Namen versammelt sind, dann bin ich mitten unter ihnen«. Letzteres könnte ja auch eine Erfindung der Kirche sein. Der Gott, wie ich ihn mir jedenfalls vorstelle, wäre bestimmt bei mir und würde zuhören. Er würde sich sogar freuen, wenn ich beginne, an ihn zu denken. Und: Er würde mir womöglich zeigen, dass er mir gerade eben sehr gut zugehört hat.

Im Augenblick würde mich natürlich auch interessieren, ob er mir Brot und Wasser geben würde, wo ich doch sicherlich, wie viele andere seit zweitausend Jahren, deutlich von seinen Vorstellungen abgerückt bin. Würde er mir Brot und Wasser geben – so weit war ich ja schon –, ohne mich zu bekehren? Oder müsste ich ihm für Brot und Wasser die ewige Treue schwören und das Glaubensbekenntnis aufsagen? Hunger habe ich ja. Auch ist mir völlig klar, dass das, was ich dabeihabe, meinen heutigen Kalorienverbrauch nicht decken wird. Selbst wenn ich alles samt Notvorrat auf einmal essen würde. Allerdings würde ich noch lange nicht vom

Fleisch fallen, und so wende ich mich dann auch wieder ganz weltlichen Gedanken zu.

Wie weit komme ich eigentlich mit der geringen Kalorienzufuhr der letzten Tage? Intuitiv spüre ich, dass ich mit weit weniger auskommen würde und wohl auch auf einige Gegenstände meines Gepäcks verzichten könnte. Ich bin noch lange nicht da angekommen, wo man von Entbehrungen oder Minimalismus sprechen könnte. Ganz im Gegenteil, ich bin noch weit davon entfernt, ein »einfaches« Leben als Wanderer zu führen. Noch immer habe ich das Gefühl, dass mir der kalte Regen und der fiese Seitenwind richtig guttun. Eigentlich verrückt. Die Bedingungen verschärfen sich, und ich fange an, das Leben zu spüren. Einfach weiter, immer weitergehen und nicht über irgendwelche Folgen nachdenken. Ein absurder Luxus!

Wären da nicht die Wegweiser des Israel Trails, die mir schlagartig in den Sinn kommen. Wo waren die letzten Markierungen? Wie lange sinniere ich schon recht glücklich vor mich hin, ohne einen klitzekleinen Hinweis auf den Shvil Israel gesehen zu haben? Ich überquere die Schnellstraße am See Genezareth und stehe wenig später an dessen Ufer, ohne auch nur wenige Meter weit sehen zu können. Definitiv falsch, fällt mir ein. Meinen Reiseführer kann ich bei dem Platzregen nicht wirklich benutzen, habe aber womöglich einige Seiten im Regen »geschrottet«.

Die Praxis lehrt mich, dass auch meinem Handy im Regen Grenzen gesetzt sind. Nicht dass ich Angst um dessen Funktionsfähigkeit hätte, aber das Wischen über das tropfnasse Display öffnet »Bing«, »Bang« und sonst etwas, nicht aber meine Navi-App. Also schnell zurück zur Straße und auf dieser dann grob in die richtige Himmelsrichtung. Gegen den Wind natürlich. Wäre ich nicht schon völlig durchnässt gewesen, hätte ich jetzt wahrscheinlich den schweren Kiestransporter verflucht, der mich mit einem Schwall Wasser übergossen und mit mir gerade den Dichtigkeitstest gemacht hat. Womöglich hätte ich hier auch mein ganzes Vorhaben beerdigt, wenn jetzt ein Bus am kleinen Bushäuschen angehalten hätte. Aber was soll ich hier auch? Nass bin ich eh, und jetzt wird mir beim Herumstehen nur unnötig kalt. Ich friere im Heiligen Land, also gehe ich weiter.

Zum ersten Mal sind meine Schuhe nass. Ich wünsche mir gerade meine Sandalen herbei, die ich bei Ido Ben gelassen habe. Ohne große Orientierung geht es der Stadt Tiberias entgegen. Was mögen sich die Touristen im trockenen Bus gerade gedacht haben, als sie mich für einen kurzen Augenblick an ihrer Scheibe vorbeihuschen sahen? Ob sie sich vorstellen können, wie kalt und nass es hier draußen ist? Und ob sie das schlechte Wetter fotografieren, um später eine Preisminderung wegen Reisemängeln zu erstreiten?

Gedanken kommen. Gedanken gehen. Hier im Heiligen Land wird mir endlich klar, dass das Gehen der Gedanken eine gute Sache ist. Lass sie ziehen. Überleg dir erst gar nicht, wie es wäre wenn. Fang an, deinen Weg zu genießen. Jedes Auto, das an mir vorbeifährt, zeigt mir plötzlich auf, wie langsam und klein meine eigene Welt hier geworden ist. Ich zähle laut mit, wie die Sekunden vergehen und die Fahrzeuge im Regen weit vor mir verschwinden. Das Tempo der Autos und die rasant zurückgelegten Distanzen erscheinen mir als durchnässtem Fußgänger plötzlich utopisch, wie aus einer anderen Welt. Und doch beneide ich keinen der Getriebenen.

Gerade werde ich wieder nass, und wie zur Entschuldigung sehe ich weit vor mir die Bremslichter aufleuchten. Zu spät, denke ich, aber auch egal. Doch das Fahrzeug bremst vollkommen ab, bleibt stehen und setzt die gut 100 Meter zu mir zurück. Ob sie mich mitnehmen dürfen, ruft mir Maayan, die Beifahrerin, aus dem halb geöffneten Fenster zu, während mich Yotam fragt, ob ich den Shvil Israel mache. Damit erinnert er mich an den Weg, den ich ja zu Fuß zurücklegen möchte. Ich danke den beiden und lasse sie ziehen. Dass da jemand angehalten hat, bewegt mich schon.

Ich sehe den beiden noch nach und bemerke dann erneut Bremslichter. Diesmal bleiben die beiden sogar mit Warnblinker stehen und steigen aus. Was wollen sie von mir?

Auch wenn der Anstand es erfordert hätte, die beiden nicht so lange im Platzregen stehen zu lassen, kann ich doch die 100 Meter nur langsam zurücklegen. Ich werde nicht mitfahren. Auch wenn sie mich noch einmal fragen sollten. Doch es kommt ganz anders. Maayan empfängt mich nach einer guten Minute und legt ihre Hand an meinen Arm. »Du möchtest mit deinen eigenen Füßen gehen«, sagt sie. »Yotam und ich haben nicht viel, was wir dir geben können …«, fährt sie fort und öffnet den Kofferraum. Aus einem kleinen Tagesrucksack kramt Maayan eine violette Tafel Schokolade hervor und reicht sie mir. »Aber wir möchten, dass du glücklich bist …«

Yotam steht neben mir und nickt. In diesem Moment schnürt es mir die Kehle zu, und ich wehre den Arm von Maayan ab. Nun hält mir Yotam die Tafel Schokolade hin. Hätte ich einen Knopf in der Hand, der mich in der Zeit vorwärts oder rückwärts bewegt: Ich würde ihn jetzt drücken. Yotam kommt näher und legt mir seinen Arm um die Schulter und durchbricht damit einfach meine Tabuzone.

Ich komme mir vor wie ein Hilfsbedürftiger. Und trotzdem fühle ich, wie ich so viel Gutes nicht an mich heranlassen will. Ich schwitze, stinke, bin ungewaschen, bin nass bis auf die Haut und ganz verletzlich. Und da hält nun einer an der Schnellstraße zum zweiten Mal, umarmt mich und will mir eine Tafel Schokolade geben. Ich nehme sie und lasse die beiden auf meiner nassen Hose unterschreiben. Doch dann regnet es aus meinen Augen genauso wie aus den Wolken, und ich bitte die beiden, wieder zu fahren. Dass sie mich nun umarmen, macht die Sache nicht besser. Ich weine wie ein kleines Kind. Und ich zittere.

»Weißt du, hier ist Jesus schon gegangen«, meint Yotam zu mir, »aber es lohnt sich für jeden, stehen zu bleiben«, und lacht.

Er fährt fort: »Ich finde es wunderschön, wenn du *deinen* Weg gehst.« Dann wünschen Yotam und Maayan mir einen guten »Shvil Israel« und rufen mir aus dem Auto noch zu: »Wir werden uns ohne Regen wiedersehen. Ganz bestimmt. Gott beschütze dich auf deinem Weg.«

Und der geht nun entlang der Straße in Richtung Tiberias. Migdal, mein eigentliches Tagesziel, liegt jetzt rechts von mir. In einer kleinen Bar an der Straße bekomme ich ein großes Brot und Hummus. Ich darf an einem richtigen Tisch unter einem Vordach Platz nehmen und kann mich nun um meine Unterkunft kümmern. Die bekommt man am Israel Trail am besten mit dem Handy. Am Jakobsweg ist das anders. Da gibt es feste Adressen, an denen man Pilgerherbergen vorfindet. Hier am Israel Trail gibt es im Internet eine aktuelle Telefonliste mit Trail Angels, sortiert nach dem Streckenverlauf. Da kann man also nicht einfach mal eben hin, man muss die entsprechenden Teile der Liste »abtelefonieren«. Internet ist also von Vorteil. Eine israelische SIM-Karte für das Handy ist Pflicht.

Trotzdem finde ich nichts in Migdal, jedenfalls nichts, was nichts kostet. Der Barbesitzer hat mir sicher schon eine ganze Weile beim Telefonieren zugesehen. Dann telefoniert er selbst. »Du kannst heute bei Eli übernachten. Eli, das ist Elias Berger, er hat ein Hotel in Tiberias.« Dann setzt er gleich nach: »Auf die Frage nach dem ›ohne Geld‹ hat er mir keine Antwort gegeben. Er meinte einfach, du sollst vorbeikommen.«

So steht es schon in der Bibel: »Und Israel zog weiter und schlug sein Zelt auf jenseits von Migdal-Eder.« (1. Mose 35,21) Doch »Israel« hatte damals noch kein Handy und auch nicht so viel Glück wie ich. Auf dem Handy suche ich mir die Adresse heraus und sehe, dass es nach Tiberias noch ein ganzes Stück hin ist. Vielleicht 10 Kilometer, vielleicht auch etwas mehr. Es wird also bereits dunkel sein, wenn ich dort ankomme.

Wie schön war doch heute der einsame Weg durch den Canyon!

Jetzt laufe ich in Aussicht auf eine Bleibe das erste Mal wirklich auf Asphalt. Jeder einzelne Meter scheint mich hier zu ermahnen: »Nein, ich bin nicht der Israel Trail.« Es ist schon dunkel geworden, und ich bin sehr froh, dass ich nun die ersten Kilometer der Stadt erreicht habe. Hier kann ich auf dem Bürgersteig laufen. Zuletzt geht es – wie sollte es anders sein – den Berg hoch bis zum Hotel Berger.

Der Eingang ist hell erleuchtet, und es checken gerade ein paar Gäste mit Koffern ein. Das ist eine andere Welt. Recht unbeholfen und tropfnass stehe ich gut 50 Meter vor dem Hotel und traue mich keinen Schritt weiter. Mein Glück ist wohl, dass Eli mich von seinem Schreibtisch aus sieht und zu mir nach draußen kommt.

»Du bist also der deutsche Wanderer«, begrüßt er mich in gutem Deutsch und strahlt mich gelassen an. »Ich bin Elias. Aber Eli ist auch gut. Komm rein!« Zum ersten Mal in meinem Leben höre ich, wie Jiddisch gesprochen wird. Es hört sich an wie ein deutscher Dialekt, und ich kann einiges verstehen. Eli scheint ein Herz für mich zu haben und gibt mir ein schönes Zimmer im dritten Stock. Auch frühstücken dürfe ich morgen noch, bevor ich aufbreche.

Dann erzähle ich Eli, dass ich morgen nicht weit wandern werde, sondern vorhabe, bei KKL, Israels größter grüner Organisation, einen Baum zu pflanzen. Eli horcht auf: »Das machen viele hier, wenn sie in Israel sind, aber die meisten, die allermeisten, sehen sich nur den See Genezareth an.« Eli erzählt mir, dass Israel in den letzten drei Generationen richtig grün geworden sei und dass es zuvor viel weniger Wälder gegeben habe. Plötzlich scheine ich für Eli kein bloßer Durchreisender mehr zu sein, und er erklärt mir, wie wichtig es sei, auf dieser Welt etwas Sinnvolles zu hinterlassen. Und sei es nur, einen Baum für die nächsten Generationen zu pflanzen.

Heute gehe ich nur noch ins Bett und freue mich auf meinen morgigen Tag – den einzigen, den ich schon von Deutschland aus mehr oder weniger organisiert habe. Wenn alles gut geht, dann werde ich mich morgen mit Avi von KKL treffen.

Und es klappt. Nach kurzem Fußmarsch an den Stadtrand von Tiberias ist Avi pünktlich auf die Minute da und bringt uns zum Golani Planting Center.[3] Avi ist Mitte vierzig, ebenfalls Familienvater und ein wandelndes Lexikon, was Botanik und Geschichte anbelangt. Avi erklärt mir, dass Israels Norden einst ein grünes Land mit endlosen Primärwäldern gewesen sei. Erst im Osmanischen Reich habe man alles hier abgeholzt. Im Gegensatz zu Deutschland sei es aber hier so trocken, dass nichts mehr von allein nachwachse. Für den Regen das ganze Jahr über beneide er uns, meint Avi.

Avi trägt ein dunkelblaues T-Shirt von KKL und eine dunkle Sonnenbrille, die irgendwie zu ihm passt. Den Eingang des Golani Planting Centers ziert eine etwa tischgroße Holztafel, wie ich sie schon in ähnlicher Form immer wieder am Israel Trail gesehen habe. Gleich auf den ersten Schritten hinein in die Aufforstung weht mir eine angenehm kühle Brise entgegen. Noch am Schotterparkplatz war es unendlich heiß und durch den gestrigen Regen vor allem auch extrem schwül gewesen.

Obwohl der Jungwald direkt an der Hauptstraße liegt, kehrt schlagartig Ruhe ein. Hier gibt es eine kleine Forsthütte, und ich sehe ein paar Waldarbeiter emsig herumschwirren. Avi führt mich hinter die Hütte, wo im Schatten einer großen Pinie in einer grünen Kiste mehrere Setzlinge auf den »ersten Spatenstich« warten. Einen davon darf ich mir jetzt aussuchen. Ich entscheide mich für eine Eiche, und Avi meint, das sei eine gute Wahl. Ich bin einigermaßen erstaunt, dass Eichen hier seit jeher zu den heimischen Pflanzen gehören. Pinien und Eukalyptus dagegen seien nicht heimisch, und man pflanze sie deshalb eher mit Vorsicht an. Aber grundsätzlich habe jede einzelne Baumart hier ganz eigene Eigenschaften und mit einer guten Mischung entstehe ein ökologisches Gleichgewicht.

Mit meinem Setzling in der Hand darf ich mir nun ein schönes Plätzchen aussuchen. Das gefällt mir. Nur, als mir Avi mit dem Spaten das Loch ausgraben möchte, da geht mir die israelische Hilfsbereitschaft dann doch zu weit. Das möchte ich lieber selbst tun! Jetzt heißt es für mich, hinsetzen und mit meinen eigenen Händen »meiner« Eiche eine Heimat zu geben. Für diesen wunderbaren Moment bitte ich Avi, kurz zur Seite zu gehen. Viele Gedanken schießen mir, hier am Boden sitzend, durch den Kopf.

Wie jede andere grüne Organisation hat natürlich auch der Jüdische Nationalfonds (Keren Kayemeth LeIsrael)[4] nicht nur Befürworter, sondern auch Kritiker. Und das, obwohl er politisch unabhängig und gemeinnützig ist. Doch wann immer es um Israel geht, scheinen Kritiker ganz besonders laut zu sein. Während ich im Pflanzen eines Baums an sich schon etwas Gutes sehe, beäugen andere mit Neid und Missgunst, dass auf diesem ehemaligen Ödland nun etwas wächst, ganz nach dem Motto: »Was ich selbst nicht habe, das darf auch mein Nächster nicht haben!« und: »Anstatt selbst Bäume zu pflanzen, zünde ich lieber die Bäume meines Nachbarn an, damit der auch keine mehr hat.« Viele Raketen der Hamas haben in den letzten Jahren, dieser perversen Logik folgend, auch ganz allgemein den israelischen Wäldern gegolten. Man möchte die grüne Lunge im Heiligen Land treffen, egal, was das für Folgen hat.

Auch Mohammed versteht das nicht. Er ist selbst arabischer Israeli und arbeitet seit fast zwei Jahrzehnten als Förster beim KKL. »Bäume sind für mich neben meiner Familie einfach alles. Bäume sind Lebewesen, und Bäume sind die Zukunft für uns alle«, erzählte er mir vorhin beim Aussuchen meiner kleinen Eiche. Dann sagte er ganz leise und nachdenklich zu mir: »Und das versteht jeder Mensch, glaube ich.« Ich musste an einen Koranvers denken: »Die Menschen sind wahrhaftig im Verlust; außer denjenigen, die glauben und gute Werke tun und sich gegenseitig die

Wahrheit ans Herz legen und sich gegenseitig zur Geduld anhalten.« (Sure 103,2–3)

Avi hat mich nun für das Einpflanzen allein gelassen, und ich wünsche meiner kleinen Eiche ein gutes Leben! Sie hat einen schönen Platz, und ich bin mir ganz sicher, hier wird man sich gut um sie kümmern. Und wer weiß, vielleicht kehre ich eines schönen Tages hierher zurück. Da ist also schon etwas, was mich mit diesem Fleckchen Erde verbindet! Den Moment des Baumpflanzens, den ich in aller Stille genießen durfte, werde ich in meinem ganzen Leben nicht mehr vergessen. Was dieser Baum wohl noch alles in seinem Leben erleben wird! Wird er unseren Kindern eines Tages erzählen können, dass wir Menschen uns endlich nähergekommen sind? Wird er ihnen erzählen können, dass sie endlich so wie verschiedene Bäume friedlich in ein und demselben Wald zusammenleben? Dass sich jeder als Teil des Ganzen fühlt und jeder seinen eigenen Gott haben darf, ohne von dem anderen als Ungläubiger gesehen zu werden?

Ich hoffe für meinen Baum, dass er in gute Zeiten hineinwächst.

Und ich hoffe für die Menschen hier, dass sie weiterhin an diese große, grüne Vision glauben. Denn nur wer glaubt, dass etwas machbar ist, der macht sich daran, es anzugehen. Auch wenn die Schritte noch so klein sind. Avi erklärt mir später, dass der KKL bisher die unglaubliche Zahl von mehr als 200 000 000 (200 Millionen) Bäumen gepflanzt habe. Israel bestehe mittlerweile wieder aus fast 8 Prozent Waldfläche. Und mehr noch: Auch weit über die eigentlichen Wälder hinaus verändere sich das Mikroklima so positiv, dass auch die ökologisch nachhaltige Landwirtschaft eine echte Chance bekäme.

Ich frage Avi, ob denn auch mitten in der Negev Bäume wachsen, und er lacht: »Ja, du wirst sehen, da gibt es Bäume, und du wirst auf deinem Weg ständig an unseren Projekten vorbeikommen. Du wirst sehen, dass wir überall regionale Wasserspeicher für die Menschen hier bauen. Und wir engagieren uns auch für Hilfsprojekte und für Menschen.«

»Früher«, meint Avi, »sind wir mit unseren berühmten blauen Sparbüchsen herumgelaufen und haben um eine Spende gebeten. Heute gibt es natürlich auch das Internet«, wobei er sein Handy hochhält. Dann meint er, ihm sei es am liebsten, wenn er Menschen durch ihre Wälder führen könne und ihnen zeigen dürfe, was aus ihrem Engagement im Laufe der Zeit geworden ist. »Ja«, meint Avi, »manche spenden auch einen ganzen Wald.« Ich erinnere mich, dass ich auch auf meinem Weg durch die Wälder immer wieder so eine Art Denkmal gesehen habe. Jetzt erfahre ich, dass es Spendentafeln zu Ehren der Waldspender/-innen sind. Bei der nächsten Gelegenheit werde ich mir so eine Tafel also einmal genauer ansehen.

Avi führt mich noch ein wenig herum, sieht dann aber öfter auf seine Uhr. Seine Zeit ist knapp. Weil es ohnehin auf seiner Route liegt, fährt Avi mich wieder dahin zurück, wo ich gestern schon war: kurz vor Migdal. Mittlerweile habe ich extremen Hunger und bin total unterzuckert.

Kurz vor dem Aussteigen sagt er zu mir: »Beim nächsten Mal lade ich dich zum Essen ein …« Das sitzt. Wenn Avi nur gewusst hätte, wie sehr mich gerade mein Hunger plagt! Egal. Heute wandere ich also noch einmal, auf dem richtigen Weg, nach Migdal, und ich bekomme auch ein Bett. Was will ich mehr?!

Hoch über dem See Genezareth

Von Migdal über die Arbel Cliffs nach Degania

Etwa 25 Kilometer, 640 Höhenmeter Gesamtanstieg. Nur 12 Grad.
Trinkwasserverbrauch 5 Liter.

In strömendem Regen laufe ich einer Wand entgegen. Vor mir
türmen sich die Arbel Cliffs auf. Groß und mächtig sehen sie von
hier unten aus, trotz ihrer lächerlichen Gipfelhöhe von 200 Metern
über dem Meeresspiegel. Allerdings befinde ich mich gerade knapp
200 Meter unter dem Meeresspiegel und trage sicher deutlich über
20 Kilogramm auf meinem Rücken. Da muss ich jetzt hoch. Weil
es am Anfang gleich mal kurz extrem regnet, montiere ich an einem
kleinen Unterstand das Unterwassergehäuse an meine Action Cam
und denke die nächsten Wochen nicht mehr daran, dies wieder zu
entfernen – mein deprimierendster Fehler auf meiner Reise, wie
ich erst sehr viel später erfahren werde. Zwar bleibt mit der gekap-
selten Rückwand bei der Kamera nun das Wasser draußen, der
Ton aber leider weitgehend auch.

Für mich heißt es jetzt erst einmal: Film ab! Mein Stativ habe
ich ja bei Trail Angel Ruth zurückgelassen, deshalb habe ich mich
schon daran gewöhnt, die Natur selbst einzuspannen. Die kleine
Kamera steht auf dem Boden. Ihr Objektiv ist grob nach vorne
oben gerichtet. Kamera läuft – Rucksack aufschnallen und etwas
zurück nach unten laufen, umdrehen und dann nach oben, ohne
auf die Kamera zu blicken, an dieser vorbei und dann für eine
halbe Minute sehr steil nach oben gehen. Umdrehen, nach der
Kamera schauen und erkennen: Das war jetzt gerade eben nicht
weit genug!

Klappe, die Zweite. Wieder zur Kamera. Alles aus. Neu ausrich-
ten nach Gefühl. Wieder nach unten. Und dann wieder nach oben.
Immerhin muss ich jetzt richtig schnaufen, und die Szene ist mehr
als authentisch! Diesmal habe ich die Nerven, eine gute Minute

nach oben zu steigen, bevor ich mich wieder umdrehe und zurück zur Kamera laufe. Es ist bitterkalt, und der Wind pfeift mir trotz Käppi kalt um die Ohren. »Die Kamera muss doch jetzt gleich kommen! Oder bin ich schon an ihr vorbei? Verdammt, wo ist das kleine Ding denn jetzt? Sie war doch auf irgendeinem der Steine hier. Vielleicht hat der Wind sie weggeblasen? Aber auf welchem dieser Steine könnte sie gewesen sein?« Ich weiß es einfach nicht mehr. Das riesige Terrain hat meine Kamera, die nur halb so groß ist wie eine Zigarettenschachtel, einfach so verschluckt!

Nach zehn Minuten fange ich an, wirklich nervös zu werden. Ich kann ihr ja schlecht zurufen: »Ich sehe dich, du kannst raus-kommen!« Gerade versuche ich es mit einem »Lieber Gott, bitte lass mich meine Kamera jetzt wiederfinden« – und als wenn Gott mir sagen möchte: »Hättest ja auch gleich fragen können«, zeigt er mir dann im selben Augenblick, wo sich das kleine Biest ver-steckt hat.

Beim Weitergehen plagt mich dann auch noch mein Gewissen, warum ich die Szene nicht noch ein weiteres Mal aufgenommen habe, denn wer weiß schon, wie viel oder wie wenig vor dem ent-scheidenden Windstoß überhaupt zu sehen ist. Und wer weiß schon, wann ich hier wieder einmal stehen werde. Ich entschließe mich also, es weiter oben noch einmal zu versuchen, und dann traue ich meinen Augen nicht: Schnee im Heiligen Land!

Für einen kurzen Moment prasseln kleine weiße Graupel-körner auf mich nieder. Der Bergpfad hat hier erst einmal seine Höhe erreicht, und seine Horizontale läuft direkt auf den weit unter mir liegenden See mit den vielen Namen hin. »Lake Tibe-rias«, »Lake Kinneret«, »Lake of Galilee«, »Sea of Galilee« oder eben »See Genezareth« wird er genannt. Der Blick von hier oben auf den See ist atemberaubend schön. Gerade reißen die Wolken über dem See Genezareth ein wenig auf, und dort, wo die Sonne durchbricht, sausen runde grün-blaue Lichtflecken über den See. Ein irrsinniges Naturspektakel spielt sich da gerade vor meinen

Augen ab. Der See unter mir und weiter hinten, umhüllt von schweren Wolkenfetzen, die Golanhöhen. Ich trage nun meine hellblaue Wollmütze unter der Schirmmütze. Die Wollmütze hat mir meine Frau mitgegeben, und was habe ich sie deswegen ausgelacht. In Israel eine Mütze? Die letzten Meter in den Arbel Cliffs sind auf dem nassen Untergrund gar nicht so ohne und haben durchaus alpinen Charakter. Als ich oben ankomme und sehe, dass mein Weiterweg erst einmal flach ist, wird mir deutlich wohler.

Zum ersten Mal kommt mir hier am Gipfel des Mount Arbel eine amerikanisch sprechende, laute Hundertschaft von der flachen Seite her entgegen, was bei mir akutes Fluchtverhalten auslöst. Sie sind bis fast hierher mit zwei Bussen hochgefahren, die letzte Meile dann zu Fuß gelaufen. Die ersten »Hiiiii, how are you?« beantworte ich mit einem herzlichen »Schalom«, und das geht runter wie Öl! Sollen sie doch denken, was sie wollen. Klar bin ich Einheimischer. Und wie einheimisch ich mich gleich fühle!

Den nächsten Amis lege ich nach dem Schalom noch ein richtig nettes »Le'at, le'at« nach, was meiner Meinung so viel bedeutet wie »langsam, langsam«. Und beim nächsten »How are you?« kann ich mir ein doppeltes »Sabbaba, sabbaba« nicht verkneifen, was ich einem universell einsetzbaren »Passt schon« zuordnen würde. »Ja, wir Israelis sind echte Kerle. Wir klettern da im stärksten Schneesturm die Felswand hoch! Aber wagt euch nicht selbst zu weit vor, die Wand ist überhängend!« Wow, what a great feeling – so an den Weicheiern aus Übersee vorbeizugehen!

Allein geht es weiter durch den Schlamm. Und der ist gerade eine recht harte Strafe für meinen Zynismus von vorhin. Die rote Erde klebt zentimeterdick an meinen Sohlen und gibt mir das Gefühl, als hätte ich Skischuhe an. Das Vorankommen ist langsam. Mehr als ein Kilometer pro Stunde ist wohl im Moment nicht drin. Dafür ist der Blick nach unten auf den See Genezareth überragend. Alles dort unten ist wohl irgendwie heilig. Jeder Stein da hat seine Geschichte. Und wenn nicht, dann wird sicher eine daraus gemacht. Ich stelle mir vor, wie dort unten jetzt gerade große Menschenmengen aus ihren Reisebussen herausgedrängt werden. Vor ihnen läuft ein Reiseführer herum, der ein Fähnchen hochhält, damit die Reisegruppe A nicht der Reisegruppe B nachläuft. Gerade kommt mir eine japanische Reisegruppe entgegen. Sicher alle mit Ohrenstöpseln ausgestattet. Gefilmt wird im Laufen, mit großen Tablets. Und vor dem Einsteigen wird man sicher noch durch einen Souvenir-Shop durchgeschoben, der mit zehn Kassen gleichzeitig den Ansturm der Japaner locker bewältigen kann. Haben die sich einen Plastik-Jesus gekauft? Oder das in Plastik eingeschweißte Original-See-Genezareth-Wunderwasser mitgenommen? Haben die überhaupt etwas gesehen? Oder landet deren digitaler Firlefanz lediglich auf einer Festplatte in der großen Cloud, von wo aus andere flüchtig teilen und liken oder »lol« sagen?

Und was wäre, wenn Jesus dort unten tatsächlich mal eben auf einen Sprung vorbeischauen würde? Würde ihn dann einer mit dem Tablet knipsen? Oder würde ihn eher einer beiseiteschieben, damit er nicht im Bild stört? Nein, Jesus wäre jetzt sicher schon eine ganze Weile still neben mir hergelaufen. Hier oben. Vielleicht würde er dabei bemerken, was gerade tief in mir drinnen passiert. Mit jedem Schritt, den ich vorwärtsgehe, stelle ich die Welt infrage, so wie man sie uns weismachen will. Ich fühle mich so, als hätte ich einen heimlichen Ausgang gefunden aus dieser manipulierten, fremdgesteuerten Konsumwelt. Und ich beginne damit, diese tiefe Stille als etwas ganz Wunderbares und Gottgegebenes zu begreifen. Es ist so friedlich hier oben. Und doch ist es gefährlich, die Welt mit Abstand zu sehen und einen Teil von ihr abzulehnen.

Was wird mit mir passieren, wenn ich irgendwann wieder zu Hause sein werde? Wie werde ich diese Welt dann sehen? Schon jetzt lehne ich übertriebenen Kommerz ab, frage ständig nach dem tieferen Sinn. Ist das, was ich tue, irgendwie sozial? Und welche soziale Rolle übernehmen die großen Konzerne, die uns tagtäglich schon fast mit Gewalt begleiten? Was tun sie für uns alle, außer uns festhalten zu wollen?

Hier »oben« über dem See Genezareth beginnt meine Seele gerade, sich neu zu sortieren. Und diese »Besserung« scheint spürbar in einem irrsinnigen Tempo vonstattenzugehen. Dieses »sich selbst in Ruhe beobachten« ist ein gewaltiges Gefühl! Ich wünsche es jedem! Kein Mainstream mehr. Kein Fernsehen. Kein Handy. Keine E-Mails. Kein Terminplan mehr. Keine Gewissheit. Kein Plan für den Tag, kein Plan für die Woche. Kein Autofahren. Kein Fertiggericht, kein Fast Food. Kein Alkohol. Kein Tee. Kein Gesprächspartner. Kein Navi, keine Ausweichroute, kein Stau. Kein Radio, keine Musik. Kein Windows, keine Fehlermeldungen, kein Update, kein Neustart. Kein Warten auf andere, keine Ampel, kein Verkehrsschild. Keine Krawatte, kein Hemd, keine Schuhcreme. Kein Chef, keine Chefin. Kein Arzt, keine Medikamente, keine Angst. Keine Brille. Kein Plan B. Kein doppelter Boden. Keine Gewissheit, ob meine Frau auf mich wartet. Keine Ahnung, wie es weitergeht ...

Und doch eines: dieses irrsinnig große Glücksgefühl der totalen Freiheit! Wäre ich nicht schon auf dem Jakobsweg gewesen, würde ich behaupten: Es ist das Gefühl deines Lebens! Doch festzustellen, dass dieses Gefühl immer wiederkehrt, sobald man nur loslässt und »Gott vertraut«, ist eine ebenso bedeutende Erkenntnis für mich. Ich lasse ja nicht meine Familie los. Ich lasse nur für eine Weile meine Ängste los. Ich schiebe die Bedenken der anderen zur Seite. Und ich stelle fest: *Glück hat nichts mit Geld zu tun!*

Ich glaube, ich habe es gerade eben nicht einmal erwähnt. Und ich glaube, es ist noch nicht einmal etwas Besonderes, ohne Geld unterwegs zu sein. Jedenfalls ist es für mich bei Weitem nicht die Hauptsache, sondern einfach nur ein weiterer Schritt der Selbsterfahrung, die mit Geld eben niemals so echt und so schön wäre. Ich erkenne: Glück ist, wenn du verletzlich bist und du dich geborgen fühlst! Im normalen Leben habe ich nie die Zeit, überhaupt einmal über mich selbst nachzudenken. Noch abwegiger ist es für mich, meinen Gedanken den »freien Lauf« zu gestatten. Nun dürfen sie es. Frei laufen! Sich beim freien Denken Schritt für Schritt unbeschwert zu bewegen ist für mich wie eine Erleuchtung. Da arbeiten Geist und Körper wie von sich aus auf eine wundervolle Art zusammen.

Und da ist dieses unbeschreibliche Gefühl in mir, gerade auf so eine Art Urharmonie gestoßen zu sein. Vor Jahrtausenden muss es so gewesen sein! Der Geist und das Gehen waren im Einklang. Das tiefe innere Bewusstsein, fest verankert in einem tief greifenden Verständnis für die natürlichen Abläufe und einem unerschütterlichen Glauben, haben einen Schritt für Schritt begleitet. Vielleicht hat der andere gefühlt, wenn ich an ihn gedacht habe. So wie ich jetzt hat man sich wohl nie wirklich allein gefühlt. Und wenn man dann jemanden, den man sich gewünscht hat, getroffen hat, standen sich zwei fremde Vertraute gegenüber.

Fast scheint es so, als käme in der heutigen Welt das Schöne, das Spirituelle, die Hoffnung oder, wie andere es nennen, »der Glaube« gar nicht mehr vor. Vielleicht gibt es aber sogar viel, viel mehr Menschen, als ich mir vorstellen kann, die ähnlich wie ich auf der Suche nach den wahren Werten sind. Menschen, die mich womöglich gar nicht auslachen, sondern vielleicht sogar im Vertrauen sagen würden, dass sie sich »da draußen« noch mehr vorstellen können. Dass sie schon »irgendwie« an einen Gott glauben oder dass es da zumindest etwas gibt, was uns alle verbindet. Oder dass es so etwas wie ganz einfache soziale Verpflichtungen zwischen uns Lebewesen gibt: *dass der Stärkere einem Schwächeren hilft.* Und nicht wie Banken, Kreditinstitute und Großkonzerne womöglich den Schwächeren einfach fertigmachen. Weil die Regel längst heißt: Hol dir die Rendite, mach ihn fertig, vernichte ihn dafür! Nimm alles, und gib nichts. Oder: *dass der Wissende dem Unwissenden hilft.* Und nicht wie große Auskunfteien den Unwissenden womöglich mit Negativauskünften in seiner Existenz bedrohen, ihn von Pontius zu Pilatus rennen lassen, nicht wissend, dass er überall abgelehnt werden wird! Intrigiere, und schweige dann. Und: *dass der Verantwortliche Verantwortung übernimmt.* Sich nicht die Gewinne einsteckt und den großen Schaden auf alle abwälzt. Mit jedem Meter fallen mir noch weitere Dinge ein. Dinge, die so klar sind, dass sie eigentlich keiner Regel und keines Gesetzes bedürfen. Hier draußen habe ich nun endlich die Freiheit, einfach gehen zu dürfen. Es gibt nichts, was mich aus dieser »modernen« Welt bis hierher verfolgt.

Ich kann es mir endlich einmal erlauben, einfach alles zuzulassen von dem, was um mich herum so vorgeht. Vielleicht ist das aus psychologischer Sicht der wahre Wert einer Pilgerreise: Du benötigst plötzlich keinen geistigen Filter mehr, der dir den täglichen Irrsinn wegfiltert, um nicht an Reizüberflutung zu sterben. Kein Filter mehr! Hier komme ich dem jetzigen Gefühl noch einmal näher, wenn ich es richtig beschreiben kann. Keinen Filter mehr vor dem Gehirn betreiben zu müssen ist für mich ein ungewohnter Ausnahmezustand. Es ist der Mut, »alles hereinzulassen, was gerade da ist«. Und dieser Mut scheint belohnt zu werden. Denn was hier auf meiner Fußwanderung so alles in mich hineinspaziert, ist einfach nur schön.

Zum ersten Mal mache ich mir richtig bewusst, dass dieses »Gehen« eine wahre Flut des Lebens mit sich bringt. Da meldet sich urplötzlich der zarte Duft einer kleinen, rosafarbenen Blume zu Wort. Ich bücke mich, um herauszufinden, ob eine kleine Blüte wie diese tatsächlich so intensiv duften kann, dass sie hier »oben« meine Nase beeindruckt. Wann habe ich mich das letzte Mal in meinem Leben für eine kleine Blüte hingekniet? Wann habe ich dafür dreckige Knie in Kauf genommen?

Habe ich je in meinem Leben an eine kleine Pflanze gedacht, während ich gegangen bin? Habe ich jemals so etwas wie eine Verbindung zu einer Pflanze gespürt? O Gott, wie lächerlich mache ich mich gerade! Und doch: So glücklich wie jetzt war ich selten zuvor!

Oberhalb von Tiberias streife ich dann auf besserem Untergrund ein paar Straßen, und schnell werde ich wieder in die traumhafte Natur entlassen. Zunächst folgt der Israel Trail einem netten und flachen Wanderweg weit oberhalb des Sees Genezareth. Hier stoße ich wieder auf große Aufforstungen von KKL. Und einen Baum hier beneide ich wahrlich um seinen Standort. Hier wäre der Platz für ein Traumhaus. Mit mindestens 270 Grad Panoramablick auf den See, ganz so wie aus einem Flugzeug heraus. Auch die Landschaft hinter mir ist nicht schlecht: grün, gebirgig, unbebaut.

Mittlerweile ist es Nachmittag geworden, und langsam zeigen sich erste Zeichen der Erschöpfung bei mir. Hier in Poria Illit soll es eine Jugendherberge geben, aber ob man mich dort auch kostenlos übernachten lässt, ist mehr als fraglich. Um die Ecke biegend, stoße ich überraschend auf zwei Wandersleute mit Hund. Die beiden Männer heißen Gal und Shahar, die Hündin Sabres (»Kaktusfrucht«). Sie gehen tatsächlich in meine Richtung. Sabres würde mich wohl gern beschnüffeln, aber sie scheint selbst dazu zu erschöpft zu sein. Sie streift kurz meinen Fuß, hat aber nicht einmal mehr die Kraft, ihren Kopf zu heben. Gal und Shahar schlagen eine Pause an einer kleinen Quelle vor, um die herum ein idyllischer Rastplatz angelegt wurde.

Und so komme ich mit den beiden Wanderern ein wenig ins Gespräch. Beide sind Israelis, um die vierzig Jahre alt, und kommen aus der Gegend. Sie planen mehrere Etappen in meiner Richtung, lassen sich aber hierzu von ihren Frauen zum Startpunkt fahren und am Ende des Tages wieder abholen. Wenn sie besser in Form seien, würden sie dann auch ein weiteres Stück gehen. Dann aber ohne Sabres, außer sie finde Gefallen daran und es überfordere sie nicht.

Obwohl die beiden nur Tagesgepäck mit sich führen, haben sie mehr als reichlich Vesper dabei. Und sie teilen gern mit mir. Shahar erzählt mir, dass sein Großvater die ersten Datteln nach Israel geschmuggelt habe und die Familie seitdem für ihre Dattelplantagen berühmt sei. Dem entgegnet Gal, dass man in Masada etwa zweitausend Jahre alte Dattelkerne gefunden habe und dass es israelischen Forschern sogar gelungen sei, einige davon wieder zum Keimen zu bringen.

Nach der Pause geht es langsam runter an den Jordan, der hier wieder aus dem See Genezareth abfließt. Die beiden meinen, dass es einen Trail Angel in Degania gebe, für den Fall, dass ich noch etwas weitergehen würde. Zuvor allerdings erreichen wir den Ort Kinneret, wo wir bei Shahars Schwester zum Tee eingeladen werden. Wir sitzen im Freien bei leichtem Nieselregen. Das Haus ist kaum doppelt so groß wie eine deutsche Garage. Einfach zu leben ist es hier sicher nicht. Dennoch kann ich mir solch ein Leben durchaus vorstellen. Ein schönes Leben sogar! Gal erklärt mir noch, wie ich weiterkomme. »Immer hier entlang«, meint er, geradeaus zur Pferdefarm von Uri. Gal gibt mir die Telefonnummer von Uri und meint, dass ich bestimmt auch bleiben könne, wenn ich Uri nicht erreichen sollte.

Mit relativ wenigen Vorräten mache ich mich also auf den unbekannten Weg zu Uri. Nur eine kurze Strecke ist es, aber ich bin wieder allein. Hätte ich doch die liebe menschliche Gesellschaft irgendwie festhalten können. Es hat mir gutgetan, Stimmen zu hören, irgendwo teilhaben zu dürfen. Und es hat mir verdammt gutgetan, dass Gal und Shahar mich zum Abschied ganz kräftig umarmt haben. Dieses fortwährende Weiterziehen hat schon auch etwas Brutales, etwas sehr Emotionales an sich. Es ist so wie ein ganz großes inneres Reinwerden. Und doch sind da diese Momente wie gerade eben, wo ich mich nach menschlicher Nähe sehne. Momente, in denen ich für Gal und Shahar in der kurzen Zeit mehr empfunden habe als für so manchen Freund, den ich seit Jahrzehnten kenne. Aber es ist eben auch diese glasklare Erkenntnis da, dass der Weg ein ständiges Loslassen bedeutet. Loslassen, um wieder völlig offen zu sein für den nächsten schönen Moment, der dein Leben im Hier und Jetzt bestimmen wird.

Obwohl meine Schuhe bereits nass sind, scheue ich mich irgendwie vor jeder Pfütze. Allerdings ist der Lehmpfad zur Pferderanch von Uri eine einzige große, rotbraune Pfütze. Der Schlamm unter meinen Füßen ist das Jetzt. Weit hinter mir liegt meine Vergangenheit. Selbst Gal und Shahar und Sabres sind nun schon wieder eine ganze Stunde lang aus meinem Leben verschwunden. Vor mir liegt die Ungewissheit. Und das macht mich gerade unendlich glücklich und zufrieden. Ungewiss bedeutet für mich plötzlich, dass es etwas Gutes werden könnte. Etwas richtig Gutes!

Da tut sich offensichtlich auch in meinem Gehirn etwas, denn meine Gehirnzellen haben Ungewissheit bisher recht konsequent mit einer stark negativen Erwartungshaltung und einem ausgeprägt unguten Gefühl in Verbindung gebracht. Jetzt also bin ich so weit, dass ich etwas Positives dabei verspüre, wenn ich nicht weiß, wie es weitergeht! Und das ganz ohne jede rationale Betrachtung meiner Situation. Rationalität hat mir nämlich in meiner Vergangenheit nie wirklich etwas gebracht.

Angst zu haben ist kein rationales Gefühl. Und Depressionen sind auch keine rationale Sache. Also sind vernünftige Argumente auch kein probates Mittel, um ein besseres Leben zu führen. Man kann ja auch viel verstehen, ohne dass es wirklich im Gehirn ankommt. Was allerdings bei mir gerade ankommt, das sind Gefühle. Und es sind sehr starke Gefühle. Gefühle, die mir ganz klarmachen, dass ich leide und lebe! Gefühle, die mir zeigen, dass allein sie ein ganzes Bewusstsein ausfüllen und erfüllen können. Da braucht es sonst nichts von außen. Das würde alles nur stören, um sich endlich einmal selbst erleben zu dürfen. Ich staune, wie schön dieser Eindruck von einem selbst in der unmittelbaren Beziehung zur wahrhaftigen Welt sein kann. Obwohl es mit etwa 14 Grad nicht gerade warm ist, habe ich meine Ärmel hochgekrempelt. Ich spüre den leichten Nieselregen auf meiner Haut und genieße den Gegenwind, der mir ins Gesicht bläst.

Das da hinten könnte es sein: die Pferdefarm von Uri. Ein ganz kleiner Hof. Hier werde ich heute meinen Schlafplatz finden! Der Hof selbst ist einladend. Ich durchschreite einen Eingangsbereich, der auf mich wie eine Bonanza-Ranch in liebevoller Miniaturausgabe wirkt. Ein weißer Schäferhund begrüßt mich unaufdringlich. Rechts vom Eingang steht ein tönerner Hirte, abwesend blickend mit langem Bart und einer Kappe auf dem Kopf. Das Anwesen ist eine bunte Mischung aus Zerfallenem und kitschig Dekoriertem. Neben dem kleinen Häuschen entdecke ich den Hauptbereich des Gastgebers Uri, der allerdings nicht zu sehen ist. Da steht ein überdimensioniertes Beduinenzelt im Freien, auf der Nordseite mit Planen abgehängt und ansonsten in alle Himmelsrichtungen offen. Regen und Sturm erlebt das Zelt wohl eher selten.

Ohne eine Menschenseele ist es hier fast ein wenig unwirklich, ich möchte nicht sagen gespenstisch. Es ist eher einladend und offen. So, als würde das Grundstück jederzeit gern einen Wanderer wie mich empfangen. Irgendwie scheint meine Umgebung aber keinerlei Notiz von mir zu nehmen. Auch der Hund ist wieder verschwunden. Ich lasse mich also erst einmal auf dem kieselartigen Boden des Beduinenzeltes nieder und lehne mich mit dem Rücken an die schweren hölzernen Bänke. Diese Machart hätte ich eher bei einer österreichischen Skihütte erwartet als hier mitten am Ufer des Jordan.

Ja, der Jordan ist wohl keine 200 Meter von mir entfernt, sagt mein Kartenmaterial. Doch heute noch einmal auf Entdeckungstour zu gehen, und sei es nur für wenige Meter, dafür bin ich schlicht zu müde und erschöpft. Ich spüre nicht nur meine Füße, sondern auch meinen schmerzenden Rücken. Darf ich einfach hierbleiben, an diesem schönen Platz? Ich konnte ja noch nicht einmal jemanden fragen. So nehme ich mein Handy heraus und versuche es bei Uri. Der nimmt das Gespräch an, ganz so, als hätte er mich schon lange freudig erwartet. Er werde heute wahrscheinlich nicht mehr kommen. Aber ich solle es mir bequem machen und nehmen, was ich brauche. Er beschreibt mir, wo ich die Kaffeedose finde, in der der Schlüssel zum Scheunentor ist. Es sei bestimmt auch etwas Essbares im Schrank, und ich solle mir einfach etwas nehmen.

Mit einem sehr komischen Gefühl öffne ich das alte überdimensionierte Vorhängeschloss und das Scheunentor. Ich stehe jetzt in einer Art Garage, kalt, dunkel und unaufgeräumt. Im Schein meiner Stirnlampe finde ich mich besser zurecht und entdecke dann auch einen Lichtschalter. Dann stehe ich vor einem Regal, in dem sich alles befindet, was man zum Leben braucht. Angefangen von riesigen Schraubenschlüsseln, Handschuhen und einem Strohhut steht da auch Essbares im Regal. Ich entdecke eine angefangene Tüte Fladenbrot. Sie riecht frisch, und das Brot sieht gut aus. Was für ein schönes Geschenk, das mir dieser Tag, Uri und vielleicht der liebe Gott hier bereiten! Auch die durchsichtige Plastikdose mit Hummus sieht gut aus und riecht angenehm. Weiter hinten finde ich noch einen Sack mit Zwiebeln. Und im Freien entdecke ich noch die richtige Kaffeedose mit löslichem Pulver.

Ich muss mich beeilen, denn es ist fast dunkel geworden. Zum Zeltaufbauen möchte ich keine Zeit verschwenden, ich entscheide mich für eine große Plastikplane, die ich in Windeseile über zwei Holzbänke lege. Kaum beginne ich mit meinem Brot, ist auch der schneeweiße Hund wieder da. So muss ich zwar die wenigen Kalorien auch noch teilen, habe aber dafür in Erwartung von etwas Essbarem einen festen Bewacher für meinen »Höhleneingang« gefunden. Ein wirklich guter Deal.

In der Nacht wird es noch richtig stürmisch und bitterkalt, kaum über null Grad. Ich zittere am ganzen Körper, schlafe aber irgendwann angstfrei und erschöpft ein. Ich danke Gott für diesen wohlbehüteten Tag und das Brot, das er mir geschenkt hat.

Selbstgespräche im Regen

Von Degania nach Kfar Kish
Etwa 21 Kilometer, 470 Höhenmeter Gesamtanstieg. Nur 2 Grad Lufttemperatur. Trinkwasserverbrauch 4 Liter.

Es hat nicht aufgehört zu regnen. Das Erwachen ist grausam und kalt. Schnell packe ich meine Sachen und falte die Plastikfolie von Uri sorgfältig zusammen. Regen hin oder her. Hier am Waschbecken im Freien muss ich wohl oder übel ein wenig Körperpflege betreiben. Und plötzlich steht Uri vor mir. Er ist in der Nacht noch angekommen und bietet mir einen heißen Kaffee im Freien an. Zusammen studieren wir die Landkarte. Uri erklärt mir den Weg über die Berge. Eigentlich rät er mir ab, bei diesem Schlamm loszugehen. So etwas macht man nur beim Militär. Wenn man muss. Ob ich auch beim Militär war, fragt er mich.

»Ja«, antworte ich ihm. Und auch, dass der Regen für mich kein Problem sei. Das ist aber gelogen. Was hätte ich auch anderes sagen sollen. Uri bietet mir an, mich gegen Mittag mit dem Auto in Richtung Kfar Kish mitzunehmen. Er fügt aber auch gleich an: »Wenn dir der Regen nichts ausmacht, dann …«

»Würdest du selbst gehen?«, unterbreche ich ihn fragend. Uri lacht und antwortet mir wortgleich zurück: »Nein, aber der Regen macht mir natürlich nichts aus …« Dann lacht er erneut und fragt, ob es in Deutschland immer so regnet wie hier gerade. Uri prophezeit mir allerdings auch, dass ich heute mit jedem Schritt einen halben Schritt im Schlamm zurückrutschen werde. Es werde ein Weg sein, an dem mir jede Sünde einfallen werde, die ich je in meinem Leben begangen habe, meint er. Aber ich solle ihn gehen, diesen Weg. »Ich hoffe, du hast auch etwas Schönes, an das du denken kannst. Etwas, das dir Kraft gibt.«

»Ja«, entgegne ich und zeige ihm in meinem kleinen Büchlein das Foto von meiner Familie.

»Wenn du mich anrufst, hole ich dich da raus«, sagt Uri. »Besuch mich mal, wenn du mit deiner Familie in Israel bist. Ihr seid willkommen. Ich freue mich auf euch!« Uri dreht sich weg, als er sieht, dass mir ein paar Tränen in die Augen schießen.

Gleich auf den ersten Metern kämpfe ich mit jedem Schritt. Der Feldweg hat sich in eine schlammige Rutschbahn verwandelt. Zusätzliche Kraft kostet mich das andauernde Verlaufen, auch wenn es immer nur ein paar Hundert Meter sind, die mich in die Irre führen. Heute bin ich absolut depressiv. In meinem Kopf scheint es grau, einsam und nebelig geworden zu sein. Meine Füße sind völlig durchnässt, und ich friere trotz körperlicher Betätigung. Direkt neben mir ist der Jordan. Ja, der Jordan. Ich hatte mir das alles ganz anders vorgestellt. Viel spektakulärer. Ein kleines Rinnsal, es könnte auch ein kleines, namenloses Bächlein sein, das durch eine deutsche Kuhweide fließt. Ich bücke mich und spritze mir eine ganze Handvoll Wasser ins Gesicht. Eiskalt, erdig riechend. Dass ich knöcheltief in der Brühe stehe, ist mir egal. Auch dass ich schon dreimal ausgerutscht bin, ist mir gleichgültig.

Wenn ich jetzt noch eines falsch machen kann, dann wäre es, dieses Jordanwasser aus meinen Händen zu trinken. Ich mache es trotzdem. Natürlich fallen mir all die Lebewesen ein, die nun in mich eindringen können, angefangen von Viren über schreckliche Bakterien, Würmer und was weiß ich noch. Soll mich doch diese Brühe angreifen. Es ist mir so egal. Und jetzt fange ich an, richtig zu weinen.

Das Weiterlaufen hat nun tatsächlich so etwas von Endzeitstimmung. Bei der Bundeswehr damals hätte ich einfach stehen bleiben können. Einfach sagen, ich kann nicht mehr. Körperlich nicht mehr. Und vor allem auch psychisch nicht mehr. Aber es ist ja dummerweise niemand da, der mich antreibt. Ich habe es mir selbst so ausgesucht. Ich will es selbst so haben. Und ich will das Leben so auch einmal spüren, an meine Grenzen kommen, leiden, Selbstmitleid verspüren und es überwinden. Und hier, mitten in den Tränen, mitten im eiskalten Sturm, hat Uri recht. Es ist die Familie, es ist meine Frau, es sind meine Kinder, denen ich dankbar bin für dieses Leben. Sie sind so nahe beisammen, dieses Glück und diese extreme Erfahrung. Vielleicht sind es die beiden Seiten derselben Münze. Vielleicht kommt Glück dann, wenn man sich eben nicht mehr wehren kann. Dann, wenn man keine Kraft mehr hat, Gefühle abzuschalten. Vielleicht ist Glück auch dieser Moment, der einen einfach überwältigt, während man kämpft.

Es ist schon merkwürdig, dass diese Mischung aus Dankbarkeit und Wut gleichzeitig da sein kann. Und dass diese Gefühle Bärenkräfte in dir freisetzen. Heute zu gehen – da hat Uri recht – ist irgendwie schon wahnsinnig. Aber Uri hat sehr gut verstanden, um was es geht. Sich selbst zu finden. Die eigene Mitte zu finden. Zulassen, dass etwas Gutes passiert. Lernen zu vertrauen. Und zu glauben!

Urplötzlich treibt der eisige Sturm die dichten Wolken auseinander und beschert mir einen wohl letzten Ausblick auf den entfernt unter mir liegenden See Genezareth. Nebelschwaden und Wolken vereinen sich direkt vor mir am Bergrücken zum Eilot Observation Point, den ich hier irgendwo hinaufsteigen muss. Heute könnte ich Wollhandschuhe gut gebrauchen. Um meine Mütze bin ich jedenfalls echt froh. Wie zum Beweis, dass es kaum über null Grad ist, fängt es plötzlich wieder an zu graupeln. Wie aus dem Nichts taucht etwa 50 Meter vor mir ein schwerer militärischer Geländewagen auf, der mir gekonnt mit hohem Tempo seitwärts im Schlamm entgegendriftet. Er bleibt stehen.

Junge Soldaten fragen mich: »Hey, you're alright?« – »Hey, geht es dir gut?« Sie sehen wohl einen in mir, der sich selbst vor sich hertreibt. Einen, der entweder verrückt sein muss oder der sich gerade in einem absoluten emotionalen Ausnahmezustand befindet. »Ja – alright!«, schreie ich, obwohl ich bemerke, dass meine beiden Hände zu Fäusten geballt sind und mir Rotz über das ganze Gesicht läuft. Dann starten sie voll durch, und der rote Schlamm spritzt atemberaubend hoch hinter dem Geländewagen empor. Nach wenigen Sekunden fühle ich mich wieder vollkommen allein und bemerke einen Puls an mir, der mich zu Boden gehen lässt. Sofort wird mir kalt. Ich muss einfach weiter. Muss mich bewegen. Hier kann ich nicht stehen bleiben. Der Nebel hier oben hat mir jede Sicht genommen, und ich bekomme ein wenig Angst.

Da ist keine Markierung mehr. Ich sehe weit und breit keinen Stein mehr mit den vertrauten Farben Orange, Blau, Weiß. »Weitergehen, komm! Einfach weitergehen. Du kannst das. Reiß dich zusammen! Vorwärts. Ja, gut so. Und noch einen Schritt! Beruhige dich, finde deinen Rhythmus! Dir wird schon nichts passieren. Hör auf, so negativ zu denken …«

Was für ein Wahnsinn! Ich rede da gerade mit mir selbst. Ich denke nicht nur. Nein, ich habe tatsächlich damit begonnen, Selbstgespräche zu führen. Und zwar richtig laut, ganz so, als wäre ich Bergführer und Wanderer in einer Person. Gut, dass das Denken plötzlich so komplex geworden ist, es lenkt mich ab, über mich selbst nachzudenken und darüber nachzudenken, dass ich mich beim Über-mich-selbst-Nachdenken erwischt habe. Und da, direkt vor mir, bei einer Sicht von kaum mehr als 30 Metern, entdecke ich die erlösende Wegmarkierung.

Danke, ich bin richtig. Nur, bei wem bedanke ich mich da eigentlich? Wer war es, der mir da geholfen hat? Es muss einer da gewesen sein, denn schon eine halbe Stunde lang befinde ich mich nur noch auf einer großen, steinigen Weidefläche ohne jegliche Sicht. Ganz leise wiederhole ich mein »Danke« und flüstere: »Danke, lieber Gott.«

Seit einer Woche bin ich nun unterwegs. Soll ich sagen: schon? Oder besser: erst? Es ist merkwürdig, dass ich jedes Zeitgefühl, so wie ich es kenne, verloren habe. Die Exaktheit ist weg. Mit ihr ist aber auch ein Stück Natürlichkeit zurückgekehrt, wie ich es seit meinem Jakobsweg nicht mehr kenne. Mein Magen bestimmt nun die Zeit. Und das Licht der Sonne bildet den ganz großen Rahmen drum herum. Das Licht bestimmt, wann ich gehen darf und wann ich ruhen darf. Wind und Wetter lassen mich intensiv fühlen, wie elementar diese Welt hier wirklich ist.

Ich beginne wieder vor mich hin zu träumen. Stelle mir vor, wie Menschen vor vielen Generationen den Mars besiedelt haben. Stelle mir vor, wie beschwerlich sie es hatten, immer in einem Raumanzug unterwegs zu sein, nichts zu spüren von dem, was da draußen ist. Ich stelle mir vor, wie winzige Flechten in Jahrhunderten längst schon eine kleine zarte Atmosphäre geschaffen haben, die es zu entdecken gilt. Und ich stelle mir vor, wie Mütter ihren auf dem Mars geborenen Kindern sagen: »Zieht ja nicht euren Schutzanzug aus. Es ist gefährlich dort draußen, ihr würdet sofort sterben. Man kann da nicht überleben!« Ich kann richtig fühlen, wie sich dieses Kind danach sehnt, es eines Tages dennoch zu versuchen. Ich denke, der Drang nach der gelebten Freiheit ist einfach überwältigend groß und größer als jede Vernunft dieser Welt. Und so wird es passieren, dass ich, in diesem Traum längst zum Kind geworden, diesen störenden Schutzanzug von mir reiße und das erste Mal in meinem Leben frische Marsluft atme!

Mein Traum hat mich bestimmt gute 10 Kilometer im Schlamm vorangebracht, und das erste Mal fühle ich mich heute auch wieder ganz gut. Uri hat mir reichlich Brot, einen Müsliriegel und einen Apfel mitgegeben. Während ich allein etwas Brotzeit mache, lache ich über meinen Traum. Marsluft, wie abwegig! Und schon befinde ich mich in meinem nächsten Traum. Noch immer bin ich ein kleines Kind, und noch immer ist es eine wüste rote Sandlandschaft, die mich umgibt. Ganz laut schreie ich in die unendliche Weite: »Doch, das geht!« und höre immer wieder das Echo: »Das geht, das geht, das geht …« Ich träume von grünen Bäumen, die hier eines schönen Tages wachsen werden. Liebevoll sagt meine Mutter zu mir: »Komm, lass uns wieder zurückgehen. Bäume können doch hier mitten in der Wüste nicht wachsen. Hier ist es doch viel zu heiß!«

Zweite Woche

Vielleicht bin ich noch zu klein, um die Welt der Erwachsenen wirklich zu begreifen. Vielleicht bin ich zu naiv, habe noch keine Erfahrungen in meinem Leben gemacht. Womöglich ist es aber einfach auch so, dass meine Welt schon als Kind ganz real ist und dass es die Erwachsenen sind, die meine Welt einfach nicht im Geringsten verstehen können. Jeder Traum, den du als Kind hast, kann wahr werden. Und man mag es kaum glauben: Jeder zunichtegemachte Traum kann dir noch mühelos vierzig Jahre danach zu schaffen machen. Hier, im Norden Israels, kann sich sicher noch jeder Erwachsene vorstellen, dass aus kleinen Setzlingen wieder einmal Bäume werden. Und aus Bäumen wieder Wälder entstehen. Ja, dazu reicht wohl die Vorstellung eines Erwachsenen noch aus. Aber Wälder auf dem Mars oder Wälder in der Negev? Dazu reicht die Vorstellung eines Erwachsenen normalerweise wohl eher nicht aus.

Überhaupt wird es mit zunehmender »Lebenserfahrung« eher armselig im Gehirn. Man weiß ja dann schon alles. Und man kann seine Lebenserfahrung allen anderen aufs Auge drücken. Man meint es ja nur gut und bemerkt gar nicht, dass man etwas kaputt macht im Kind. Und damit meine ich durchaus mich selbst. Denn als Vater und Mittvierziger bin ich längst nicht mehr dieses wohlbehütete Kind, sondern auch derjenige, der andere zu bevormunden glaubt. Alles wiederholt sich. Ido Ben, der mir am ersten Tag in Israel Unterkunft gegeben hat, hat völlig recht, wenn er sagt: »… und Gehen durchbricht diesen Kreislauf.«

Mein ganzes Leben habe ich davon geträumt, so zu sein wie jetzt gerade. Mich hier irgendwo in der nassen Kälte zu befinden macht mir nichts aus. Aber ich darf leben, darf ziehen, darf frei sein. Ich darf die Natur ein Stück weit so erleben, wie sie schon die Urbevölkerung auf diesem Planeten erlebt hat. Niemand muss das verstehen. Ich muss es niemandem begreiflich machen. Meine Frau hat völlig recht, wenn sie sagt: »Und wenn er dir irgendwelche Pflanzen erklären kann, dann geht er völlig in sich auf.« Sie hat recht, wenn sie sagt, ich bin manchmal ein sonderbarer Mensch, einer, der, je mehr er hat, desto unglücklicher ist. Und je weniger er hat, umso glücklicher ist. Mit »mehr« meint sie dabei all das Materielle, das uns täglich überflutet. Und mit »weniger« denke ich wieder daran, angstfrei auf diesen vorgeschalteten »Spamfilter« zu verzichten. Weil gar keine Spams mehr kommen! Dafür tropft mir jetzt von oben kaltes Wasser in den Kragen. Doch ich bin noch hier beim Brotzeitmachen unter einer großen Eiche, direkt am Israel National Trail. Und jetzt möchte ich ein wenig genießen. Das Fladenbrot von Uri ist erstklassig. Mehr braucht es nicht, um sich gut zu fühlen.

Beim nächsten Aufstieg stoße ich auf drei durchnässte Amerikaner: Bryce, Jesse und Zachary. Die jungen Männer studieren in Jerusalem und haben sich ein paar Etappen des Israel Trails vorgenommen. Zunächst hält meine Freude über die neue Gesellschaft nur wenige Minuten. Ich kann den dreien, die hier vor meiner Nase übernachtet haben und nun losgehen, vom Tempo her einfach nicht folgen. Doch über die Stunden stellt sich dann doch so etwas wie eine Wandergemeinschaft ein. Die drei sind langsamer geworden, und bei der nächsten Pause unter einem riesigen alleinstehenden Laubbaum habe ich sie dann wieder eingeholt. Zunächst geht es eher recht amerikanisch oberflächlich ab. Ich bekomme einen Schluck Gatorade, eine blau gefärbte Limonade, dafür trete ich einen Teil meiner Fladenbrote ab. Eigentlich fast alles, aber in dem Moment des Geizes ist es nun schon zu spät, um einen Rückzieher zu machen. Ich habe ihnen nicht gesagt, dass ich ohne Geld unterwegs bin. Bryce wird auf den nächsten Kilometern zur Zugmaschine. Sie alle sind gerade einmal halb so alt wie ich. Weil es stark regnet und Bryce einen fast unverständlichen Dialekt spricht, haben wir uns nicht allzu viel zu sagen. Trotzdem hefte ich mich fest an die Fersen des Dreiergespanns. Zum ersten Mal auf dem Israel Trail fange ich an zu rechnen. Wie weit ist es heute noch? Habe ich eine Chance, dieses Tempo durchzustehen, oder verausgabe ich mich vollkommen und bleibe hier im Schlamm zurück? Die Erfahrung, hinter den dreien mitzulaufen, fordert mir alle Kräfte ab, die ich noch mobilisieren kann. Schlamm. Patsch, patsch. Alles nass und »Yeah, shit, unbelievable«.

Am späten Nachmittag geht es dann noch durch eine wasserführende Furt hindurch, eine Extremsituation, die uns alle zum Lachen bringt. Immerhin bemerke ich beim letzten Aufstieg nach Kfar Kish, dass die drei auch schon ziemlich fertig sind und ich wieder meinen normalen Rhythmus gehen kann. Plötzlich bin ich auf den letzten Metern so etwas wie der Vater, der seine Kids hinter sich herzieht. Schon merkwürdig, wenn man sich weder alt noch jung fühlt.

Immerhin habe ich einen Plan und die drei Amis »No idea«! Ich habe gestern mit einem Trail Angel namens Keekale telefoniert, der mir eine Unterkunft in Aussicht gestellt hat. Ich werde ihn hier im Supermarkt treffen, der ihm gehört. Was natürlich dann mit den drei Jungs sein wird, weiß ich nicht. Doch mein Gefühl sagt mir, dass ich ihnen heute helfen kann. Keekales Supermarkt entpuppt sich als ein kleiner Tante-Emma-Laden. Keekale spricht mich sofort mit »Hallo Christian« an und bietet mir einen Kaffee an. Meine erste Sorge gilt jedoch den drei Amerikanern, die ich im Schlepptau habe und die ja ebenfalls eine Unterkunft brauchen. Ganz schön unverschämt eigentlich, aber was soll ich tun?

Keekale hat die drei frierenden Pilger vor der Tür längst gesehen und sagt ganz entspannt zu mir: »Zu viert? Kein Problem. Ich erkläre dir gleich, wie ihr zum Keekale's Place kommt.« Aber zuerst trinken wir einen Kaffee zusammen, und ich erzähle Keekale, dass ich es bis hierher ohne Geld geschafft habe. Keekale blickt auf meine nasse Hose, auf der sich mittlerweile viele Unterschriften befinden. »Da haben schon viele unterschrieben«, meint Keekale. »Darf ich da auch unterschreiben?« Mit dieser Frage bringt Keekale mich moralisch in echte Schwierigkeiten. Was soll ich ihm sagen? Das sind alles Menschen, die mir Brot und Wasser gegeben haben? Die Frage bin ich selbst Bryce und den anderen beiden bisher schuldig geblieben. Denn heute schäme ich mich dafür, andere um etwas zu bitten. Ja, sagen wir ruhig, zu betteln. Es fehlt mir einfach die Kraft. Am liebsten würde ich heute einfach Geld ausgeben und die anderen einladen!

Keekale merkt, dass ich ihm nicht richtig antworten möchte, und bohrt weiter. Warum haben die alle unterschrieben? Einfach so, oder was haben sie dafür getan? Noch einmal sagt Keekale: »Ich möchte da auch draufstehen.« Also erkläre ich Keekale, dass ich ohne Geld unterwegs bin. Ich sage ihm, wie schlecht ich mich heute dabei fühle und dass ich am liebsten alle einladen würde. In diesem Moment fängt Keekale an zu lachen und meint: »Das täte den drei Amerikanern sicher gut. Die können bestimmt alle nicht kochen! Kannst du denn kochen?« Dann kehrt Keekale wieder zu einer etwas ernsteren Miene zurück. Ich merke, dass er mich nicht in Verlegenheit bringen will. Keekale nimmt mich an die Hand und sagt: »Genügt euch eine große Packung Nudeln, oder wollt ihr zwei?«

Den Kaffee haben wir am kleinen Tisch draußen stehen gelassen. Jetzt bin ich mit Keekale wieder in seinem kleinen Laden. Keekale hat dunkle Haare, ist aber eher ein europäischer Typ, kleiner als ich und etwas stämmiger. Er trägt Jeans und einen dunkelgrauen Rolli. Seine Hände sind größer und viel kräftiger als meine. Er scheint es gewohnt zu sein, hart zuzupacken. Trotzdem hat sein Gesicht etwas von Güte, und unter seinen Augen sind Lachfalten. Hat Keekale verstanden, dass ich ihm nichts bezahlen kann? Oder wird er die anderen um Geld bitten? Schon habe ich eine 500-Gramm-Packung Spaghetti in der Hand. »Was brauchst du sonst noch? Tomatensoße? Eine wird euch nicht reichen. Nimm lieber mal zwei davon mit!«

Dann reicht mir Keekale noch zwei große Zwiebeln, so frisch, dass noch Erde an ihnen klebt. Und er schenkt mir ein wenig frische Petersilie. Mit meinem dicken schwarzen Edding lasse ich

Keekale auf meiner Hose unterschreiben, und wir trinken unseren Kaffee aus. Dann machen wir uns zu viert auf den Weg zu Keekale's Place. Heute kann ich für die anderen kochen. Ich fühle mich wieder ein wenig wie das kleine Kind, angewiesen auf die Hilfe der Eltern zur rechten Zeit. Und angewiesen auf das Vertrauen, aus dem Gegebenen etwas Gutes zu machen.

Keekale's Place ist noch etwa zehn Minuten von hier entfernt und ein recht merkwürdiger Ort. Es sieht auf den ersten Blick so aus wie ein Sägewerk oder eine Open-Air-Werkstatt mit einem windigen Blechdach darüber. Bryce, Jesse, Zachary und ich stehen erst einmal vor einem heillosen Chaos. Es ist der einsetzende Regen, der uns dazu bringt, diesen unordentlichen Platz dann doch zu betreten. Gerümpel und Werkzeug, so weit das Auge blickt. Mittendrin eine alte ausrangierte Couch, nein, halt – es sind sogar zwei! Hat Keekale nicht irgendwas von Kochen gesagt? Und von einer Dusche? Nichts davon sehe ich. Aber recht schnell wird mir der Platz sympathisch. Auf der Nordseite, immer noch unter dem Blechdach, habe ich eine gute Aussicht auf den Berg Tabor, wo es morgen hingehen wird. Dahinten scheint es gerade nicht zu regnen. Vielmehr taucht die untergehende Sonne den Tabor in ein wunderschönes Abendlicht und erhellt auch meine Stimmung. Als ich mich an eine Bretterwand lehne, entdecke ich auch die Kochgelegenheit: Da stehen ein großer Gaskocher und ein großer Alutopf direkt vor meinen Augen. Na, wer sagt's denn?!

Jesse hat inzwischen die Dusche gefunden. Man muss es sich so vorstellen, als würde man mitten auf dem Flohmarkt im Durcheinander vieler Stände hinter einem Bretterverschlag tatsächlich eine Dusche finden. Absurd, aber cool! Und noch besser: Das Wasser ist warm! Jetzt geht es Schlag auf Schlag. Schnell erwecken wir die Kochplatte zum Leben, und mit dem ersten Funken und Zischen kehren unsere Lebensgeister zurück. Auch Jesse wird plötzlich gesprächig. Und aus der »Duschkabine« hören wir lautes Lachen und »Wohlbefinden« von Zachary. Ob er uns noch warmes Wasser übrig lässt? Im bunten Durcheinander habe ich mittlerweile ein großes Holzbrett gefunden und beginne damit, die beiden Zwiebeln zu schnipseln. Das Wasser dampft bereits, aber wie's aussieht, wird es noch ein Weilchen brauchen, bis es kocht. Hoffentlich kocht es auch! Jesse möchte Salz beisteuern und fragt etwas unbeholfen, ob wir da auch seine Dose Thunfisch mit reinmachen könnten. »Klar – very good!« Unsere Haute Cuisine nimmt langsam Gestalt an, und endlich kochen auch die Nudeln im Wasser. Heute wird ein guter Tag!

Mit einem Bewehrungseisen haben wir den ultimativ stabilen »Kochlöffel« gefunden. Immerhin ist der Stab so um die 80 Zentimeter lang. Das Umrühren wird somit zum absoluten Spaßfaktor. Als »Chefkoch« beauftrage ich Bryce damit. Zwischendurch knipsen wir die untergehende Sonne, weit hinten am Berg Tabor. Auch mein Ladegerät für mein Handy erfreut sich geteilter Beliebtheit. Ich habe in dem Durcheinander eine Steckdose entdeckt und am anderen Ende von Keekale's Place so etwas wie einen Hauptschalter gefunden. Die Nudeln dauern normalerweise nicht wirklich lange, hier aber ist es darüber bereits dunkel geworden. Das Essen ist für uns alle etwas ganz Besonderes. Unsere Stirnlampen sind an, und alle Lichtkegel beleuchten das Finish: Ich gebe noch die frische Petersilie auf die Nudeln und hebe sie mit unserem überdimensionierten Kochlöffel unter. Jetzt heißt es genießen. Bryce, Jesse und Zachary haben keine Töpfe dabei. Auch ich habe derlei Luxus nicht. Wir essen also alle aus dem gleichen Topf. Ich habe auch keine Gabel dabei und muss deshalb mit den Fingern essen. Weil die Nudeln so heiß sind, haben die anderen einen klaren Vorteil – und so blöd sich das anhört, ich entwickle ein Gefühl von Futterneid, weil ich nicht schnell genug mithalten kann. Erst als die Nudeln lauwarm geworden sind, fühle ich mich mit meinen Fingern gleichberechtigt. Zachary fällt ein, dass er Käse dabeihat, und irgendwer hat auch Schokoladenkekse auf unseren »Tisch« gelegt. Luxus pur. Ich bin richtig satt, und nun werde ich auch noch die Dusche testen. Im Gegensatz zu den Amerikanern habe ich weder Shampoo noch Handtuch dabei. Ich nehme meine Stirnlampe, meine Zahnbürste und Zahnpasta, und dann sehen wir mal weiter. Noch immer ist die Dusche – wenn man dieses Teil so nennen mag – warm. Und das ist gerade ein echtes Erlebnis für mich. Wenn ich nun das Wasser abdrehe, werde ich nass sein und frieren.

Das Gröbste lasse ich abtropfen, dann T-Shirt drüber, Mütze auf die feuchten Haare und ab in meinen Schlafsack. Es ist kalt geworden. Die anderen schlafen schon. Irgendwann wird es dann so kalt, dass ich mich mit meinem Zelt zudecke. Dann danke ich Gott für diesen schönen Tag, den er mir heute geschenkt hat, und schlafe eine ganze Nacht lang richtig gut durch.

1000 Stufen nach Nazareth

Über den Berg Tabor nach Nazareth
Etwa 22 Kilometer, 1190 Höhenmeter Gesamtanstieg.
Trinkwasserverbrauch 6 Liter.

»Meine« drei amerikanischen Studenten schlafen noch tief und fest, als ich im ersten Morgenlicht fröstelnd aufwache. Ich entschließe mich, dieser feuchten Kälte sofort zu entrinnen, stehe auf und packe zusammen. Auf der Suche nach meinem Ladekabel wecke ich Jesse. Er will noch weiterschlafen, es ist ihr letzter Tag. Ich drücke ihn kurz, dann ziehe ich los. Diese Mischung aus »Festhalten-Wollen« und »Loslassen-Dürfen« ist nach wie vor eines der tiefsten Gefühle, die ich je erfahren habe. Es ist ein unheimlich bewegender Moment, »Freunde«, die man gerade erst gewonnen hat, gleich auch wieder loslassen zu müssen. Andererseits hat dieser Moment des Allein-Losgehens auch etwas sehr Spirituelles an sich. Denn du spürst diese Verbundenheit mit Menschen, die gerade eben das Gleiche machen wie du selbst. In kurzer Zeit ist man so tief in die Welt des anderen eingetaucht, dass man glaubt, deren Gedanken mitnehmen zu können und somit weiterhin verbunden zu sein. Beim Losgehen fühle ich mich frei und wehmütig zugleich. Ich freue mich auf das Neue, was heute kommen mag. Ich wage nicht, an morgen oder übermorgen zu denken. Zu absurd erscheint mir alles, was jenseits meines sehr, sehr klein gewordenen Horizonts liegt.

Beim Verlassen des Dorfes habe ich heute sehr lange einem Auto hinterhergesehen und mich als Fußgänger wie eine Schnecke gefühlt, die nicht vorwärtskommt. Gleichzeitig hat diese Langsamkeit etwas Magisches und Tiefsinniges an sich. Ich habe Zeit, ein Luxus, den man sich mit keinem Geld der Welt erkaufen kann. Und: Diese Zeit gibt mir andauernd etwas Schönes mit auf den Weg. Sie langweilt mich nie. Sie ist, wie sie ist. Gemächlich, nicht hektisch wie sonst. Sie gibt mir Eindrücke, die ich verarbeiten kann. Sie drängt mich nicht mehr. Sie macht mich zufrieden.

Es hört auf zu regnen. Die letzten Regenschwaden verziehen sich und zaubern mir im Gehen eine gespenstisch schöne Landschaft vor mich hin. Israel, das Heilige Land! Nichts, aber auch gar nichts ist so, wie ich es mir vorgestellt habe. Ich bin angekommen. Ich gehe, weil ich das für mich selbst tue. Und wo immer ich Hilfe brauche, sind plötzlich liebenswerte Menschen da! Es muss also noch viel mehr geben. Einen gütigen Gott. Einen, der nicht auf irgendwelche Gebote pocht. Eher einen, der dir zeigen möchte, dass die Welt an sich gar nicht so schlecht ist. Bryce, Jesse und Zachary sind schon wieder in einer anderen Zeit, während ich hier so vor mich hin laufe. Keekale, wie wird es ihm heute gehen? Hat er Familie? Kinder? Schade, dass er mir nicht viel von sich erzählt hat. Werde ich ihn je wiedersehen?

Und Uri? Wer ist Uri eigentlich? Was ist seine Geschichte? Und Meinrad, Ido Ben? Und all die anderen, die mir »einfach so« über den Weg gelaufen sind? Hat Gott sie mir gegeben? All das, was ich von Israel bisher gesehen habe, hat eine tiefe emotionale Komponente. Überall sind mir liebenswerte Menschen begegnet, die mich angenommen haben. Stets habe ich Hilfsbereitschaft und Liebe gespürt. Kann ich das auch verarbeiten? Ich habe mich geistig auf ganz andere Dinge gefasst gemacht: auf die Härte des Weges oder darauf, dass mich die unselige Vergangenheit Deutschlands einholen würde. Auch darauf, dass ich ohne Geld keine Chance haben würde.

Diese eine Woche, die ich nun unterwegs bin, erscheint mir in meinem Leben bereits wie eine Ewigkeit. Ich gehe heute mit langsamen, fast bedächtigen Schritten in Richtung Berg Tabor. In mir ist kein Wunsch, möglichst alles über die bevorstehende Touristenattraktion zu erfahren. Nein, ich empfinde so etwas wie eine ganz tiefe Dankbarkeit diesem Universum gegenüber, das sich da gerade vor mir auf eine so wundervolle Art ausbreitet, mich beschützt und umgibt. Über den Berg Tabor heißt es in der Bibel: »So wie der Tabor größer ist als alle Berge und so wie der Karmel das Meer mächtig überragt, so wird einer gegen euch heranziehen.« (Jeremia 46,18) – Na, das kann ja was werden!

Der Berg Tabor beschert mir wie prophezeit einen sehr harten Anstieg von 0 auf 500 Meter über dem Meeresspiegel. Direttissima! Fast senkrecht nach oben. Grün über Grün. Herrliche Bäume. Aber eben auch Pulsschlag pur. Ich bin erschöpft, als ich oben ankomme. Und ich verliere den Weg, gehe nach Gefühl einmal um den kompletten Tabor herum und komme an in einer Welt, vor der ich plötzlich Angst habe! Idyllisch geht es zur Verklärungskirche durch ein kleines steinernes Tor. Der große Parkplatz ist fast leer. Nur drei Busse und gut einhundert chilenische Touristen. Urplötzlich beginnt mein Puls zu rasen, und mein Mund wird trocken. Ich bekomme Angst. Sie – die Chilenen – haben mich entdeckt. Mit großem Rucksack komme ich auf sie zu. Sie lachen und schütteln den Kopf. Und sie fotografieren mich. Wie eine Ware. »Mira!«, höre ich sie rufen – »schau mal, da!«; »Cola, Fanta, Beer«, ruft mir ein anderer laut und spöttisch zu, und seine Kumpane grölen.

Ich gehe weiter. Tick Tack. Weiter, immer weiter. Da ist sie, die Basilika der Verklärung. Wie gern hätte ich etwas über die Geschichte gelesen. Was hat sich hier damals abgespielt? Meine Internet-Verbindung im Handy funktioniert nicht, und so streife ich einfach ein wenig umher. Als sich mein Puls beruhigt hat, trinke ich Wasser und esse ein paar Krümel Brot. Bei den Touristen höre ich auch zwei deutsche Stimmen. Getrieben zwischen Highlight A und B haben die beiden Rentner einen Plan vor sich ausgebreitet, und ich höre den Mann sagen: »Na, das ist jetzt die Verklärungsbasilika, oder?« Und sie sagt: »Wir haben nur noch fünf Minuten. Hast du das schon gefilmt?« Ich frage die überraschten Alten, ob ich ein Foto von ihnen beiden machen soll. Sie lehnen ab. Ich denke, sie haben Angst, ich könnte ihnen den Fotoapparat stehlen. Sie entfernen sich von mir, als ob ich einer anderen Welt entsprungen wäre. Klar, ich bin ein Bettler. Aber bin ich deshalb ein böser Mensch? Einer, der andere stört, ihnen gar etwas wegnimmt?

Nein, ich werde nicht hingehen und mich erklären. Nach dem Motto: Hallo, ich bin Christian, ein ganz normaler Deutscher, einer, dem es sogar sehr gut geht. Seht her, als Bettler habe ich das modernste Handy, eines, das noch gar nicht richtig auf dem Markt ist. Und ich habe die beste und teuerste Actioncam bei mir, die es zurzeit gibt. Ich könnte die Erfolge meines Lebens aufzählen. Was ich schon alles war und was ich schon erreicht habe. Ist es das, was im Leben zählt?

Die beiden Alten sind schon gut 100 Meter von mir entfernt. Jetzt fühlen sie sich anscheinend wieder sicher. Sie bleiben stehen und knipsen wieder wild herum. Für einen Augenblick hat mein blödes Ego die Oberhand gewonnen. Unnütz. Aber doch, es zeigt mir schon, wie viel Energie es kostet, jemand zu sein. Akzeptiert zu sein, aufgrund äußerer Werte. Ja, ja, Kleider machen Leute.

Und schicke Autos, frisch aus der Waschanlage. Und die goldene Kreditkarte. Was ich hier jetzt erlebe, ist einfach echt. *Ablehnung ist echt. Aber eben auch Liebe ist echt.* Und meine Reise in Israel bietet mir endlich diese wunderbare Gelegenheit, mich selbst kennenzulernen, mich nicht zu verstecken, auch gar nicht verstecken zu können.

Vor etwa zweitausend Jahren soll Jesus seinen drei Jüngern Petrus, Johannes und Jakobus gesagt haben: »Kommt, lasst uns da hochgehen und beten.« Und vielleicht, so interpretiere ich diese Geschichte für mich, ging er genauso wie ich ganz allein da hoch. Vielleicht, weil seine drei Jünger noch ein wenig ausschlafen wollten. Wer weiß das schon so genau. Vielleicht war er damals genauso erschöpft wie ich. Er ist ja als Mensch hier hinaufgegangen. Es kann gut sein, dass auch er von anderen stehen gelassen wurde. Aber er kam hierher, um zu beten. Und das möchte ich nun auch tun. Am westlichen Rand der Verklärungskirche ist so etwas wie eine große Terrasse. Hier bin ich nun allein, kann meinen Rucksack ablegen und mich am Geländer festhalten. Der Blick hinab ins Tal ist erhaben. Es ist still hier. Nur ein leiser Wind streift über meine feuchte Kleidung. Ich setze mir meine hellblaue Mütze auf und stehe hier eine Weile, ohne zu beten. Dann lasse ich mich auf dem Steinboden nieder und danke Gott für alles, was mir so einfällt. Damit versinke ich tief in mir selbst. Was ist ein Gebet eigentlich? Ich wüsste außer dem Vaterunser und ein paar anderen Zeilen nicht wirklich, was ich jetzt aufsagen sollte. Aber Gott zu danken löst in mir ganz überwältigende Gefühle aus. Mein Dank geht zurück bis zur Stunde meiner Geburt. Ich habe es gut gehabt. Bin wohlbehütet aufgewachsen. Ich denke an meine Familie, an meine Kinder. An meine Jugend. Es erscheint mir irgendwie surreal, dass ich tatsächlich hier zu Fuß in Israel bin. Meine Gefühle sind irgendwie unbeschreiblich. Fast ist es so, als wenn in meinem Gehirn so etwas wie eine große Selbstreinigung stattfinden würde. In diesem Augenblick bin ich einfach nur glücklich.

Nun haben auch zwei offenbar britische Touristen den Weg hierher gefunden. Sie stehen am Geländer und fotografieren. Als sie an mir vorbeigehen, verbeugt sich einer von ihnen vor mir ganz leicht und schließt dabei sogar die Augen. Dann lächelt er. Er sagt nichts, geht ganz still und langsam an mir vorbei. Er hat gefühlt, dass ich bete und gerade einfach nur dankbar bin! Dann stehen sie plötzlich vor mir: meine drei »Jünger« Bryce, Jesse und Zachary. Sie haben sich also doch noch auf den Weg gemacht. Und tatsächlich: Sie beten! Von Jesus heißt es: »Sechs Tage später nahm Jesus Petrus und die beiden Brüder Jakobus und Johannes mit auf einen hohen Berg. Plötzlich veränderte sich sein Aussehen. Sein Gesicht leuchtete wie die Sonne und seine Kleidung wurde strahlend weiß.« (Matthäus 17,1–2) Gut, nichts an mir wurde leuchtend weiß. Oder habe ich es nur nicht bemerkt? Bryce und die anderen werden von hier aus zurück zur Universität in Haifa fahren. Ihr Israel Trail ist hier vorerst zu Ende. Doch alle drei haben vor, den Trail eines Tages weiterzugehen. Bryce verabschiedet sich ganz kurz, sagt, dass sie sich die Kirche ansehen wollen und dass wir uns danach ja noch mal sehen. Ich warte kurz, und dann nehme ich die Gelegenheit wahr, still und leise weiterzuwandern. Bevor sich nun die biblische Szene wiederholt, in der eine Wolke herabkommt und eine Stimme aus ihr etwas vom geliebten Sohn hinausruft, möchte ich hier wieder weg sein! Der Apostel Bryce – äh Petrus – soll damals vorgeschlagen haben, als Erinnerung hier an dieser Stelle drei Hütten zu bauen. Heute erinnert man sich daran noch immer, wahrscheinlich gibt es auch einen Bezug zum jüdischen Laubhüttenfest (Sukkot). Ob Bryce auch irgendeine Idee hat, kann ich heute noch nicht wissen. Aber mein Gefühl sagt mir, dass wir wieder voneinander hören werden. Vielleicht nicht über eine Laubhütte, eher über Facebook.

Steil geht es bergab vom Berg Tabor. Von hier oben sehe ich auch schon gegenüber von mir den Berg, auf dem Nazareth erbaut ist. Ob ich das heute noch schaffe? Was ich jedoch geschafft habe, ist, vom Israel Trail abzukommen. Irgendwo muss er hier zwar sein, aber ohne Wegmarkierung bleibt mir zunächst nur, den Serpentinen der Teerstraße zu folgen. Hier werde ich ab und zu aus den Fenstern der vorbeifahrenden Busse heraus bestaunt.

Bergab schmerzen meine Knie. Dennoch fühle ich mich befreit und erkenne den Weg als eine Art Bestimmung. Ganz ohne Bücher lehrt mich der Weg so viel über mich selbst. Er zeigt mir nicht nur meine Grenzen. Vielmehr zeigt er mir immer wieder, dass da gar keine Grenzen sind. »Fürchte dich nicht«, heißt es in der Bibel. Und weiter: »Weiche nicht, denn ich bin dein Gott; ich stärke dich, ich helfe dir auch, ich halte dich durch die rechte Hand meiner Gerechtigkeit.« (Jesaja 41,10; L) – Nicht fürchten soll ich mich also. Leicht gesagt. Vor mir liegt nun die zweite Bergtour des Tages. Hoch nach Nazareth. Auf dem Weg frage ich an mehreren Haustüren nach einer Unterkunft. So richtig klappen mag es aber nicht. Ich gehe also immer weiter nach Nazareth hinauf. Beim Fragen nach Brot und Unterkunft hagelt es viele Neins. So weiß kann meine Kleidung also in der Verklärungsbasilika nicht geworden sein. »Nazareth Illit« steht auf dem Ortsschild. »Illit« bedeutet »hoch« oder »Berg«. Erst ganz da oben wird mir klar: Ich habe es nicht geschafft. Keine Unterkunft. Kein Essen. Ich stehe an einer Straßenabzweigung. Sie führt noch gut 100 Meter hoch zur feinsten und abgefahrensten Hoteladresse in Nazareth, vielleicht sogar in ganz Israel. Hundert Meter. Unerreichbar für mich als Bettler. Diese 100 Meter, die mich vom Saint Gabriel Hotel trennen, sind plötzlich eine ganze Welt. Ich, der Bettler. Da oben die Sterne! Das Hotel logiert nicht nur an der höchsten Stelle Nazareths. Es befindet sich in einer alten Kirche, abgeschirmt von Security-Leuten. Schon seit etwa einer halben Stunde stehe ich nun hier. Die Fahrzeuge, die hier ein- und ausfahren, sind respekteinflößend.

Schließlich ist es mein Hunger, der jegliche Sicherung in meinem Gehirn durchbrennen lässt. In direktem »Sturzflug« auf die drei mir entgegenkommenden Security-Guards sehe ich mich leuchten. So, wie es in der Bibel steht. Ich habe keine abgetretenen Schuhe und keinen Rucksack. Ich bewege mich mit dem Selbstverständnis eines Hochstaplers auf die drei zu. Sage leise zu Gott: »Bitte hilf mir. Jetzt! Ich brauch dich gerade.«

»Stopp!«, ruft mir einer der drei entgegen, und seine Hand deutet mir ein klares »No«. Zum ersten Mal wird mir klar, dass die Security-Leute hier in Israel richtige Maschinengewehre bei sich haben. Doch nichts, aber nichts wird mich jetzt aufhalten, wenn Gott bei mir ist. Und er scheint gerade die Regie zu übernehmen. Wie von Geisterhand gesteuert, nehme ich meinen schweren Rucksack ab und drücke dem verdutzen Security-Guard mit einem selbstbewussten Lächeln mein Gepäck in die Hand. »Wow, die letzten Meter hier hoch waren echt hart«, sage ich und frage ihn: »Geht das mit meinem Rucksack?« Gleichzeitig schreite ich vor in Richtung Eingang. Nun, nachdem ich Nummer eins offenbar schon außer Gefecht gesetzt habe, fragt mich Nummer zwei: »Hey, wo wollen Sie denn hin?«

»Ich habe gleich ein Gespräch mit dem Chef«, antworte ich und blicke auf die Uhr auf meinem Handy. »Please come with me«, sage ich der Nummer zwei, während Nummer drei hastig auf Hebräisch in sein Funkgerät spricht. An der Glastür heften sich zwei weitere Wachleute an meine Fersen. Umzingelt und im lauten Konvoi erreiche ich die Rezeption nun wie ein Superpromi. Jetzt muss ich mich auch so verhalten. Die kleine Schlange an der Rezeption ignoriere ich, jetzt bin ich der Star. Und schon kommt ein »Chef«, der mich fragend ansieht – und dann der »Chef-Chef«, der mich vornehm zur Seite zieht und einen Tee anbietet, und dann – kommt der richtige Chef.

Nizar Saffoury kommt nicht einfach. Er erscheint. Nizar, wie ich ihn später beim Vornamen nennen darf, erwidert als Erstes mein Lächeln und schickt die Wachleute zurück an ihren Platz im Freien. Nicht aber, ohne ihnen höflich zu danken. Dann wendet er sich den wartenden Gästen zu und fragt: »Darf ich mich kurz um diesen Gast kümmern? Er scheint Hilfe zu brauchen.« Nizar wartet mehrere Sekunden mit dem Blick auf seine Gäste, nickt dann und wendet sich zu den beiden Damen an der Rezeption. »Bitte lassen Sie unseren lieben Gästen einen Tee bringen. Ich bin gleich auch persönlich da.« Nizar streckt mir ein zweites Mal seine Hand zur Begrüßung entgegen und meint nur: »Du wolltest mich sprechen. Wie kann ich dir helfen?«

Nizar ist ein wenig größer als ich und jünger. Seine wachen Augen funkeln. Er scheint ein fröhlicher Mensch zu sein. Ich erzähle Nizar von meinem Israel Trail. Ich frage ihn, ob ich gegen ein Essen bei ihm arbeiten dürfe, ob ich irgendwo – gern auch im Freien – bei ihm übernachten dürfe. Nizar muss lachen und meint, dass ihm so etwas noch nicht passiert sei. Ohne es zu bemerken, sitze ich schon fast eine Stunde hier bei ihm. Mittlerweile haben wir uns beide unsere Vergangenheit erzählt und viel gelacht. Dann, als eine der Damen von der Rezeption mit einer Frage zu ihrem Chef kommt, meint Nizar zu ihr: »Geben Sie Christian bitte oben ein kleines Angestelltenzimmer«, und dann zu mir: »Geh erst einmal duschen, dann darfst du, wenn du möchtest, in der Küche mithelfen. Wir kriegen das hin.« Heißt es nicht in der Bibel: »Und im sechsten Monat wurde der Engel Gabriel von Gott gesandt in eine Stadt in Galiläa, die Nazareth heißt.« (Lukas 1,26; L) Wenig später komme ich zurück, und nun sind meine Kleider tatsächlich »strahlend hell«, weil sie wie von Zauberhand frisch gewaschen wurden. Gibt es da wirklich den Gott, der mich schon wieder erhört hat? Wenn ja, dann ist es ein guter Gott.

Nizar empfängt mich unten und begleitet mich in eine Art Vorküche. Hier werden Teller abgespült. Per Hand, wie sich das gehört. Ab hier überlässt Nizar mich seinen Küchenangestellten, die nun recht erheitert ihrerseits in die Rolle eines Chefs schlüpfen dürfen. Und das machen sie gut. Sie schenken mir nichts! Hier heißt es tatsächlich hart arbeiten. Abspülen, bis die Hände nicht mehr können. Zwei arabische Angestellte haben einen Höllenspaß daran, dass hier gerade ein Deutscher ihre Arbeit verrichtet. Denn für die beiden ist am Waschbecken nun kein Platz. Und ich selbst habe auch ein gutes Gefühl, arbeiten zu dürfen. Gut, dass ich keinen dieser riesigen Töpfe mit mir herumschleppen muss, denke ich mir. Einer der beiden Araber klopft mir plötzlich von hinten auf die Schulter und meint lachend »Good!«, zeigt aber gleichzeitig auf die Unterseite des Topfes, die ihm noch nicht sauber genug ist.

Doch schon bald befreit mich Nizar von meiner Arbeit wieder. Irgendwie scheint es ihm fast etwas peinlich zu sein, dass er mich hier für einen Augenblick wirklich arbeiten ließ. Ob nun alles gut für mich sei, fragt er mich lächelnd. Dann bringt Nizar mich ganz persönlich zum Abendbuffet. Ich bekomme einen kleinen Tisch für mich ganz allein. Der Chefkellner serviert sofort einen Gruß aus der Küche, bevor eine adrette Kellnerin Wasser bringt. Sie begleitet mich zum Buffet und meint, ich dürfe essen, was immer ich möchte. Das ist nicht einfach bei einem schier endlosen Buffet mit den feinsten Dingen, die man sich nur vorstellen kann! Dann höre ich, wie ein Gast zwei Tische weiter die Kellnerin anraunzt: »Schon wieder derselbe Salat«, meine ich zu verstehen. Sie reagiert gelassen und fragt, ob sie ihm in der Küche etwas Spezielles zubereiten lassen darf.

Ich selbst habe mir gerade etwas Nudelsalat in den Mund geschoben und bekomme schlagartig feuchte Augen. Was für ein Gefühl, so etwas zu essen, wenn man hungrig ist. Und was für ein Gefühl erst, im Leben lieb behandelt zu werden. Nicht des Geldes wegen, einfach so. Genau dieser Moment beantwortet ganz gut die Frage, die mir viele zu Hause gestellt haben: »Warum machst du das ohne Geld?« Vielleicht genau deswegen, um solche ganz kostbaren Momente erleben zu dürfen. Momente, in denen man ganz klein ist und sich doch ganz groß fühlen darf. Momente, in denen das Glück deinen Körper durchströmt. Momente, in denen du dich ganz klar als Mensch definierst. Und Momente eben, in denen du Ablehnung gegenüber anderen verspürst, die gerade ganz oberflächlich durch das Leben gehen. Sie sehen gerade nichts. Sie hören nichts, und sie fühlen nichts. Man könnte sagen: Sie sind so betäubt vom herzlosen Kommerz und vom Anspruchsdenken, dass sie »nicht sind«.

Ich sitze am Tisch, längst schon satt. Hier ist kein Gesprächspartner. Trotzdem brauche ich kein Handy zum Herumspielen. Und keine Zeitung zum Lesen. Ich bin ganz zur Ruhe gekommen. Die nette Kellnerin weiß, dass ich ihr heute kein Trinkgeld geben kann. Aber ich schenke ihr dafür Komplimente und mein schönstes Lächeln. Dann gehe ich hoch in mein Zimmer. Todmüde, aber glücklich.

Shlomit bricht ihr Schweigen

Von Nazareth nach Alon HaGalil
Etwa 13 Kilometer, 350 Höhenmeter Gesamtanstieg.
Trinkwasserverbrauch 4 Liter.

Um halb sechs verlasse ich sehr leise das schöne Hotel. Der Concierge möchte mich nicht gehen lassen, ohne dass ich ein Lunchpaket mitnehme. Es sei extra für mich bestellt worden. Draußen auf dem Hof ist einer der Wachleute von gestern und ruft mir leise: »Danke für Ihren Besuch« nach. Dann läuft er ein paar Schritte mit und fragt mich: »Shvil Israel? – Israel Trail?« Ich nicke, und er fragt weiter: »Gefällt dir Israel?« Ich nicke und entgegne ihm ein ganz langsames und bedächtiges »Yes«, bevor ich mich mit einem sehr sentimentalen »Toda – Thank you« verabschiede.

Bergab »geht« Nazareth sehr viel leichter. Es ist noch kühl. Zwischen weißen Wolkenfetzen sehe ich blauen Himmel. »Fürchte dich nicht«, fällt mir noch einmal ein. Fürchte dich nicht vor der Fremde. Nicht vor anderen Menschen. Fürchte dich nicht, nichts zu haben. Fürchte dich nicht davor, Gott und andere Menschen um etwas zu bitten. Fürchte dich nicht, es mit großer Dankbarkeit zu nehmen. Und fürchte dich nicht vor dem, was vor dir liegt ...

Gestern am Hotelberg hätte ich schwören können, weit draußen das Mittelmeer gesehen zu haben. Heute sehe ich nichts mehr davon. Dafür geht es aus Nazareth heraus und hinein in einen herrlich grünen Wald. Vögel zwitschern in Israel. Traumhaft. Der Israel Trail ist hier wieder ein rötlich lehmiger Feldweg mit vielen Pfützen vom Regen des Vortags. Hier komme ich gut voran und kann meine Füße schonen. Der Untergrund ist weich, und das Gehen an sich tut gut. Ich habe gerade angefangen, Selbstgespräche zu führen. Ob sie laut sind, weiß ich nicht. Ich baue alle möglichen hebräischen Worte ein, auch wenn ich nicht genau weiß, ob sie richtig sind. Trotzdem: Ich bin mir sicher, dass ich ein klein wenig vom Gesprochenen verstehe. Nicht wirklich wegen der Sprache, sondern wegen der Sympathie und der aufs Einfachste reduzierten Umstände.

Meine Themen sind schließlich immer die gleichen. Es geht um eine Begrüßung, darum, menschliche Nähe herzustellen. Es geht um Wertschätzung, um Achtung und Achtsamkeit. Es geht – ganz im Gegensatz zur normalen Arbeitswelt – darum, vom anderen etwas zu erfahren, zur Not auch ohne gemeinsame Sprache. Da fallen immer wieder die gleichen Wörter. So kann man lernen. So haben auch Mönche früher gelernt. Im Gehen.

Weit vor mir sehe ich dann zwei Wanderer, die mir zunächst entgegenkommen und dann den Weg verlassen und eine Almwiese hinuntergehen. Das muss Sabres sein. Und die beiden sind Gal und Shahar. Ich denke, sie haben sich heute nach Nazareth bringen lassen und sind nun vor mir unterwegs. Ich pfeife den beiden zu und winke. Gal dreht sich zwar um, geht aber weiter. Ob es der halbe Kilometer ist, der uns trennt? Oder ob meine Augen einfach besser sind? Oder ob es einfach nur so ist, dass sich unsere Wege schon gekreuzt haben und nun jeder wieder auf seinem eigenen unterwegs ist? Ich beschließe, Pause zu machen und die beiden ziehen zu lassen. Ich genieße gerade das Alleinsein, die beiden vor mir sicher auch. Während ich mich hinsetze, enthuscht mir ein Lächeln, und ich sage halblaut: »Hey, alles, alles Gute für euch!«, so, als ob sie mich hören könnten. Aber vielleicht können sie das ja tatsächlich. Ausgeschlossen ist es zumindest physikalisch keineswegs.

Schließlich basiert das, was in unseren Gehirnen stattfindet, auf elektromagnetischen Wellen. Und die machen bekanntlich an der eigenen Schädeldecke nicht halt. Was schließlich »Bewusstsein« überhaupt ist, darüber ist man sich bis heute noch gar nicht einig. Es scheint so zu sein, dass man sich einen Teil seiner eigenen elektromagnetischen Gehirntätigkeit »bewusst« machen kann. Warum soll man sich nicht auch einen Teil fremder elektromagnetischer Gehirntätigkeit bewusst machen können? Diese Wellen durchströmen ja ebenso auch unser Gehirn. Und dass bestimmte Wellenmuster bestimmte Gefühle auslösen können, wird heute auch in der Wissenschaft angenommen. Klar ist, dass es da noch sehr viel mehr gibt, als wir mit unseren fünf Sinnen wahrnehmen können. Überhaupt – sind es nur fünf Sinne? Im Augenblick konzentrieren sich meine Sinne und meine ganze Vorfreude auf das Lunchpaket, das ich der Einfachheit halber nur außen an meinen Rucksack gehängt habe. Und dieses Paket ist so umfangreich, dass ich nicht rationieren muss wie sonst. Hier in der freien Natur lasse ich mir eines von drei Sandwiches schmecken. Überhaupt ist die Wegzehrung für den Pilger fast so etwas wie eine Weihnachtstüte für mich. Kalorien pur!

Heute lasse ich mir Zeit. Ich wandere ein paar Kilometer barfuß. Nehme mir Zeit für Fotos und für mein Tagebuch. Natürlich verlaufe ich mich auch wieder einmal grandios. Der Weg führt mich ungewollt zu einem großen Wasserreservoir und wieder zurück in den Wald. Dann über Wiesen, immer der Himmelsrichtung nach. Und eine gute Stunde später sehe ich den ersten Holzpfahl mit einer verwaschenen Wegmarkierung. Zeit für eine weitere kleine Pause.

Am Nachmittag stoße ich auf eine Gruppe israelischer Mountainbiker, die hier mitten im Grünen Brotzeit machen. Meinem fröhlichen Schalom schallen ein Dutzend lachende Schaloms entgegen. Und schon sitze ich bei der Gruppe und darf Tee mittrinken. »I love Germany«, sagt einer, der sich mit Gideon vorstellt. Gideon ist wie die anderen so zwischen fünfzig und sechzig und gut durchtrainiert. Sofort ist Berlin das Thema. Fast die Hälfte der Radfahrer hier war schon in Berlin. München scheint in der Gunst deutlich abgeschlagen, aber immerhin kann ich die Mountainbiker für die »German Alps«, die deutschen Alpen, begeistern. Essen nehme ich keines mehr an, und ich sage auch nicht, dass ich …

Doch dann bittet Gideon mich, dass auch er auf meiner Hose unterschreiben darf. Gesagt, getan. Er hat mir ja Tee gereicht. Als dann die anderen auch möchten, muss ich den tieferen Sinn erklären. Dass mir hier völlig fremde Menschen Wasser gegeben haben. Oder hier, ein Araber einen Becher Cola. Oder hier – nein, hier: »Das war ein Stück Vollkornbrot in Migdal.« Schon hält mir eine der Damen einen Schokokeks unter die Nase und sagt: »Iss den, ich möchte auch unterschreiben.« Dann muss Chana aber bemerkt haben, dass dieses Thema für mich eine sehr große Bedeutung gewonnen hat und dass ich mit meiner Fassung ringe. Sie gibt mir den Stift zurück und legt mir dafür noch einen zweiten Keks auf die Hand. »Ich wünsche dir nur Gutes auf deinem Shvil Israel«, sagt sie und berührt dabei meinen Arm.

Weiter geht es. Und mindestens 24 Augen sehen mir nach. Weiter. Nur wohin? Gleich auf den ersten Schritten gabelt sich der schmale Fußpfad in drei Richtungen. Links, geradeaus oder rechts weitergehen? Doch prompt zeigen viele Handzeichen »geradeaus«, begleitet von Rufen wie »Good luck!«. Bin ich schüchtern geworden? Meine versteinerte Schutzhülle scheine ich auf jeden Fall verloren zu haben. Das macht mich verwundbar. Darf ich als »echter Kerl« Tränen in den Augen haben? Darf ich Gefühle zeigen? Ich meine damit auch, Gefühle vor mir selbst zulassen? Ich weiß es nicht. Und weil mir Gott sei Dank auch niemand zuhört, kann ich diese Frage unbeantwortet im Raum stehen lassen. Ähm, in welchem Raum? Da schweifen meine Gedanken dann auch schon wieder ab in die Ferne. Habe ich meine Gedanken soeben wieder einmal ins Universum geschickt?

Heute werde ich in Alon HaGalil haltmachen. Hier soll es Trail Angels geben. So richtig gut verstanden habe ich am Telefon nicht, wohin ich soll und was mich da erwartet. Außer einem »Na, komm einfach mal vorbei«. Auf der Landkarte geht es da erst einmal über die Autobahn. Und ehrlich gesagt: Auf öde Kilometer entlang irgendwelcher Hauptverkehrsadern habe ich keine Lust. Schon auf dem Jakobsweg habe ich schwer geschluckt, wenn es an einer Schnellstraße entlangging.

Israel überrascht mich hier schon wieder positiv. Ich komme aus einem kleinen Wald heraus. Links und rechts blühen blauviolette Kornblumen. Dann kommt eine Art Kuhgatter. Unmittelbar danach stehe ich vor der Autobahn. Und: Ich stehe vor einem kleinen Schild »Pilgrims please here«. Pilger bitte hier. Man hat an dieser Stelle tatsächlich für Wanderer und Radfahrer eine kleine Unterführung vorgesehen. Raus aus dem Loch, blauer Himmel. Natur. Schnell ist die Straße vergessen. Ich bin mit ihr nicht in Berührung gekommen. Der Weg führt hinauf. Schon von Weitem sehe ich das gelbe Tor von Alon HaGalil. Dann stehe ich hier. Ich vermute schon, ich sei falsch, als Ruben, ein etwa zwanzigjähriger Israeli, mir weiterhilft.

»Trail Angel? Shlomit ist ein Trail Angel«, sagt er. Er deutet in die Richtung, aus der ich gerade gekommen bin. Also zurück. Zurück in die Natur. Wie lang doch ein Kilometer sein kann, wenn man ihn zu Fuß zurückgehen muss. Natürlich überkommen mich schon bald meine ersten Zweifel. Hier ist nichts mehr. Hier bin ich wieder draußen. Hier ist weit und breit nichts. Plötzlich höre ich das Knattern eines Quads. Ruben rauscht mir mit vollem Speed nach und winkt schon von Weitem. Hat er gesehen, dass ich stehen geblieben bin und in meine Karten sehe? Hat er gespürt, dass ich mich nicht auskenne? »Ja, du bist richtig hier!« Ruben zeigt mir, dass ich fast vor meinem Ziel stehe: eine zeltartige Halle, versteckt hinter den Bäumen. Das ist der Mountainbike-Shop von Shlomit! Und tatsächlich: Vor einem Naturpark des KKL befindet sich hier mitten in der grünen Landschaft ein großes »Mountainbike-Zelt«. Ich danke Ruben und gehe mit müden Schritten auf das Zelt zu. Nur ein Auto steht hier herum. Shlomit hat mich schon gesehen. Sie steht auf und kommt auf mich zu. Shlomit dürfte Anfang fünfzig sein, hat strahlende Augen und rötlich blondes Haar. »Du bist Christian?«, ruft mir Shlomit entgegen und lacht. »Ich weiß alles über dich«, fährt sie fort, »auch, dass du sehr bescheiden warst und keinen weiteren Schokokeks mehr wolltest.«

Langsam wird mir klar, wie klein Israel ist. Und klar ist auch, dass sich die Mountainbiker hier ihre Fahrräder geliehen und von dem verrückten Deutschen erzählt haben. Shlomit erlaubt mir, mein Zelt auf der Wiese aufzustellen und die Toilette zu benutzen. Ich bekomme einen israelischen Kaffee. Und ich lerne die ganze Familie kennen. Den Sohn, der seine neue Freundin das erste Mal mit dem Mountainbike durch die Prärie mitnimmt. Frisch verliebt. Sie hat es bestimmt nur ihm zuliebe gemacht. Aber immerhin. Ein guter Anfang.

Während ich eine Weile allein bin, gesellt sich ein Ehepaar zu mir an den Tisch, das gerade seine Fahrradtour beendet hat. Während sie nach ihrem Kaffee schon zum Auto geht, spricht Omri mich auf eine Unterschrift auf meiner Jacke an, die mittlerweile auch schon beschriftet ist. »Den kenne ich«, sagt Omri und zeigt auf die Unterschrift, »Ehud ist Förster hier bei uns, beim KKL.« Auch wenn ich den Überblick schon ein wenig verloren habe, fällt mir ein, dass das eine der ersten Unterschriften war. Ehud hat mich am ersten Tag beim Trampen von Tel Aviv nach Kibbuz Dan ein Stück mitgenommen und hat mir viel über »seine« Wälder in Israel erzählt. Jetzt verstehe ich, warum er sie »meine« Wälder nannte. Die Welt ist schon klein. Omri arbeitet auch beim KKL, dem Keren Kayemeth LeIsrael, wie er mir erzählt. Der KKL sei Israels größte grüne Organisation, die Wälder pflanze, wo früher Wüste war, und Wasserreservoire sowie Wasserrecycling-Anlagen baue.

Omris Frau hat schon zweimal gewinkt, aber noch immer erzählt Omri mir mit Begeisterung von seinen Wäldern. Weil Omri mir einen Müsliriegel schenkt, darf auch er auf meiner Jacke unterschreiben. Dass das gerade Dr. Omri Boneh, einer der Direktoren des KKL, höchstpersönlich war, erzählt mir Shlomit erst später. Dror und Shlomit führen hier ihr Geschäft mitten in der Natur. Trotzdem bekommt man hier outdoortechnisch gesehen das Beste vom Besten. Aber es passt eben auch menschlich. Nicht so, wie es mir in einem großen Allacher Sportgeschäft passiert ist. Dort hat man mir *vor* meiner Reise (von hoher Stelle) gesagt, dass meine Idee, um Wasser und Brot zu bitten, *einfach asozial* sei und dass man mich hier bei der Frage nach Wasser aus dem Laden werfen würde. Und einen Angestellten, der mir etwas ohne Geld geben würde, gleich mit. *Aber wenn ich mir etwas kaufen wolle, dann könne ich dies tun.*

Ja, mit solchen Bemerkungen habe ich auch hier in Israel gerechnet. Schließlich bin ich hier Bettler. Auf Schritt und Tritt würden mich also wohl Beschimpfungen, Hass und Neins begleiten. Überall würde ich außen vor stehen. Ich würde aufgeben müssen. Die Reißleine ziehen. Erkennen müssen, dass meine dumme Naivität und mein Glaube an das Gute im Menschen in der Realität nichts verloren haben. Vielleicht würden zu Hause auch die Ersten längst schon auf die Nachricht warten »ER – HAT – AUFGEGEBEN« und dann im Flurfunk ein »Ich hab's ja gewusst, konnte ja gar nicht gut gehen« verbreiten. Ich weiß nicht, warum mir gerade jetzt dieses Sportgeschäft einfällt. Nur zu gern würde ich hier den Namen dieses Geschäftes im Klartext nennen, den Namen des gehobenen Mitarbeiters. Denn immerhin sind die Aussagen zitierfähig. Er hat es ja geschafft. Geschafft, dass ich mich hier, fernab von Deutschland, noch einmal über ihn aufrege. Gut so. Denn genau das ist – *die perfekte Unternehmenskultur*. Und er ist bestimmt die perfekte Führungskraft, das perfekte Zahnrad im Getriebe. Hier ein Auszug aus einem Managementseminar meines früheren Lebens. Und dabei hat es die Referentin der Unternehmensberatung keinesfalls etwa nur witzig oder ironisch gemeint:

1. »Verachte deinen Kunden.«
   »Komm ihm nicht nahe. Zeig ihm, dass du ihn nicht brauchst. Lass ihn spüren, dass du ihn nicht willst.«
2. »Verkaufe alles, aber gib nichts!«
   »Verkaufe auch deine Seele. Aber gib nichts. Solange du noch einen unter dir hast, den du treten kannst: Tu es!«
3. »Verarsche den Kunden so komplex, dass er jubelt! Lass ihn bezahlen, dass er für dich wirbt.«
4. »Schütze dich vor deinem Kunden!«
   »Verweigere jegliche Erreichbarkeit, schicke ihn in Warteschleifen, beantworte nichts, lass ihn immer ins Leere laufen, antworte nie (außer blöd)!«
5. »Verachte deine Mitarbeiter/-innen!«
   »Letztere sind ebenso wenig wert wie Erstere: nichts!«
6. »Triff Absprachen mit der Konkurrenz!«
7. »Zieh Geld ab! Geld steht für Brutalität, nicht für soziales Engagement.«
8. »Betreibe Lobbyarbeit, mach andere erpressbar und nutze dies.«
9. »Arbeite mit Auskunfteien zusammen. Setze Negativeinträge, auch solche, die unberechtigt sind. Vernichte andere, bevor sie dir schaden können!«
10. »Gib Peanuts, Kindergarten, Schulen etc., demütige damit andere, wo du kannst.«

Dass in unserer von finanzieller Gier bestimmten Welt irgend-etwas nicht mehr stimmt, ahnen wohl viele von uns. Nicht meine Idee des Bettelns halte ich für asozial. Die Welt selbst ist kalt ge-worden. Nicht umsonst werden Depressionskrankheiten heute extrem häufig. Viele sind dabei wohl krank geworden, weil sie im harten Arbeitsleben und ihrem eigenen Schaffen keinen Sinn mehr sehen können. Man müht sich ab, man will hier raus, weiß nur nicht wie. Man fühlt sich hilflos und denkt: Geld beherrscht die Welt.

Meine Reise ist also auch so etwas wie »den Stecker ziehen«. Wir sind alle »unter Strom« – und ich habe den Netzstecker »Geld« gezogen, um endlich einmal zu sehen: Ist da am Ende doch noch etwas? Flackert da noch eine Notleuchte über uns? Sind wir ein-fach nur alle gefangen in einem ganz großen Albtraum? Leben wir in einer schrecklichen Illusion, die uns unseres Glaubens beraubt? Und: Können wir uns befreien, wenn wir Abstand nehmen? Kön-nen wir die wahren Dinge des Lebens erkennen, wenn wir Abstand vom Geld nehmen?

Immer mehr wird mir klar, wie gut ich hier aufgehoben bin in Israel. Wie lieb die Menschen mich behandeln. Wenn Geld also kein Grund dafür ist, zu jemandem gut zu sein, muss es tief grei-fende menschliche Werte dafür geben: Nächstenliebe, Glauben, Vertrauen, echte Hilfsbereitschaft, Freude am Geben. Doch genau das bereitet mir in den letzten Tagen so sehr Kopfzerbrechen. Je mehr mir hier Fremde einfach helfen, umso mehr beschäftigt es mich, dass ich fast nie auf das Thema »deutsche Vergangenheit« angesprochen werde. Wie ist das für Shlomit, mir zu helfen? Ich fasse mir also ein Herz und frage sie ganz direkt. Zum ersten Mal nehme ich hier das Wort *Holocaust* in den Mund, und dann ver-stumme ich. Auch Shlomit ist verstummt. Ich habe Angst. Nicht Angst im Sinne von »sich bedroht fühlen«. Ich habe Angst davor, etwas zu hören, was ich ehrlich gesagt nie wirklich an mich her-angelassen habe.

»Man kann das nicht verstehen …«, beginnt Shlomit. »Und es macht auch gar keinen Sinn, wenn ich meinen Kindern im Kindergarten von den sechs Komma drei Millionen Juden erzähle, die in der Schoah umgebracht wurden.« Shlomit erklärt kurz, dass sie nebenbei im Kindergarten unterrichtet. »Es macht schon deshalb keinen Sinn, weil sich meine Kinder diese Zahl sechs Komma drei Millionen einfach nicht vorstellen können. – *Ich sage ihnen dann einfach, dass ich alle meine vier Großeltern gleichzeitig verloren habe.*« Shlomit steht auf und holt sich ein Taschentuch. Ich würde jetzt am liebsten davonlaufen. Sechs Komma drei Millionen. Das sind mehr als die unendlich vielen Schritte, die ich auf meinem gesamten Israel Trail in vielen Wochen über 1000 Kilometer machen werde.

»Ja, so war das«, meint Shlomit. Sie erzählt mir, dass sie viel mit ihrem Mann Dror und Mountainbikern in ganz Europa unterwegs sei. Und sie erzählt mir, dass sie durch Deutschland jedes Mal einen Nachtzug genommen habe und nie aus dem Fenster sehen wollte. »Ich bin noch nie in Deutschland ausgestiegen, das habe ich nie geschafft.« Im gleichen Moment sagt sie zu mir: »Tut mir leid, wollte ich dir nicht erzählen.« Dann sitzen wir beide eine Weile stumm am Tisch. Dror geht an uns vorbei. Er hat bemerkt, dass seine Frau geweint hat. Er legt ihr kurz den Arm auf die Schulter und lässt uns dann wieder allein. Nichts ist da, was ich jetzt sagen könnte. Nichts, was ich ungeschehen machen könnte. Ich fühle mich wie ein kleines Kind, möchte einfach nur losheulen. Möchte Shlomit in den Arm nehmen, aber das traue ich mich natürlich nicht. Dann bricht Shlomit das Schweigen: »Soll ich es versuchen?«

»Was versuchen?«, stammle ich unbeholfen vor mich hin.

»Na, das nächste Mal aus dem Zug aussteigen. Es versuchen!«

Ich weiß nicht, was ich antworten soll. Überhaupt würde wohl jede Antwort danebengehen. Schließlich sagt sie mit fester Stimme zu mir: »Ja, ich werde es machen, Christian. Das nächste Mal steige ich aus. Ich werde einfach irgendwo fragen, ob ich einen Kaffee bekomme.« Das wirft schon die nächste Frage bei mir auf. Wird sie überall einen Kaffee bekommen? Werden die Menschen gut zu ihr sein? Shlomit scheint meine Frage zu ahnen und sagt: »Nein, nicht so wie du, ohne Geld. Wir haben viele gute Freunde in Deutschland. Eigentlich hätte ich das schon lange einmal tun sollen.«

Es ist bereits dunkel geworden, und Dror hat in seinem Bikeladen das Licht schon ausgemacht. Ich bin froh, als beide weg sind, und sitze noch sehr lange hier am Tisch. Erst gegen zehn Uhr verziehe ich mich in mein kleines grünes Zelt. Es ist kalt geworden. Heute möchte ich mir nicht einmal mehr die Zähne putzen. Dann kommen Dror und Shlomit noch einmal mit ihrem Wagen zurück. Beide bitten sie mich, ich solle mein Zelt zusammenpacken und bitte bei ihnen im Haus übernachten. Es fällt mir schwer, Nein zu sagen und den Lichtern ihres Jeeps noch einmal hinterherzusehen. Aber ich denke, es war einfach eine ganz großartige Geste. Sie haben mir gezeigt: Unsere Tür steht dir offen. Und ich bin mir sicher, eines Tages komme ich hierher mit meiner Familie zurück. Im Naturpark Rad fahren, Dror und Shlomit wiedersehen.

Sie sprechen noch deutsch

Von Alon HaGalil nach Isfiya
Etwa 31 Kilometer, 920 Höhenmeter Gesamtanstieg.
Trinkwasserverbrauch 5 Liter.

Weil die gestrige Etappe zu kurz war, ist die heutige zu lang. Eigentlich hätte ich gestern noch 8 Kilometer weiter bis nach Hanezirim Mill wandern müssen. Von dort aus sind es nach Isfiya etwa 22 Kilometer. Isfiya, manchmal auch Ussefiya geschrieben, ist ein kleines drusisches Städtchen mit knapp 25 000 Einwohnern. Die

Drusen sind eine eigene Religionsgemeinschaft, die heute hauptsächlich noch im Libanon und Syrien vertreten sind. In Isfiya erwartet mich heute Abend Trail Angel Gilad. Weil Gilad noch nicht zu Hause ist, warte ich auf einer kleinen Parkbank im angrenzenden Wald. Gerade habe ich von einer arabischen Familie Pizzabrot bekommen, einen Leckerbissen, den ich hier auf der Parkbank genießen möchte.

Dann gesellt sich ein altes Ehepaar zu mir. Paul und seine Frau Nachamma sprechen englisch mit mir. Nach einer Weile versucht Paul es dann auf Deutsch. Er war als Kind in Deutschland, verschont mich aber mit einer entsprechenden Geschichte und unterhält sich mit mir liebend gern über den Israel National Trail. Nachamma lacht und meint, wenn Paul noch könnte, würde er den auch noch heute gern gehen. In Teilen seien sie ihn schon gelaufen. Und dass auch ein Nichtisraeli sich für die Natur hier interessiert, finden sie großartig. Am Abend treffe ich dann auch Gilad. Heute schlafe ich in einem richtigen Bett!

Woche 3

Dritte Woche

Warum betet er nicht?

Von Isfiya nach Kerem Maharal
Etwa 23 Kilometer, 430 Höhenmeter Gesamtanstieg.
Trinkwasserverbrauch 4 Liter.

Aufstehen, losgehen! So war das bei der Bundeswehr. Heute sage ich ganz bewusst: aufstehen und losgehen dürfen. Nichts, was dich aufhält. Bereit sein für die Natur – und die beginnt gleich ganz großartig. Weil ich die Nacht nicht im Freien verbracht habe, konnte ich auch ein wenig länger schlafen. Pünktlich zum Sonnenaufgang stehe ich an Gilads Tür und darf wandern. Die Sonne taucht Isfiya in ein unwirkliches, orangefarbenes, nebliges Licht. Ich werfe gerade einen langen Schatten, als ich in den Wald eintauche. Vom Städtchen habe ich nicht viel mitbekommen.

Der Israel Trail führt von der Natur sofort wieder in die Natur. Und doch möchte ich all die schönen Orte hier eines Tages auch einmal als normaler Tourist erleben, vielleicht ein wenig erklärt bekommen, irgendwo eine Spezialität essen. Dafür sehe ich so all die schönen Dinge, die dem normalen Urlauber stets verborgen bleiben. Ich sehe das Land, und ich sehe die Herzen. Stundenlang wandere ich heute schon durch den Wald. Es sind die Wälder der Karmelberge. Bis auf kleine Steigungen geht es heute nur bergab. Von 550 Metern über null werde ich heute Abend wieder fast bei null ankommen. Dazwischen liegen noch ein paar Hügel, die es zu überwinden gilt. Aber mit guten 18 Kilometern ist die heutige Etappe doch recht erholsam – dachte ich.

Zuerst einmal genieße ich mein Dasein, wie es ist. Mein Leben hat sich auf ganz wenige Dinge reduziert: meine Schritte, meinen Puls und meine Empfindungen in der Natur. Und Letztere scheinen jeden Tag mehr und mehr zu werden. Ich kann wieder richtig riechen. Viel mehr als zu Hause. Und ich höre tief hinein in den Wald, der mich heute Schritt für Schritt begleitet. Grüner Wald, so weit das Auge reicht. Und alles ein Katzensprung heute. Abwärts geht es, dem Mittelmeer entgegen. Morgen werde ich es erreichen. Heute möchte ich mir noch Ein Hod ansehen, das berühmteste Künstlerdörfchen Israels. Es liegt direkt am Weg. Und weil ich selbst ja nun endlich Künstler bin, möchte ich mich auf die Kunst der anderen einlassen. Nach Ein Hod folge ich dem Israel Trail. Doch dann wird es verwirrend: Plötzlich scheint der Israel Trail in verschiedene Richtungen zu gehen. Einmal halb links. Dann geradeaus, sprich steil nach oben, und dann sehe ich noch Zeichen, die rechts abzubiegen scheinen. Scheinen deshalb, weil ich vermute, einer der Wegweiser ist umgefallen oder umgestoßen worden. Man weiß ja nie.

Aber wozu brauche ich schon Wegmarkierungen, ich habe ja mein »Red Book« dabei. Der Reiseführer von Jacob Saar hat sich bis jetzt als äußerst präzise erwiesen. Hier steht irgendetwas von: »To get to Hirbat Rakit you have to turn left on the dirt road.« So weit, so gut. Nach Hirbat Rakit will ich nicht. Oder doch? Liegt dieses Hirbat wie auch immer am Weg? Soll ich dann also auf den Schotterweg links abbiegen? Oder ist Hirbat Rakit falsch? In diesem Fall möchte mir das Buch vielleicht mitteilen, dass ich den

»Linksknick« ausschließen soll, weil er ja dahin führt, wo ich gar nicht hinmöchte. Hm?

Ich muss also mein Navi einschalten, auch wenn ich den Handy-Akku eigentlich lieber schonen möchte. Er läuft leider mit dem letzten Rest Strom, denn das gestrige Aufladen hat anscheinend nicht funktioniert. Meine Navigationsapp war mir bis jetzt immer ein weiterer zuverlässiger Partner. Doch die App meint, dass ich an Hirbat Rakit schon längst vorbeigegangen sein muss, ohne es zu bemerken. War Hirbat Rakit vielleicht nur ein Baum? Laut Navi müsste ich mich eher am »Oren Picnic Point« befinden. Von dort aus ginge es laut Reiseführer geradeaus (»climb the black trail«). Das Navi zeigt mir hier aber einen ganz anderen Weg rechts herum. Gut, nicht das Navi zeigt diesen Weg, vielmehr habe ich den aufgezeichneten GPS-Track eines unbekannten Wanderers hochgeladen, der hier eben rechts gegangen ist. Sagt also auch nichts. Auch wenn es sehr selten ist, dass man hier auf Menschen trifft: Vor mir tauchen plötzlich zwei Wanderer auf, die aber wiederum einen ganz anderen Weg scharf links einschlagen.

Weil es im Höhenprofil des Reiseführers bergauf geht, entscheide ich mich für den schwarzen Weg geradeaus. Ich beginne erstmals, meinen Herzschlag in den Ohren zu hören. Und ich fühle, dass ich gerade mehr Wasser herausschwitze, als ich in den nächsten Stunden werde trinken können. Auch wenn ich in den letzten Tagen viel Essbares geschenkt bekommen habe, fehlt mir eine ausreichende und regelmäßige Kalorienzufuhr, sodass ich mich auf einen Schlag kaputt fühle und stellenweise auf allen vieren nach oben krieche. Beim Aufrichten wird mir schwarz vor Augen. Ich klammere mich mit den Händen an einem Kiefernzweig fest.

Wenige Hundert Höhenmeter machen mich so fertig, wie ich es mir so noch nicht vorstellen konnte. Mein Puls rast, und mich überkommt eine Panikattacke. Ich setze mich auf den Boden, obwohl er nass ist. Dann höre ich viele Stimmen: Kinderstimmen.

Sie kommen von unten. Sie lachen und reden während des Gehens. Erst im letzten Moment kann ich sie sehen. Sie sausen an mir vorbei, als ob der Wind sie tragen würde. Abwechselnd grüßen sie mich mit »Schalom«, »Hi« und »Hello«. Ich gebe mir alle Mühe, zu lächeln und mir nichts anmerken zu lassen. Bestimmt sind schon zwölf Kinder an mir vorbeigegangen. Dann kommen zwei Erwachsene nach. Ob es Eltern sind oder Lehrer? Ich bemühe mich, freundlich »Schalom« zu sagen, und höre den Mann fragen, ob es mir gut gehe. »Yes, okay«, antworte ich, »everything okay.«

Schnell ist die Gruppe wieder weg, und es ist erneut still geworden. Warum habe ich ihnen nicht gesagt, dass es mir schlecht geht? Immer wieder wird mir schwarz vor Augen. Ich sehe Sterne. Ich friere, habe fast so etwas wie Schüttelfrost. Meine Zunge klebt fest am Gaumen, ich trinke zu wenig. Nur im Schneckentempo geht es nach oben. Mein Rucksack erschlägt mich fast. Meine Knie sind weich und zittern. Immer wieder falle ich hin vor Erschöpfung. Dabei sollte alles nur ein Katzensprung sein.

Beim letzten Sturz habe ich mich böse aufgeschürft. Aber immerhin rüttelt mich das ein wenig wach. Nach einer halben Stunde habe ich es dann geschafft. Ich stehe am höchsten Punkt. Zumindest eröffnet sich mir ein 360-Grad-Panorama. Dass ich plötzlich das Mittelmeer unter mir sehe, registriere ich gar nicht wirklich. Ich bin falsch hier. Hier ist kein Ein Hod, kein Dorf, nichts. Hier ist einfach nur ein schöner Platz – und einer, der nicht mehr kann. Einer, der sich völlig überschätzt und gedacht hat, er könnte untrainiert Israel durchwandern. Ohne Erfahrung, ohne Geld. Wie naiv!

Ist dort unten mein Weg zu Ende? Da unten ist Zivilisation. Eindeutig. Nur, schaffe ich es überhaupt noch bis da unten hin? Ich bleibe nicht einmal stehen, obwohl es sicher einer der schönsten Aussichtspunkte meines Lebens gewesen wäre. Ich gehe nach unten. Vielmehr: Ich torkle nach unten. Nicht dem Weg nach, sondern in der Falllinie durch das Gestrüpp. Ob sie mich als einen

Geist sehen? Da sind sie, die Kinder und die zwei Erwachsenen. Sie haben sich ein herrliches Plateau ausgewählt, um ein Picknick zu machen. Ich möchte ihnen nicht begegnen. Nicht jetzt. Nicht so. Daher mache ich einen großen Bogen, falle aber und rolle in zwei, drei Purzelbäumen direkt zu der Gruppe hin.

»No problem«, sage ich völlig abwesend und bemerke gar nicht, dass es mich schon wieder auf mein rechtes Knie gehauen hat. Die »Mama« kommt auf mich zu und wischt mir erst einmal das Blut weg. Trotzdem, ich möchte weg hier. Wenn man sich so fühlt wie ich, dann möchte man keinem Menschen begegnen, man möchte flüchten. Nur habe ich meine Rechnung ohne die Kinder gemacht. Die nämlich möchten sich mit dem Ausländer fotografieren lassen. Und sie lachen unentwegt. Da kann man einfach nicht raus. Nach dem Foto möchte ich selbst auch die Gruppe filmen. Vor lauter Erschöpfung stürze ich mit einer Rolle vorwärts. Ich kann nicht mehr gehen und nicht mehr stehen. Ich sitze da und versuche zu lächeln. »Nichts passiert«, sage ich auf Deutsch. Die Mama sagt den Kindern auf Hebräisch wohl: »Gebt dem Mann mal was zu essen. Der kann nicht mehr. Schnell, schnell. Bringt mir ein paar Müsliriegel.«

Was nun passiert, kann man mit Worten nicht beschreiben. Soll ich Kindern ihre Nahrung wegnehmen? Nein, das geht einfach nicht. Viele Hände strecken mir Müsliriegel und Chips entgegen. Der Kleinste reicht mir einen Plastikbecher mit Tee. »Take«, meint er und sagt dann ganz bestimmt »please« zu mir. Ein Bettler zu sein auf Zeit – damit konnte ich bislang gut leben. Aber jetzt, was soll ich tun? Ich fühle mich erbärmlich. Kann und darf ich annehmen, was Gott mir hier durch seine kleinen Geschöpfe schenkt? Ist das noch legitim, oder soll ich genau jetzt abbrechen? Aufhören, »Stopp!« sagen? Ich erzähle weder meine Geschichte noch wie es mir geht. Aber ich beiße in einen der Müsliriegel. Nur einmal. Ich kaue ganz langsam und spüre die Kraft, die mir zuteilwird.

Ich denke an meine Mutter, die als Flüchtlingskind aus Schlesien nach Bayern gekommen ist. Ich habe sie nie verstanden, wenn es sie schmerzte, dass wir unsere Teller nicht leer aßen. Ich konnte mir nie vorstellen, wie es ist, Hunger zu haben. Ich hatte nicht die geringste Ahnung, was ihr ein Schokoriegel bedeutet haben könnte, den sie als Kind von einem amerikanischen Soldaten geschenkt bekam. Jetzt fühle ich mich selbst wie dieses kleine Kind. Einen Müsliriegel in der Hand, umgeben von vielen fröhlichen Geschöpfen, die mich eine tiefe Geborgenheit spüren lassen. Gefühle wie diese hat man nicht oft im Leben. Als ich dann langsam meinen Weg ohne Ziel fortsetze, habe ich meinen Riegel noch immer in der Hand. Und ich beginne bitterlich zu weinen. Nein, ich werde nicht aufgeben. Nicht nach all dem Guten, das mir hier und heute in Israel widerfahren ist. Nicht nach all den vielen Menschen, die mir einen guten Weg gewünscht haben. Ich werde gehen, gehen, gehen. Denn ich spüre, dass Gott mich begleitet. Ich fühle, dass er da ist, dass es ihn gibt!

Mit kleinen Schritten geht es abwärts. Aus dem Israel Trail wird ein harter Klettersteig ohne Markierung. Schließlich lande ich nach Stunden wieder da, wo ich heute Vormittag schon war: am Oren Picnic Point. Das Künstlerdorf Ein Hod finde ich nicht. Ich verlaufe mich heute noch ein weiteres Mal. Ich weiß nicht, was Gott mich damit lehren möchte. Jetzt lande ich auf einer Schnellstraße und halte Ausschau nach meinem Israel Trail. Nach einer halben Stunde sehe ich weit entfernt eine Wegmarkierung, aber den Zaun an der Straße kann ich nicht überwinden. Ich weiß, dass der Weg dahinter ist, und komme nicht hin. Die Kilometer auf der Straße zermürben mich. Ich will hier weg, möchte meinen Weg wiederfinden.

»Warum betet er nicht, warum bittet er mich nicht?«, könnte Gott jetzt sagen. »Warum jammert er? Warum sagt er mir nicht einfach, was er will?«

»Er – Gott – muss es doch wissen, was ich will«, könnte ich

dem entgegnen. Doch er könnte sich denken: »Du musst es schon selbst wollen. Selbstmitleid gilt nicht.«

Und so kommt es, dass ich mit mir und Gott ein sehr, sehr langes Zwiegespräch führe. Kritisch. Undankbar und zerfressen von Selbstmitleid. »Dann hilf mir doch!«, sage ich und füge dann noch schnell ein höfliches »Bitte« an. Wenngleich der Tonfall insgesamt so höflich gar nicht war. Überhaupt, welcher Tonfall? Habe ich soeben schon wieder laut gesprochen? Ja.

Wie auch immer, ich habe Gott nun darum gebeten, mich wieder auf meinen Weg zu führen. Soll er mal machen. Für den Augenblick jedenfalls geht es mir schon besser, denn ein anderer wird sich jetzt meines Problems annehmen, und ich brauche nicht mehr verzweifelt zu sein. Ich kann also für einen Moment einfach einmal geradeaus gehen, ohne nachzudenken. Und was, wenn Gott ein jüdischer Gott ist, oder ein arabischer? Ich muss lachen. Vermutlich wäre es diesem Gott völlig egal, wie wir ihn nennen. Denn wenn es ihn gibt, dann ist es bestimmt ein weiser Gott, einer, der *über* den Dingen steht. Also sage ich einfach noch einmal halblaut: »Bitte hilf mir einfach, lieber Gott. Ich wünsche mir meinen Weg zurück. Bitte hilf mir. Bring mich wieder da hin.«

Sage es und ein uralter weißer Pick-up rollt ganz langsam vor mir aus. Jetzt blinkt er rechts. Hält er wegen mir? Zum Rennen fehlt mir die Kraft. Ich sehe aber: Er wartet und kurbelt die rechte Windschutzscheibe herunter. »Brauchst du Wasser? Kann ich dir helfen? Wo möchtest du hin?«, fragt mich Semi. Ich stelle mich kurz vor und sage ihm, dass ich den Israel Trail verloren habe. »Da musst du wieder zurück. Komm, steig ein, ich bringe dich dahin zurück, wenn du möchtest.« Semi wendet an einer Tankstelle und fährt mich wieder in Richtung Oren Picnic Point. Semi kennt sich jedoch aus und biegt rechts in einen kleinen Feldweg ein. Vor einem Stacheldrahttor steigt er aus, öffnet mir das Tor und sagt mit einer ausladenden Handbewegung: »Voilà, hier ist dein Weg.«

Semi lässt es sich nicht nehmen, mir eine Flasche Wasser zu schenken. Ohne etwas zu trinken wolle er mich auf keinen Fall losgehen lassen. Ich winke ihm noch zu, und dann atme ich ganz tief durch. Was möchte Gott mir noch alles beibringen auf meinem Weg? Für den Augenblick bin ich froh, dass ich einfach nur gehen darf und immer wieder die orange-blau-weißen Markierungen sehe. Von nun an werde ich besser aufpassen. Ich werde üben, die Markierungen zu sehen. Ich werde mich darauf konzentrieren, mir die jeweils letzte Markierung einzuprägen. Mich regelmäßig umdrehen, um zu sehen, wie der Weg in der Gegenrichtung aussieht. Ich werde mir markante Stellen einprägen und auswendig lernen. Die letzten fünf Wegpunkte müssen sitzen. Ich habe gelernt: In der Wüste darf mir das nicht passieren. Sonst bin ich – tot. Vielleicht war das meine Lektion.

Ein Hod habe ich heute nicht gesehen. Aber das kann ich eines Tages als Tourist sicher nachholen. Und Nahal Me'arot, mein Tagesziel, habe ich irgendwie auch nicht gefunden. Passt zum heutigen Tag. Dafür wandere ich wieder in traumhafter grüner Natur und: Ich habe per Telefon einen Trail Angel gefunden, besser gesagt, eine Trail Angelin. Bei Noa darf ich heute im Garten mein Zelt aufstellen. Ich staune nicht schlecht, als ich Noa kennenlerne. Wir treffen uns auf einer schmalen Straße, die der Israel Trail nahe Kerem Maharal überquert. Noa braust im letzten Licht des Tages mit einem kleinen Wägelchen vor, der Sitz ist ganz nach hinten gerückt, denn Noa ist hochschwanger. Der Geburtstermin wäre *heute*! Und ihr Freund kommt frühestens morgen zurück. Trotzdem hat Noa am Telefon Ja gesagt und gibt mir eine Unterkunft. Im kleinen Garten finde ich einen schönen Platz für mein Zelt. Mittlerweile regnet es leicht. Noa lässt mich zum Duschen ins Haus, und dann kommt die Überraschung: Noa kocht mir Nudeln mit Tomatensoße, frischen Zwiebeln und frischer Petersilie. Zum Reden bleibt keine Zeit. Beide sind wir hundemüde, und so verzieht sich jeder sofort nach dem Essen zum Schlafen. Die Nacht verläuft dann recht ruhig. Nachwuchs kommt eben nicht nach Termin, sondern wann er oder sie es will.

Verbrannte Erde und Hoffnung

In der Asche der Waldbrände von Kerem Maharal nach Jisr az-Zarka
Etwa 30 Kilometer, ca. 580 Höhenmeter Gesamtanstieg.
Trinkwasserverbrauch 5 Liter.

Heute bringt mich der Israel Trail zum Forester's House im Karmel-Wald und weiter bis ans Mittelmeer. Doch zuerst werde ich erfahren, wie klein ein Mensch ist und wie groß Visionen sein müssen, um immer wieder von vorn anzufangen. Es geht um den Wald. Um den Wald im Karmelgebirge, um genau zu sein. Hier fanden 2010 Waldbrände von schier unvorstellbarem Ausmaß statt. Bei diesem »Carmel Disaster« wurden 17 000 Menschen evakuiert, mindestens 44 fanden den Tod und 1,5 Millionen Bäume gingen verloren. Von Isfiya bis zum Mittelmeer sind 15 000 Hektar komplett verbrannt. Wer sich als Tourist entsprechende Denkmäler auf einer Busreise ansieht, kann sich diese Dimensionen wohl niemals annähernd vorstellen. Was sind 15 000 Hektar? Oder anders gefragt: Was sind 150 Millionen Quadratmeter? Man muss sie wohl mit seinen eigenen Füßen durchwandern, um eine solche Fläche begreifen zu können, denke ich mir. Zwei Tage bin ich schon seit Isfiya unterwegs. Heute ist der dritte Tag, an dem ich das Karmelgebirge mit seinen Wäldern durchstreife. Oder sagen wir so: Ich durchstreife das, was noch übrig ist oder was bereits wieder da ist. Schon seit Isfiya begleiten mich kahle Flächen. Ich sehe Reste der Waldbrände. Ich sehe Wiederaufforstung. Aber die letzten beiden Tage hatte ich Glück, denn der Israel Trail folgt hier weitgehend den Tälern, die von Feuer teilweise verschont blieben.

Heute fühle ich mich wie ein kleines Sandkorn in einer großen, niedergebrannten Fläche. Dieses riesige Gebiet zu Fuß zu durchwandern beschert mir eine Gänsehaut. Auch heute noch, Jahre später, rieche ich die Asche in der Luft. Ganze Hügelketten bis hin zum fernen Mittelmeer sind praktisch bar jeglicher Vegetation. Das eigentlich Schlimme aber ist, dass hier in Israel nichts von ganz allein wächst. Es ist nicht so wie bei uns in Deutschland, dass man eine solche Fläche einfach ein paar Jahre sich selbst überlassen könnte, und es dann wieder grünt. Wer hier als Lebenswerk Bäume gepflanzt und sie im Feuer verloren hat, der muss seine Seele verloren haben. Hier in langsamem Tempo durchzuwandern zerreißt mir das Herz! Mag sein, dass man als interessierter Tourist auch einen Eindruck davon bekommt, aber hier allein zu sein ist schlimm. Für einen Augenblick beschließe ich, dass ich die Erde spüren möchte. Ich will Verbindung zu ihr aufnehmen, fühlen, was da ist. Ich ziehe meine Schuhe aus und setze einen Fuß vor den anderen. Ich spüre Dornen, Kiesel und ausgemergelte, rostbraune Erde. Ich kann den Verlust fühlen, als wäre es gestern passiert. Alte verkohlte Wurzelstränge riechen noch immer im Vorbeigehen, als würden sie schwelen.

In der Ferne bietet auch der Himmel ein merkwürdig trostloses Bild. Zwischen dem wenigen Blau und den Wolkenbändern liegt eine schmutzig gelbe Luftschicht wie ein giftiges Schwefelband, das gerade einem Vulkan entstiegen ist. Kein Smog. Nur Sand aus der Sahara.

> Und Gott sprach: Es lasse die Erde aufgehen Gras und Kraut, das Samen bringe, und fruchtbare Bäume auf Erden, die ein jeder nach seiner Art Früchte tragen, in denen ihr Same ist. Und es geschah so. (1. Mose 1,11; L)

Gerade komme ich über eine kleine Kuppe. Tausende und Abertausende von Holzstöcken ragen hier aus der Erde. Das kenne ich schon, nur nicht in solch gigantischem Ausmaß. Die Leute von KKL pflanzen hier einen ganzen Horizont neuer Wälder. Kann so etwas Gigantisches gelingen? »Ja«, scheint die kleine violette Blume neben meinem rechten Fuß zu sagen! Und tatsächlich: Da blüht etwas. Unweigerlich bücke ich mich zu ihr hinunter und berühre sie. Eine tapfere Vorreiterin, denke ich mir. Eine Pionierin! Dann hebe ich langsam meinen Blick und entdecke, dass auch die kleinen Bäumchen an den Holzstöcken ausgrünen. Wow! Hier gibt keiner auf. Großartig. Immer wieder stoße ich jetzt auf ein paar alte Bäume, die wie ein Wunder dem Feuer getrotzt haben. Sie geben den jungen Schatten und halten mit ihren Wurzeln die Erde fest. »Seht her, hier dürft ihr groß werden.«

Weil es ziemlich pikst, ziehe ich meine Schuhe wieder an und laufe weiter bergab. Im Forester's House treffe ich zwei Förster von KKL, die mir einen Kaffee anbieten, israelischen Kaffee! Der ist nicht vergleichbar mit unserem deutschen Wässerchen. Deutsche Spender haben hier anscheinend viel bewegt. Sogar kleine Unterkünfte für Pilger entstehen hier. Aber immer geht es um die Liebe zur Natur, um den Wald, die Tiere und die Menschen, die an diesem Ort zu Gast sein dürfen. Nach meinem kurzen Besuch im Forester's House wandere ich zu den Denkmälern, die für Spender in einem kreisförmigen Areal errichtet wurden. Da stehen viele, die sich für die Wiederaufforstung engagiert haben. Menschen und Vereine aus allen Ländern der Welt. Doch dann staune ich:

Neben ganz normalen Tafeln stehen hier zwei, die ich so ganz und gar nicht erwartet hätte: Intel und Google. Rüttelt diese Tafel hier gerade an meinem Weltbild? Zugegeben, ich habe bis jetzt nicht wirklich viel von Google & Co. gehalten. Klar, ich benutze es täglich. Aber sympathisch ist mir Google nicht. Da ist einfach zu viel Unbehagen dabei. Ganz grundsätzlich stehe ich mittlerweile, was Großkonzerne betrifft, eher auf einem recht radikalen Standpunkt: Wir brauchen sie nicht. Sie tragen keine soziale Verantwortung mehr. Sie sind gegen uns.

Und hier eine gute Tat von Google? Finde ich gut. Ganz ohne jede Polemik. Hätte ich so nicht gedacht. Helfen im Stillen, ohne großes Trara, ohne einen werbewirksamen Selbstzweck. So eine kleine Steinsäule finde ich da angemessen, nicht aufdringlich, nicht selbstherrlich. Hier reihen sich Google und Intel ein unter all die anderen ganz normalen Spender, deren Namen ich noch nie gehört habe, denen ich jedoch meinen vollen Respekt zolle.

Es interessiert mich dabei nicht, wer hier wie viel gegeben hat. Helfen ist kein Wettbewerb. Wer auch nur 20 Euro dem KKL gespendet hat, gibt dem großen Ganzen eine echte Chance. Leider habe ich nichts dabei, um auch etwas zu geben. Gern hätte ich es getan. Doch ich kann nicht lange darüber nachdenken, denn ich muss weiter. Die beiden Förster winken mir noch nach und rufen etwas auf Hebräisch hinterher. Bestimmt so etwas wie »Viel Glück« oder »Alles Gute«. Ich habe es schon öfter gehört, und es kommt mir vor wie ein Schulterklopfen.

Noch einmal gehe ich zurück in den Wald, folge den Markierungen und überwinde einige Höhenmeter. Gleich hinter dem Forester's House muss ich meine Hände benutzen. Der Trail folgt einem fast trockenen Bachlauf bergauf. Idyllisch ist es hier und stockfinster. Mit meinem Fotoapparat muss ich lange belichten. Es ist schon Nachmittag. Wo soll ich bleiben? Wohin soll ich gehen? Heute möchte ich noch bis an die Küste wandern, Salzwasser riechen! Nicht ganz einfach, denn meine Glieder sind schon ziemlich müde, und ich befinde mich, nach dem Reiseführer zu schließen, schon wieder zwischen den vorgesehenen Etappen. Wenn ich alles samt Umwegen zusammenzähle, komme ich heute wohl auf knapp 40 Kilometer, wenn ich das Meer erreiche.

Von einer alten Dame bekomme ich zwei Äpfel geschenkt, die mich klein, sehr klein machen. Und eine Gruppe junger Leute gibt mir Wasser. Die Mädels sehen aus wie dem Flower-Power entsprungen. Ob sie was geraucht haben? Ich weiß es nicht. Spontan umarmen sie mich alle gleichzeitig und beginnen mit mir zu tanzen. Heute beginnt im Gehen so eine Art Rauschzustand für mich. Rausch trifft es nicht wirklich. Vielleicht ist Trance das bessere Wort. Allein heute bin ich so weit gekommen, habe so viel gesehen, alles zu Fuß, dass mein Gehirn es offenbar gar nicht mehr verarbeiten kann. Glücksgefühle durchströmen meinen gesamten Körper. Ich fühle mich leicht wie ein Schmetterling und spüre unglaubliche Kräfte, die mich weiter und weiter tragen. Es geht an einer byzantinischen Quelle vorbei. Verlaufen, wieder zurück, wieder an den Mädels vorbei. »Hello, hi, good luck!«

Weiter geht es auf engen Fußpfaden über Lehm. Ich rieche es: Das Meer ist nicht mehr weit. Serpentine nach Serpentine führt mich durch einen endlosen Dschungel in unglaublicher Landschaft. Noch eine Kurve, noch eine und dann – stehe ich hoch oben über der Mittelmeerküste. Tiefes Blau breitet sich vor meinen Augen aus. Zwei Wochen Fußmarsch haben mich an diesen Aussichtspunkt gebracht. Es ist schon kühl, später Nachmittag, leicht bewölkt. Hier möchte ich Pause machen, etwas essen.

Ich spüre einen tiefen Frieden in mir. Was immer auch passiert, heute bin ich nicht mehr in Eile. Leider ist mein Handy-Akku leer, sonst würde ich jetzt meine Familie anrufen. Dasitzen und auf einem Stück Pitabrot herumknabbern tut gut. Ich habe es noch von Isfiya, von der arabischen Familie. Und ich habe noch das Lächeln vor meinen Augen, mit dem sie mir das Brot geschenkt hat. Nicht einfach so, sie haben mich an beiden Armen genommen und mir Glück gewünscht. Jetzt ist dieser glückliche Moment da, wo das kleine Brot für mich noch einmal eine ganz besondere Bedeutung gewinnt. Auch die ältere Dame, die mir die Äpfel geschenkt hat, werde ich in meinem Leben niemals mehr vergessen. Sie hat sich, weil sie auf meiner Hose unterschreiben wollte, vor mich hingekniet.

Wie weit ich hier in Israel kommen mag? Ich bin schon angekommen. Mehr kann man gar nicht sehen, nicht fühlen und nicht erleben. Langsam nähern sich aus der Ferne zwei junge Urlauber, die in Schlappen den Berg zu mir heraufkommen. Beide sind sie so zwischen 18 und 20, dem Akzent nach Russen. Beide sind total erschöpft und fragen mich, wie weit es noch zur byzantinischen Quelle sei. Ich frage sie jedoch erst einmal, so wie alle anderen es mit mir gemacht haben: »Braucht ihr Wasser?« Und beide setzen sich sofort hin und sagen: »Ja, bitte.«

Bald gehe ich wieder allein. Es war ein gutes Gefühl, helfen zu dürfen. Mein rechter Fuß macht mir Probleme. Er schmerzt extrem, und ich beginne zu humpeln. Vom Meer her weht mir ein angenehm warmer Wind entgegen. Unter mir sehe ich grüne Felder, Wiesen, Landwirtschaft. Der Weg selbst führt mich auf einem scharfkantigen und felsigen Hochplateau parallel zur Küste. Der Ausblick ist einzigartig und sensationell.

Nach dem Abstieg geht es über die Schienen und an einem mit Schilf gesäumten Bachlauf zur Küste. Was mit dem Auto in wenigen Minuten zu bewerkstelligen wäre, fordert meine letzte Kraft und viel Zeit. Erst als es schon fast dunkel ist, erreiche ich den Strand. Es ist ein unwirkliches Bild, was sich mir als Wanderer hier bietet. Frisches Meerwasser rauscht über meine nackten Füße. Links und rechts ist der Strand kilometerweit völlig unverbaut. Neben mir befinden sich ein paar kleine Hütten. In einigem Abstand sehe ich ein paar Fischer und spielende Kinder, die von mir keine Notiz nehmen. Einen der Männer spreche ich dann doch an und frage, ob ich hier neben den Hütten übernachten darf. Er meint, dass es oben im Dorf eine Herberge gebe, die er mir unbedingt persönlich empfehlen möchte. Ich gehe also einen knappen Kilometer zurück nach Jisr az-Zarka.

Darf man Vorurteile haben? Vorurteile sind manchmal nur eine Bezeichnung für das, was man auch als Bauchgefühl bezeichnen könnte. Und mein Bauchgefühl wird gerade mit jedem Meter hinein in dieses Dorf schlechter. Ich komme mir hier sehr fremd vor. Oder anders herum, die Menschen kommen mir hier sehr fremd vor. In Israel trifft man ja fast überall auf Europäer. Menschen, die auch so aussehen wie du und ich. Menschen, deren Mimik und Gestik einem sofort vertraut ist. Und es sind stille Menschen. Vornehm. Nicht aufdringlich. In Jisr az-Zarka bekomme ich ein total beklemmendes Gefühl. Das sind andere Menschen, als ich sie bislang gesehen habe. Hier fahren halbstarke Araber in getunten Autos herum. Sie sehen aus wie in der Bronx, machen einen auf bösen Rapper. Von tausend Augen werde ich beäugt. Werden sie mich überfallen? Mich ausrauben? Bei diesem Gedanken muss ich lachen, denn außer dem Foto meiner Familie habe ich nichts bei mir, was mir wirklich etwas bedeutet.

Schließlich komme ich unversehrt an und stehe mitten auf der Hauptkreuzung des kleinen Dörfchens vor Juha's Guesthouse. Am Empfang sieht es sehr nett aus. Ahmad empfängt mich sehr höflich. Doch ich habe ja kein Geld. Um uns Zeit zu sparen, unterbreche ich Ahmads begeisterte Präsentation seines Guesthouse mit einem knappen »Sorry, I have no money«.

»No money ...?«, hallt es nun von den Lippen Ahmads, und zeitgleich verstummen gut zehn junge arabische Burschen. Noch einmal lässt Ahmad sich »Noooo money« auf der Zunge zergehen, und dann fängt er lauthals an zu lachen.

»Hey man, I can give you reduce – but no money?« Ahmad kennt es wohl nur zu gut, dass Pilger auch mal handeln möchten. Und Handeln entspricht ja durchaus der arabischen Mentalität. Aber dass hier einer von vornherein ein »Njet« in die Runde wirft, findet er irgendwie frech und witzig. Schon höre ich von den Hinterbänken: »Hey, Ahmad, ich hab grad kein Geld, machst du mir Tee?« Jetzt lachen wirklich alle. Ahmad möchte die Situation galant aus der Welt schaffen und meint zuvorkommend: »Kein Problem, wie nehmen auch Kreditkarten. Du kannst morgen bezahlen.«

Irgendwie scheint mir Gott gerade die richtige Eingebung zu geben. Er lässt mich sagen: »Danke, Ahmad. Ich möchte dich um ein Glas Wasser bitten. Ich trinke es draußen, bevor ich gehe.« Dann frage ich ihn, warum hier lauter Araber sind, und ich frage auch, ob sein Guesthouse neu sei. Ohne eine Antwort abzuwarten, bedanke ich mich noch einmal, drehe mich um und gehe. Aber ich habe die Rechnung ohne Ahmad gemacht.

Von hinten zieht er meine Schulter zurück und sagt: »Weil Jisr az-Zarka ein arabisches Dorf ist.« Ahmad deutet auf einen von den Jungen besetzten Stuhl und sagt zu mir: »Setz dich, bitte.« Wie auf Geheiß stehen die vier jungen Burschen auf und überlassen uns den Tisch. »Und weil wir etwas tun müssen hier«, fährt Ahmad fort. »Etwas tun gegen die Vorurteile. Und etwas tun für die jungen Leute hier. Jisr az-Zarka heißt übersetzt: die Brücke über den blauen Fluss. Sie soll uns in eine gute Zukunft führen. Und die müssen wir nun endlich in die Hand nehmen.«

»Warum bist du beim ersten Mal weitergegangen?«, fragt Ahmad mich. Er hat also mitbekommen, dass ich Jisr az-Zarka beim ersten Mal nur durchqert habe und direkt zum Strand gegangen bin. »Ich hatte ein wenig Angst«, sage ich ihm.

»Ja«, meint er, »so geht es vielen. Jisr az-Zarka war einmal die Stadt mit der höchsten Kriminalitätsrate in Israel. – War!«, betont er noch einmal. »Wir wollen das ändern. Und wir haben schon viel geändert.« Ahmad erzählt mir, dass noch keinem Touristen hier je etwas passiert sei. Ganz im Gegenteil sei es so, dass wirklich jeder auf der Straße von der Zukunft träume, von einer besseren Zukunft eben. Noch einmal fragt Ahmad mich irgendetwas, doch ich komme auf meine Frage zurück. Juha's Guesthouse ist eines von vielen Projekten, die den Menschen hier eine Zukunft geben sollen. Es soll Urlauber hierherbringen. Ahmad schwärmt von Bildung. Sie sei der Schlüssel für den Frieden. Dann sind wir plötzlich beim Koran, bei der Bibel. Bei »guten« und »bösen« Palästinensern, bei vertanen Chancen, bei Träumen und Visionen und – bei einer Tasse Tee. Wie lange ich bleiben wolle, fragt mich Ahmad.

»Bis morgen«, antworte ich ihm brav, weil ich das Gefühl habe, sein Gast zu sein. Ich teile mir den Schlafbereich – schön getrennt –

mit einer finnischen Studentin, die hier in Jisr az-Zarka wie viele andere Studenten Projektarbeit macht. Ehrenamtlich! Einer der jungen Burschen kommt plötzlich an unseren Tisch und überreicht mir mein gelbes Handy. »War draußen auf der Mauer«, meint er. Dort hatte ich ein Selfie geknipst und mit der Kamera Aufnahmen gemacht – und mein Handy liegen gelassen. Dass der junge Mann mir mein Handy bringt, entspricht auch nicht meinen Vorurteilen.

Ahmad lädt mich am Abend noch zu seiner Familie zum Abendessen ein. Im Kreise seiner kleinen Kinder und seiner Frau bekomme ich Suppe, Hirse und Tee. Und Brot für morgen und: Einblick in das Leben hier. Wieder muss ich erfahren, dass nichts hier so ist, wie uns die Medien das reduziert weismachen wollen. Ahmads Frau ist muslimisch und durchaus emanzipiert. Ahmad behandelt sie mit großem Respekt und liebevoll. Über Israel reden sie ganz anders, als man denken mag. Ahmad liebt Israel. Es ist seine Heimat. Er hat Visionen und Ziele. Eine gute Ausbildung für seine Töchter zum Beispiel. Und er sagt, dass man für sein Land auch etwas tun müsse, etwas geben, wenn man kann. Man dürfe es sich nicht zu leicht machen. Nicht immer nur die Schuld bei anderen sehen.

»Hast du die vielen Wälder gesehen?«, fragt Ahmad mich. »Ja«, antworte ich, und Ahmad meint: »So etwas haben ›die‹ nicht.« Ahmad sagt »die«, womit er wohl »die« Palästinenser oder »die« Araber meint. »Wir alle müssen lernen, dass wir die Welt gut machen. Grün muss sie sein. In den Meeren müssen Fische schwimmen. Das geht uns alle an. Auf dem Boden muss Wald wachsen. Und wir müssen aufhören, den Wald anzuzünden. Ja, wir müssen noch viel lernen.«

Ahmads Frau ist gerade aufgestanden und geht in die Küche. Ahmad schweigt. Ich denke, dass ich nicht einmal ansatzweise erahnen kann, was Ahmad mir da gerade sagen wollte oder will. Ich schweige auch. Ahmad und ich unterhalten uns bis tief in die

Nacht. Was ich höre, ist Liebe und Hoffnung. Was ich nicht höre, sind Verbitterung oder radikale Positionen. Ich gehe zurück zu Juha's Guesthouse, und plötzlich erscheinen mir die »dunklen Gassen« gar nicht mehr so dunkel. Hier tut mir niemand etwas. Ich schlafe diese Nacht tief und gut und träume davon, dass sich die Menschen hier alle umarmen.

Als Penner am Poleg Beach

Strandlauf von Jisr az-Zarka nach Poleg Beach (Netanja)
Etwa 38 Kilometer, ca. 280 Höhenmeter Gesamtanstieg.
Trinkwasserverbrauch 7 Liter. 35 Grad Lufttemperatur.

Wow, was für ein schöner Tag! Im ersten Morgenlicht verlasse ich die »Brücke über den blauen Fluss«. Für mich war es die Brücke in eine andere Welt. Und doch gehe ich heute ganz anders durch die Straßen hier. Mich auf Fremdes einzulassen war es wert. Heute erscheinen mir die finsteren Blicke von gestern alle fröhlich. Ein kleiner Junge äugt hinter einem Zaun hervor. Als er sieht, dass ich ihn entdeckt habe, winkt er mir zu. Auch Erwachsene winken mir, was ich so eher nicht kenne. Auf dem Weg höre ich immer wieder »Welcome«. Und die Rapper von gestern erscheinen mir heute Morgen eher als Jugendliche, aus denen noch etwas werden kann. Ein paar von ihnen hupen mich an und grüßen. Es ist ein schöner Abschied.

Nach nur einem Kilometer erreiche ich wieder den Strandabschnitt, an dem ich gestern schon war. Ich kann es kaum glauben, dass der Israel Trail hier einfach völlig wild über den herrlichen Sandstrand verläuft. Die kleinen Holzboote in Fishermen's Village liegen noch ganz ruhig auf dem spiegelglatten Wasser. Der Fischer von gestern ist wieder da. Auch er winkt mir zu und deutet mit seinem Arm nach links: »Dort geht's weiter.«

Vor mir liegt ein weiter, völlig unverbauter Strand. Idyllisch. Das Hinterland säumt eine hohe Düne. Sandig, aber auch grün. Am Strand laufen weit entfernt einige Menschen umher. Manche lassen ihre Hunde laufen, andere joggen das Ufer entlang. Fröhlich geht es hier zu, und ganz gemischt. Trotzdem ist es sehr überschaubar und besinnlich. So wie irgendwo anders außerhalb der Saison, wo sich nur ganz wenige an den Strand verirren. Schon lange habe ich mich auf diese Strecke an der Meeresküste gefreut. Nach den gebirgigen, letzten Etappen in Israels Norden endlich einmal flach. Andererseits habe ich mir zu Hause eine dicht besiedelte Küste vorgestellt, an der man tagelang auf geteerten Strandpromenaden wandern muss. Weit gefehlt! Ohne jetzt Länder zu nennen, in denen ich schon am Strand laufen wollte, überrascht mich Israel hier absolut positiv.

In vielen Ländern der Welt ist es ja noch nicht einmal möglich, überhaupt am Strand zu wandern, weil überall irgendwelche Klubs einzäunen, was nur geht. Oder man wird auf Schritt und Tritt belästigt. Oder alles ist zugebaut, Hotel an Hotel. Nun, das kann ja noch kommen. Aber fürs Erste genieße ich diese riesengroße Freiheit, die ich hier verspüre. Nur in einem Punkt habe ich mich getäuscht: dass es leicht sein würde, am flachen Strand zu laufen. Heute habe ich schon 5 Kilometer zurückgelegt. Vielleicht sind es auch 7 oder 8. Und es ist sehr, sehr anstrengend. Meine Füße sinken hier mit jedem Schritt ein. Mein Rucksack bäumt sich auf zur Überlast. Und schlagartig schnellt die Temperatur in die Höhe und zeigt mir, wo ich bin: in Israel!

Ich wünsche mir sofort die kühlen Wälder und Berge zurück. Hier am Strand leide ich mit jedem Meter. Andererseits ist die Kulisse vor mir so unwirklich schön, dass es mir die Sprache verschlägt. Ich führe auch gerade keine Selbstgespräche! Hierher werde ich mit meiner Familie in den Urlaub fahren. Genau hierher! Wie könnten meine Kinder hier im Sand spielen und frei herumtoben! Hier muss niemand seinen Claim abstecken. Oder mit einem Handtuch etwas reservieren. Nein, hier ist die Traumküste einfach so da. Für jedermann.

Körperlich ist es für mich gerade recht anstrengend. Ich bekomme einen kleinen Hinweis, was Hitze und Sand bedeuten können. Es ist ein Hinweis mit dem Vorschlaghammer. Gerade kommt mir eine junge Joggerin mit hochgesteckten blonden Haaren entgegen. Sie hat Stöpsel im Ohr und trägt ihr Handy als Bordcomputer am Arm. Egal, ob ich sie störe. Ich halte sie an und frage sie, ob sie ein Foto von mir machen kann. Sie lacht und wischt sich erst einmal den Schweiß von der Stirn. Klar macht sie ein Foto von mir und verschwindet dann ebenso schnell in der Ferne des Strands wieder. Zu Hause hätte sie mir wohl den Atem verschlagen und den Kopf verdreht. Bestimmt hätte ich es mit irgendeinem blöden Spruch versucht. Und ebenso sicher hätte ich mich garantiert lächerlich gemacht als hormongesteuerter Papagallo, wäre abgeblitzt oder im schlimmsten Fall gar nicht erst beachtet worden.

Die, die da gerade vor mir stand, könnte definitiv in jedem Film mitspielen oder von jedem Prospekt herunterlächeln. Und sie hat mich angelächelt. Für einen kurzen Augenblick hat sie mich elektrisiert. Nur eben, dass ich ihr hier nicht als »Mann« begegnet bin. Das Wandern macht den großen Unterschied. »Mann« ist aus einer anderen Welt. »Mann« ist reduziert auf das Gehen, auf Trinken, Schlafen und Essen. In genau dieser Reihenfolge. Und »Mann« ist erschöpft. So erschöpft, dass »Mann« sich endlich auch nach außen hin aufgeben darf. »Mann« muss nicht mehr irgendeine blöde Rolle spielen. »Mann« muss sich nicht mehr wie ein bunter Papagei präsentieren, nicht mehr unter Strom stehen und den anderen die perfekte Show abliefern. Nein: Hier muss man gar nichts liefern.

Hier ist »Mann« zur Ruhe gekommen. Und genau das spüren wohl andere auch. Es ist schön, keine Mauer mehr um sich zu haben. Es ist wunderbar, ein Lächeln zu schenken, anstatt blöde Phrasen zu labern. Und es ist so wertvoll, ein solches zurückzubekommen. Nicht als Idiot mit der Rolex am Handgelenk. Auch nicht als Trottel, der seinen Arm lässig aus dem Autofenster hängen lässt. Nein, ein Lächeln für dich als Penner. Ein Lächeln für dich als Clochard, als Bettler. Ein Lächeln für dich als letztes Glied in der Kette. Für dich, als Person, die keinerlei Macht und keinerlei Status mehr hat.

Nein, Selbstgespräche habe ich heute noch nicht geführt. Aber ich drehe mich gerade mit weit ausgebreiteten Armen um meine eigene Achse. Kein Tango, kein geordneter Tanzschritt. Aber ja, es ist ein Freudentanz, weil ich mein Leben wieder als ganz echt, als völlig unverfälscht wahrnehme. Gott, ich danke dir. Ich fühle wieder. Ich bin glücklich mit mir selbst. Glücklich, so glücklich wie ein kleines Kind.

Irgendwann stoße ich dann auf eine große Gruppe israelischer Wanderer, die gerade in einer einsamen Bucht Brotzeit machen. Bestimmt sind es hundert, vielleicht sogar zweihundert Leute. Und sie sind ganz gemischt. Kinder sind dabei, sehr viele Jugendliche, aber auch Alte, ganz Alte. Das Geschehen ist bunt. Je näher ich komme, umso lauter, umso fröhlicher wird es. Dann schallt es mir entgegen: »Shvil Israel?« – »Yes«, rufe ich fröhlich zurück. Aus der Masse kommt einer auf mich zu, der viel ruhiger und gelassener ist als die anderen. Es ist Denny, der Tourenguide. Denny erklärt mir, dass sich hier mehrere Gruppen zur Brotzeit treffen und dann als verschiedene Gruppen wieder weitergehen. Drei Tage werden sie unterwegs sein. Gepäck wird gefahren. Für Verpflegung wird gesorgt. Gehen müssen sie aber alle selbst, sagt er und lacht laut. Denny reicht mir sein Sandwich, in das er gerade selbst reingebissen hat. »Nimm!«, meint er. »Magst du Thunfisch?« Und wie ich Thunfisch mag. Ein paar Kalorien kann ich dringend gebrauchen. Und so einen Wanderausflug für ein paar Tage zusammen mit anderen könnte ich mir auch vorstellen. Bestimmt eine schöne Sache. Gut gestärkt gehe ich weiter im Sand. Ich genieße das Alleinsein. Und ich genieße die Weite, die sich da vor mir auftut.

Am Nachmittag erreiche ich dann den Küstenstreifen von Netanja. Im Flirren der heißen Luft tauchen Hochhäuser auf. Netanja hat knapp 180 000 Einwohner und liegt zwischen Hadera und Tel Aviv. Das Klima ist subtropisch. Trotzdem kann ich weiter am Strand laufen. Auch hier in Netanja sind die Strände frei und weitläufig. Es ist heiß geworden. Langsam neigt sich mein Wasservorrat dem Ende zu. Sieben Liter habe ich bis jetzt schon getrunken. Mein persönlicher Rekord, würde ich sagen. Trotz alledem war ich nur ein einziges Mal Wasser lassen. So wie in Miami Beach stehen hier Holztürme der Rettungsschwimmer. Und gleich den ersten nehme ich mir vor. Ich steige hinauf und klopfe an. Jethro öffnet mir die klapprige Holztür, mustert mich und meint: »Israel Trail?« Jethro fragt mich sofort, was er für mich tun könne, woher ich käme und ob ich baden möchte. Ich frage Jethro nach Wasser. Er lacht und witzelt: »Salzwasser? Oder echtes Wasser zum Trinken?«

Jethro begleitet mich von seinem Holzturm herunter und führt mich gut 50 Meter hin zu einem kleinen Wasserhahn, an dem man sich die Füße abspülen kann. Als ob er meine Frage geahnt hat, entreißt er mir meine erste Trinkflasche, befüllt sie kurz und trinkt dann selbst daraus. »Du kannst es trinken. Du kannst das Wasser in Israel überall trinken. Du brauchst keine Chlortabletten!« Jethro sagt das nicht nur so dahin. Er macht es mir einfach vor. Ganz so, wie man einem kleinen Kind irgendetwas vormacht, damit es das auch macht. Ich muss grinsen, bin aber echt beeindruckt. Gemeinsam trinken wir abwechselnd meine erste Flasche leer.

Jethro verabschiedet sich rasch von mir, weil er wieder auf seinen Posten muss. Ich fülle alle Wasserflaschen wieder auf und mache meinen Rucksack damit zehn Kilogramm schwerer. Schon nach fünf Minuten weiß ich: Das schaffe ich nicht, in der Wüste aber muss ich es schaffen. Hier bin ich noch nicht so weit. Und ich bin auch noch nicht so weit von der Zivilisation entfernt, dass ich heute Nachmittag noch 10 Liter Wasser benötigen würde. Daher nehme ich meinen Rucksack wieder ab und leere einige Flaschen aus. Dabei habe ich ein unglaublich schlechtes Gewissen, weil ich gerade von einer älteren Frau beobachtet werde, die den Kopf schüttelt. Was Wasser hier in Israel bedeutet, werde ich erst später erfahren.

Am Spätnachmittag erreiche ich Poleg Beach. Der Strand ist bekannt für seine Schönheit und für die Kitesurfer, die hier akrobatische Kunststücke vollführen. Ich muss erst einmal stehen bleiben und an meinem Fuß die erste Blase meiner Reise verarzten. Dann geht es von einer Anhöhe abwärts zum Poleg Beach. Ein wenig erinnert mich die Kulisse an den Varadero Beach in Kuba. Weißer Sand, Dünen und karibisches Flair.

In einem kleinen Strandrestaurant frage ich, ob ich etwas Wasser bekommen kann und ob ich hier windgeschützt mein kleines Zelt aufschlagen darf. Die nette Kellnerin nickt und nimmt meine leere Plastikflasche entgegen. Was nun folgt, ist exakt die Szene, die ich aus dem Allacher Sportgeschäft schon kenne. In der Theorie, als Déjà-vu-Erlebnis sozusagen. Sogar die beiden Chefs scheinen äußerlich wie innerlich exakt identisch zu sein. Das Blut stockt mir in den Adern. Schlagartig fühle ich mich unwohl. Wie in Zeitlupe spielt sich alles ab. Wie in einem schlechten Film. Der Chef dreht sich mit einem verächtlichen Blick kurz zu mir, dann zur Kellnerin mit der Wasserflasche in der Hand. Er packt sie brutal an der Hand, zeigt mit der anderen auf mich. Die Plastikflasche fällt zu Boden. »Raus hier, verschwinde!«, scheint er auf Hebräisch zu sagen. Ich verstehe es ganz genau. Jedes Wort. Und in schlechtem Englisch ruft er mir nach: »Kein Wasser hier! Kein Zelt! Verpiss dich!«

Sofort gehe ich, lasse die Plastikflasche zurück. Doch dann folgt mir einer der Gäste. Er bringt mir meine leere Flasche. Er ist Russe. Und mit starkem russischen Akzent sagt er zu mir: »Auch Russe, aber Arschloch. Ist Geld in Kopf gestiegen, ist Schande. Wir nicht so!«

Dimitri, so heißt er, sagt mir, dass ich hier – einige Hundert Meter weiter – warten soll. Dann kommt er zurück, mit seiner Frau oder Freundin, einer Flasche Wodka und drei Gläsern. Mit Dimitri und Lena sitze ich nun hier am Strand. Was uns verbindet, ist fürs Erste nur der Alkohol. Dimitri ist wohl einer der Superreichen. Er lebt in einer völlig anderen Welt. Dennoch scheint er so etwas wie ein ausgeprägtes Gerechtigkeitsgefühl zu haben. Oder Mitleid. Ich weiß es nicht. Dimitri erzählt mir jedenfalls, dass er früher nichts hatte. So wie ich, merkt er an. Ausgelacht worden sei er, überall abgewiesen worden sei er mit seinen Ideen. Dann lacht er selbst, mit seiner rauen Stimme. »Heute bin ich der, der lacht. Na zdoróv'je!«

Eine Einladung zu Dimitri nach Hause lehne ich ab. Ich möchte hier in meinem Zelt schlafen. Auf die Frage, ob ich hier mein Zelt aufstellen kann, meint Dimitri: »Israel sicheres Land. Gutes Land.« Dann sagt er: »Wenn dir was tut, morgen tot.« Dimitri lacht schallend. Er hat einen schwarzen Humor oder eben eine Macht, die in meiner doch recht beschaulichen Welt gar nicht vorstellbar ist. Gut, dass Dimitri sich selbst zehnmal so oft nachschenkt wie mir. Und so gehe ich kurz vor Sonnenuntergang beschwipst, aber nicht betrunken, weiter am Strand entlang. Kitesurfer haben mir noch ein paar getrocknete Bananen geschenkt.

Mein Zeltplatz ist heute an Idylle durch nichts mehr zu überbieten. Ich blicke auf einen Traumstrand, der sich im Abendlicht golden färbt. Nur noch ein Kitesurfer zieht da auf dem Wasser seine kunstvollen Bahnen. Er fasziniert mich. Erst als er an Land kommt, sehe ich, dass »er« eine »Sie« ist. Es wird Zeit für meine getrockneten Bananen und für meine kleinen Pitabrote. Schnell wird mir kalt. Ich verkrieche mich in mein Zelt und fühle mich geborgen. Dimitri hat schon recht, wenn er sagt, Israel sei ein sicheres Land. Hier kann man im Freien schlafen. Sicherlich auch als Frau. Niemand würde dir hier etwas tun oder dich gar bestehlen. Israelis sehen in dir als Erstes einen Menschen, den man fragt, ob er Hilfe braucht. Sich gegenseitig zu helfen, scheint einer der elementaren Werte zu sein, auf die ich hier täglich stoße.

Dass ich heute einem »Arschloch« begegnet bin, wie Dimitri es gesagt hat, sehe ich so gar nicht. Ich bin da heute eher einem begegnet, der gefangen ist in seiner Welt des Raffens und Nehmens, in einer Welt der Gier. Aber ihm selbst wird es nicht besser gehen, als es mir heute ergangen ist. So wie er mich heute behandelt hat, wird er selbst wohl von seinen Geschäftspartnern und seinen Banken behandelt. Er kennt es nicht anders. Und trotzdem ist er hier auf dieser Welt, um eine bestimmte Aufgabe zu erfüllen, um einen Sinn zu finden. Vielleicht muss er heute mehr leiden als ich. Vielleicht bin nicht ich das Opfer in Person. Womöglich ist er es. Seine Verzweiflung, zu raffen, zu funktionieren, zu liefern. Vielleicht hat er in mir sein Spiegelbild gesehen. Eins, das ihm voraus ist. Ein spiegelverkehrtes Bild, das ihm zeigt: »Hey, hier draußen ist die Welt. Und hier draußen ist die Liebe!«

Ich habe kein gutes Gefühl, wenn ich meine Gedanken Revue passieren lasse. Ich kann mich nicht über ihn erheben, als etwas Besseres darstellen. Ganz im Gegenteil. Der »Chef« war ein Spiegel für mich. Er hat mich in den hässlichen Teil meines Ichs blicken lassen. Mit Abstand, aber doch in aller Deutlichkeit. Dafür danke ich ihm.

Nein, nicht Dimitri war in diesem Spiel der Gute. Und auch nicht ich. Vielleicht war er der Gute. Der, der mit seinen Gefühlen kämpft. Der, der spürt, dass Kälte ihn selbst zerfrisst. Und der, der spürt, dass er seinen Weg noch nicht gefunden hat. Eines Tages wird er selbst den Israel Trail beschreiten. Bis dahin wird er vielleicht noch viele Seelen abweisen. Doch eines Tages wird er sich selbst auf den Weg machen. Suchen, was all die anderen vor ihm schon gesucht haben: sich selbst. Er wird erkennen, wie klein er wird. Wie dankbar er für ein Lächeln ist. Er wird lernen, wie zerbrechlich er ist hinter seiner Gucci-Brille. Und er wird sehen, wie verdammt schwer es ist, andere um Brot und Wasser zu bitten. Um

Hilfe zu bitten, für die es keinen Gegenwert im marktwirtschaftlichen Sinne gibt. Aber er wird auch zu den gleichen Schlüssen kommen wie ich. Dass man für die, die einem geholfen haben, beten kann. Und dass man, wenn man sich überwindet, auch damit beginnt, für die anderen zu beten. Für die, die einfach noch nicht über ihren Schatten springen konnten, aber es innerlich irgendwann möchten.

Es war ja nicht einfach ein gleichgültiges Nein. Es war ein wutentbranntes, selbstzerfressenes Nein. Ein Nein, das in ihm selbst viel mehr Schaden anrichtet als in mir, der statt seinem Wasser nun einen Wodka bekam. Während ich einschlafen will, bin ich ihm – dem Chef – irgendwie verbunden. Ich möchte mich bei ihm bedanken. Ich bete für ihn. Und ich schicke gute Wünsche für ihn und seine Familie in das Universum.

Der Erste dieses Jahr

Von Netanja nach Tel Aviv
Etwa 25 Kilometer, ca. 110 Höhenmeter Gesamtanstieg.
Trinkwasserverbrauch 5 Liter. 32 Grad Lufttemperatur.

Das Sonnenlicht bestimmt meinen Rhythmus. Schon früh am Morgen stehe ich auf. Mein Zelt und mein Schlafsack sind wie immer ganz nass und schwer. Von gestern habe ich genug Wasser dabei. Ich mache mich also auf die Socken. Wenn das keine Freiheit ist! Vom Öffnen des Reißverschlusses meines Zeltes bis zum Losgehen sind keine fünf Minuten vergangen. Zähneputzen inklusive. So einfach und unkompliziert kann das Leben sein. Und so schön!

Heute erweist sich der Israel National Trail als etwas fußschonender. Und er ist spektakulär, denn er folgt heute den Dünen und Felsklippen oberhalb des Strandes. Meine Füße gehen auf weichem Sand. Der Trail ist ein kleiner Trampelpfad, auf dem hin und wieder Fahrradspuren zu erkennen sind. Mal bin ich für eine halbe Stunde weg vom Meer, mal wieder direkt oberhalb der Küste. Was sich dann unter mir abspielt, ist einfach irre! Kilometerlanger Sandstrand. Hier ist er recht schmal, und ich stehe auf Felsklippen, die gut 100 Meter senkrecht nach unten abfallen. Nichts für Nicht-Schwindelfreie! Seit Stunden bin ich keinem Menschen begegnet. Am Horizont sehe ich landeinwärts die Skyline von Tel Aviv. Sie liegt in leichtem, blauem Dunst und scheint noch weit entfernt zu sein. Ein Kraftwerk muss ich hier großräumig umgehen. Zum ersten Mal wandere ich auf einer kleinen Teerstraße und kämpfe mit der sengenden Hitze. Danach geht es wieder am Strand entlang. Schon bald ist das Kraftwerk in meinen Augen klein geworden. Auch zu Fuß macht man Strecke. Man benötigt nur Zeit und Ausdauer.

Vor Tel Aviv habe ich ein wenig »Muffe«. Ich bin kein Großstadtmensch. Im Getümmel fühle ich mich unwohl. Umso schöner ist es, dass der Shvil Israel auch in Tel Aviv mitten durchs Grün führt. Ich durchschreite Parks, folge dem Yarkon River und bekomme vom Stadtleben nur wenig mit. Im Dunkeln erreiche ich dann die Hochhäuser am Frankfurter Platz. So jedenfalls steht es auf der Wiese auf einem kleinen Metallschild. Hier wohnt Avner. Er ist Doktorand an der Universität in Tel Aviv und engagiert sich nebenbei als Trail Angel.

Avner ist total entspannt. Nur mein Gepäck macht ihm Sorgen. Es sei zu viel, sagt er. »Viel zu viel!« Vor Avner leere ich meinen Rucksack aus. Gemeinsam nehmen wir jedes Teil unter die Lupe. Rechts bleibt hier. Links geht weiter mit.

»Hole es ab, wenn du heimfliegst. Oder wenn du das nächste Mal in Israel bist«, sagt Avner. Er öffnet einen Holzschrank in seiner Studentenwohnung und zeigt auf viele Plastiktüten und Rucksäcke. »Einige Sachen hier liegen schon viele Jahre bei mir herum! Es geht nichts verloren. Ich weiß nicht, was da alles drin ist.« Dann erzählt er mir, wer schon alles hier bei ihm auf der Durchreise war. Ich bin erstaunt, dass es sich trotzdem nicht um regelmäßige Übernachtungen handelt, sondern eher um rare und seltene Ereignisse. In diesem Jahr bin ich der Erste. Letztes Jahr sei es nur eine einzige Hikerin gewesen, die bei ihm übernachtet habe. Avner überlässt mir seinen Kühlschrank und macht sich dann auf zu einer Studentenfeier.

Are you Christian?

Von Tel Aviv nach Mazor
Etwa 27 Kilometer, ca. 70 Höhenmeter Gesamtanstieg.
Trinkwasserverbrauch 5 Liter.

Ich soll ihn unbedingt wecken, hat Avner mir gestern gesagt. Also klopfe ich an seinem Schlafzimmer. Seine Freundin öffnet die Tür, stellt sich vor und verabschiedet mich, nicht ohne mir noch einen Kaffee zu machen. »Lassen wir ihn schlafen. Er ist gerade eben erst ins Bett gegangen«, meint sie. Es ist Freitag. Obwohl heute in Tel Aviv sicher gearbeitet wird, sind erstaunlich viele Jogger und Spaziergänger unterwegs. Nur wenige Schritte hinter dem Frankfurter Platz befinde ich mich bereits wieder auf dem Israel National Trail. Er folgt den Tausenden von Windungen des Yarkon River. Was auf der Landkarte als »Luftlinie« nach nicht viel aussieht, ist ein Hammermarsch. Kaum Höhenmeter, dafür endlose Kurven, Kurven und noch mal Kurven!

Ich begegne zwei älteren Herren. Es ist das erste Mal, dass ich Wanderer treffe, die den ganzen Weg von Eilat am Roten Meer bis hierher in einem Stück bewältigt haben. Auf meine Frage, wie lange sie gebraucht haben, bin ich schockiert: »Sieben Wochen«, antworten sie mir. Ich bin nun schon eine gefühlte Ewigkeit auf meinen Füßen unterwegs, 21 Tage, um genau zu sein. Und sieben

Wochen haben die beiden gebraucht, um vom anderen Ende bis hierher zu gelangen? Sieben Wochen. Das wären 49 Tage. Unvorstellbar! Die beiden erzählen mir von heftigen Regengüssen in der Negev. Und von Tagen, an denen ein Wandern unmöglich gewesen sei. Wegen der Hitze. Sie rechnen kurz nach und meinen, ich sei eigentlich schon viel zu spät dran. Es würde jetzt mit jedem Tag heißer werden in der Wüste. Ende April, Anfang Mai müsse ich wohl aufhören und könne erst im nächsten Jahr meinen Weg fortsetzen. Sie fragen mich, warum ich in der falschen Richtung unterwegs sei. Wo doch jeder weiß, dass man im Frühjahr in Eilat im Süden startet und dann der Hitze entkommt, indem man nach Norden wandert.

Ich erkläre nicht viel und wünsche beiden einen »Bon camino«. Weil mir der Gruß vom Jakobsweg so herausrutscht, bleiben Pete und Abel noch einmal stehen. »Bon camino? Warst du schon am Jakobsweg?« Ich nicke, und sofort erzählen mir die beiden Herren von ihrem Jakobsweg, den sie über mehrere Jahre hinweg gemacht haben. Die Welt ist schon klein. Im »Heiligen Jahr« 2010 hätten wir uns am selben Tag in derselben Herberge in Camino de Santiago über den Weg laufen können. Vielleicht sind wir uns ja dort begegnet, ohne es bemerkt zu haben. Pete fängt plötzlich an, deutsch mit mir zu sprechen. Und er sagt: »Es ist immer so, dass man sich trifft. Immer. Auch wenn es viele Jahre und viele Wege und manchmal viele Leben braucht. Du wirst sehen, für dich wird die Wüste so grün sein wie hier der Fluss. Du wirst sehen!« Pete und Abel wünschen mir nun auch einen »Bon camino« und rufen mir nach: »The world is a village.«

Nun komme ich anscheinend an die Stelle, an der man laut Reiseführer die Schuhe ausziehen muss, um den Yarkon zu durchqueren. Man solle sich Plastiktüten um die Füße binden, weil der Fluss so verseucht sei. Was für eine irrwitzige Idee. Eine Plastiktüte habe ich. Eine! Nehme ich sie für meinen linken Fuß oder für meinen rechten? Welcher ist wertvoller? Ohne groß Zeit zu verlieren, stülpe ich sie über meinen linken Fuß. Klar ist auch, dass sie sofort zerreißt. Jetzt stehe ich barfuß im Yarkon. Wird mir das Wässerchen nun augenblicklich das Fleisch von den Knochen wegätzen? Ich beginne zu lachen. Spritze mit beiden Füßen Wasser in die Luft und fühle mich frei. Ich bücke mich, wasche mein Gesicht. Und auch eine Geschmacksprobe des Wassers ist einwandfrei. Am anderen Ufer warte ich ein wenig, bis meine Füße getrocknet sind, bevor ich mir meine klebrigen und mittlerweile echt übel riechenden Socken überstülpe.

Es war so klar, dass genau jetzt ein Quad mit Vollgas durch den Yarkon River braust. Links und rechts spritzt das Wasser auf, und die beiden Jugendlichen haben ihren Spaß dabei. Natürlich fragen sie mich, ob sie mich trockenen Fußes ans andere Ufer bringen sollen. Aber ich bin ja hier schon angekommen. Eine gute Stunde später muss ich ein weiteres Mal den Yarkon durchqueren – diesmal tatsächlich, ich hätte den Reiseführer nur besser lesen müssen. An der Furt breitet sich Erstaunliches vor meinen Augen aus: Da bewegen sich grazil israelische Topmodels barfuß im Wasser. Starfotograf Ido dirigiert das Geschehen und knipst die hübschen Damen mit einem gigantischen Teleobjektiv. Zwei von ihnen drehen gerade einen japanischen Schirm über ihren Köpfen und posieren vor der Kamera.

Noch bevor ich irgendwie nachdenken kann, dirigiert Ido mich mit meinem Rucksack in die Furt zu den Models. »Yeah, genau so stehen bleiben. You're great, I like it.« Ich spüre, dass Ido an mir weit mehr interessiert ist als an seinen bildhübschen Mädels. Als er mich scheinbar beiläufig berührt, fangen die Models an zu kichern. »Er mag dich«, sagt eine zu mir. Das nehme ich als Signal zur Flucht. Nichts wie weg hier. Nichts gegen Schwule, aber bitte, bitte: Ich möchte doch einfach nur wandern! Voll unter Strom, drehe ich mich weg. Ido folgt mir mit seinen edlen Lederschuhen sogar in den Fluss. Jetzt nur noch weg hier. Eine unsanfte Drehung, dann spüre ich grünes Glibberzeug unter meinen Füßen.

Der Rest ist schnell erzählt. Ido steht über mir. Ich liege flach im Wasser des Yarkons und überlege mir einen geeigneten Fluchtweg. Die Hand, die mir Ido reicht, möchte ich nicht in Anspruch nehmen. Lieber ziehe ich mich nach hinten zurück und stolpere ein weiteres Mal ins Wasser. »Ich bring dich ganz groß raus!«, ruft Ido mir zu.

Mit einem knappen »Schalom« suche ich das Weite. Alles ist nun nass. Kein gutes Gefühl. O Gott, wie ich die Landschaft ohne Menschen doch liebe! Das Schlürfgeräusch meiner nassen Schuhe sagt mir, dass man so eigentlich nicht laufen kann. Es ist unangenehm. Was soll ich tun? Es geht weiter. Schließlich bin ich ja kein Weichei. Mitten auf dem Weg liegen plötzlich unzählige knallgelbe Pampelmusen. Was für eine Versuchung! Darf man die nehmen? Da entdecke ich zwei junge Burschen, die genau diese Frage für sich schon beantwortet haben. Es sind Kainan und Cliff, 16 und 17 Jahre alt. Die beiden radeln heute am Yarkon entlang. Ich geselle mich zu ihnen auf den Boden der Pampelmusenplantage. Und wieder schenkt mir der liebe Gott einfach so etwas zu essen.

Ich lerne heute: Eine Pampelmuse ist fantastisch. Auch zwei. Selbst die dritte und vierte Pampelmuse tun einem noch gut. Hat Gott nicht den ersten Menschen im Paradies gesagt: »Du darfst jede beliebige Frucht im Garten essen ...« (1. Mose 2,16)? Doch leider hat mir niemand gesagt: »Sechs oder mehr sollst du nicht essen!« – Nein, so viele Pampelmusen auf einmal sollte man definitiv nicht essen. Auf dem weiteren Weg bin ich nicht nur nass, sondern muss auch an jeder Ecke ins Gebüsch. Klopapier-Notstand! Ich bräuchte mal einen Tag Pause. Mit meinem Handy rufe ich ein paar Nummern von Trail Angels an. Leider ohne Ergebnis.

Natürlich verliere ich auch heute wieder meinen Weg, zumindest finde ich keine weitere Wegmarkierung mehr. Links neben mir ist ein großes eingezäuntes Gelände mit Hütten drauf und mehreren gepflegten Sportplätzen. Ich stehe kurz vor dem Eingangstor und studiere meinen Reiseführer. Gut 20 Meter von mir entfernt fährt ein grauer Minivan vor das Tor. Der Fahrer öffnet sein Fenster und steckt eine Chipkarte in den Kartenleser. Er ruft mir laut zu: »Hi, are you Christian?«

Verdutzt rufe ich zurück: »Yes, I am Christian«, ohne zu ahnen, dass er mich gerade nach meiner Religion und gar nicht nach meinem Namen gefragt hat. Er winkt mich heran und meint: »Hi, mein Name ist Joel, wie heißt du?« Ähm ja, »Christian«, antworte ich.

»Komm, wir möchten dich zu uns zum Mittagessen einladen«, sagt Joel freundlich. Ich steige also ein, denn ich kann gar nicht anders, um Joels begeisterte Gastfreundschaft nicht zu verletzen. Mit Joel komme ich in das Baptist Village, von dem ich im Reiseführer flüchtig gelesen habe. Innen erwartet mich eine einzigartige Mischung aus religiösem Baseballcamp, amerikanischer Kaserne und heiler Welt. Joel predigt während der paar Meter Autofahrt von Gott und Gastfreundschaft. Baptisten gründen ihren Glauben auf evangelischen Wurzeln. Sie vereint der Grundsatz, dass die Dorfgemeinschaft für ihr Leben und ihre Lehre selbst verantwortlich ist. Joel scheint der Dorfvorsteher und Priester in einer Person zu sein. Er ist ein Hüne, bestimmt 2 Meter groß, kräftig und mächtig. Er trägt Jeans und ein ausgewaschenes, lilafarbenes T-Shirt.

Beim Betreten des Gemeinschaftsraums verbeuge ich mich ehrfürchtig. Hier bereiten sich alle gerade auf ein gemeinsames Mittagsmahl vor. »Alle mal aufpassen!«, ruft Joel laut in die Gruppe hinein, die noch mit Zwiebelschneiden und Gurkenschälen beschäftigt ist. »Darf ich euch vorstellen: Das ist Christian, ein Christ.« Im gleichen Moment legt er seinen Arm um mich und sagt: »Möchtest du dich selbst kurz in unserem Kreis vorstellen? Das wäre schön.« – »Ich bin auf dem Israel Trail unterwegs«, sage ich. Und dass Joel laut: »Are you Christian?« gerufen hat, obwohl er doch gar nicht wissen konnte, wie ich heiße. Und schon habe ich ein paar Lacher auf meiner Seite. Joel überlässt mich zwei netten Damen mit Schürzen. Das Idyll erinnert mich irgendwie an

Filme vergangener Zeiten. Hier ist alles so wie früher. Ich helfe den beiden Tomaten schneiden und muss eine Frage nach der anderen beantworten. Für die beiden bin ich ein Weltreisender, einer, der mal rausgekommen ist. Sie beneiden mich.

Das Mittagsmahl ist vegan und einfach fantastisch. Ich fühle mich wie auf Flügeln getragen. Ich selbst – der Mensch – passe nicht mehr mit dem zusammen, was ich trage. Meine Kleidung ist schäbig geworden. Sie strotzt nur so von Dreck. Sie ist feucht, erdig, und definitiv stinke ich. Als Mensch selbst fühle ich mich aber plötzlich gut. So wie in einem großen Strom, der langsam, aber doch stetig seine Richtung bestimmt. Dagmar, eine Freundin meiner Eltern, hat so etwas Ähnliches einmal zu mir gesagt: »Du musst loslassen, hergeben. Dann kommt es zu dir zurück.« Dagmar lebt heute nicht mehr. Sie war wohlhabend und vorausschauend. Eine, die in ihrer eigenen Welt glücklich war, eine, die mehr gegeben als bekommen hat.

Meine Reise ist intensiv geworden. Sie ist kein Urlaub mehr, auch keine Auszeit. Was ich hier in Israel erlebe, ist eine völlig andere und neue Welt für mich. Joel segnet nun die Gaben. Und weil ich als Gast da bin, tut er das nach seinem Gebet auf Hebräisch für mich noch einmal auf Englisch. Ob ich auch etwas beten wolle, fragt er mich. Und das tue ich dann auch. Ganz spontan. Auf Deutsch. Ich danke allen für ihre Gastfreundschaft. Ich danke Joel, dass er mich hierhergeführt hat. Ich danke allen für das Zwiebelschneiden und für die Gurken, die ich gleich essen werde. Und das ist nicht ironisch gemeint, sondern weil es für mich zu etwas ganz Besonderem geworden ist, »essen zu dürfen«. Dann bedankt Joel sich für mein Gebet. Ich hoffe, er hat nicht verstanden, dass ich gar kein passendes Gebet kenne, sondern einfach etwas gesagt habe. Immerhin, es kam aus meinem Herzen.

Joel führt mich nach dem Essen noch ein wenig herum. Als Pilger darf man hier eine Nacht bleiben. Würde ich eigentlich gern, doch zum ersten Mal wird mir die Gastfreundschaft in Israel zu viel. Ich gehe allein zurück zum Tor. Schon wieder werde ich begleitet von lauten Rufen wie: »Viel Glück! Alles Gute! Gott sei mit dir!« Ja, das ist er, denke ich. Warum nur gelingt es mir im täglichen Leben nicht, so viel Liebe zu spüren und Liebe zurückzugeben? Warum nur bin ich zu Hause so versteinert?

Heute möchte ich noch ein wenig gehen und dann irgendwo schlafen. Am Spätnachmittag klingelt mein Handy. Ich habe vergessen, es auszuschalten. Am Apparat meldet sich Oren. Er ist Trail Angel, und ich habe es heute bei ihm versucht. Ob ich bei seiner Familie übernachten wolle, fragt Oren mich. Das Dorf, in dem er wohne, liege ein wenig ab vom Trail. Ob ich ihm meine Koordinaten zuschicken könne, meint er. Oren fragt, ob ich weiß, wie das geht, aber das habe ich mittlerweile schon herausbekommen. Gleich nach dem Senden kommt eine SMS zurück: »Hole dich ab. 10 Minuten.«

Mitten auf dem Feldweg setze ich mich also hin. Hier will er mich abholen? Und tatsächlich, wenig später braust ein Auto auf mich zu und zieht eine riesige Staubwolke hinter sich her. Oren holt mich mit seinem kleinen Sohn wirklich hier ab. Zu Hause in Mazot erwartet mich eine liebenswerte Familie. Orens Frau Israela reicht mir eine Jogginghose ihres Mannes. Sie möchte meine ganzen Klamotten waschen. »So kannst du nicht weitergehen«, meint Israela. Nach einer ausgiebigen Dusche sind all meine Sachen weg und schleudern in der Waschmaschine vor sich hin.

Oren ist Veganer, und so komme ich heute noch einmal in den Genuss eines veganen Essens. Viel Reis, Hirse, Erbsen und Gemüse. Oren entschuldigt sich bei mir. Meint, das hätte er mir sagen müssen am Telefon. Doch da gibt es nichts zu entschuldigen. Israela freut sich, dass ich reinhaue wie ein Scheunendrescher und dass es mir schmeckt. Oren arbeitet bei der SPNI, jener Organisation, die für die Pflege des Israel Trails in großen Teilen verantwortlich ist. Was Oren mir alles erzählen kann, ist hochinteressant. Ein Abend allein würde gar nicht reichen.

Oren hat morgen frei. Und er möchte seinen Kindern Jerusalem zeigen. Das hat er ihnen schon lange versprochen, sagt er. Und er möchte auch mir Jerusalem zeigen, sein Jerusalem. Israela und Oren stammen aus Jerusalem. Beide haben sie dort studiert. Die überzeugenden Argumente kommen dann schließlich von Israela. Sie hat meine Kleidung in Geiselhaft genommen und meint: »Wie willst du denn ohne Kleidung morgen weitergehen?« Israela lacht verschmitzt, und auch die Kinder kichern nun.

Jerusalem liegt nicht am Weg

Am Abend lese ich noch im Reiseführer. Ob es Zufall ist? Denn dort heißt es: »Leg einen Ruhetag ein. Schon dich einen Tag.« Nach einem kleinen Frühstück geht es heute auf nach Jerusalem. Oren fährt langsam und entspannt und erklärt mir alles, was links und rechts so zu sehen ist. So begnadet, wie Oren erzählen kann, muss er – richtig – ein Reiseführer gewesen sein. Das war er als Student, daher kennt er jede Ecke Jerusalems wie seine Westentasche. Und er kennt jeden geheimen Winkel, wo Touristen nicht hinkommen. Als Erstes fahren wir hoch zur Universität. Hier wird Oren ein wenig sentimental. Er fährt in einen privaten Hof. »Guter Parkplatz, oder?« Und ab geht es ins Getümmel. Ist schon irre. Ich laufe hier herum in fremden Klamotten, geführt von einem Einheimischen, habe meinen ganz privaten Reiseleiter. Und habe Kinder dabei, fühle mich wirklich als Teil der Familie. Intensiver geht's nicht. Aber es ist auch witzig, denn Oren hat alte Bekannte hier.

»Das hier ist das beste Hummus-Restaurant in ganz Israel. Das beste!«, sagt er und deutet auf den Eingang, durch den keiner mehr kommt. Alles brechend voll. Oren winkt jemandem an der Tür zu, und sofort folgt eine vertraute Begrüßung der nächsten. Alles zwar auf Hebräisch, aber ich verstehe es als: »Hi, Oren, wie geht es dir? Wow, schön, dass du da bist. Oh, sind das deine Kinder? Sind die groß geworden!« Bedient werden wir wie gute alte Freunde. Oren ist kurz weg. Ich denke, er hat für uns alle bezahlt. Ein merkwürdiges Gefühl. Aber doch etwas, was ich selbst mit meinen Gästen in Deutschland auch machen würde. Gern natürlich. Und auch ich selbst bin manchmal stolz auf mein Land, besonders wenn ich sehe, dass es meinen Gästen gefällt, dass es sie bewegt.

Und irgendwie bin ich exakt so, wie Oren es ist. Ich zeige anderen meine Welt auf meine Weise. Gehe nicht dorthin, wo man es erwartet oder wo man hin »muss«. Ich gehe lieber an die versteckten Plätze, an die magischen Orte, dahin, wo es still ist. Und das tut Oren mit mir und seinen Kindern. In einem privaten Hof stehen wir ganz unbemerkt von allen Touristen hoch über dem Platz, ja, über dem Platz, wo alle hingehen.

Wie ein Zauber liegt die Klagemauer unter mir. Direkt gegenüber von uns. Ich kann sie bewundern, ohne auch nur einem einzigen Menschen zu begegnen. Ich bestaune den Felsendom, sehe dem Treiben in der Stadt zu. Und in respektvollem Abstand sieht man die Dinge auch sehr respektvoll. Auch hierher werde ich eines Tages zurückkommen, hingehen, den Strömen der Touristen folgen. »Möchtest du runtergehen?«, fragt mich Oren. »Wir bleiben hier. Geh ruhig!« Aber ich möchte nicht. Ich bin jetzt so lange allein unterwegs. Das würde mich überfordern. Nein, ich möchte es in aller Stille genießen. Aus der Ferne sehen. Den besten Platz würdigen, ihn nicht zerstören. Meine Frau wäre begeistert: ein Verkaufsstand nach dem anderen. Doch Jerusalem wird für die Kinder anstrengend. Und irgendwie für mich eben auch, so wie überall auf der Welt.

Hier auf dem Markt geht es hektisch zu. Besonders laut sind die arabischen Stände. Wie magisch zieht es die Kinder zu einem Süßigkeitenstand hin. Oren und ich sehen uns an und denken anscheinend das Gleiche. Der arabische Verkäufer ist missmutig, unsympathisch und zu den Kindern ausgesprochen unhöflich. Klar mag es ihn gerade nerven, dass die Kleinen sich alles Mögliche ansehen. Und es mag ihn besonders nerven, als Oren ihn nicht bestellte Tüten wieder auspacken lässt. Anstatt auf die Kinder zu hören, hat der Verkäufer einfach etwas in die Tüten gefüllt mit der Bemerkung: »Das hier?«

Beim zweiten Versuch, Nicht-Bestelltes zu verkaufen, knickt Oren ein und möchte ihm den Süßkram abnehmen. Der Alte blökt die Kinder gerade an: »Finger weg, ihr habt schon, was ihr wolltet.« – »Rega, rega«, meint Oren, »langsam, langsam.« Und tatsächlich darf ich mit geballter Schadenfreude die folgende Szene in absoluter Zeitlupe und High Definition genießen. Meine Kamera läuft gerade, als der unfreundliche Alte am Eck seines gammeligen Süßigkeitenstands hängen bleibt und mit einem lauten »Inschallah« einen Zentner Süßkram mit sich zu Boden reißt. Oren bückt sich. Hebt exakt eine Dattel auf und legt sie oben auf den schief stehenden Holzrahmen. Als ich mich mit einem lang gezogenen »Scha-ha-haloooom« verabschiede, müssen wir alle lachen. Auch die vielen Touristen, die mittlerweile Teile der Szene ebenfalls im Kasten haben. Auf Sächsisch höre ich neben mir: »Döss hädder sich vödient«, was ich Oren mitsamt der Situationskomik so leider nicht übersetzen kann. Dafür schenkt ein Araber vom Nachbarstand uns, beziehungsweise den Kindern, ungefragt zwei Tüten mit getrockneten Früchten und zuckt mit den Achseln, während er auf den Griesgram neben sich blickt und ebenfalls lachen muss. Die Kinder von Oren bekommen noch ein Eis. Und zwar von mir. Ich habe es geschafft, zwei Eis ohne Bezahlung zu bekommen. Ganz einfach so. Mit Charme, ohne Orens großes Gerede. Und ja, beim nächsten Mal komme ich zurück und kaufe ihm ganz viel Eis ab, garantiert! Danke einfach.

Von Jerusalem selbst möchte ich gar nicht so viel erzählen. Da gibt es genügend Lektüre. Man muss es einfach gesehen haben. Für mich selbst war es ein lustiges, aber auch ein sehr schüchternes Kennenlernen. Es war eine Begegnung, ohne mir Gedanken über Konflikte, Politik und Leid machen zu müssen. Und so nehme ich es auch für mich an. Ich nehme das Gute mit in meinem Herzen und wünsche allen hier alles Gute. Zu Hause wartet Israela bereits mit dem Abendessen. Ich sehe das Fotoalbum der Familie. Und natürlich zeige ich ihnen auch ein Foto von meinen Mädels.

Am Bänkchen von Lucy Rosenzweig

Von Mazor nach Gimzo
Etwa 27 Kilometer, ca. 290 Höhenmeter Gesamtanstieg.
Trinkwasserverbrauch 5 Liter.

Oren nimmt es genau. Er bringt mich wieder dorthin, wo er mich aufgelesen hat. Und er schenkt mir dabei keinen einzigen Meter. Mit einem sportlichen »Neeeeiin, dahinten erst«, lässt er mich dahinten erst aussteigen. Ich hoffe, dass ich sie alle wiedersehe. Oren und Israela sind einfach eine total nette und coole Familie. Und nach 23 Tagen habe ich endlich wieder gewaschene Sachen am Leib. Schon eine lange Zeit. Und so sauber, das fühlt sich gut an. Gleich geht es auf dem Feldweg links durch eine Autobahnunterführung, und dann werde ich wieder fernab vom Verkehr in reinste Natur eintauchen. »Unterführung« war vielleicht ein wenig übertrieben. Eher handelt es sich hier um eine Art betonierte Röhre, vollgelaufen mit Schlamm und dem Regenwasser der letzten Tage. Am Beton ist recht witzig neben dem Trail-Logo auch ein Fahrradsymbol aufgespritzt. Witzig, weil die Röhre kaum so hoch ist wie ein Fahrrad. Vor meinem geistigen Auge stelle ich mir einen träumenden Radfahrer vor, den es hier dann recht unsanft mit einer Kopfnuss vom Sattel reißt.

Als Fußgänger ist diese Übung für mich ein Leichtes. Kopf einziehen und am linken betonierten Rand bleiben. Der ist oberhalb der Wasserkante. Beim Hineingehen muss ich nur um diese kleine

Ecke kommen. Um eine selbst erfüllende Prophezeiung handelt es sich, wenn der Kopf sich etwas ausmalt, was eigentlich *nicht* passieren sollte. Während ich um die Ecke gehe, befindet sich mein Rucksack, nein, der Schwerpunkt des Körper-Rucksack-Systems, außerhalb des Systems, was im Prinzip ein instabiles System bedeutet, welches streng der Schwerkraft und dem vorhandenen Drehimpuls folgend – o nein! Nicht schon wieder!

Nass gebadet, gleich in den ersten fünf Minuten. Und ich muss nicht extra betonen, dass es sich bei dem Wasser unterhalb der Autobahn keinesfalls um eine klare und einladende Quelle in der Wüste handelt, in die man gern hineinfallen würde. Nein, hätte ich nicht ans Hinfallen gedacht, wäre ich hier auch nicht reingefallen. Und weil ich jetzt wissen möchte, ob es geklappt hätte, gehe ich zurück. Versuche es noch einmal. Natürlich klappt es. Obwohl sich der Schwerpunkt des Systems … aber lassen wir das. Ich fühle mich gerade überhaupt nicht belustigt.

Gut, lieber Gott. Was immer du mir sagen möchtest. Ich nehme meine pitschnassen Schuhe an. Auch meine dreckige Kleidung nehme ich an. »Jaaa, ich bin ein Penner!«, rufe ich laut. Hören wird mich hier freilich niemand. Außer Gott. Und der hat bestimmt gerade ganz andere Aufgaben, als sich um einen Trottel mit nassen Schuhen zu kümmern. Pitsch, patsch, pitsch. Warm wirst du erst, wenn dein Schuhband sich verfängt und die Schwerkraft dich erneut nach unten drängt. Jetzt reicht's!

Meinen Rucksack funktioniere ich kurzerhand um zum Wäscheständer. Ein langer Holzstock, der herumliegt, kommt mir hier gerade gelegen. Ich muss lustig aussehen, so als wandelnde Wäscheleine. In der Tat, schon bald habe ich das erste Gelächter auf meiner Seite. Zwei Mountainbiker bleiben stehen und fragen, ob ich ihnen ihre Wäsche auch mal eben waschen möchte. Sie kämen dann wieder vorbei, wenn sie trocken ist. Wie witzig.

Ist aber auch egal. Heute läuft es gut. Also, es läuft einfach. Picknick mache ich in einem einladenden Wald von KKL. Der begleitet mich schon wieder seit Tagen. Alles, was hier grün ist, scheint von diesen Leuten zu sein. Von den Spendern, besser gesagt. In allen möglichen Sprachen begegnen mir hier die steinernen Gedenktafeln, die ein bisschen aussehen wie Grabsteine. Sind sie aber nicht, Gott sei Dank! Gut, manchmal mag es so sein, dass der oder die Spenderin nicht mehr zu Gast auf dieser Welt ist und jetzt woanders seine Berufung hat. Aber wer kann schon von sich sagen, auf dieser Welt außer ein paar blöden Sprüchen etwas Gutes hinterlassen zu haben. Auch wenn die Spendentafeln am Anfang für mich recht skurril gewirkt haben, sehe ich immer mehr das Große und Ganze einer solchen Spende.

Eine hölzerne Tafel mit dem blau-grün-ockerfarbenen Logo des KKL lädt mich ein, hier am Eingang des Giv'at Koa Forest zu verweilen. Blau steht für Wasserprojekt, grün für die Wälder und ocker für die Landbearbeitung. Hier am Eingang sehe ich auch ein paar frisch gepflanzte Setzlinge. Zu ihnen setze ich mich. Was für ein komisches Wesen bist du, mögen die jetzt denken. Wenn sie denken können. Fühlen können Pflanzen auf jeden Fall. Vielleicht nicht so wie wir. Aber das macht uns Menschen ja auch manchmal mehr Probleme, als uns lieb ist.

Heute vermutet man, dass Pflanzen durchaus eine Art Bewusstsein haben. Sie warnen sich zum Beispiel bei Schädlingsbefall mit chemischen Botenstoffen, sodass andere Artgenossen schon im Vorfeld so etwas wie Abwehrstoffe produzieren können. Bäume haben also tatsächlich eine Sprache. Und sie unterscheiden offenbar nach neueren Erkenntnissen auch zwischen ganz verschiedenen Ereignissen. Sie reagieren differenziert und vorausschauend. Der menschlichen Beobachtung erschließt sich diese Welt aber nicht. Für mich bewegen sich die beiden Setzlinge neben mir ein bisschen im Wind. Das war's aber auch schon. Ob sie mitbekommen, dass ich mich gerade für sie interessiere? Dass ich ihnen gut gesinnt bin? »Der kommt wieder«, könnte der eine sagen. »Ja, ja, vielleicht als alter Mann«, könnte der andere sagen. Zeit spielt für die beiden eine andere Rolle als für mich. Und doch leben wir in derselben Welt. Ich atme den Sauerstoff ein, den die beiden produzieren. Ohne ihn könnte ich nicht weitergehen. Und das tue ich nun.

Leider gibt es mitten in der Natur auch hin und wieder Dinge, die nicht in mein Bild passen. Bergab laufe ich auf ein kleines Gewerbegebiet zu und durchquere es. Hier sitzt ein Teil des Nestlé-Konzerns. Wie gut erinnere ich mich an ein YouTube-Video, in dem der Ex-Nestlé-Chef Peter Brabeck-Letmathe sich über uns kleine Menschen so verachtungsvoll lustig macht: »Wasser braucht das liebe Vieh, hollera, holleri …« Er bezeichnet Wasser als »Rohmaterial«, als »das wichtigste Rohmaterial, das wir heute noch auf der Welt haben. Und es geht darum, ob wir die normale Wasserversorgung der Bevölkerung privatisieren oder nicht.« Es sei die extreme Meinung einiger Nichtregierungsorganisationen (NGOs), Wasser zu einer Art »öffentlichem Recht« zu erklären. Als Mensch das Recht auf Wasser zu haben sei seiner Meinung nach »eine Extremlösung«. »Wasser ist ein Lebensmittel. So wie jedes andere Lebensmittel sollte das einen Marktwert haben«, sagt er.

Der Nestlé-Konzern verbarrikadiert sich hier wohl nicht ohne Grund hinter Sicherheitszäunen. Der vorbeigehende Passant fühlt sich unwohl und überwacht. Meine Kamera stecke ich weg. Hier beschleicht mich das Gefühl, gleich vom Werkschutz verhaftet zu werden. Ja, liebe Vorstände. Wasser hat für mich schon einen Wert. Auch wenn es nicht von Nestlé kommt. Es ist schön, wenn ich es geschenkt bekomme. Und es ist ebenso schön, wenn ich es – wo immer ich bin – frei zapfen kann, ohne dabei gegen Markenrechte eines Konzerns zu verstoßen.

Ich bin heilfroh, als ich nur wenige Hundert Meter weiter durch eine schöne Aufforstung laufe. Was für ein krasser Gegensatz. Hier wird Idealismus gelebt. Und da hinter mir zählt nur die Gier. Rasch ist die Marktwirtschaft wieder vergessen, und herrlichste Landschaft breitet sich in meinen Gedanken wieder aus. Heute gehe ich mit großen und leichten Schritten dahin. Feldwege über Feldwege, Wald und Wiesen, duftende Blumen, dazu ist der Himmel leicht bewölkt. Es ist warm, aber nicht heiß. So zu wandern ist einfach wunderbar. Die Strecke ist immer wieder mal hügelig und dann wieder flach. Ein stetes Auf und Ab. Meine nächste Pause mache ich auf einer klobig gehauenen weißen Marmorbank, die hier einsam am Waldrand steht. Gestiftet von Sandra und Stephen Muss aus Miami Beach, gewidmet ihrer Mutter Lucy Rosenzweig und dem KKL. Irgendwie ein wenig kitschig. Irgendwie aber auch berührend.

Fast komme ich ins Stocken, ob ich mich hier als Wanderer niedersetzen kann und einfach ein paar Brotkrümelchen essen darf. Ein wenig erinnert mich die Marmorbank schon an einen ehrenwerten Grabstein, wie sie da vollkommen ins dichte Grün hineingewachsen ist. Sie führt eine Art Dornröschendasein. Aber jetzt ist sie für mich da und ich kann meine Füße ein wenig ausruhen. Danke, Lucy!

Ziel des Tages wäre das Dörfchen Gimzo. Das liegt verschlafen und idyllisch auf einer kleinen Anhöhe rechts von mir. Ich möchte aber einfach noch ein paar Kilometer wandern. Nach einer halben Stunde gemütlichem Fußmarsch komme ich auf einen Hügel, den Hirbat Ragav. Hier habe ich einen traumhaften 360-Grad-Rundumblick. Eingesäumt von einem zerfallenen Steinmäuerchen, stehe ich in einem kleinen Olivenhain. Ideal für mein Zelt. Hier bleibe ich. In der Nacht regnet es leicht.

Vierte Woche

Woche 4

Durch die Toskana Israels

Von Gimzo nach Messilat Zion
Etwa 24 Kilometer, ca. 560 Höhenmeter Gesamtanstieg.
Trinkwasserverbrauch 5 Liter.

Die empfohlenen Streckenabschnitte auf dem Israel Trail sind überschaubar und für Wanderer gut machbar. Heute werden es etwa 24 Kilometer und 600 Höhenmeter sein. Bei gemütlichen 4 Kilometern pro Stunde sind das also gute 6 Stunden auf den Beinen. Kein Problem. Das Zusammenpacken meines nassen Zeltes ist dafür weniger prickelnd. Überhaupt ist derzeit nichts von meiner Ausrüstung trocken. Von klammfeucht bis klatschnass würde ich die Dinge beschreiben. Einzig auf mein Tagebuch habe ich bisher sehr gut aufgepasst. Anfangs noch kühl, dann schlagartig so heiß wie in Süditalien, werde ich später darin vermerken.

In leichtem Bergauf-Bergab führt mich der Shvil Israel zum Kloster von Latrun. Durch Dörfer komme ich heute nicht. Und weil das Kloster von Latrun bestimmt einen einzigartig schönen und zauberhaft versteckten Platz hat, laufe ich prompt daran vorbei. Dass ich es verfehlt habe, sagt mir eine Gruppe Israelis, die in einem kleinen Park ein Picknick macht. Noch einmal zurücklaufen möchte ich jedoch nicht. Der nächste Anstieg ist kurz, dafür aber so steil, dass ich ins Schnaufen komme.

Ich treffe Itay Kris, einen jungen israelischen Fußballtrainer, der hier mit seiner Spiegelreflexkamera neben mir gerade seltene Lilien fotografiert. Ich wäre daran vorbeigelaufen. Sie blühen dunkelviolett, fast schwarz. Schön ist es aber schon, dass es auch noch andere »Spinner« gibt, die sich für die Natur interessieren. Itay begleitet mich bergauf mit Riesenschritten, denen ich gerade nicht folgen kann. Wäre es ein wenig flacher hier, könnte ich mich am Gespräch beteiligen. Im Moment muss ich ihn ziehen lassen und langsamer weitermachen.

Immer wieder fotografiert er. Und immer wieder überholt er mich bergauf. Nett finde ich dann, dass er während des Gehens eine Gurke und eine Tomate hervorkramt und sie mir geben möchte. Ich habe dafür noch ein wenig Pitabrot, sage Itay aber: »Lass uns noch – *schnauf* – da hochgehen.« Geschnauft, getan. Hier oben erwartet uns ein Kriegerdenkmal, Sha'ar HaGai – der Eingang zum Tal. Und wir sind auch direkt am Kloster. Hier ist es doch. Nicht in der anderen Richtung.

Mit Itay setze ich mich hin und teile Pitabrot mit Gurke und Tomate. Ein guter Deal. Etwas Frisches im Mund. Wasser haben wir beide genug dabei. Beide erzählen wir uns von der Familie. Itay ist gerade Vater geworden und zeigt mir stolz ein paar Bilder auf dem Handy. Ich gebe ihm meine Facebook-Adresse, weil er ein Foto von mir posten möchte. Klar, darf er. Dann lasse ich ihn weiterziehen. Er ist heute von Jerusalem gekommen und möchte noch viel fotografieren. Und ich muss mich ein bisschen ausruhen. Von hier aus blicke ich hinab auf die »Toskana Israels«. Irgendwer hat mir erzählt, dass manche die Aussicht hier als Blick auf die Toskana bezeichnen. Und das kommt als Beschreibung ganz gut hin. Vor mir breitet sich eine sanfte und weitläufige Hügellandschaft aus, auf deren Kuppen man hie und da kleine Dörfer sieht. Einige der Felder könnten sogar Weinfelder sein.

Viel Touristisches kann ich hier als Pilger nicht in Erfahrung bringen. Auch wenn mich den ganzen Wandertag über schon das ein oder andere sehr interessieren würde. Der Reiseführer beschränkt sich hier auf das Wesentliche, auch wenn Jacob Saar zwischen den Zeilen durchaus mal witzige oder sarkastische Worte unterbringt, die mich dann erheitern. Überhaupt möchte ich diesen Autor heute treffen. Klingt verrückt. Ist aber so. Irgendwann habe ich ihm von Deutschland aus einmal eine E-Mail geschrieben und gefragt, was er von meiner Idee, ohne Geld durch Israel zu wandern, halte. Er hat mir sehr ausführlich geantwortet. Vorgeschwärmt, wie schön Israel sei, erzählt, dass seine Frau auch Künstlerin sei, und angeboten, dass – wenn ich es tatsächlich in die Nähe von Messilat Zion schaffe – ich mich melden solle. Er würde mich dann auf ein Abendessen einladen.

Vor sieben Tagen habe ich mich also bei Jacob Saar gemeldet. Wenn alles klappt, treffe ich ihn heute. Unterwegs begegne ich dann zufällig noch Michael aus den USA, der mit einem der modernsten GPS-Geräte herumläuft und den Israel Trail »gegen Verlaufen« exakt kartografieren möchte. Witzigerweise fragt er mich dann nach dem Weg, weil er an der Stelle, an der ich gemütlich Pause mache, definitiv nicht mehr weiterweiß. Natürlich habe ich ihm nicht sofort geholfen, sondern etwas versteckt sitzend erst einmal zugesehen, wie er sich immer wieder um die eigene Achse dreht, mal dahin und mal dorthin geht. Man muss ja nicht jedem gleich ein lautes »Schalom – hier bin ich!« entgegenschreien.

Dann ergibt sich ein kurzes und sehr nettes Gespräch mit Michael. Ich freue mich, dass ich ihm mit ein bisschen Wasser aushelfen kann. Nach ein wenig Plaudern gehen wir in entgegengesetzte Richtungen weiter. Schon komisch, dass sich ein High-tech-Ami hier verläuft, während er gerade für andere den Track aufzeichnen möchte. Ich kann mir gut vorstellen, dass hier noch in vielen Jahren Hiker mit modernen Geräten dieselben Pirouetten wie Michael vollziehen, weil das Navi der anderen dann die eingebauten Drehungen wieder abspielt.

Grundsätzlich wäre aber eine gute Sammlung an GPS-Tracks auf Englisch eine sinnvolle Sache. Denn selbst die besten Informationen auf Hebräisch helfen eben nur dem, der Hebräisch auch irgendwie entziffern kann. Eine offene Plattform, vielleicht sogar eine, die in mehreren Sprachen verfügbar ist, könnte da sicher gute Dienste tun. Einen guten Reiseführer auf Papier benötigt man trotzdem. Aus purer Schadenfreude drehe ich mich gleich selbst zweimal im Kreis und rufe halblaut in den Wald: »Yeah, the perfect navigator!« Dummerweise scheint Gott mir auf meinem Weg tatsächlich nähergekommen zu sein. Und so sieht er meine kleinen Sünden eben auch sofort. Völlig klar, und schade natürlich, dass Michael mich jetzt nicht sieht, verlaufe ich mich par excellence.

Auch ich laufe im Kreis. Nur, ich merke es erst einmal nicht. Weil mein Kreis nämlich – danke, Gott! – gleich eine ganze Stunde dauert. Es ist schließlich ein israelischer Bauingenieur, der aus einem Graben zu mir hochruft: »Wenn du um 18 Uhr noch einmal vorbeikommst, dann lade ich dich zum Essen ein.« Er lacht recht amüsiert. Ich frage ihn, wo denn der Israel Trail sei. Und jetzt lacht er noch mehr: »We-heheg. Sorry. Nein. Ja. Der ist weg!« Was nun folgt, ist fast ein Lachkrampf. »Da war doch vorher schon einer. Der wäre mit seinem Navi fast in das Loch hier gefallen. Gehört ihr zusammen? Sucht ihr euch?«

»Nein«, antworte ich kurz. Und ich frage noch einmal nach dem Weg.

»Hier unten ist er nicht«, lacht er weiter. »Aber hier war er mal. Stimmt. Bevor wir dieses Loch hier gegraben haben, war da mal was …«

Mir dämmert, dass die Arbeiter die Wegmarkierungen einfach recht willkürlich zur Seite gestellt haben, die nun überallhin, nur eben nicht in die richtige Richtung zeigen. Mein Bauingenieur wird sichtlich netter, während er aus dem Graben herauskommt. »Wird eine Wasserleitung«, meint er knapp. »Da lang. Da hinten habe ich Wegweiser vom Shvil gesehen. Soll ich dich mitnehmen?« Ich verneine, freue mich aber über die Auskunft und gehe dann mal weiter. Diesmal biege ich richtig ab. Ich laufe auf einem wunderschönen Waldweg dahin. Und ich kann träumen. Hier haben sie den Weg fast auf Schritt und Tritt markiert. Vielleicht Kinder. Auf jeden Fall gut gemeint. Noch eine Kurve – und ich befinde mich auf der Burma Road.

> »Die Burma Road ist eine Behelfsstraße zwischen Tel Aviv und Jerusalem, die während des Israelischen Unabhängigkeitskriegs von Juden angelegt wurde, um Latrun und den Bab el Wad zu umgehen und den belagerten jüdischen Teil Jerusalems mit Versorgungskonvois zu erreichen. Ihren Namen erhielt sie in Anlehnung an die Burmastraße.«[5]

Ich bin froh, dass ich heute auf diesem Waldweg völlig sorgenfrei dahinwandern kann, dass ich noch keinen Krieg erleben musste. So ganz selbstverständlich scheint das allerdings gar nicht zu sein. Als der Weg steiniger wird, tut sich hinter einer Linkskurve dann mehr Geschichte auf, als ich gerade sehen möchte. Rechts neben mir stehen am Wegesrand wie Scherenschnitte Szenen aus dem Krieg. Sie sind mit dem Schneidbrenner aus großen Eisenplatten herausgeschnitten und rostig braun. Sie zeigen ein Versorgungsfahrzeug und Soldaten mit großen Rucksäcken. Weiter hinten sieht man die Scherenschnitte von zwei Arbeitern, die hier wohl seit Jahrzehnten in der immer gleichen Haltung für die Szene mit Helm und Pickel posieren. Wer immer der Künstler dieses Bühnenbildes gewesen sein mag, er beschert mir noch heute eine Gänsehaut.

Der Eshta'ol Forest hätte mir bestimmt noch vieles zu erzählen. Ständig stoße ich am Trail auf die schönen hölzernen Tafeln vom

KKL. Gut finde ich, dass auf solchen Tafeln oft auch eine Land-karte abgebildet ist, die recht gut zeigt, wo in der grünen Natur man sich gerade befindet. Natürlich sehe ich am Ende des Tages auf der anderen Seite der Burma Road meinen Bauingenieur noch einmal. Jetzt steht er in einem anderen Loch und begutachtet den Baufortschritt. Er ruft zu mir herauf, dass hier in wenigen Mona-ten alles wieder grün sei und dass man von der Wasserleitung durch den Wald schon bald nichts mehr sehen werde. Und er bie-tet mir tatsächlich noch einmal ganz ernsthaft an, mit ihm zu Abend zu essen. Leider muss ich ablehnen, denn ich hoffe darauf, heute Jacob Saar zu treffen.

Und auf den ist Verlass. Am Startpunkt der nächsten Tour zum Mount Orna haben wir uns verabredet. Und kaum bin ich da, braust Jacob vor. »Hi, Christian, welcome! Meine Freunde nennen mich Yankale. Ich freue mich!« Yankale stellt mir als Erstes seine Hün-din Simha vor. Auch sie ist schon ein wenig älter und ebenfalls grau. Yankale hat den Ph. D., also einen Doktorgrad in Naturwis-senschaften. Er ist über sechzig und, wie es aussieht, topfit. Vor allem ist er ein Mensch, mit dem man sich auf Anhieb gut verste-hen kann. Er ist gebildet und hat einen absolut schwarzen Humor. Schon in seinem Buch habe ich oft lachen müssen. Und in der Wirklichkeit ist es echt spannend, ihm zuzuhören.

Yankale bringt mich zu sich nach Hause. Ich darf duschen, bes-ser gesagt: Ich soll duschen! Dann kocht Yankale selbst und er-zählt mir dabei viel vom Israel National Trail. Mittlerweile ist er 1040 Kilometer lang und hat einen Gesamt-Höhenanstieg von knapp über 20000 Höhenmetern. Was man im Internet noch alles so liest, sei nicht unbedingt *up to date*. Der Trail sei früher auch schon mal an einer Straße entlang verlaufen. Stück für Stück habe man dann immer bessere und vor allem reizvollere Teilstücke markiert. Er sei mit dem Schreiben und dem Ändern kaum nach-gekommen. Alles sei mehr oder weniger aus der Not heraus ent-standen, weil es keinen aktuellen Reiseführer mehr gab.

Yankale selbst hat auch eine Geschichte, warum er sich vor langer Zeit zu Fuß auf den Weg gemacht hat. Sie ist sehr persönlich. Aber so geht es vielen, die sich irgendwann im Leben auf eine solche Pilgerreise begeben. Auch wenn es viele unterschiedliche Beweggründe geben mag, sind sich die Israel-Trail-Wanderer doch manchmal sehr ähnlich. Man könnte schon sagen, seelenverwandt. Am Anfang sei sein Buch noch sehr dick und schwer gewesen, meint Yankale. Seitdem musste er dem Gewicht zuliebe auf viel Humor verzichten. Wichtiger sei doch, dass die Wegbeschreibungen ständig aktuell gehalten sind. Hierfür betreibt Yankale noch ehrenamtlich ein Internet-Forum.[6] Hier finden sich viele aktuelle Hinweise, und man kann auch Hiking-Partner finden, sagt Yankale. Einen solchen würde er mir für die Wüste empfehlen. Es sei einfach besser, wenn man das zu zweit macht. Yankale würde also morgen für mich einen Suchauftrag in sein Forum stellen. Mir ist allerdings auch klar, dass ich so ziemlich der Einzige hier bin, der in der falschen Richtung unterwegs ist.

Am Abend kommt Yankales Frau Hannah. Sie ist eine begnadete Hobbymalerin. Gern würde ich mit ihr ein Wochenende lang Leinwand und Farben nehmen und einfach der Laune freien Lauf lassen. Vielleicht ein anderes Mal. Ich bin müde und gehe schon bald auf der Gästecouch zu Bett.

What goes down, must go up

Von Messilat Zion über Tzova nach Bar Giora
Etwa 34 Kilometer, ca. 1280 Höhenmeter Gesamtanstieg.
Trinkwasserverbrauch 7 Liter.

Die nächsten Tage lege ich größere Strecken zurück. Bislang waren es auf dem Israel Trail im Vergleich zum Jakobsweg eher kleinere Etappen. Zum Vergleich: Den Jakobsweg an der Küste –

Küstenweg, 923 Kilometer, Gesamtanstieg 19 500 Höhenmeter – habe ich in 31 Tagen zurückgelegt.[7] Im Schnitt könnte man sagen: knapp 30 Kilometer pro Tag. Gewandert bin ich jeden Tag ohne Unterbrechung. Die Etappen waren jedoch sehr unterschiedlich. Am Anfang oft 20 bis 25 Kilometer. Dem Ende zu häufig 40 Kilometer und mehr. Für den Israel Trail plant man etwa 50 Etappen. Theoretisch also nur 22 Kilometer pro Tag bei einem Gesamthöhenanstieg von über 20 000 Höhenmetern.

Allerdings gibt es hier am Israel Trail weder die Infrastruktur der vielen Pilgerherbergen, noch kommt man so gut und regelmäßig an Lebensmittel. Was hier im Norden noch die einfachere Übung ist, wird sich im Süden dann ganz anders darstellen, sagt Yankale. Am Jakobsweg habe ich mein Gepäck von anfangs knapp 20 Kilogramm sofort stark reduziert, um am Ende mit nur noch 7,5 Kilogramm auf dem Rücken unterwegs zu sein; das setzt gewisse Einschränkungen voraus. Große Wasservorräte und Lebensmittel für mehrere Tage braucht man auf dem Jakobsweg kaum. Ich bin oft mit einer Eineinhalbliter-Flasche unterwegs gewesen. Ein weiterer halber Liter war die Notreserve. Gut, das geht nicht überall, aber in besiedeltem Gebiet schon. Ein Zelt hatte ich dort ebenfalls nicht.

In Israel ist ein Zelt im Norden schon sinnvoll. Die Wasservorräte müssen wesentlich größer sein: im Norden mindestens 5 Liter, in der Negev 8 bis 12 Liter. Das will natürlich erst einmal getragen werden. Wer dann wie ich ohne Geld unterwegs ist und an Lebensmittel kommt, nimmt mit, was er tragen kann. Schließlich weiß man nie, wann man das nächste Mal wieder an Kalorien kommt. Auch das ist im Norden noch eine Übung, bei der man sich nicht regelmäßig in Gefahr begibt. Aber so ganz ohne ist es nicht, etwas Essbares zu bekommen. Und auch unter sehr guten Bedingungen im Norden habe ich schon die eine oder andere grenzwertige Erfahrung hinter mir.

Was ich jedenfalls bekommen habe, ist ein völlig anderes Körpergefühl. Es sagt mir mittlerweile recht genau, wann es mir gut geht und wann ich besser Ruhe brauche. Heute zeigt mir mein Körper, dass ich bärenstark bin. Ich fühle Reserven. Nach jedem Hügel, den ich erklimme, kann ich mich sehr schnell regenerieren. Und diese Kraft spürt heute auch Yankale. »Dein Essen war gut gestern, oder?«, sagt er wieder mit einer Portion schwarzem Humor. »So gut, dass du jetzt allein weitergehen musst!« Yankale hat mich noch die ersten Meter in Richtung Mount Orna mit seiner Hündin begleitet.

Im Höhenprofil des Reiseführers türmt sich der Mount Orna als mächtiger Berg auf. Sein Profil sieht im Buch exakt aus wie die Diamir-Flanke des Nanga Parbat. Allerdings geht es nur von 300 Metern über null auf moderate 600 Meter über null. Dieser Anstieg fällt mir dann auch nicht sonderlich schwer. Heute ist es zudem wieder recht kühl und windig. Es dürfte gerade um die zehn Grad sein. Oben angelangt, stehe ich vor einer recht martialischen Gipfelmarkierung des KKL, zusammengeschweißt aus roten Stahlträgern. Ein Gipfelkreuz, wie es in den römisch-katholisch geprägten Alpen steht, habe ich hier natürlich auch nicht erwartet. Ohnehin erstaunlich, dass Gipfelkreuze in Deutschland noch nicht migrationspolitisch thematisiert wurden, könnten sie doch als übermächtiges Symbol der »Ungläubigen« verstanden werden.

Im Hintergrund sind auch hier wieder mehrere Spendentafeln aus Stein, die wohl von der Begrünung des Landes erzählen. Die Inschrift ist multikulturell. Kein Hebräisch, sondern Symbole, die mich an Weizen erinnern. Die Blechschilder hier oben haben schon viel Witterung erlebt. Wie immer bin ich allein. Keine Pilger weit und breit. Auch keine sonstigen Wanderer. Keine Normalbürger. Nichts. Hier oben vergleiche ich die Landschaft mit den letzten 200 Kilometern des Camino Norte, einem Teil des Ur-Jakobsweges. Große, flache, helle, kalkige Felsplatten überziehen den Boden. Was nicht fest ist, wird zu bröseligem, steinigem Boden.

Alles ist hart und verdichtet. Dennoch ist durch den Regen hier die eine oder andere Stelle weich geworden. Und wo immer man hinsieht, kämpft die Natur gegen die Widrigkeiten an.

Dürres Strauchwerk wäre der Normalfall. Doch es wurden schon manche Bäume gepflanzt. Mich freut der Sinn für die Natur, der Beweis, dass es auch schön geht. Hier ist nie etwas in Reihe gesetzt. Das scheinbare Durcheinander entspricht recht gut dem, was die Natur selbst machen würde, wenn sie es könnte. Denn erst wenn sich Ökosysteme wieder etabliert haben, kann in Israel wieder dauerhaft etwas wachsen. Dass hier so viel von Menschenhand geschaffen wurde, ist von den schieren Dimensionen her fast unbegreiflich.

Es kommt aber dem Ideal einer völlig unberührten Natur sehr nahe. Nun wandere ich hier auch noch durch sehr alte Wälder, durch echte Waldbestände mit heimischer Vegetation. Nicht vorstellbar, was passieren würde, wenn hier eine von den Tausenden Raketen der Hamas niedergehen würde. Ein einziger Funke würde genügen, um den ganzen Landstrich für immer niederzubrennen. Und das wissen die. Was für ein dummes Gerede derer, die Raketen lapidar als »selbst gebasteltes Zeug« abtun, die ja keinen Schaden anrichten, weil sie technisch nicht ausgefeilt sind. Für mich ist es pervers, die Natur als unser aller Lebensgrundlage anzugreifen, egal von wem, egal wie. Eine längere Pause brauche ich hier oben nicht. Ein kurzer Blick in meinen Wanderführer verrät mir, wie es weitergeht. Bergab vom »Nanga Parbat«, zurück auf 300 über null. Dann wird eine lange, sehr lange Steigung folgen. Von 300 über null wird es über 11 Kilometer stetig bis auf 700 Meter über null dahingehen.

Heute sehe ich mich nach einem Wanderpartner um. Das viele Alleinsein hat etwas von einem Tunnel an sich, aus dem ich irgendwann wieder herauskommen möchte. Ich kann meine Begeisterung mit niemandem teilen. Wie gern würde ich »dir« all die Blumen hier zeigen und erklären. Wie gern würde ich Blätter, die ich zum Essen zupfe, mit dir teilen. Dir zeigen, was für herrliche Geschmacksrichtungen die Natur geschaffen hat. Wie gern würde ich mich gemeinsam mit dir hier bücken, um die violette Lupine vor unseren Augen zu bewundern. Und wie gern würde ich gemeinsam mit dir einfach genau hier eine Pause einlegen. Vielleicht noch die kurze Stahlleiter hinunterklettern und dann dort unten auf einem kleinen, flachen Plateau ein wenig verweilen. Das wäre doch was! Allein habe ich die Ruhe dazu nicht. Ich möchte mich so gern mitteilen. Jemanden haben, der auch ins Schwärmen gerät. Jemanden, dem ich diese traumhafte Wegstrecke heute zeigen darf. Jemanden, den ich begeistern kann, weil er so etwas vielleicht noch niemals zuvor so schön gesehen hat.

Der Trail hat sich gerade in einen ganz schmalen Trampelpfad verwandelt. Alpin fast. Und noch kein einziger Mensch ist mir heute begegnet. In Tsova komme ich dann nach bisher 17 Kilometern und 750 Höhenmetern an einer Kreuzung heraus. Links neben mir folgt die Landstraße in das Dorf Tsova. Und gleich gegenüber der Straße verschwindet der Israel Trail sofort wieder in unberührter Natur. Ich denke nicht lange nach und starte eine weitere Etappe. Wasser habe ich genug dabei. »What goes up, must go down«, wo es hinaufgeht, muss es auch hinuntergehen, schreibt Yankale witzig in seinem Buch. So geht es jetzt recht wild nach unten.

Dann schreibt er: »What goes down, must go up«, wo es hinuntergeht, muss es auch wieder hinaufgehen. Stimmt. Und das tut es heute noch oft. Nach dem »Nanga Parbat« und der langen schönen Steigung nach Tsova stehe ich nun auf einer Anhöhe namens »The Sataf«. Hier ist heute nichts mehr außer einem kleinen Café mit grandioser Aussicht. Ich als einziger Besucher. Und die Besitzerin die einzige Person außer mir. So nimmt sie sich kurz Zeit und erklärt mir die sagenhafte Aussicht. Vor sechstausend Jahren soll das Gebiet schon bewohnt gewesen sein. Das sehe ich dann während des nächsten Abstiegs. Römische Spuren begleiten mich nach unten, während vom Parkplatz im Tal ein paar Touristen schnaufend den Weg nach oben nehmen.

Zwei von ihnen bewundern mein Tempo und meine Leichtigkeit, mit der es ab ins Tal geht. Wenn sie wüssten, dass ich es gerade eilig habe, weil ich im Café mein Wasser aufgefüllt und viel getrunken habe – und jetzt auch irgendwo ein wenig Wasser lassen müsste. Aber hier in den antiken Ruinen? Traue ich mich nicht unbedingt. Klar, meine Frau würde natürlich sagen: »Ihr Männer habt doch sonst auch nirgendwo ein Problem.« Trotzdem überstehe ich die Strecke gut und kann es vermeiden, diesen heiligen Platz zu entweihen.

Es folgen noch weitere »ups and downs«. Nun wieder ganz ohne jeden anderen Menschen. Im Höhenprofil habe ich jetzt das Matterhorn vor mir. So spitz und dreieckig sieht der nächste Höhenausschlag aus. Wieder sehe ich Wald und nochmals Wald. Es ist der Aminadav-Wald. Als es dann langsam dunkel wird, schlage ich mein Zelt auf. Viel habe ich heute nicht zum Essen. Es ist ein bisschen Brot und ein Apfel, den mir Yankale geschenkt hat. Mit Wasservorräten bin ich dafür noch recht gut ausgestattet. Heute Nacht stören mich laut heulende Schakale im Schlaf. Oder ich störe sie. Ist ja eher so, dass ich in ihr Revier eingedrungen bin. Gut zu wissen, dass ich nicht auf ihrem Speiseplan stehe!

Durch die Wälder des JNF-KKL

Etwa 20 Kilometer, ca. 620 Höhenmeter Gesamtanstieg.
Trinkwasserverbrauch 6 Liter.

Der Aminadav-Wald hält für mich heute eine Überraschung bereit. Ein Wegweiser kennzeichnet hier – in deutscher Sprache – den »Aminadav-Radweg«. Ebenso steht da auf Deutsch: »... wurde durch die Freunde des Jüdischen Nationalfonds Deutschland e.V.

errichtet. 2013«. Was mich als Wanderer noch mehr freut: Hier gibt es frisches Wasser. Zwischen den Parkbänken finde ich einen Trinkwasserbrunnen. Das ist doch ein feiner Zug der deutschen JNF-KKL-Freunde.

Die Parkbänke hier mitten im Grün finde ich sogar noch schöner als das Kennedy-Memorial, das sich weiter oben befindet. Mit so großen Denkmälern kann ich eher wenig anfangen, anders als mit den vielen kleinen unbedeutenden Tafeln, die meine Neugierde ständig anregen. Zum Kennedy-Memorial kann ich natürlich sagen: sensationeller Blick. Merkwürdiges Gefühl, hier ohne Touristen zu stehen.

Völlig erschöpft und müde laufe ich mit meinen letzten Kräften durch Srigim Li-On, ein Zweihundert-Familien-Dörfchen. In einem Garten steht einer, der gerade mit der Kettensäge arbeitet. Ich möchte ihn nach dem Weg fragen, doch meine Frage verhallt im Lärm der Gartenarbeit. Dann, als er die Säge zur Seite legt, frage ich noch einmal nach dem Weg. Doch eigentlich frage ich in meinen Gedanken gar nicht nach dem Weg, sondern nach etwas Essbarem und einer Unterkunft. Ich bin heute total ausgebrannt, und ich sehne mich auch nach menschlicher Nähe.

Der Mann im Garten antwortet mir auf Englisch – mit einem starken Schweizer Akzent. Da muss ich lachen und mache sofort auf Deutsch weiter. Der Mann mit der Kettensäge stellt sich mir mit einem warmherzigen »Ich bin der Stefan« vor.

»Wie kann ich dir helfen, Christian?«, fragt mich Stefan. Um dann sofort zu sagen: »Weißt du was, komm doch erst mal rein.« Dann sagt er mir: »Ja klar. Du kannst hier bleiben, einen Tag, zwei Tage, aber am dritten musst du arbeiten.« Nun lacht er herzlich und sagt: »Christian, lass uns doch auch meine Frau Kedmi fragen. Komm mit!«

Stefan begleitet mich in den ersten Stock. Hier befindet sich eine liebevoll eingerichtete Schuhmanufaktur. Hinter einer alten Nähmaschine sitzt Kedmi, seine Frau. Sofort strahlt Kedmi mich mit ihren leuchtenden Augen an. Als sie hört, dass ich Deutscher bin, fragt sie mich: »Du bist auf dem Israel Trail? Möchtest du bleiben, bei uns? Stefan hat eh bestimmt schon Ja gesagt. Stimmt's?« Kedmi lacht und lässt ihre Nähmaschine stehen. »Komm mit, heute bekommst du ein richtiges Bett und eine Dusche.«

Wenig später stehe ich, frisch geduscht und barfuß, vor Kedmi. Ganz still darf ich ihr zusehen beim Schuhenähen. Kedmi ist eine echte Künstlerin, eine besessene, wenn man so will. Vor vielen Jahren sind die beiden aus der Schweiz ausgewandert. Mitgenommen haben sie ihre Leidenschaft und ihr Handwerk, das Anfertigen von Schuhen, ganz so, wie man es vor langer Zeit einmal gemacht hat. Kedmi zeichnet ihre Ideen auf. Die Materialien sucht sie selbst aus, und dann schneidet und näht sie. Was daraus entsteht, ist eine einzigartige Mischung aus modernem Design, Farbe und Tradition.

Jedes Paar Schuhe wird hier mit eigenen Händen gefertigt. Und es entsteht mit Liebe. Im Erdgeschoss haben Stefan und Kedmi einen kleinen Laden, in dem ihre wunderschönen Exemplare zum Verkauf angeboten werden. Mittlerweile bieten die beiden ihre Werke auch im Internet an, zu einem Preis, für den man sonst nur lieblos gefertigte Massenware bekommt.

Stefan repariert mir mit handwerklichem Geschick das Gehäuse meiner Kamera. Und am Abend kocht Stefan. Dass ich ein wenig Gartenarbeit verrichten darf, ist mir eine große Ehre. So lieb, wie die beiden mich hier wie einen aus der eigenen Familie aufnehmen, so etwas kenne ich sonst nicht. Und heute lerne ich wieder viel darüber, wie weit die Medien von der gelebten Wirklichkeit entfernt sind. Stefan zeigt mir, dass sich die Nachbarn, die Menschen, die am Gartenrand stehen, und die »anderen« im Vorbeigehen mit den Händen berühren. Es ist ein stilles Zeichen des Protestes, ein Zeichen der Verbundenheit mit den »anderen«. Stefan verliert keine großen Worte darüber, außer, dass er mir sagt: »Wir alle sind das Volk Israels. Da gibt es keine Ausnahmen.«

»Du meinst die Araber hier?«, frage ich nach.

Stefan antwortet darauf sehr philosophisch: »Ich spreche nicht von denen, die uns in das Meer treiben wollen. Ich spreche nicht von Hass. Ich spreche von der Liebe, Christian. Und die spüren wir hier alle. Deshalb müssen wir ein Zeichen setzen, damit diese kleine Blume nicht mehr kaputtgeht.« Stefan schweigt einen Moment. Dann lacht er: »Weißt du, es ist mir egal, wer diese Straße zu mir hochkommt. Solange er nett ist. Und so denken hier fast alle, auch die anderen.«

»Und die Politik?«, frage ich.

»Die Politik?«, fragt Stefan. »Zum Fernsehschauen habe ich keine Zeit!«

Kedmi und Stefan bescheren mir für kurze Zeit so etwas wie eine echte Heimat. Sie öffnen ihr Herz und geben mir, was ich niemals werde zurückgeben können. Heute Nacht bete ich für die beiden und danke Gott. Es ist das Einzige, was ich tun kann. Und ich wünsche mir, dass Gott mir die Augen dafür öffnet, einem anderen eines Tages zu helfen, und dass er mich diese Gelegenheit nicht verpassen lässt.

Ein Sternenhimmel allein für mich

Von Li-On nach Tel Lakish
Etwa 27 Kilometer, 640 Höhenmeter Gesamtanstieg.
Trinkwasserverbrauch 6 Liter.

Im Laufe der Zeit bin ich irgendwie zwischen die von Jacob Saar vorgeschlagenen Etappen gerutscht. Ich fühle mich freier, habe auch keine Angst mehr, einfach einmal irgendwo zu bleiben oder einfach weiterzulaufen. Gleich am Rand von Li-On geht es über eine Straße. Zehn Meter weiter begrüßt mich ein großes Banner »Welcome to KKL-JNF Forests«, auf dem neben dem KKL-Logo auch die berühmte Blaue Büchse abgebildet ist, mit der der Jüdische Nationalfonds seinen Anfang nahm. Die erste Blaue Büchse war noch der Hut von Theodor Herzl. Diesen ließ er sofort nach der Abstimmung zur Gründung des Fonds am 29.12.1901 im Saal herumgehen. Herzl gilt als der Vordenker des modernen jüdischen Staates.

Es folgen Wald und ein kurzer Anstieg, und es folgt meine erste Vorahnung von heißem Klima. Die erste halbe Stunde bringt mich auf einen Höhenrücken, von dem aus ich einen atemberaubenden 180-Grad-Blick in das Ha'ela Valley bekomme. Unter mir breitet sich links das Horesh-Adulam Reserve aus und geht dann rechts grün in grün nahtlos über in den Beit Guvrin National Park. Das etwa 10 Kilometer breite Tal wird begrenzt vom Westjordanland. Und dort hinten ist gar nichts mehr grün. Stefan meinte, man kann die Grenze sogar auf Google Earth sehen. Es ist eine Grenze zwischen Grün und Braun. Und Stefan hat nicht übertrieben. Was ich da in weiter Ferne sehe, stimmt mich traurig. Warum ist es nicht überall so grün wie auf meinem Weg? Das Höhenprofil des heutigen Tages ist im Buch ein wildes Zickzack.

Der Feldweg führt mich angenehm auf der lang gestreckten Anhöhe entlang und beschert mir einen absolut unvergesslichen Ausblick nach allen Seiten. Auf der heutigen Etappe habe ich Traummotive zum Fotografieren: römische Ruinen, ein steinernes Tor, Kräuterwiesen und unendliche Weiten. Irgendwo hier müsste, von den Etappen her gesehen, Halbzeit sein. Hier drehe ich mit meiner Kamera ein kleines Selfie. Laut überlege ich, was ich bis jetzt schon alles erlebt habe. Da reduziert sich dann fast alles auf die Erfahrung dieser unglaublichen Nächstenliebe. Israel, besser gesagt die Menschen hier haben mein Weltbild eingerissen! Klar, dass ich schon auch an das Gute geglaubt habe, sonst wäre ich nicht losgegangen. So einfach habe ich es mir aber doch nicht vorgestellt. Und genau diese Erfahrung, dass ich es bis hierher so leicht gehabt habe, macht es mir schwer.

Vierte Woche

Gleich die ersten Meter auf dem Israel Trail in Richtung Kfar Giladi führen auf einem malerischen Feldweg durch herrliche Natur. Im Hintergrund: der Libanon.

Eine typische Wegmarkierung des Trails in den Farben Orange, Blau, Weiß, umrahmt von blühenden Alpenveilchen.

Der Jüdische Nationalfonds (JNF) beziehungsweise Keren Kayemeth LeIsrael (KKL) ist Israels größte Umweltorganisation.

Auf dem Israel National Trail begegnet man überall den Hilfsprojekten des JNF-KKL: Wasserreservoirs, Wäldern und Parks – wie hier im Hula Valley.

Morgenstimmung über den Dächern von Tsefat (Safed) mit Blick auf den Gipfel des Mount Meron.

Mit geliehenem Hemd und Kippa geht es zum ersten Mal in meinem Leben in eine Synagoge. Da ich nur wenig Hebräisch verstehe, erklärt mir der Rabbi jedes Wort.

Abgeschieden und archaisch: von Ein Koves zum See Genezareth. Genau hier wird Jesus womöglich zweitausend Jahre vor mir entlanggegangen sein.

Yotam und Maayan halten extra für mich an und schenken mir am Ende meines Tages eine Tafel Schokolade.

Hoch oben über dem See Genezareth verläuft der Israel Trail majestätisch, aber auch kräftezehrend von Migdal aus über die Arbel Cliffs in Richtung Tiberias.

Im Golani Planting Center des JNF-KKL bei Tiberias darf man seinen eigenen Baum pflanzen. Das Einsetzen meiner Eiche ist für mich ein sehr emotionaler Moment.

Auf dem Israel Trail läuft man im Gegensatz zum Jakobsweg nie auf Teer. Selbst nasse Füße werden so zur Wohltat ...

Open-Air-Nachtlager und romantische Küche in Kfar Kish, am Keekale's Place.

An der Mittelmeerküste ist der Israel National Trail oft ein sandiger Pfad mit sensationeller Aussicht.

Entlang von Traumstränden auf dem Weg nach Tel Aviv: Ein Israeli schenkt mir Kekse.

Vitamine zum Aufheben: Pampelmusen am Yarkon River, Tel Aviv, rollen hier direkt auf den Trail hinab.

Gegen ein wenig Arbeit bekomme ich auf der Philip Farm ein warmes Tomatenbrot mit viel Olivenöl. Mein Zelt darf ich auf der Wiese aufstellen.

Allein in der Wüste zu schlafen gehört zu den schönsten und intensivsten Momenten auf dem Trail, wie hier am Be'er Efe Night Camp.

Im Tal Nahal Kanfan feiere ich meinen 47. Geburtstag und öffne das Geschenk, das meine Kinder mir mitgegeben haben: eine Karte, meine Lieblingskekse und eine Kerze.

Nur für Schwindelfreie: atemberaubende Aussicht am Yemin Canyon.

In der Hitze schenkt mir Wanderer Levi frisches Wasser und Lebensmittel – einer der bewegendsten und härtesten Momente meiner Reise.

Wer auf dem Weg durch den Erosionskrater des Makhtesh Katan kein Wasser hat, stirbt.

Der Trail führt mich in die herrliche Weite der Negev. Dabei darf man die orange-blau-weißen Wegmarkierungen niemals aus den Augen lassen.

Wunderbares Wiedersehen: Tsur erwartet mich am Fuß des Mount Karbolet in der Wüste.

Zwischen dem Mador Night Camp und Midreshet Ben Gurion: Wünsche wie Liebe und Weltfrieden, in Steinen gelegt und so groß, dass sie vom Weltraum aus sichtbar sind.

Die härteste Etappe des gesamten Trails führt über die vielen Grate des Mount Karbolet.

Dieser Wegweiser – wie aus einem alten Western – befindet sich im Ramon-Makhtesh-Krater kurz vor dem Saharonim Night Camp.

Diesen Moment des Glücks hat Wanderer Itay Kris, der mich eine Etappe begleitet und mir Essen und Kraft geschenkt hat, mit seiner Kamera eingefangen.

Seile und Metallleitern sichern die exponierten Passagen im Barak Canyon und Verdit Canyon. Dieser Abschnitt zählt zu den absoluten Highlights der Tour.

Ein unglaublich faszinierender Ausblick vom Mount Hod Akev in die Negev-Wüste Richtung Midreshet Ben Gurion.

Palmen in der Wüste: die Oase Upper Ein Akev. Das Bad in der eiskalten und kristall-klaren Quelle »Ein Akev« ist für mich das letzte fließende Wasser bis Timna Park.

Im Kibbuz Neot Semadar habe ich mit Kindern gemalt. Sie träumen von Frieden und einer grünen Welt.

Abgemagert, aber glücklich stehe ich auf den Gishron Cliffs kurz vor Eilat. Jede Unterschrift auf meiner Hose erzählt mir eine unvergessliche Geschichte.

Hier oben spüre ich erstmals einen anderen Wind. Er kommt aus der Wüste, und ich komme ihr näher. Ich freue mich schon darauf, doch die Zeit läuft mir davon. Es ist nun Ende März, und April ist für die Negev schon reichlich spät. Viele haben mir gesagt, ohne Geld sei der Norden vielleicht machbar. Aber die Wüste? Wer soll dir da helfen? Ich beschließe deshalb, mir einfach keine Gedanken mehr zu machen, nur noch von heute auf morgen zu leben und den Augenblick zu genießen. Ein Ziel habe ich nicht mehr. Auch wenn die Negev-Wüste näher kommt – noch einmal so weit zu laufen, das scheint mir einfach unvorstellbar zu sein. Noch einen ganzen Monat. Das sprengt meine Vorstellungskraft. Würde ich jetzt weiterdenken, würde ich vermutlich auf der Stelle aufgeben.

Die Landschaft überwältigt mich in ihrer schieren Weite und zeigt mir, wie klein ich als Fußgänger bin. Unweit von hier fand der Kampf von David gegen Goliath statt. Überall hier bewege ich mich auf biblischen Schauplätzen. Und mehr noch: Nicht erst seit der biblischen Überlieferung pilgern hier Menschen. Erste Vertreter des Homo erectus sollen auf dem langen Weg heraus aus Afrika bereits vor zwei Millionen Jahren (!) hier durchgewandert sein. Ich überlege mir gerade, wie unvorstellbar lange diese Zeit schon vorbei ist, und beginne ein verrücktes Spiel. Jeder meiner Schritte sind eintausend Jahre. Dann wären tausend Schritte eine Million Jahre und zweitausend Schritte zwei Millionen Jahre. Ich beginne zu zählen. Nach einhundert Schritten habe ich erst hunderttausend Jahre. Wahnsinn! Erst nach knappen 2 Kilometern habe ich dann zweitausend Schritte zusammen. Weit gezählt, und weit gefehlt! Denn jeder meiner Schritte markiert ja einen Zeitsprung von eintausend Jahren. So kann ich mir das nicht vorstellen, auch nicht, dass die ersten Menschen tausendmal früher als zur Zeit Jesu hier durchpilgerten.

Nun frage ich mich, wie viele Schritte ich bis hierher schon gemacht habe. Eine Million werde ich noch nicht erreicht haben, vielleicht wenn ich irgendwo in der Wüste bin. Ganz unbemerkt werde ich dann wohl den millionsten Schritt machen. Jeder Schritt ein Jahr, so viel trennt mich dann von den ersten Wanderern hier. Ob sie mir ebenso geholfen hätten wie die heutige Bevölkerung? Wie hätte sie ausgesehen, so eine Begegnung? Ich, ausgestattet mit allerlei modernem Zeug, unfähig, mich allein in der Wildnis zu ernähren, unfähig, ohne modernes Zeug zu navigieren, unfähig, 100 Kilometer am Tag zurückzulegen, zu jagen, zu sammeln. Würden sie einen Krüppel in mir sehen? Würden sie mich beschnuppern, bestaunen oder gar auslachen? Oder würden sie mich ignorieren, würden sie gar Beute in mir sehen und mich erlegen?

Hier, im Alleinsein, empfinde ich eine ganz andere spirituelle Beziehung zu den Dingen, die man sonst nicht fassen kann. Ich bin mir sicher, dass einen Menschen von damals gar nicht so viel von mir trennen würde. Er war auch in der Frühzeit schon ein soziales Wesen. Mehr vielleicht sogar als heute. Meine Begegnung mit ihm (oder ihr) würde womöglich gar nicht so anders verlaufen wie die Begegnung mit jetzigen Menschen. Aufeinander angewiesen sein, sich helfen wollen, das scheinen wir noch heute in unseren Genen mit uns zu tragen.

Vor lauter Nachdenken übersehe ich fast, mir ein geeignetes Nachtlager zu suchen. Gerade geht die Sonne unter. Und weil die Sonne hier steiler steht als in unseren Breiten, ist es auch schlagartig dunkel. Vor mir erhebt sich der Tel Lakish, ein weiterer Hügel mit antiker Vergangenheit. Der Tel Lakish allerdings ist eine Erscheinung, auf der Prä-Astronautiker und Ufologen Dokus mit Gänsehauteffekt drehen könnten. Er sieht nicht so aus, als wäre er natürlichen Ursprungs. Nach oben führen magische Steinstufen. Ich bin fasziniert von dem Gedanken, hier allein hinaufzusteigen. Wird mir genug Licht bleiben? Und wo schlafe ich dann?

Egal, mit inzwischen letzter Kraft erklimme ich den etwa 100 Meter hohen Tel Lakish. Hier gibt es eine Steinrampe und oben ein antikes Plateau. Ohne zu wissen, wovor ich hier stehe, ist das gespenstisch. Und hier ist niemand außer mir. Nichts ist bewacht, nichts ist abgesperrt. Und tatsächlich, ein wenig surreal sieht es hier tatsächlich aus. Für Ancient-Aliens-Serien wäre das der ideale Ort! Ich male mir aus, dass Tel Lakish dann exakt nach dem Sternbild des Orion ausgerichtet wäre. Die Winkeldifferenz seiner Flanken zum Lot entspräche exakt der kosmologischen Konstante Lambda, welche die Gravitationskraft als geometrische Krümmung der Raumzeit beschreibt. Und das alles lange vor Einstein. Überhaupt befände sich der Tel Lakish auf den Millimeter genau auf einem derjenigen Energiemeridiane, die die Erde wie ein magisches Netz umspannen und den Lakish mit Gizeh und Machu Picchu in direkter Linie verbinden. Schließlich würde Tel Lakish in exakt der n-fachen Höhe der energetischen Grundfrequenz von Stonehenge pulsen. In den Höhlengängen unter dem Lakish befänden sich geheimnisvolle Grabkammern und Schwingungskraftwerke, die frühere Besucher der Erde mit einem Wurmloch zur siebten Dimension verbunden hätten.

Als ich mit meiner Stirnlampe in einen tiefen und modrig riechenden Brunnenschacht hineinleuchte, schlagen die Aliens dann zurück. Eine aufgescheuchte Taube flattert sichtlich verärgert aus dem Loch und erschreckt mich fast zu Tode. Über Aliens werde ich heute nicht mehr lästern und über Spirituelles auch nicht mehr. Viel zu unheimlich (schön) ist es hier. Jetzt zeigt sich auch, ob ich schon die Übung beherrsche, mein Zelt im Dunkeln aufzubauen. Es gelingt, und nun sitze ich in völliger Finsternis auf meiner prähistorischen Pyramide.

Niemand kann sich vorstellen, was für ein gewaltiges Gefühl das ist. Da leuchten so viele Sterne am Firmament, als wenn ich mit meinen Augen gerade eine Langzeitbelichtung machen würde. Was ich hier von Gott gerade geschenkt bekomme, ist sicher eine der unvergesslichsten Stunden in meinem ganzen Leben.

Ich sitze noch im Freien. Es ist schon weit nach Mitternacht. Mein Schlafsack wärmt mich. Ich denke über die Dimensionen nach, die heute an mir vorbeigezogen sind. Die Jahrmillionen erscheinen mir unter diesem Firmament wie ein großer Kreislauf, an dem ich für kurze Zeit teilhaben darf. Die Größe des Himmels ist so beeindruckend, dass alles andere unbedeutend klein wird. Ich denke wieder an die Gruppe urzeitlicher Menschen. Was könnten sie mir alles erzählen über diesen Himmel dort in der Ferne. Vielleicht wirkt Gott dort überall. Manche meinen sogar, dass das Leben auf unserer Erde von dort draußen kommt. Und vielleicht gibt es dort oben irgendwo auch lebende Wesen. Wenn ich die Sterne sehe, erscheint es mir doch sehr unwahrscheinlich, dass wir hier auf der Erde die einzigen Lebewesen im Weltall sein sollen. Auch wenn die vielleicht nicht mit fliegenden Untertassen daherkommen, wird es dort wohl vielfach Leben geben. Und irgendwie wird wohl auch alles miteinander verbunden sein: die Toten mit den Lebenden, das Weite mit dem Nahen und das Dunkle mit dem Hellen, das Festhalten mit dem Loslassen. Mit diesen Gedanken schlafe ich ein. In einem glücklichen Universum – nicht überall, leider nicht. Aber dieses Universum zeigt mir, was wir sein könnten: glücklich.

Mein Frühstück – ein Viertel Pitabrot – nehme ich wie ein Ritual auf der Mauer der Ruine ein. Mir wird der Gegensatz bewusst, wie sehr sich meine Wanderung von einer Bildungsreise unterscheidet. Als Bildungsreisender würde ich mir, dem bloßen Wanderer, totale Ignoranz und Desinteresse vorwerfen. Wie kann man nur an einem solchen Ort sein, ohne sich vorbereitet zu haben? Wie kann man nur über solch heiliges Terrain trampeln, ohne auch nur den geringsten Input zu bekommen? Man muss doch wissen, was hier los war, die Fakten und die historischen Hintergründe kennen. Wie kann man so etwas nur vernachlässigen, wenn man nicht weiß, ob man jemals in seinem Leben eine zweite Chance bekommt, hier sein zu dürfen?

Dass eine 15-Jährige mitten in der Pubertät sich hierfür nicht interessiert, mag man ja noch verstehen, aber du mit deinen 46 Jahren, als Künstler? Unvorstellbar! Schließlich würde ich als Bildungsreisender mich abwenden von diesem ... Danke. Es reicht. Ich möchte ja auch etwas ganz anderes sehen als der Bildungsreisende. Hat er denn das kleine gelbe Blümchen hier gesehen, oder ist er einfach draufgetreten? Wer ist denn jetzt das Trampeltier? Hat er den Sternenhimmel gestern gesehen? Natürlich nicht. Er hätte vor Angst in die Hosen gemacht, allein hier im Freien, ohne Bus und ohne einen Reiseleiter, der ihn in exakt 30 Minuten wieder einsammelt.

Schon wieder führe ich Selbstgespräche. Schizophrenie oder multiple Persönlichkeit könnte man auch dazu sagen. Der Bildungsreisende kämpft mit dem Unwissenden. Ich entscheide mich gern für den Unwissenden und lasse den Studienrat ziehen. Was bleibt mir auch anderes übrig! Ich kann ja kein Infomaterial mit mir herumschleppen oder mir mit dem Handy meine Umgebung erklären lassen. Hier lerne ich über mich selbst, und daraus schöpfe ich meine Kraft. Es ist eine riesige Kraft, mit der mich dieses Universum hier versorgt. Ich wünsche sie jedem anderen auch.

Ich stehe nicht mehr gebückt auf. Ich erhebe mich über mich selbst. Mein Rucksack ist keine Last mehr. Er ist zum Symbol für meine Freiheit geworden. Könnte ich nur im richtigen Leben all den Unsinn hergeben und meine Sachen auf einen einzigen Rucksack reduzieren. Was für ein gutes Gefühl wäre das, nichts zu haben, nichts, was zur Last fällt, das wäre der eigentliche Luxus!

Ich will endlich in die Wüste!

Von Tel Lakish über Philip Farm und Kibbuz Dvir nach Meitar
Tel Lakish – Philip Farm: etwa 15 Kilometer, 180 Höhenmeter
Gesamtanstieg. Philip Farm – Kibbuz Dvir: etwa 22 Kilometer,
300 Höhenmeter Gesamtanstieg. Kibbuz Dvir – Meitar:
etwa 17 Kilometer, 290 Höhenmeter Gesamtanstieg.
Trinkwasserverbrauch 4 Liter pro Etappe.

Die nächsten Tage sehne ich die Wüste herbei. Sie bringen mich
heute nach wenigen Kilometern zur Philip Farm. Für Tische-Ab-
wischen und Müll-Zusammenklauben bekomme ich ein Fladenbrot mit Tomatenpesto. Die Philip Farm wäre etwas für meine
Kinder. Hier kann man mit echten Pferdekutschen fahren. Ich
schlafe wieder im Freien. Dann laufe ich zwei Tage lang durch
die letzten großen Wälder am Israel Trail. Gemeinsam bilden der
Lavav Forest, der Meitar Forest und der Yatir Forest das größte
zusammenhängende Waldgebiet in Israel. Auch hier begegne
ich überall den Spendertafeln des KKL. Von einer arabischen Familie, die hier Picknick macht, bekomme ich einen Schluck zucker-
süße Cola. Meine Ernährung wird bescheidener. Und ich halte
mich nicht mehr an die vorgeschlagenen Etappen des Reiseführers. Ich gehe, so weit die Füße mich tragen. Wasser finde ich
auch an Picknickplätzen im Wald. Auch hierfür sei den deutschen
Spendern Dank! So kann ich mir oft den Gang in den nächsten
Kibbuz sparen, wenn ich Wasser nachfüllen möchte. Hier gibt
es manchmal fließendes Wasser, oder ich treffe jemanden, der mit
dem Auto zum Park gefahren ist und mir von seinem Wasser
abgibt.

Kurz vor Meitar geht der Israel Trail dann doch einmal an der
Straße entlang, genauer gesagt zwischen dem Grenzstreifen zum
Westjordanland und der Straße. Rechts ist alles grün, links ist
alles braun und dürr. Ich gehe an Meitar vorbei, auch wenn ich in

Sachen Lebensmittel bereits auf Reserve laufe. Ich möchte einfach noch bis zum Sonnenuntergang wandern. Ein leichtes Auf und Ab bringt mich durch den Meitar-Wald und herrliche Wiesen. Dann stehe ich auf einer Anhöhe und blicke hinab in einen üppig grünen Kessel, der unter mir liegt. Vor mir breiten sich mehrere Quadratkilometer Weidelandschaft aus. Hier werde ich mein Zelt aufstellen. Auch heute tue ich das wieder reichlich spät, aber immerhin noch im letzten Licht des Tages. In Ermangelung großer Essensvorräte gehe ich im Anschluss daran direkt ab ins »Bett«. Wieder verbringe ich eine herrlich ruhige Nacht im Freien. Gut, ich habe fast vergessen, wie sehr einen die laut heulenden Schakale erschrecken können. Denn heute sind sie nicht auf Abstand gegangen. Es fühlt sich an, als würde uns nur die dünne Zeltplane voneinander trennen. Ich brauche lange, um meinen Puls wieder zu beruhigen und zu schlafen.

Dann schrecke ich erneut hoch. Ich habe doch gerade etwas gehört. Oder? Gebannt lausche ich in die Stille der Nacht. Irgendetwas war da. Vorsichtig und leise öffne ich den Reißverschluss einen kleinen Spalt. Ich sehe nichts außer tiefschwarzer Nacht. Als ich mich gerade wieder hinlege, höre ich dann Stimmen. Also doch. Und ich höre Schritte, die auf mich zukommen. Mir stockt der Atem. Zum ersten Mal habe ich ein ungutes Gefühl. Ich sehe keinen Lichtkegel. Jemand kommt da im Dunkeln auf mich zu. Je nach Wind oder Hügel sind die Stimmen dann für einen Moment wieder weg. Das ist noch unheimlicher. Dann kommen sie wieder und werden vernehmbar lauter.

Es sind zwei Männer, die hier im Dunkeln auf mich zukommen und arabisch sprechen. Das beunruhigt mich noch mehr. An den Tonfall der hebräischen Sprache habe ich mich im Laufe der Zeit recht gut gewöhnt. Hebräisch kommt mir viel vertrauter vor als Arabisch. Und Hebräisch ist viel ruhiger. Nicht so hart und nicht so hektisch. Wenn Araber sich unterhalten, kann man als Europäer nie so recht wissen, ob sie sich vielleicht streiten. Und ich weiß nicht, was jetzt gleich passieren wird. Haben sie mich schon entdeckt? Oder werden sie gleich über mein Zelt stolpern? Ein kleiner Trampelpfad hin zur Grenze führt fast direkt an meinem Zelt vorbei. Was wollen die von mir? Ich starre aus meinem kleinen Spalt in die Nacht. Das Einzige, was ich erkennen kann, sind Sterne. Dann bleibt mir das Herz fast stehen. Ich sehe die beiden plötzlich gegen den Sternenhimmel als pechschwarze Silhouetten. Sie sind keine 3 Meter von mir entfernt stehen geblieben. Sie sehen mein Zelt. Ob auch sie erschrocken sind? Nach einem schier endlosen Augenblick gehen sie wortlos an meinem Zelt vorbei. Ich fühle mit meinem Körper die Schwingung am Boden. Die beiden gehen rasch weiter und verschwinden in der Dunkelheit. Nach einiger Zeit unterhalten sie sich wieder auf Arabisch. So kann ich hören, wie sie sich entfernen. Mein Puls rast noch lange.

Waren das Grenzgänger, die hier in Israel heimlich ihr Geld für ihre Familien verdienen? Werden sie gleich da vorn in einem Loch im Zaun auf ihre Seite der Grenze gehen? Ich weiß es nicht und versuche wieder zu schlafen. Keine Schakale mehr, bitte, und auch keine nächtlichen Wanderer mehr, bitte! Weil ich extrem erschöpft vom Wandern bin, schlafe ich dann doch noch – bis zur Operation »tent down«.

Was sich während meines Schlafs da auf den Feldern zusammengebraut hat, ahne ich nicht. Dass die strategisch günstigen Plätze eher oben sind und niemals in einer Senke, habe ich mir beim Einschlafen noch gedacht. Eine Attacke findet immer von oben statt. Sei es durch Wasser, sei es durch eine Geröllawine, sei es durch einen »Überraschungsangriff«. Im Schutz der Dunkelheit haben Feldwebel die Hügel eingenommen und beobachten den nächtlichen Orientierungsmarsch ihres Bataillons mit dem Nachtsichtgerät. Eine komplette Hundertschaft Soldaten/-innen stolpert hier unten ohne jegliches Licht auf den Meitar-Feldern herum. Und noch bevor ich wach werde, stolpert einer der Gefreiten auf mein Zelt und damit auf mich. Seinen Hintermann ereilt das gleiche Schicksal. Er landet wiederum auf seinem Kameraden und rammt mir hartes Gerät in den Magen.

Todesangst klingt untertrieben. Ich weiß nicht im Geringsten, was gerade passiert, werde aber jeden Moment ersticken oder erdrückt werden. Plötzlich höre ich überall um mich herum hebräische Stimmen, Chaos und Anweisungen. Viele Lampen gehen an, und grünes Licht scheint durch meine Zeltplane. Ich spüre jedoch keine Schläge, sondern eine Art Vorsicht »à la rohes Ei«. Was ich spüre, ist ein innerlicher Kampf zwischen meinem von der Steinzeit geprägten und ältesten Teil meines Gehirns mit dem fühlenden Bewusstsein. Der prähistorische Teil meines Gehirns kennt nur die Gegenmaßnahmen Angriff, Flucht oder Erstarrung. Die ersteren Varianten fallen bei mir – eingewickelt wie eine Mumie – aus. Aber Erstarrung ist für mich auch keine gute Option. Ich winde mich und trete wie wild um mich, ringe nach Luft. Sehr schnell lässt das Gewicht über mir nach. Mit vereinten Kräften macht man sich auf die Suche nach dem Reißverschluss, um mich aus meiner misslichen Lage zu befreien. Als ich endlich ins Freie sehen kann, blicke ich in unzählige Lichtkegel, die meine Pupillen überfordern.

Ein recht witzig vorgetragenes »Schalom« aus der hinteren Reihe der Soldaten/-innen sorgt rasch für Entspannung. Dann entsteht sogar ein netter Small Talk um mich herum und mit mir. Auch ein höherer Dienstgrad ist nun hier und begrüßt mich, indem er sich zu mir niederkniet. Er bleibt völlig ruhig und entspannt. Die Lampen sind wieder aus, und ich erzähle ein wenig von meinem Israel Trail. Wie von Geisterhand verschwinden die Soldaten/-innen wieder im Schutz der Dunkelheit. Der Letzte von ihnen dreht sich noch einmal um und ruft laut zu mir zurück: »Hey, Christian! Have a good sleep!« Dieser Satz hallt nach. Man hat Sinn für Humor: »Ja, dann schlaf mal gut!«

Gott sei Dank dauert es nicht mehr allzu lange bis zum ersten Morgenlicht. Der Spuk ist vorbei, und niemand ist mehr zu sehen.

Meine erste Inspektion des Zeltes zeigt auch: Nichts ist kaputtgegangen. Nur mein letztes Lebensmittel – ein halber Apfel – kann
den Aufprall noch bezeugen. Ich stecke ihn mir in den Mund, während ich rasend schnell zusammenpacke.

Die letzten Wälder am Weg

Von Meitar nach Amasa
Etwa 20 Kilometer, 650 Höhenmeter Gesamtanstieg.
Trinkwasserverbrauch 6 Liter.

Übermüdet und frierend breche ich auf. Es geht bergauf. Durch
meine Bewegung wird mir langsam warm. Dann kommt auch die
Sonne heraus und zaubert mir eine einzigartig schöne Kulisse für
meine Wanderung. Die Landschaft ist hier fragiler geworden. Der
Yatir-Wald, den ich heute durchkreuze, ist der größte von Menschenhand gepflanzte Wald in Israel. Und während ich in ihm
unterwegs bin, verändert sich auch meine Gemütslage. Er zeigt
mir, dass ich hier nur noch kurze Zeit Gast bin. Die Luft wird nun
auch hier im Wald heiß und trocken. Neben den letzten Nadel-
bäumen, wie der Aleppo-Kiefer, sehe ich nun auch Johannisbrot-
bäume und Tamarisken. Der Wald des KKL ist Teil eines großen
Forschungsprojekts der NASA. Es ist das letzte grüne Bollwerk vor
der Wüste, die ich mir noch immer nicht richtig vorstellen kann.
    Immerhin werde ich dann nicht mehr allein sein. Ein gewisser
Tsur aus Jerusalem hat sich im Forum von Yankale gemeldet.
Wenn alles gutgeht, werde ich ihn morgen in Arad, der Stadt an
den Toren der Wüste, treffen. Tsur möchte mich dann für ein paar
Tage begleiten. Nach Wald und Wiesen erreiche ich ohne jegli-
che Lebensmittel Amasa. Das kleine Dorf liegt knapp unterhalb
des gleichnamigen Mount Amasa auf etwa 900 Metern über null.
Yankale schreibt: »Camping is allowed.« Ich finde aber neben dem

Kindergarten eine kleine Pilgerherberge. Hier kann ich duschen und schlafen. Eine aufmerksame Nachbarin bringt mir Brot und Hummus, so viel, dass ich auch für morgen noch etwas haben werde.

In der kleinen Herberge stehe ich vor dem Spiegel. Hier hängt ein Schmierzettel, auf dem unter anderem auf Englisch steht »Hi, ich suche einen Hiking-Partner für den Trail in die Negev. Anfang April.« Unterschrieben mit »Tsur«! Er war also schon hier. Ist schon verrückt, wie klein diese Welt ist. Wird er morgen da sein? Am Abend treffen dann noch fünf Wanderer aus der Gegenrichtung hier ein. Es wird gemütlich eng. Ich kann meine Geräte alle an einer Steckdose aufladen. Und von einem der Wanderer bekomme ich noch eine Dreierpackung Pitabrot und einen Schokoriegel für morgen geschenkt.

Fünfte Woche

Plötzlich Wüste

Von Amasa nach Arad
Etwa 21 Kilometer, 120 Höhenmeter Gesamtanstieg.
Trinkwasserverbrauch 5 Liter.

Auch heute mache ich mich wieder sehr früh auf die Socken. Ich schleiche mich aus der Herberge heraus und atme in der frischen Morgenluft erst einmal richtig durch. Schon komisch: Obwohl ich meine Morgentoilette problemlos in der Herberge hätte verrichten können, ziehe ich die freie Natur nun vor. Es dauert höchstens zehn Minuten, dann stehe ich schließlich ganz oben auf dem Hügel, dem Mount Amasa. Während des Zähneputzens erlebe ich den Sonnenaufgang. Hinter mir liegt der Yatir-Wald, und vor mir liegt eine unendlich weite Steppenlandschaft. Hier beginnt die Wüste, und das völlig ohne Vorwarnung und Übergang. Hier ist sie. Zwar gibt es hier noch Grashalme, weil der Bergrücken Feuchtigkeit aus der Luft bindet. Und auch, weil es ungewöhnlich viel geregnet hat. Vor meinen Augen aber breitet sich eine gebirgige und unendlich schöne Landschaft aus. Mir stockt der Atem. Es ist anders, als ich es mir vorgestellt habe. Es ist keine Sandwüste wie die Sahara. Hier beherrschen Steine, Lehm und Felsen die Weite. Flache Hügel und Täler breiten sich vor mir aus. Der Trail verschwindet im Flirren der Luft. Irgendetwas an dieser Weite scheint mich magisch anzuziehen. Mein Instinkt sagt aber auch: Hier bist du ganz schnell verloren. Ich habe mehr als 8 Liter Wasser dabei. Der Weg scheint gut markiert zu sein. Doch ich habe gehörigen Respekt vor dieser unwirtlichen Umgebung. Hier fühle mich schlagartig nicht nur allein, sondern auch alleingelassen. Wie zum Hohn laufe ich prompt am ausgedörrten Schädel eines kleinen Wüstentieres vorbei. War einmal. Vor langer Zeit. So wird es mir wohl gehen, wenn ich nicht genügend trinke.

Der Zwiespalt zwischen Freiheitsgefühl und Neugierde einerseits und Muffensausen andererseits könnte größer nicht sein. Ja, nennen wir dieses Muffensausen ruhig auch bei seinem richtigen Namen. Ich gebe zu, ich habe hier Angst, nicht viel, aber eben auch nicht gerade wenig. Seit Stunden habe ich keinen Baum mehr gesehen. Keine der schönen Holztafeln des KKL ist mir hier begegnet. Ich mache mir Gedanken über mein naives Vorhaben. Die Stimmen derer, die mir Naivität vorgehalten haben, hallen nach. Und auch die Stimmen derer, die mir exakt auf den nächsten Kilometern das Ende meiner Tour heraufbeschworen haben. Ich würde es vielleicht noch bis Arad schaffen, wenn ich Glück hätte. In Arad gebe es noch ärztliche Versorgung und Wasser. Nach Arad würden sie mich bringen, wenn ich jetzt aus nackter Panik heraus einen Notruf absetzen würde. Doch hätte ich überhaupt ein Netz? Ich sehe nach und muss den Kopf schütteln: volle fünf Balken, schnellstes Internet, ultimatives 4G.

Bis Mittag war ich nicht Wasser lassen. Anscheinend habe ich auch nicht geschwitzt. Trotzdem wird mir plötzlich schwarz vor Augen, und ich setze mich hin. Bisher habe ich nur eineinhalb Liter Wasser getrunken, viel zu wenig! Gerade noch einmal gut gegangen. Ich zwinge mich zu kleinen Schlucken und trinke, obwohl ich keinen Durst verspüre, so viel ich kann. Rechts auf dem Rücken eines Hügels sehe ich für ein paar Sekunden die Silhouette eines Kamels. Ich hefte mir nun den Nackenschutz an meine beige Kappe. Die Sonne kann ich noch nicht einschätzen, aber sie macht mir zu schaffen.

Kurz vor Arad kommt mir eine Gestalt entgegen, deren Bewegungsablauf nicht im Geringsten zu meinem Erwartungshorizont passt. Die Silhouette des Hikers flimmert noch in der heißen Luft. Es scheint, als würde er merkwürdig springen. Es sieht so aus, als hätte er gar keinen Bodenkontakt. Als er näher kommt, passt auch der Rhythmus der Bewegungen nicht ins Bild. Alles wirkt zwar extrem kraftvoll, aber auch unergonomisch. »Der rennt«, sage ich laut zu mir selbst. Dann fällt mir Carlos Goldberg ein. Das muss er sein! Ich habe von Carlos gehört. Er ist einer der extremsten Ultramarathonläufer der Welt. Den Israel National Trail möchte er, vom Süden aus startend, in unglaublichen 15 (!) Tagen durchrennen.

Als Carlos auf mich zukommt, staune ich nicht schlecht. Er bleibt tatsächlich stehen für mich. Er hat Gepäck dabei, und noch mehr staune ich, als er mir sein Alter verrät: Carlos ist 60. Vor sieben Tagen sei er in Eilat gestartet. Tags und oft auch nachts habe er die komplette Negev durchquert. Trotzdem nimmt Carlos sich die Zeit für einen kurzen Small Talk »im Gehen«. Ich sehe in seinen Augen, dass er mit dem, was er tut, glücklich ist. Er ist kein Gejagter und auch kein Getriebener. Carlos klopft mir auf die Schulter: »Hey, love Israel, wish you good luck.« Ich drehe mich um und möchte ihm das Gleiche auch sagen. Also muss ich einige Meter in seiner Richtung mitlaufen. Schon nach diesen wenigen Metern bringe ich kein Wort mehr heraus und werde langsamer. Keine 200 Meter würde ich es schaffen, ihm zu folgen.

Noch einmal bleibt Carlos für den Rhythmus von zwei Schritten stehen, streckt mir beide Arme entgegen in die Luft und nickt. Dann trennen sich unsere Wege physikalisch, denn in Gedanken bin ich ihm noch verbunden. Ich wünsche ihm Kraft, Glück und Lebensfreude. Das mit Carlos war eine sehr kurze, aber extrem intensive Begegnung, so wie zwischen einer Schnecke und einem Rennpferd. Trotzdem macht jeder sein Ding auf der Suche nach sich selbst, seiner Berufung und seinem Glück. Möge Carlos glücklich sein! Seinem Gegenüber etwas Aufmerksamkeit zu schenken war ihm wichtiger als sein Weltrekord. Carlos, ich danke dir! Erst später erfahre ich dann, dass Carlos nach 700 Kilometern wegen einer Verletzung aufgeben musste. Ich bin mir sicher, er wird es wieder versuchen, und dass er mit seiner bloßen Begeisterung viele andere Menschen anstecken kann. Nur darum geht es: sich im Leben für etwas zu begeistern, dem eigenen Leben »Leben« einhauchen!

Nach weiteren sehr heißen Kilometern erkenne ich oberhalb von mir die Silhouette von Arad, »Tel Arad«. Die Bergsiedlung Arad wird bereits in der Bibel erwähnt und soll sogar schon 4000 Jahre vor Christus dauerhaft besiedelt gewesen sein. Arad sagt man in jener Zeit Handelsbeziehungen mit Kanaan und dem frühen, prädynastischen Ägypten nach. Arad, jetzt komme ich. Ohne Geld! Israel ist nun ganz anders. Die Wochen zuvor gehörten den Wäldern des KKL und dem kurzen Gastspiel an der Mittelmeerküste. Geschuldet sind sie den Menschen, die mir geholfen haben. Es mag sich übertrieben anhören, doch zu jedem Stück Brot sehe ich noch das Gesicht desjenigen, der es mir geschenkt hat, vor meinem geistigen Auge. Was wird nun folgen, was, wenn einfach keiner mehr da ist, der mir helfen kann? Noch bevor ich in Arad ankomme, begrüßt mich ein altes verrostetes Ölfass mit den gelb aufgemalten Worten »TREKKER WELCOME TO ARAD«, also: »Wanderer willkommen in Arad«!

Heute darf ich in einem richtigen Bett schlafen. Joel und seine Frau Nuri beherbergen mich in ihrem kleinen Häuschen. Und das fühlt sich für mich sehr heimatlich vertraut an. Joel ist bereits 74 Jahre alt. Er ist Reiseleiter mit Leib und Seele. Früher war er fest angestellt. Heute ist sein Beruf Berufung. Seine Frau kümmert sich nicht nur um das Haus, sondern auch um die kleine Ferienwohnung. Und hier habe ich das Gefühl, im Garten Eden zu sein. Joel und Nuri haben überall Blumen gepflanzt. Ihr Reich ist grün und blüht in allen Farben. Die beiden sind mir auch vertraut, weil sie irgendwie europäisch sind. Sie könnten auch meine Nachbarn sein, hier in Deutschland. Ihr Denken, ihr Humor, alles fühlt sich vertraut an. Bei den beiden könnte man Urlaub machen. Alles ist picobello sauber, super gepflegt, liebenswert. Auch hierher werde ich eines Tages zurückkommen. Ein paar Tage mit meiner Familie Arad ansehen und mir von Joel sein Totes Meer zeigen lassen. Und die vielen anderen historischen Stätten, über die er so viel erzählen kann.

Joel zeigt mir am Spätnachmittag dann noch seinen Lieblingsausblick, fünf Minuten von seinem Haus entfernt. Es ist ihm unangenehm, dass man ausgerechnet heute das Tote Meer im Dunst nicht sieht. Dafür bekomme ich Ehrfurcht und Respekt vor den sandfarbigen »Hindernissen« in der Ferne, die mir zu sagen scheinen, dass sie es mir nicht leicht machen werden. Joel kann es nachvollziehen, dass ich es bis hierher geschafft habe. Aber in der Wüste könne er sich nicht vorstellen, wie es mit mir weiterginge. Dennoch sagt er mir als alter Mann – und das betont er –, dass er, wenn er denn noch einmal jung wäre, es schon versuchen würde. Wenn es in irgendeinem Land der Welt klappen könne, dann in Israel, meint er. Nuri ist sich da nicht so sicher und packt mir heute einen guten, hausgemachten Lebensmittelvorrat ein. Sie möchte wohl, dass ich möglichst weit komme. An Nuri soll es nicht liegen, dass ich meinen Israel Trail nicht schaffe. Und ich werde ihn schaffen! Morgen kommt ja Tsur!

Nicht morgen, sondern bereits am Abend kommt Tsur hier an. Er hat mir gerade eine SMS geschickt, immerhin im zweiten Anlauf nicht auf Hebräisch, sondern auf Englisch. Mein »englisches« Fragezeichen hat er also verstanden. Es folgen weitere E-Mails. Tsur lässt mich teilhaben, welchen Bus er gerade versäumt und wer ihn gerade beim Trampen nicht mitgenommen hat. Witzigerweise fragt er mich per SMS, ob für den Aufbruch morgen alles bereit sei. »Yes«, antworte ich.

Tsur hat mir per SMS und auch im Forum von Yankale schon einiges über sich mitgeteilt, zum Beispiel, dass er gute Wandererfahrung hat. Und vor allem auch, dass er über sehr gute Wüstenerfahrungen beim Wandern verfügt. So etwas kann ich brauchen. Dann kommt Tsur hier an. Und er ist ganz anders, als ich ihn mir vorgestellt habe. Er passt absolut nicht in mein Weltbild. Vor mir steht ein eher kleiner und fülliger Typ in einer viel zu großen Jeans. In Israel ist er allein optisch gesehen wohl schon ein Sonderling. Er hat lange, schwarze, lockige Haare, die er zu einem Pferdeschwanz gebunden hat. Und er hat einen Schnauzbart. Auch das ist für Israel untypisch. Er trägt eine getönte Brille und einen dicken weißen, verschwitzten Wollpullover. Dann fällt mein Blick auf seine billigen, ausgelatschten Schuhe. Das ist definitiv nichts zum Wandern. Tsur wirkt unbeholfen, und ich fühle mich auf einen Schlag ebenso. Mit dem soll ich morgen losgehen?

Die erste Nacht mit Tsur nervt mich zu Tode. Die vielen Sachen, die er mithat, hat er überall ausgebreitet. Es erschlägt mich fast. Immerhin: Tsur hat Nudeln und Tomatensoße dabei, kann aber nicht kochen. Ich habe nichts, koche aber außerordentlich gern. Das passt. Aus dem Garten besorge ich mir frische Kräuter. Es gibt Nudeln. Aber nicht einfach so. Es gibt sie im Teller auf einem Servierteller. Ich habe den Tisch wie in einem Sternerestaurant gedeckt, meinen Möglichkeiten entsprechend. Wasser gibt es nicht aus dem Hahn, sondern aus dem Glas. Den Teller dekoriere ich mit den Blüten essbarer Studentenblumen. Sie schmecken hier scharf, wie eine Mischung aus Kresse und Zimt.

Tsur hat noch Hummus und Halva als Nachtisch dabei. Ich selbst habe Brot mit Schwarzkümmel. Nach dem Essen packe ich mit Tsur die Sachen, und das bedeutet in erster Linie, Tsur beizubringen, was er alles hier zurücklassen muss. Sein Rucksack ist mit geschätzten 30 Kilo so schwer, dass er mich sofort zu Boden reißen würde. Schnell wird mir klar, dass Tsur anders ist als ich, ganz anders. Während ich mich selbst als geborenen Minimalisten bezeichnen würde, scheint Tsur das Gegenteil zu sein. Um jedes noch so kleine Detail in seiner Ausrüstung kämpft er mit mir. Tsur ist nicht der Typ, der einen körperlich schlagen würde. Eher ist er der Typ, der jedermann intellektuell in den sicheren Tod diskutieren kann und einen selbst auf dem Sterbebett noch mit seinen Fragen nerven würde. Diskussionen über die Anzahl der mitzunehmenden Rollen Toilettenpapier. Wie absurd! Vor allem, weil Tsur sofort auf den wissenschaftlichen Aspekt von durchschnittlicher – aber lassen wir das. Ist mir auch egal. Ich selbst habe stets etwa eine Drittelrolle Klopapier bei mir. Diese ist immer in einer Klarsichtfolie gut verpackt, um sie vor Feuchtigkeit und Beschädigung zu schützen. Man braucht nicht viel. Aber das wenige muss man sorgfältig verwahren und inventartechnisch gesehen instand halten. Habe ich da gerade etwa doch von Klopapier geredet? Scheint so. Gut, darf an dieser Stelle auch einmal sein.

Tsur macht sich nun Gedanken, wo er schlafen soll. Er schnarche so laut, dass er schon sein ganzes Leben befürchte, dass ihn eines Tages ein anderer im Schlaf erschlagen würde. Er legt sich also in die Küche des Appartements, während ich im Doppelbett sehr bequem schlafen kann. Was mir fehlt, ist der Sternenhimmel.

Für morgen haben wir uns zum Aufbruch um 5:00 Uhr verabredet. Nach endlosen Diskussionen habe ich Tsur dann 5:30 Uhr zugestanden. Irgendwann um 3:30 Uhr piepst dann im schrillen Fiepen eines Mäuseklaviers ein Wecker. Ich traue meinen Augen beziehungsweise Ohren nicht. Nach gefühlten einhundert Piepstönen steht Tsur schließlich auf und meint: »Sorry, mein Wecker.« Er fragt mich sofort, ob 6:00 Uhr auch okay wäre. Doch da hat er die Rechnung ohne mein Zeitgefühl gemacht. Für mich war Schlafen jetzt nicht mehr möglich. Ich habe noch nie in meinem Leben einen Menschen gehört, der so laut schnarcht. Das Schnarchen allein hätte mich wohl gar nicht so sehr gestört. Vielmehr jagen mir die ständigen Atemaussetzer von Tsur massiv Angst ein. Lebt er noch? Erstickt er gerade? Tsur verschreckt mich mit seinen permanenten Apnoe-Zuständen. Ich beginne mich in die Atmung von Tsur hineinzuhören. Ich kann ja auch gar nicht anders. Doch der unstete Rhythmus seiner Atmung macht mich schier wahnsinnig.

Ich bin froh, als endlich der Tag anbricht. Auf den Wecker möchte ich nicht warten. »Hey, Tsur. Komm, aufstehen!« Keine Reaktion. Scheintot. Nichts da, Tsur. Wir sind nicht im Urlaub: »Wake up. Get up, please!« Ich fühle, wie mir allein die Weckversuche meine letzte Energie rauben. Allein hätte ich längst meinen Rucksack geschultert und wäre fort. Tsur ist mittlerweile wach. Was er aber seit einer geschlagenen halben Stunde im Bad macht, weiß ich nicht. Dann öffnet sich die Tür, und Tsur fragt mich nach Handtüchern. Handtücher? Welche Handtücher? Tsur möchte dann frühstücken. Ob ich schon einen Kaffee gemacht habe, fragt er mich. »Welchen Kaffee?«, antworte ich. In jeder israelischen Wohnung sei irgendwo Kaffeepulver, meint er, bevor er wieder im Bad verschwindet. Er werde jetzt duschen.

Natürlich finde ich bei Joel auch Kaffee. Sogar mehrere Sorten stehen zur Auswahl. Was für ein Irrsinn. Ich möchte endlich losmarschieren. Eine weitere halbe Stunde vergeht, bis Tsur sichtlich wohlgelaunt aus der Dusche kommt. Damit ist aber noch längst nicht Tsurs Rucksack gepackt. Es ist noch nicht abgespült und noch nicht aufgeräumt. Dann möchte Tsur sich noch eine Zigarette drehen, bevor er losgeht. Tsur bereitet mir, dem ungeduldigsten Menschen der Welt, die größten Qualen, die man sich überhaupt vorstellen kann. Tsur ist der totale Gegenentwurf von mir. Nichts bringt ihn aus der Ruhe. Zeit und Ziel interessieren ihn überhaupt nicht.

Lebensgefährlich schön!

Von Arad nach Be'er Efe
Etwa 23 Kilometer, 260 Höhenmeter Gesamtanstieg.
Trinkwasserverbrauch 6 Liter.

Ich bin froh, als wir endlich loskommen. Tsur heftet sich an meine Fersen. Beim Militär sei er schon einmal in der Wüste gewesen. Und da habe er gelernt – bleibt stehen und meint, dass er sich erst einmal ausziehen muss. Ich bin schockiert. Wie? Wir sind doch gerade eben erst losgegangen? Tsur zieht seine Jeans aus und ich traue meinen Augen nicht. Darunter trägt er eine weiße Strumpfhose, die er jetzt auszieht. »Zu warm«, meint er, bevor er sein Gleichgewicht verliert.

Wäre ich nicht so entnervt, würde ich jetzt loslachen. Ich helfe ihm auf. Wenig später muss Tsur seine Morgentoilette verrichten. Ich setze mich. Er rennt in Richtung Süden davon. Nach fünf Minuten kommt er zurück. »Falsche Richtung«, meint er, ohne seine Entscheidung näher zu erläutern. Nun saust er in Richtung Norden davon. Erst nach etwa 20 Minuten kommt er zurück. »Feuerzeug vergessen«, sagt er und verschwindet wieder nordwärts. Die Sonne hat meine Umgebung nun schon aufgeheizt. Die kühle Morgenluft ist längst dahin. Als wir endlich ein bisschen laufen, textet mich Tsur endlos voll. Sein Englisch verstehe ich nur ansatzweise. Dennoch geht es ohne Unterbrechung von Pontius zu Pilatus.

Tsur erzählt nicht von seinem Leben. Er fasst in Worte, was er gerade sieht. Jeder Stein, jeder Grashalm schlägt so fortwährend ein neues Kapitel in seiner Erzählflut auf, ohne dass alte Kapitel je beendet werden. Und Tsur kann wahrhaftig über alles etwas erzählen. Er ist nicht dumm, sondern eher hochbegabt. Hier allerdings irgendwie gefangen im eigenen IQ. Es kommt mir so vor, als habe er keinen Filtermechanismus, der die auf ihn einströmenden Eindrücke in einer vernünftigen Art nach Prioritäten ordnen und gegebenenfalls aussortieren könnte. Alles scheint auf ihn einzuprasseln, und zeitgleich überschüttet er mich mit seinen unfiltrierten Eindrücken.

Dabei ist es nicht so, dass er sich begeistern würde. Vielmehr sieht er überall Probleme und Verschwörungen. Schon nach der ersten Stunde sehne ich mich nach Ruhe. Da bin ich nun seit Wochen unterwegs, immer allein, und ich habe mich so sehr danach gesehnt, mit jemandem zusammen zu gehen. Ist es Tsur, oder habe ich mich selbst so verändert? Bin ich zum Sonderling geworden? Kann ich mich auf andere nicht mehr einstellen?

Es geht nur langsam voran. Und Tsur möchte Pause machen. Das verstehe ich, denn ich selbst bin das Laufen inzwischen sehr viel besser gewöhnt. Nach dem Wasserlassen bittet mich Tsur um Wasser. Ich reiche ihm meine Flasche. Was jetzt kommt, schlägt dem Fass den Boden aus. Tsur dreht meine Wasserflasche auf und wäscht sich mit dem Wasser verschwenderisch die Hände, nach dem Ausschütteln sogar noch mit einem zweiten Schwall Wasser. Ich bin sprachlos.

»Give you back« – bekommst du zurück, sagt er. Offensichtlich bin ich selbst verwahrlost. Auf jeden Fall würde ich mir nach dem Wasserlassen – jetzt verstehe ich schmerzvoll den Ausdruck – niemals in der Wüste die Hände waschen. Warum auch? Ich habe ja auch nichts angefasst hier in der freien Natur. Aber gut.

Weil Tsur jetzt schon Hunger hat, beschließe ich, meine Dose Thunfisch zu opfern, die mir Nuri mit auf den Weg gegeben hat. Tsur macht sie auf. Und dann – »Neeeeiiiin! Stopppp! Niiiiicht!« – ist es leider auch schon zu spät. Wenn meine Frau zu Hause das Öl aus der Thunfischdose ins Waschbecken kippt, mag das als kalorienbewusstes Verhalten gerade noch so durchgehen. Aber hier in der Wüste, wo ich um jede einzelne Kalorie betteln muss! Überhaupt weiß ich noch gar nicht, was nach der Thunfischdose und den Vorräten von Nuri überhaupt kommt. Wenn da überhaupt etwas nachkommt. Tsur hat also soeben das komplette Öl im Wüstensand der Negev versenkt. Wie gern hätte ich dieses Öl mit ein paar Krümeln Brot gegessen.

»Sorry, ich wusste ja nicht ...«

Ich drehe gerade eine kleine Runde um Tsur herum und könnte weinen. Es fühlt sich an, als hätte mir jemand etwas von meinem Teller weggegessen. Tsur merkt zum ersten Mal, dass ich verbittert bin. Wortlos gehen wir weiter. Weit sind wir aus Arad auch noch gar nicht herausgekommen. In der Ferne sehen wir einen Antennenmast, an dem Bauarbeiter beschäftigt sind. Tsur möchte dort hingehen. Dort, so denkt er, werde er seinen morgendlichen israelischen Kaffee bekommen. »Tsur, hier ist der Israel Trail«, sage ich und merke, dass er einfach von mir auf Abstand gehen möchte. Ich habe ihn verletzt.

Tsur bückt sich und zündet mit dem Feuerzeug einen kleinen Papierfetzen an, der hier wohl vom Wind an einen Stein geweht wurde. »Das verrottet in der Wüste nicht. Wie können Menschen in der Wüste etwas wegwerfen. Versteh ich nicht.« Dann umarmt er mich. »Christian, geh schon los. Wir sehen uns«, sagt er, dreht sich weg und geht in die andere Richtung. Plötzlich fühle ich etwas Menschliches und Liebenswertes in Tsur. Aber er ist weg. Soll ich ihn aufhalten? Erwartet er, dass ich ihn aufhalte? Ich laufe nach rechts, dem Israel Trail nach. Meine Entscheidung empfinde ich als brutal, als ungerecht. Habe ich ihm eine Chance gelassen, an mich heranzukommen? Wie mag er mich gesehen haben? Das Weitergehen stürzt mich plötzlich in eine tiefe menschliche Krise.

Allein steige ich hoch zum Mount Kina, sehe das Tote Meer, und schon wieder kann ich meine überwältigenden Eindrücke mit niemandem teilen. Was bin ich nur für ein Arschloch? Andererseits: Ich bin erleichtert. Ich fühle mich ohne Tsur so, als ob ich Ballast abgeworfen hätte, so, als ob ich wieder befreit atmen könnte, als wenn ich auf nichts und niemanden im Leben Rücksicht nehmen müsste.

Aber ist das das Leben? Rücksicht nehmen, das trifft es. Beim Abstieg in ein heißes Wadi, ein ausgetrocknetes Flussbett, begegnen mir zwei junge Frauen, die in Eilat gestartet sind. Eigentlich begegnet mir erst Janine und dann fünf Minuten später Liwie. Beide sind bestimmt erst Anfang zwanzig, also halb so alt wie ich. Die Rucksäcke, die sie mit Würde und Leichtigkeit schultern, könnte ich selbst keinen Meter hier hochtragen. Janine und Liwie hiken zusammen, und doch gehen sie ihren eigenen Weg. So etwas kenne ich nur zu gut vom Jakobsweg. Man hält Abstand, lässt jeden sich selbst finden. Man respektiert die verletzliche Aura. Man kommt sich nur nahe, wenn beide es wirklich wollen. Und: Man ist sich auch auf einige Entfernung nahe. Nur, das muss man erst lernen. Allein zu sein und doch auf den anderen zu vertrauen. Ich möchte sagen: vertrauen zu dürfen.

Viel kann ich mit Janine und Liwie »verbal« nicht austauschen, denn keiner von uns dreien ist bereit, gänzlich stehen zu bleiben. Das mag für einen Nichtwanderer merkwürdig klingen, aber keiner von uns möchte seinen eigenen Rhythmus verlieren. Selbst bei einer kurzen Umarmung tänzelt man im eigenen Rhythmus von einem Bein auf das andere, um nicht wirklich stehen zu bleiben. Was dich verbindet, sind Gefühle. Und was man austauscht, sind Dimensionen. »Wie weit kommst du noch mit deinem Wasser?«, »Wie viele Wochen bist du ungefähr schon unterwegs?« oder »Bist du Carlos Goldberg begegnet?« – »Ja.« – »Ich auch, kurz vor Arad.«

Trotzdem entsteht hier draußen im Vorbeigehen so viel Vertrauen, dass ich jedem hier bedenkenlos meinen Auto- oder meinen Haustürschlüssel überreichen würde und sagen könnte: »Bitte, mach nur!« Die laute Welt, so wie wir sie kennen, hat sich zurückgezogen. Sie reduziert sich nun auf echte und völlig unverfälschte Eindrücke. Das ist weit mehr als Lebensqualität. Es macht mich sentimental. Denn: So könnte es sein zwischen uns Menschen.

Tsur habe ich hinter mir gelassen. Allein wage ich mich vor in die Wüste. Und sie ist wahrhaftig schön. Seit vielen Kilometern folge ich nun dem Nahal Kanfan. Ich durchwandere in wilden Windungen einen vorzeitlichen Wasserlauf, und der wird immer enger. Gefangen zwischen kalkweißen Wänden, klettere ich bergab. Ich rutsche und springe in dieser verzauberten Umgebung über kleine ausgetrocknete Wasserfälle, deren Bodenplatten hier in Zehntausenden von Jahren rund geschliffen wurden. Die Kulisse ist unwirtlich und sensationell. Ein Entrinnen gäbe es hier aber so schnell auch nicht. Handynetz? Nein. Mit einem Mal wird mir klar, dass ich jetzt ganz woanders angekommen bin: in der grandiosen Einsamkeit der Negev-Wüste!

Ich bin körperlich und seelisch erschöpft, und das, obwohl es gerade erst Mittag ist. Mittag? Ist mir egal, ich bin depressiv. Eigentlich wollte ich heute mit Tsur meinen siebenundvierzigsten Geburtstag feiern. Ja, heute ist mein Geburtstag, fernab von zu Hause und weit weg von jedem anderen menschlichen Wesen. Die Temperaturen betragen nun gut und gern 35 Grad. Ich muss mich hier hinsetzen und abwarten. Mittags kann und darf ich nicht allein durch die Wüste wandern, schon gar nicht durch ein trockenes Wadi, in dem kein einziger Windhauch die Luft bewegt.

Seit dem Beginn meiner Reise schleppe ich ein nicht so kleines Paket mit mir herum. Es ist mein Geburtstagsgeschenk, das mir meine Kinder mitgegeben haben. Ich möchte jetzt nicht mehr bis zum Sonnenuntergang warten. Plötzlich bin ich mir nicht mehr so sicher, ob meine Reise überhaupt noch weitergeht. Ich lege den Rucksack ab. Er knallt sehr unsanft gegen die Wand des trockenen Bachlaufs. Ich merke, wie kraftlos ich geworden bin. Mein Geschenk befindet sich ganz unten im Rucksack. Ich habe nun Zeit zum Auspacken. Vielleicht packe ich hier das letzte Mal etwas aus. Viele meiner Habseligkeiten liegen nun ausgebreitet vor mir auf den trockenen, hellen Kieselsteinen. Als Erstes fühle ich es, mein

Geschenk. Denn jeden meiner Ausrüstungsgegenstände kann ich nun auch erfühlen, ohne ihn zu sehen. Ich kenne meine Gegenstände. Und ich weiß blind, wo jeder einzelne von ihnen verstaut ist.

Mein Geschenk ist verpackt in rosafarbenem Geschenkpapier und dann noch einmal eingewickelt in Klarsichtfolie. Es fühlt sich weich an, und es wiegt nur etwa 300 Gramm. Gleich werde ich es sehen … Beim ersten Öffnen erblicke ich eine klitzekleine Karte. Aufgeklebt mit Tesafilm ist eine Miniaturkerze, wie man sie auf einen Geburtstagskuchen steckt. Auf die Karte haben meine Kinder etwas geschrieben. Ich lese die ersten Zeilen, und dann bricht es aus mir heraus.

Im richtigen Leben bin ich wohl oft zu Stein geworden, aber hier überwältigen mich meine Gefühle mit einer unglaublichen Intensität, mit gewaltiger Wucht. Das echte Leben schlägt mir, der ich darauf gar nicht vorbereitet bin, entgegen. Einer wie ich, der immer einen großen Schutzwall mit sich herumträgt. Mauern, so hoch, dass ja kein anderer in mich eindringen kann. Was meine Kinder mir schreiben, und auch meine Frau, bewegt mich zutiefst. Es macht mich ganz klein. Es ist der schönste Augenblick meines Lebens. Der schönste, und der empfindlichste. So schutzlos wie heute war ich noch nie, so hin- und hergerissen, so weit weg, so am Ende, so nahe am Aufgeben. So nahe an der Grenze, wo du siehst, was bisher war, und dass nur großes Glück dich hier auf dieser Erde Gast sein lässt.

Ich stecke die kleine Geburtstagskerze vor meinen Füßen in den Sand, suche mein Feuerzeug heraus und zünde sie an. Dann ist nichts mehr »Mann« in mir. Ich weine wie ein kleines Kind, weit weg von allem, was ich je gefühlt habe. Meine Kinder haben mir Cantuccini geschenkt, mein italienisches Lieblingsgebäck aus Mandeln. Ich mache die Packung auf. Auch wenn einiges davon schon sehr zerbröselt ist, es schmeckt gut und süß auf meiner Zunge. So intensiv habe ich noch niemals in meinem Leben einen

Geburtstag erlebt. Es ist der schönste Geburtstag meines Lebens. Ich bin sicher, er wird es auch bleiben. »Größer« geht es nicht. Weit weg von allem. Und so nahe dran an meinen Kindern und an meiner Frau. Was sonst echte Nähe ist, ist nun gedankliche Nähe. Sie fühlt sich verdammt gut an. Ich weiß, dass alle drei bestimmt auch gerade an mich denken. Herrgott, was will ich mehr im Leben. Das ist der Höhepunkt, gefühlt auf jeden Fall.

Zum ersten Mal in meinem Leben fühle ich mich, als sei ich angekommen. Es muss nicht mehr nach oben gehen. Ich darf meinen Ehrgeiz loslassen. Ich bin sicher: Bergab wird es leichter, in meiner zweiten Lebenshälfte. Es geht jetzt so weit, wie Gott es mir schenkt. Ich muss mich nicht mehr verbiegen. Ich bin kein Teenager mehr, eher schon ein älterer Herr. Jedenfalls habe ich das Gefühl, als würden sich Millionen und Abermillionen Synapsen in meinem Gehirn gerade neu vernetzen und sich vorbereiten auf das Neue, das da kommt. Ich bin gerührt und glücklich.

Dann mache mich wieder auf den Weg. Ich führe keinerlei Selbstgespräche mehr. Für den Rest des Tages geht es ganz still voran. Ich muss noch das Night Camp Be'er Efe erreichen. Überhaupt, was ist ein Night Camp? Wie wird es aussehen? Treffe ich dort andere Menschen? Und finde ich dort mein Wasser? Ohne Wasser kann man nicht in die Wüste aufbrechen. Das wäre Selbstmord. Betteln geht nicht. Selbst wenn man auf einen entgegenkommenden Wanderer stößt, kann man ihm alles, nur nicht sein Wasser nehmen. Da hört der Spaß auf. Denn das bringt den anderen selbst in Lebensgefahr. Ohne ausreichend Wasser überlebt man hier nicht. Deshalb habe ich mir vor meinem Israel Trail schon zu Hause überlegt, welche Möglichkeiten es für die Wasserversorgung gibt.

Da gibt es Selbstversorger. Wanderer, die erreichbare Versorgungspunkte am Trail zuvor mit dem Jeep ansteuern und sich dort Wasservorräte vergraben. Organisatorisch müsste man hierzu die Strecke Arad-Eilat und zurück bewältigen und die vielen Night

Camps in der Wüste auch finden, mit hebräischen Karten keine leichte Aufgabe. Man sollte hierfür mindestens zu zweit sein. Mindestens. Und man muss sich im Klaren darüber sein, dass man finanziell gesehen wohl kaum etwas sparen kann.

Hiker sollen es ohne Wasserdepots auch schon geschafft haben. Aber das dürfte Hardcore sein. Wasservorräte à 8 Liter pro Tag für etwa drei Tage neben der normalen Ausrüstung mit sich herumzutragen ist schon grenzwertig. Und um alle drei Tage zuverlässig Wasser zu haben, muss man auch noch sehr gut planen.

Eine andere Möglichkeit bieten Unternehmer an, die an bestimmten Versorgungspunkten grob gesagt Wasserflaschen verbuddeln. Water-Caching nennt sich das. Davon habe ich kurz vor meiner Abreise mehrere angeschrieben, aber nur von einem eine Antwort erhalten: von Dr. Haim Berger. Und zwar ein »NEIN«. Haim schrieb mir auf meine E-Mail von 23:00 Uhr um 23:30 Uhr zurück, dass er immer gern helfe, aber beim besten Willen nicht 1000 Wüstenkilometer umsonst fahren könne. Für Studenten und in diesem Falle auch für mich würde er jedoch einen Preisnachlass gewähren.

Dachte ich es mir doch. Ein Nein! Mit diesem Nein bin ich »damals« dann nach unten ins Wohnzimmer gerannt und habe meiner Frau erzählt: »Das geht nicht, der hat Nein gesagt.« Conny hat mich daraufhin ausgelacht und meinte: »Was bist du denn für ein Weichei? In die Wüste gehen wollen und beim ersten Nein das Handtuch werfen! Spinnst du?« Dann ergänzte sie: »Du gehst jetzt hoch und schreibst ihm noch einmal. Ich warte hier.«

Also bin ich zurück ins Büro geschlichen und habe Haim Berger noch einmal mein Vorhaben erläutert. Es dauerte keine fünf Minuten, bis ich eine Antwort erhielt. Ob ich denn sein Nein nicht verstanden hätte? Er habe schließlich vier Kinder, die er ernähren müsse, und er könne nicht völlig umsonst Wasser in der Wüste ausfahren.

Fünfte Woche

Also geh ich wieder zu meiner Frau. »Ich sag's doch. Nein. Er hat vier Kinder und …« Wobei mich Conny auch schon unterbricht und sagt: »Und du hast zwei Kinder. Geh hoch und schreib ihm das. Schick ihm ein Foto. Fang an zu kämpfen. Oder denkst du, jeder wird dir das Wasser nachwerfen?«

Wütend gehe ich nach oben. Richtig wütend. Und ich schreibe ihm: »Lieber Haim«, wobei ich ihn in meiner Wut respektlos duze. Dann kläre ich ihn auf, dass ich auch zwei kleine Kinder habe, die total süß sind. Und ich möchte auch gern seine Familie kennenlernen. Ich bitte ihn noch einmal, mir zu helfen. Während ich schreibe, schwindet mein Mut. Doch ich habe das Gefühl, als wenn Gottes Hand meine Finger bewegt und gute Gedanken einkehren lässt.

Haim schreibt mir um 00:15 Uhr zurück: »Lieber Christian, okay, ich helfe dir mit Wasser, du gibst ja doch nicht auf. Ich freue mich auf deinen Besuch. Und auch meine Frau freut sich auf dich. Ich habe ihr deine E-Mail mit dem Foto gezeigt. Ruf mich an, wenn du in Israel bist. Ich helfe dir! Good luck, Dein Haim.«

Gestern habe ich Haim angerufen. Er hat mir per SMS eine Art Schatzkarte geschickt, mit der ich heute mein Wasser finden werde. Am Spätnachmittag komme ich da an, wo das Night Camp sein soll. Ich gehe immer wieder vor und zurück, aber das hier muss es sein. Eigentlich nur ein paar Steine im Kreis, die einen Platz zum Verweilen markieren. Wenn man nicht aufpasst, geht man daran vorbei. Ich lege meinen Rucksack ab und mache mich auf die Suche nach Wasser. Das geht in etwa so: »Geh 500 Meter am Trail nach Norden. Dann siehst du einen etwa 10 Kilo schweren Stein. Gehe hier nach links, 30 Schritte. Dann gehe den Hügel nach oben. Am rechten kleinen Strauch 5 Meter weg gen Süden. Grabe hier.« Gesagt, getan. Allerdings dauert es eine gute Stunde, bis ich fündig werde. Und in dieser Stunde geht mir vieles durch den Kopf. Jetzt muss ich nur noch mit meinen sechs Eineinhalbliter-Flaschen zurück zum Night Camp.

Im letzten Licht schlage ich mein Zelt auf. Der Untergrund ist hart und steinig. Mein Zeltplatz liegt quasi direkt auf dem Trail. Links und rechts begrenzen leichte Hügel mein Gelände. Gegen Süden hin geht der Trail nach oben. Unter mir liegt die Wegstrecke, die ich gerade nach oben gestiegen bin. Night Camps liegen oft in der Nähe von Straßenverbindungen. Auch hier wäre ich nicht weit weg von einer Straße und zur Not schnell zurück in der Zivilisation. Mein Schlafplatz liegt jedoch fernab von jeglichem Geräusch. Ich fühle mich wie in den Bergen, nicht wie in der Wüste.

Nach Sonnenuntergang beginne ich zu frieren, auch vor Erschöpfung. Es ist einsam, und ich vermisse Tsur. Könnte ich den heutigen Tag nur zurückspulen! Es noch einmal besser machen, bei Tsur bleiben. Schade, ich hätte mich schon irgendwie auf ihn eingestellt. Ich sitze schon sehr lange hier herum und fange an zu beten: »Lieber Gott, was soll ich tun? Zurückgehen? Auf Tsur warten? Ich bitte dich, schenke mir einen Begleiter. Bringe mir Tsur zurück!«

Im Halbschlaf höre ich dann schwere Schritte. Es ist Tsur! Auch Tsur hat Wasser von Haim dabei. Und wie sollte es anders sein, als dass ihm direkt neben meinem Zelt der ganze Sechserpack aus der Hand fällt und zwei Flaschen augenblicklich ihren Inhalt an den Wüstenboden verschenken. »Macht nichts. Ist genug für einen Tee«, sagt Tsur, und dann umarmen wir uns erst einmal. Tsur hat im Gegensatz zu mir Kochgeschirr und sogar Feuerholz dabei. Feuer machen kann er. Trotz Wind und ganz wenig Holz zaubert Tsur im Nu ein kleines romantisches Feuer und setzt Teewasser auf. Jetzt habe ich keine Angst mehr vor der Wüste!

Von Night Camp zu Night Camp

Von Be'er Efe nach Meizad Tamar

Etwa 18 Kilometer, 330 Höhenmeter Gesamtanstieg.
Trinkwasserverbrauch 6 Liter.

Es ist noch fast dunkel, als ich aufwache. Ich habe gut geschlafen, auch wenn der Untergrund sehr hart war. Denn meine »Matratze« ist in der Nacht kaputtgegangen. Jetzt beneide ich Tsur. Er hat eine uralte Isomatte, wie es sie vor 20 Jahren schon gab. Man sieht ihr die Gebrauchsspuren deutlich an. Aber sie ist eben auch unkaputtbar. Nicht so meine Hightech-Luftmatratze. Die Steine unter mir sind messerscharf, fast so wie Glasscherben. Was für eine dumme Idee war es da nur, eine aufblasbare Isomatte mitzunehmen, noch dazu, wo dieses Stück unbrauchbarer Luxus ein ganzes Kilo wiegt. Selbstverständlich habe ich auch Flickzeug mitgenommen. Nur dass ich in der Wüste die Isomatte kaum in eine Badewanne stecken kann, um zu sehen, wo die Luft denn rausgeht.

Wach bin ich also, und meine Knochen tun weh, und das meine ich wirklich so: Jeder einzelne Knochen tut weh. Dafür ist es hier im Freien gleich so traumhaft schön, dass es mir wieder gut geht. Der Himmel war eben noch fast schwarz. Jetzt hat er über mir ein intensives tiefdunkles Blau angenommen. Noch sehe ich die Sterne über mir, nur am Horizont sind sie bereits verschwunden. Dort färbt sich der Himmel gerade orange. Tsur schläft noch tief und fest neben meinem Zelt. Ich hatte gestern noch ein schlechtes Gewissen, dass er neben mir im Freien schlafen muss. Doch Tsur hat auch irgendwie recht, wenn er mich in Sachen »Zelt in der Wüste« ein wenig belächelt. Wofür eigentlich brauche ich hier ein Zelt?

Weil die heutige Etappe bis zum Night Camp Meizad Tamar nur 17 Kilometer beträgt, bin ich mit Tsur gnädig. Ich wecke ihn erst, als die Sonne aufgegangen ist. Dann aber werde ich ungeduldig. Tsur bricht gemeinsam mit mir auf. Heute gehen wir jedoch ein wenig auf Abstand. Tsur läuft immer wieder einmal einen halben Kilometer hinter mir her. Er geht seinen eigenen Weg, und das finde ich gut. Manchmal warte ich auf ihn, und wir gehen dann ein paar Meter gemeinsam. Später genießen wir wieder das Wandern allein. Es gibt mir ein gutes Gefühl, zu wissen, dass mir einer nachfolgt. Ebenso gut ist das Gefühl, nicht ständig gebunden zu sein, es mit Tsur etwas langsamer angehen zu lassen.

Ich durchschreite gerade das Nahal Gemalim. So, wie Tsur es ausspricht, hört es sich wie »Geh mal hin« an. Ich gehe also durch das »Geh-mal-hin-Tal«. Weil ich lachen muss, muss ich Tsur das auch übersetzen. Es wird zu unserem »come-on-go-there valley«. Gemalim hört sich dann aber auch an wie »Gemahlin«, »the peeress valley« oder »housewife valley«, wie Tsur anmerkt.

Die Wüste erschlägt mich heute mit erbarmungsloser Hitze und absoluter Windstille. Sie beschert mir ein Vorgefühl auf das, was noch kommt. Ich habe das Gefühl, dass sie mir gleich zu Beginn den nötigen Respekt einflößen möchte, den man als Wanderer vor ihr haben sollte. »Werde nicht leichtsinnig, nimm mich ernst«, möchte sie mir wohl sagen. Gegen Mittag knallen die Sonnenstrahlen dann senkrecht auf meinen Kopf, und es wird beschwerlich. Ich bekomme fast ein wenig Panik wegen der Hitze. Weit und breit ist hier nichts, was mir Schatten spenden könnte. Tsur hat mich eingeholt und hält mir gleich eine kleine Predigt über meine Unvernunft.

»Warum hast du nicht vor einer Stunde Pause im Schatten gemacht?«, will er wissen.

Ich antworte ihm etwas pampig, warum er selbst denn keine Pause gemacht habe. Tsur entgegnet mir: »Wie denn, ich kann dich doch da nicht allein in die Wüste gehen lassen.« Was für eine Aussage! Fast wie meine Mutter früher: »Kind, setz doch deine Mütze auf. Hast du dein Pausenbrot auch dabei?« Und das nun von Tsur.

Fünfte Woche

Ich stelle also mein Zelt auf, um für eine Pause in der Mittagshitze meinen Schatten selbst zu erzeugen. Tsur lacht und meint: »Lass uns weitergehen. Lass uns Schatten finden.« Kopfschüttelnd sieht er mir dabei zu, wie ich mein Zelt aufschlage. Als es dann schließlich steht, möchte ich mich in den Schatten verkriechen und stelle fest, was Tsur schon vorhergesehen hat: »Das klappt nicht. Es ist kein Beduinenzelt.« Zu dumm, dass Tsur recht hatte. Das ärgert mich jetzt erst richtig. Im Zelt ist es jedenfalls so extrem heiß, dass man sich unmöglich dort aufhalten kann. Tsur setzt nach und meint trocken: »Kreislaufversagen in 10, 9, 8, 7 ...« Ganz langsam und sichtlich mit einer gewissen Schadenfreude zählt er rückwärts.

Während ich mich beim Zeltaufbauen völlig verausgabt habe, ist er stehen geblieben und hat der Sonne die geringstmögliche Angriffsfläche und dem Wind die größtmögliche Oberfläche zum Kühlen geboten. Nicht schlecht! Das Zusammenbauen meines Zeltes deprimiert mich, weil ich erkenne, wie blödsinnig dieser Versuch war. Gleichzeitig erkenne ich meine Hilflosigkeit und die Übermacht der Natur. »Keine Fehler machen hier draußen«, sagt Tsur und klopft mir auf die Schulter.

Die nächsten Kilometer werden für mich zur Qual. Tsur entdeckt in der Ferne eine von Menschenhand gemachte Linie. »Dahinten: Das ist ein Förderband für Potassium (Kalium) vom Toten Meer nach Zafit.« Je näher wir kommen, umso mehr sieht alles wie in einem Science-Fiction-Film aus. Die Wüste ist verlassen und menschenleer, und doch kreuzt hier ein vollkommen utopisches Förderband unseren Weg. Es kommt von links aus der Weite und verschwindet rechts in der Unendlichkeit. Das laute Surren der Förderanlage wirkt bedrohlich. So wie hier muss es auf dem Mars aussehen, wenn die ersten Kolonien dort vollkommen automatisch wertvolle Rohstoffe fördern. Schon seit einer guten Stunde sehe und höre ich die Anlage. Dennoch scheinen wir ihr nicht näher zu kommen. Viel zu klein sind wir Menschen, und viel zu groß ist die Wüste. Dort angekommen, stehe ich vor einem Förderband auf hohen Stelzen. Da surren wohl Tausende von Rollen, die das schwarze Band vorantreiben. Ein gespenstischer Anblick. Doch es ist tatsächlich kühl hier im Schatten des Bandes.

Eine Blechtafel weist uns darauf hin, dass wir hier strenggenommen noch gar nicht in der Negev sind, sondern gerade die judäische Wüste durchstreifen. Die Wüste Juda ist eine Halbwüste, die an die Negev und das Tote Meer angrenzt. Sie ist stark von Terrassen und Steilhängen geprägt. Hier soll es sogar Wadis geben, die bis zu 620 Meter tief sind.

Erschöpft setze ich mich im Schatten eines Betonpfeilers auf den Boden. Jetzt gibt es Wasser und etwas Brot. Auch Tsur holt sein Wasser, nur verwendet er es erst einmal wieder ausgiebig zum Händewaschen. Die Substanzen am Förderband könnten ja giftig sein. Sehr gemütlich ist es hier nicht. Sobald die ersten Kräfte zurückkehren, machen wir uns wieder auf den Weg.

Am Nachmittag erreichen wir im Abstand von einer halben Stunde das Nachtlager Meizad Tamar. Ein schöner Ort! Als Wanderer hat man hier wieder einmal gute Sicherheit. Das Nachtlager liegt unweit einer Straße. Hier könnte man im Notfall ein Fahrzeug anhalten. Die nächstgelegene Stadt wäre Dimona. Und wenn man sich auf einen der kleinen Hügel begibt, hat man hier auch ein Handynetz. Als Erstes begutachte ich meine nähere Umgebung ein wenig. Und die ist reichlich spektakulär. Mein Zelt werde ich hier aufschlagen, genau vor den Ruinen der ehemaligen römischen Festung Meizad Tamar. Ich bin erstaunt, dass die alten Ruinen weder beschriftet noch abgesperrt sind. Alles ist hier vor meinen Augen einfach so da: zerfallene Gebäude, große Steinquader, Innen- und Außenanlagen. Dass ich hier übernachten kann, keinen Touristen vorfinde, keinen Eintritt bezahlen muss, empfinde ich als unglaublich.

Mein Wasser von Haim Berger entdecke ich recht schnell. Es ist wirklich exakt da zu finden, wo es in meiner heutigen Schatzkarte eingezeichnet ist. Unterwegs stoße ich auch noch auf ein paar Feuerstellen mit Holzkohleresten. Sorgfältig sammle ich ein, was ich finden kann. Totes Strauchwerk oder kleine Äste darf man hingegen nicht verwenden. Das ist hier streng verboten. Niemand soll das ökologische Gleichgewicht stören. Auch totes Holz in der Wüste gehört in Israel zum schützenswerten Gut. Ranger haben aber ein Herz für Wanderer und hinterlegen hin und wieder alte Holzpaletten an den Night Camps, die man dann als Feuerholz verwenden darf.

Tsur und ich haben heute nicht mehr viel Essbares dabei: ein wenig Brot und eine Couscous-Fertigsuppe. Das Feuer hebt aber die Stimmung und schafft Romantik pur. Dass man nun auch noch nach verkohltem Zeug stinkt und sich nicht richtig waschen kann, stört mich längst nicht mehr. Vor der morgigen Tour habe ich großen Respekt. Sie soll lang und hart sein. In der Nacht verlasse ich mein Zelt und schlafe endlich im Freien. Es ist herrlich hier draußen!

Zu Fuß über den Mars: der Makhtesh-Katan-Krater

Vom Meizad Tamar zum anderen Ende des Kraters
Auch HaMakhtesh, HaKatan oder »The Small Crater« genannt.
Etwa 21 Kilometer, 710 Höhenmeter Gesamtanstieg.
Trinkwasserverbrauch 10 Liter.

Vor lauter Nervosität wache ich schon um halb fünf auf. Tsur möchte noch schlafen. Ich verabrede mich mit ihm am »Exit Point« im Makhtesh-Krater. Der sogenannte Notausstieg entspricht in etwa der halben Wegstrecke. Zusätzlich verabreden wir, uns ab 12:00 Uhr zu jeder vollen Stunde anzurufen. Dann kann jeder versuchen, ein Netz zu bekommen. Ohne große Worte trennen sich unsere Wege. Adrenalin durchströmt mein Blut. Heute liegen weit mehr als bloße 22 Kilometer nicht ungefährlicher Wegstrecke durch die Wüste vor mir. Was vor mir liegt, soll einer der gewaltigsten Erosionskrater dieses Planeten sein, der Makhtesh-Katan-Krater. In Israel nennt man ihn liebevoll auch »The Small Crater«, denn es gibt einen noch größeren Krater im Land, den Makhtesh-Ramon-Krater. Auch er liegt noch auf meinem Israel Trail.

Mein heutiger Krater bedeutet ein etwa 35 Quadratkilometer großes und einen halben Kilometer tiefes Loch in der Erdoberfläche. Die ersten 6 Kilometer darf ich mich ein wenig aufwärmen. Nach einem gemütlichen Abstieg geht es sanft bergauf zum Observation Point. Die Landschaft ist unglaublich schön. Sand und roter Lehm liegen zwischen den schroffen Steinen unter meinen Füßen. Der Trail hat hier nichts mehr gemein mit dem Israel National Trail, wie ich ihn vom Norden her kenne. Hier ist er ein Bergpfad, einsam, anspruchsvoll und traumhaft ruhig. Bis jetzt ist mir niemand begegnet. Ich sehe keine Menschen. Ich sehe auch nichts mehr von unserer modernen Welt. Hier sind keine Straßen, keine Autos und keine Häuser. Hier ziehen auch keine Beduinen durch. Was mir hier begegnet, ist die totale Einsamkeit.

Du beginnst den Wind zu hören, wie er dir etwas erzählen möchte. Du beginnst die sandige Luft zu fühlen, die deine feuchten Finger durchstreift. Du spürst die Schmerzen, die der schwere Rucksack dir zufügt. Du fühlst die Leichtigkeit des Gehens und doch die Schwere und die Wehmut, die in dir stecken. Du fühlst, wie du gern zu zweit wärst und doch wieder nur allein bist. Du verspürst Hunger und weißt: »Ich habe fast nichts mehr.« Und hier beginne ich nachzudenken, wie unglaublich verrückt meine Reise doch ist. Heute Morgen habe ich mit meinem Messer den angebrannten Bodensatz aus Tsurs Pfanne herausgekratzt, weil ich einen so erbärmlichen Hunger hatte. Und den habe ich noch immer. Ich habe nur noch eine viertel Scheibe Pitabrot dabei, recht alt schon, angeschimmelt. Und da ist dann auch noch ein grüner Apfel, etwa ein Drittel davon, um genau zu sein.

Ich habe viel Wasser mitgenommen. Doch bereits auf meinem Weg zum Observation Point habe ich unvorstellbare 6 Liter getrunken. Dabei ist es noch nicht einmal zehn Uhr, und es ist noch kühl. Ich war noch kein einziges Mal Wasser lassen, will heißen: Ich trinke zu wenig. Ich fange an zu rechnen. Und meine Bilanz sieht da gar nicht gut aus. Ich bin heute mit sagenhaften 10 Litern Wasser aufgebrochen. Jetzt sind es nur noch 4 Liter. Dabei habe ich den Rand des Kraters noch gar nicht erreicht.

Unterwegs treffe ich eine alte Bekannte. Eine kleine violette Blüte, deren Namen ich nicht kenne. Aber kurz nach Arad habe ich ihre Familie schon einmal getroffen. Und so ist es mir eine Ehre, sie von ihren Verwandten zu grüßen. Längst führe ich wieder Selbstgespräche mit mir – und meiner Blüte. Meinen Rucksack nehme ich nicht mehr ab. Auch nicht, wenn ich mich niederknie. Wie ein klobiger Dinosaurier komme ich mir vor, wenn ich mit ihr spreche. Plump, unbeholfen, klobig. Ich entstamme einer anderen Welt. Im Gegensatz zu ihr kann ich mich physisch fortbewegen, und ich kann schnell sein. Andererseits wäre ich hier neben ihr schon nach wenigen Stunden ohne Wasser einfach tot. Ich muss also weiter. Zurück oder nach vorn.

Mit einem merkwürdigen Gefühl gehe ich die letzten Meter nach oben zum Rand des Kraters. Das, was ich da sehen werde, wird überwältigend sein. Ich kann es spüren. Mein Herz schlägt wie wild bis hoch zum Trommelfell. Ich stütze mich mit den Armen auf den Oberschenkeln auf. »Ganz langsam«, sage ich zu mir. Während ich die Augen kurz schließe, sehe ich intensives Blau und eine Melodie von Ockertönen. Farben werden zu Tönen, und Töne werden zu Farben. Hier draußen kann man leicht anfangen zu spinnen. Man ist sich selbst so nahe wie nie zuvor. Ich mache nur noch ganz kleine Schritte nach oben. Dabei begebe ich mich in zwei Parallelwelten. Einerseits scheint da vor mir diese unwirkliche, echte Welt zu sein. Und zum anderen scheine ich mich gerade irgendwie durch mich selbst zu bewegen. Die letzten Meter werden dann zu einer Filmszene, zu einer Kamerafahrt, bei der die Perspektive zunehmend an Weitsicht gewinnt, weil die Kamera an einem unsichtbaren Kran nach oben bewegt wird. Und dann stockt mir der Atem.

Innerhalb des Bruchteils einer Sekunde erreichen meine Augen exakt die Höhe des Kraterrands. Vor mir breitet sich schlagartig eine Marslandschaft aus. Mein Blick kann plötzlich in eine surreale Ferne schweifen, eine Ferne, die ich so noch nie gesehen habe. Der Ausblick, der sich unter meinen Füßen auftut, ist atemberaubend schön. Nur wenige Zentimeter weiter, und es geht hinunter in die Hölle. Mit den Fußspitzen trete ich ein paar Kieselsteine los, die vor mir in eine unendliche Tiefe prasseln. Fast einen halben Kilometer stürzt hier die Flanke des Makhtesh Katan nahezu senkrecht nach unten.

Ich trete behutsam ein paar Schritte zurück und stütze mich an einem Steinmännchen ab. Mit meiner kleinen Kamera möchte ich diesen Moment festhalten. So drehe ich mich mit ausgestrecktem Arm zweimal um meine eigene Achse. Meinen Rucksack habe ich abgelegt. Kann ich mir hier den letzten Teil meines Apfels leisten? Wird Tsur hierherkommen? Vor dieser überragenden Naturkulisse stehe ich da wie ausgeschnitten. Als wäre ich diese kleine Blüte, die nur für einen kurzen Augenblick aufblühen darf, in einem Zeitgeschehen, dessen Maßstab Jahrmillionen sind.

Noch immer stehe ich da. Mein Mund ist offen, und ich bestaune fassungslos diese sagenhafte Landschaft. Was würde ich jetzt dafür geben, diesen Moment – den schönsten Moment in meinem Leben – mit meiner Familie teilen zu dürfen. Ja, ich sage das ganz bewusst: der schönste Moment in meinem Leben. Schon einmal hatte ich hier in Israel dieses unbeschreiblich schöne Gefühl, angekommen zu sein im Leben. Da zu sein, wo man sein möchte, Glück zu empfinden und tiefe innere Ruhe zu verspüren.

Jetzt ist wieder so ein Moment. Und ich möchte ihn so gern mit einem anderen Menschen teilen. Kein Film der Welt, kein Foto, kein Gemälde und keine geschriebene Zeile werden jemals das ausdrücken können, was ich jetzt gerade verspüre. Das ist die Fortsetzung meines Jakobswegs. Denn danach ging es in ein tiefes, tiefes Tal. Meine Depressionen haben mich getrennt von meiner Familie, haben mich sprachunfähig gemacht. Ein langer Weg war das, ein Weg mit vielen Verlusten, aber auch ein Weg mit vielen Erkenntnissen. Es waren drei lange Jahre bis heute.

Aber selbst in meinem tiefsten Tal habe ich immer vom Wandern geträumt. Ja, ich habe wirklich davon geträumt. Tag und Nacht. Ich habe davon geträumt, obwohl meine Ärzte mir gesagt haben, dass man mit diesen Medikamenten gar nicht mehr träumen kann. Und heute stehe ich hier und denke: *Das ist er, der Ort meiner Träume!* Eines Tages werde ich diesen Moment malen, so wie ich mich dann daran erinnere. Hier am Rande des Kraters zu stehen lässt meine Gefühle Achterbahn fahren. Aber ich kann mir hier nicht viel Zeit nehmen. Meine Reise durch den Krater geht ja gerade erst los.

Ich nehme meinen Rucksack hoch und genieße den Rest des halb fermentierten Apfels im Gehen. Es »geht« nach unten. Und ich empfinde jeden kleinen Schritt als symbolischen Schritt. Schon nach 10 Höhenmetern fühlt sich der Abstieg in den Höllenschlund des Kraters an, als wenn man unter die Wasseroberfläche tauchen würde. Es fehlt dir die Luft. Völlig erschöpft rasen mir Motive von Steinzeitmalerei durch den Kopf. So etwas wie Wind und Luft spüre ich nicht mehr. Es ist schlagartig unbarmherzig heiß und vollkommen windstill geworden. Willkommen auf dem Mars! Jeder Schritt, den ich jetzt mache, erscheint mir absolut unwirklich. Wie in einer Traumwelt. Ich spüre, dass mein Leben am seidenen Faden hängt. Jeder Fehltritt hier würde zu einer Nahtoderfahrung werden, wenn Tsur mir nicht folgt. Ansonsten würde ich hier wegen einer Lappalie einfach elendiglich verrecken.

Wie blöd bin ich nur, um Freiheit zu spüren? Meine Wanderschuhe sind viel zu eng für diesen Abstieg. Jeden Meter könnte ich mir sämtliche Knochen brechen. Vor lauter Angst bin ich völlig außer Atem. Hier bräuchte ich Stöcke und gutes Schuhwerk, ein Satellitentelefon und einen Bergführer. Und Gott und ... habe ich da gerade eben Gott gesagt? Ist er bei mir? Wird er mich auch heute wieder führen und begleiten? Ist es ein guter Gott? Gibt es ihn?

Ich höre einen beunruhigenden Pfeifton in meinen Ohren. Ich muss etwas trinken. Hier verspürt man keinerlei Durst. Man muss sich also zwingen zu trinken. Wie lange werden meine Wasservorräte noch reichen, wenn ich etwas trinke, ohne Durst zu verspüren? Wie geht es meiner Frau und meinen Kindern? Denken sie gerade nicht an mich? Gleich, in einer Viertelstunde, werden sie an mich denken. Da bin ich online. Bin ich schon am Verrücktwerden?

Auf dem Weg nach unten mache ich ein paar Fotos. Wahllos. Ich könnte alles hier fotografieren, weil es so spektakulär schön ist. Ich bräuchte jetzt eine Kamera, die selbstständig alle zwei Sekunden eine Aufnahme schießt. Später werde ich feststellen, dass ich von den bewegendsten Momenten kein einziges Foto habe. Wüste ist langweilig? Oh, mein Gott, was für eine simple Vorstellung hatte ich von Israel. Gerade laufe ich durch eine Passage mit violettem Sand und grünem Boden. Ein neues Element im Periodensystem? Israelitium 215, Palästinium 216 oder ein Arabium-Isotop? Ein smaragdgrüner Nazarethist? Komplementär vereint mit einem violetten Gazaretisten? Kristallin, beständig, friedlich? Es wird still auf dem Weg in die Hölle des Kraters. Und es wird beängstigend schön. Einen Ausflug wie diesen würde ich definitiv einem Ausflug mit »Spaceship One« gleichsetzen. Man ist Gefangener des Augenblicks und weiß nicht, ob man je zurückkommt.

Der Abstieg ohne Menschen erscheint mir abstrakt. Selbst auf meinem geliebten Geigelstein in den Bayerischen Alpen würde mir sogar um Mitternacht irgendein durchgeknallter Bergsteiger begegnen. Wäre es nicht so heiß, hätte ich das Gefühl, ganz langsam auf den Meeresboden zu sinken. Sand, Steine, Felsen. Ich weiß nicht, ob mir meine Umgebung gerade wohlgesonnen ist. Mein Wasservorrat hat sich mittlerweile um weitere eineinhalb Liter auf gefährliche zweieinhalb Liter reduziert.

Im Tal des Kraters spüre ich mich dem Himmel fern. Ich bekomme gerade so etwas wie eine kleine Panikattacke. Ich muss mir mit Gewalt einreden: »Alles ist gut.« Schon um elf Uhr bin ich hier, am Exit Point. Von dort aus kann man den Krater in wenigen Stunden verlassen, ohne noch einmal aufsteigen zu müssen. Ich drücke mich mit aller Kraft an eine Felswand, um ein wenig Schatten zu bekommen. Die Hitze hier unten macht mich fast verrückt. Ich will auf Tsur warten. Er kommt nicht. Dann brülle ich so laut ich kann: »T-s-u-u-u-r« in die Hölle des Kraters. »Tsur« hallt es noch mehrere Sekunden nach, doch außer dem Echo kommt keine Antwort zurück. Meine innere Uhr sagt mir, dass ich flüchten sollte. Das Warten auf Tsur erfüllt mich mit nackter Angst ums Überleben. Mein Wasservorrat sinkt auf unter 2 Liter. Die schiere Angst legt nun den Fluchtschalter in mir um.

Nach geschlagenen zwei Stunden kann ich nicht weiter warten. Handynetz – was für ein Unfug. Natürlich gibt es in diesem Krater kein Netz. Wie auch? Ein Ausstieg ist auch schon nicht mehr drin, weil ich einfach zu weit gegangen bin, an mein absolutes Limit, an mein mögliches Ende. Hier jedenfalls haben mich alle guten Geister verlassen. Ich befinde mich in akuter Lebensgefahr. Ich gehe weiter. Schwindelig vor Durst. Das Glücksgefühl, das mir mein Körper gerade beschert, ist ein absoluter Fake. Es ist nicht echt. Ich bin dehydriert und extrem unterzuckert. Ich laufe in Schlangenlinien durch die Wüste, erzähle in meinen Selbstgesprächen Mist, stürze immer wieder, breche zusammen, stehe auf, rutsche auf Knien, fantasiere, träume, empfinde Glück. Gefährliches Glück. Meine Endorphine peitschen mich voran, wie unter

Drogen. Bin ganz allein hier. Krieche nach oben. Leute kommen mir entgegen. Ich lache laut, stehe auf und stürze wieder. Leute. Was für Leute? Ich habe Nasenbluten, gehe weiter. Dann sehe ich: Da kommen tatsächlich Leute auf mich zu. In Zeitlupe gehen sie an mir vorbei. Ich höre viele Schaloms und breche zusammen. »You need water«, sagt eine Frau und hält mir ihre Flasche an den Mund. »Triiiink!!!«, höre ich es im Krater hallen, und alles dreht sich um mich herum. »Jana«, höre ich, und »Aufstehen, komm«. Dann stehe ich vor einer Gruppe älterer Israelis, die von der anderen Seite in den Krater abgestiegen sind.

»Ich bin Levi«, höre ich den Mann neben Jana sagen. Er stützt mich, und dann umarmt er mich. Levi fühlt meinen Puls und setzt sich mit mir gemeinsam in den Sand. Jana stellt sich sofort so hin, dass ich Schatten habe. Levi möchte mich mitnehmen zurück zum Exit Point. Dann sieht er in meinen Augen, dass nichts in der Welt mich jetzt aufhalten könnte. Levi beginnt, deutsch mit mir zu sprechen. Da friert es mich. Er kommt mir so verdammt nahe.

»Was treibt dich an? Warum willst du weitergehen?«, schreit Levi mich an. Aus meinem Rucksack krame ich mein schwarzes Tagebuch hervor, werfe alles andere auf den Boden. Ich schlage mein Büchlein hastig auf und blättere bis zu der Seite, an der mir meine Kinder ein Familienfoto eingeklebt haben. Ich zeige Levi meine Familie: »Das treibt mich an«, sage ich.

»O Gott, wie süß«, sagt Levi und schweigt. »Aber warum willst du weitergehen? Du hast alles in deinem Leben, was man erreichen kann. Manche nennen es auch Glück!« Ich nicke und streiche mit den Fingern behutsam über das Foto. Levi packt mich mit seinen Fingern an der Wange und fragt: »Es geht um dich, … oder?« Levi hat mich getroffen. Wer ist er nur?

»Ja, Levi. Ich weiß es nicht …«

Und Levi antwortet: »Exactly, du weißt es nicht. Und deshalb möchtest du herausfindenden, wer du bist, wer dein Gott ist. Ja, verstehe ich.« Levi schweigt lange Zeit und sagt dann: »Ich selbst habe lange gebraucht dafür, sehr lange. Ich habe auch Kinder. Sie und meine Frau sind das Wichtigste in meinem Leben. Aber über mich selbst habe ich vieles nicht gewusst, bis ich den Israel Trail gelaufen bin.«

Inzwischen stehe ich wieder, und auch die anderen der Gruppe haben mich irgendwie in die Arme geschlossen. Ich könnte mich zu Tode schämen, dass ich hier so nackt vor ihnen stehe. Aber es ist halt einfach so, und ich möchte es heute auch zulassen. Auch die anderen bemerken, dass sie hier gerade einem Menschen begegnen, der völlig hilflos auf der Suche nach sich selbst ist. Einer, der gerade vor Angst zittert und den seine Gefühle völlig überwältigen. Levi weiß, dass ich heute nicht mit ihm mitgehen kann. Sonst wäre meine Reise zu Ende, bevor ich mich selbst gefunden habe.

»Es ist wichtig, dass du dir selbst nahekommst. Nur wenn du dich selbst gefunden hast, kannst du anderen Menschen deine Kraft und deine Hilfe geben. In diesem und im nächsten Leben.« Levi lacht. »Du glaubst doch an mehrere Leben, oder?« Ich weiß nicht so recht, was ich sagen soll, und Gott sei Dank befreit mich Levi dann auch aus meiner Stimmung. Während er sagt: »... dann glaubst du auch an Thunfisch«, nimmt Levi eine Dose Thunfisch aus seinem Rucksack. »Es ist heute unser letzter Tag. Wir verlassen den Krater am Exit Point und werden dann abgeholt.«

Nun reichen mir auch die anderen der Gruppe Wasser und Lebensmittel. Das überwältigt mich. Ich möchte ablehnen und beginne, wie ein kleines Kind zu weinen. Ja, ich weine. Ich bin total entkräftet. Das Einzige, was ich spüre, ist mein Leben. Unendliche Dankbarkeit, riesiges Glück und große innere Ruhe. Ja, heute ist der Tag, an dem ich für mein Leben ohne Geld so sehr dankbar bin. Ich weiß, dass ich niemals das erlebt hätte, was mir hier mit größter Nächstenliebe und echten Gefühlen zuteilwird. Das, was ich gerade spüre, zerreißt mir fast das Herz. Erst später sehe ich auf meinem Videofilm, dass ich tatsächlich sprachlos war. Überwältigt, zerrissen, dankbar, am Ende. Und doch: angekommen bei mir selbst. Levi, ich danke dir. Und auch dir, Jana. Und ich danke Israel. Ich danke meiner Familie, die mich losgelassen hat, weil sie gespürt hat, wie mich das Fernweh fast zerfressen hat. Fernweh: ein anderer Ausdruck für die Reise zu mir selbst!

Völlig sprachlos breche ich auf, mit einem schweren Rucksack, schwer, weil Levi und die anderen mir Lebensmittel für die nächsten Tage geschenkt haben. Schwermütig, weil Levi und seine Freunde mir so viel Wärme und Nächstenliebe geschenkt haben. Und schwer, weil die abartige Hitze im Kessel des Kraters mich schier zu Boden ziehen möchte. Ich trinke. Levi hat mir weitere 3 Liter Wasser geschenkt, die ich unter keinen Umständen annehmen wollte. Ich weiß, wer anderen Wasser nimmt, bringt ihn in echte Lebensgefahr. Levi und die Gruppe hatten aber mehr als genug Wasser bei sich und wollten mich keinen Meter nach oben gehen lassen ohne die Lebenskraft des Wassers.

Beim Gehen kommt Levi noch einmal zurück, umarmt mich ganz kurz und drückt mich: »Du weißt doch, wir sind dieselben Menschen.« Dieser Satz hallt eine gefühlte Ewigkeit in mir nach. Du weißt doch, wir sind dieselben Menschen. Das sagt er zu mir, wo ich doch Deutscher bin. Und das sagt er als Jude zu einem Christen. Ich bin sicher, Levi sagt das so, weil er das ganz große Ganze sieht und fühlt. Und das macht mich auf meinem Weg nach oben noch viel kleiner. Wir, die Deutschen, haben sicher einen Großteil der Familien dieses Volkes in dieser Welt ausgelöscht. Leben sie nun in der »Olam Haba«, der »kommenden Welt«, wie viele Juden glauben? Gibt dieser Gedanke denen, die noch da sind, die Kraft, noch immer an das Gute zu glauben?

Mein Weg nach oben wird zu einem Weg, auf dem ich laut schreien könnte. Es geht steil nach oben, noch steiler, bis ich schließlich vor einer senkrechten Wand stehe. Es raubt mir den Atem. Da türmen sich gerade 100 oder 200 Höhenmeter Steilwand vor mir auf. Trotzdem ist es ein Weg, der schöner nicht sein könnte. Levi hat mir Liebe mit auf den Weg gegeben. Diese Liebe beschämt mich zutiefst. Sie gibt mir aber auch eine schier übermenschliche Kraft. Ich keuche und schwitze. Zwölf Liter habe ich bis jetzt getrunken. Zwei Liter mehr als die Reserve. Was wäre, wenn ich Levi nicht getroffen hätte? Und wo wird Tsur jetzt gerade sein? Er ist sicher ganz allein, völlig auf sich gestellt. Hätte ich noch weiter auf ihn warten sollen? Ist er überhaupt in den Krater gegangen? Ich kann nicht einfach umkehren, um mal eben nach Tsur zu sehen, aber ich habe Angst um ihn, und diese Angst macht mich fast wahnsinnig.

Der Aufstieg zum Kraterrand wird schwer. Es ist fast so, als wolle die Hölle mich nicht mehr entrinnen lassen. Metallleitern führen mich dort, wo der Trail als Weg nicht mehr zu begehen wäre, senkrecht nach oben. Nach unten traue ich mich nicht zu schauen, denn selbst der waagerechte Blick löst Schwindelanfälle in mir aus. So erschöpft, wie ich bin, denke ich nur daran, mich mit letzter Kraft an die Sprossen der Leiter zu klammern. Abrutschen darf ich nicht, auch nicht aus Erschöpfung. Erst als ich langsam nach oben komme, löst sich meine Anspannung. Es ist schon Spätnachmittag geworden. Lächerliche 22 Kilometer? Dreizehn Liter Wasser – gut, ungefähr einen habe ich noch.

Noch einmal stehe ich am Rand des Kraters, diesmal auf der anderen Seite. Ich nehme endlich einmal meinen Rucksack ab und verkrieche mich in einen kühlen, steil aufsteigenden Felskamin. Jetzt sehe ich zurück auf eine Marslandschaft: rosa-violetter Horizont. Alles verschwimmt vor meinen Augen. Heute Abend werde ich etwas Gutes zu essen haben.

Oben angekommen, geht es nur noch eine kurze Strecke meinem heutigen Nachtlager entgegen, einsam, aber unendlich glücklich. Hier oben kann ich die Frage, wer ich bin, zwar nicht beantworten, aber ich habe mich heute selbst gesehen, bin meinem tiefsten Inneren begegnet und habe Gefühle erlebt, so intensiv wie nie zuvor. So muss ich auch lächeln, als ich von meinem Nachtlager aus zwei Jeeps beobachte, die hochfahren wollen, wo ich her-gekommen bin. Mann, das war doch nicht steil, die letzten Meter! Einer der beiden Jeeps schafft es, der andere nicht. Der eine wird eine stolze Braut neben sich haben, er selbst wird wohl gerade von Testosteron überflutet das Gaspedal voll durchdrücken und sich selbst sagen: »Was bin ich für ein Kerl.«

Im Laufe des Abends kommen noch andere hier an. Alle aus der Gegenrichtung. Darunter sind auch drei italienische Ge-schäftsleute, zwei Männer und eine Frau, die heute mit dem Jeep am Exit Point waren. Ich gehe zu ihnen und frage sie: »Habt ihr Tsur gesehen?« Der israelische Tourenguide möchte englisch mit mir sprechen, aber italienisch ist mir mit seinen »Passagieren« lieber. Italienisch spreche ich fließend, darin kann ich auch Ge-fühle ausdrücken. Ich bin überrascht, als Laura mir antwortet: »Si, ho visto Tsur!« – »Ja, ich habe Tsur gesehen.« Er hat am Exit Point den Krater verlassen, es war schon Nachmittag. »Der mit dem Pferdeschwanz? Dem geht es gut. Aber ich denke, es war knapp.«

Ich frage Laura noch einmal, was sie mit »knapp« gemeint hat, und Semi, der Reiseleiter, antwortet mir: »Er hat es überlebt.« Nun bin ich schockiert. Was wollen sie mir damit sagen? Was ist Tsur passiert? Wie geht es ihm? Die nächste Stunde habe ich Panik. Ich überlege, die Polizei anzurufen, doch dann kommt ein Taxi, Staub-wolken hinter sich herschleppend und unter der schlechten Straße leidend. Aber es kommt. Und: Ein sichtlich gut gelaunter Tsur steigt aus.

»Christian, you are fine?«, ruft er mir entgegen, »geht es dir gut?« – Ja, mir geht es gut!

Tsur erzählt mir von dem »vertrockneten Mann«. Letztes Jahr sei genau da, wo wir uns im Krater verabredet hatten, ein Wande-rer gestorben, dehydriert, vertrocknet – und das in unmittelbarer Nähe eines israelischen Wachmanns, der am Ende des Exit Points eine elektrische Verteilerstation betreut. Dieser hat den völlig erschöpften Tsur entdeckt und ihn weit bis zur nächsten Straße gebracht. Er sei froh gewesen, Tsur »lebend« zu sehen.

Tsur wirkt heute ganz anders auf mich. Tsur ist ruhig und besonnen, sichtlich bewegt. Er weiß, dass es heute seine letzte Stunde hätte sein können. Er weiß auch, dass es meine letzte Stunde hätte sein können. Dass der liebe Gott gleich überall zugegen gewesen sei, zeige ihm, dass man über das Thema Gott heute Abend zumindest einmal für sich allein nachdenken könnte. So habe ich Tsur noch nicht gesehen.

Am Nachtlager kommt heute noch eine Gruppe junger Leute an, begleitet von drei Jeeps. Sie alle gehen ohne Gepäck eine Dreitagesetappe und grillen heute Abend. Ich sehe es als eine Art Verpflichtung an, mich heute um Tsur zu kümmern und Nahrung zu besorgen.

»Nein. Das kannst du nicht tun«, sagt Tsur. Und noch einmal sagt er: »Nein. Ich bitte dich! Bitte nicht! Es ist deine Entscheidung zu betteln. Aber bitte tue das nicht auch für mich. Lieber möchte ich heute Nacht sterben!«

Ich sehe Tsur an und geh zu den anderen. »Don't do it. Please!«, »Bitte tu das nicht, bitte!«, ruft er mir nach. Tsur kann mir nicht mehr hinterherlaufen, er ist zu erschöpft. Und Tsur ist schon darüber deprimiert, dass ich meinen Wasservorrat, den ich hier ausgegraben habe, mit ihm teilen möchte. Dass ich als Bettler nun Essen besorge, ist für ihn eine tiefe Demütigung. Ich tue es trotzdem, und zwar mit Gottes Kraft und Humor!

Um es kurz zu machen: Betteln musste ich gar nicht. Vielmehr war es so, dass ich beschämt ablehnen musste, was ich nicht tragen konnte. Dabei ging es den anderen gar nicht darum, einem entkräfteten Israeli und einem deutschen Bettler zu helfen. Denn das hatte ich gar nicht erzählt! Brot und Wasser habe ich einfach so bekommen, aus Spaß und Freude. Durch Zuhören und Unterhalten. Von wegen Brot und Wasser: Da gab es eine wunderbare Verwandlung in Grillfleisch und Wein. Tsur hat mit dem, was er gefunden hat, ein Feuerchen gemacht. Er scheint sich unendlich zu schämen, als ich mit vollen Händen zurückkomme. »Du hast wirklich um Essen gebeten?«

»Ja, Tsur, heute ist unser Tag!«

»Mir hätten sie nichts gegeben. Aber dir vielleicht, weil du Deutscher bist und deine Story erzählt hast.«

»Ja«, sage ich, »weil ich Deutscher bin und meine Story erzählt habe!«

Dann wird Tsur nachdenklich und sagt ganz langsam: »Ho-locaust. Yes. Und die haben dir Steak und Champagner gegeben.« Dann schweigt Tsur eine Weile. »Hey, man, du gehst einfach hin. Du bist total verrückt.« Schweigen. Nach einer Weile sagt er: »Ich hatte Angst, einem Deutschen zu begegnen.« Tsur steht auf und umarmt mich. »Tschuldige«, sagt er, »war aber so.«

Dann sitzen wir beide am Feuer und flennen. Warum nur in aller Welt können Menschen etwas derart Böses tun? Ich habe keine Antwort darauf. Ich bin in Israel auch noch nie so direkt auf meine deutsche Vergangenheit angesprochen worden. Heute ist der richtige Moment, auch einmal diese tief in Tsur sitzende Wahrheit zu spüren. Es ist wahnsinnig bewegend und emotional. Ich kann ja die Geschichte nicht ungeschehen machen, aber ich kann anfangen, sie zu verstehen, sie mitzufühlen. Diese Geschichte fühlt sich verheerend an, wenn man versucht mitzufühlen. Das tut weh, sehr weh! Und es überschreitet den eigenen Horizont des Seins.

Heute Nacht schlafe ich im Freien neben Tsur. Ich empfinde Wut auf das, was wir Deutsche getan haben. Ich fühle eine Verbundenheit zu den Juden, zu den Menschen hier, aber auch zu jeder Pflanze, zu jedem Stein, der mir hier auf meiner Reise begegnet ist. Ich fühle mich klein, aber auch offen, meine nächsten Lektionen zu lernen. Wie in einem Film geht es heute in mir ab. Ja, es ist alles ganz anders hier. Charlotte Knobloch, die ehemalige Präsidentin des Zentralrats der Juden in Deutschland, erscheint mir im Traum.

Ich erinnere mich, wie sie zu mir sagt: »Zieh einfach los. Hab keine Angst. Finde es heraus, sei offen. Sei, wie du bist. Höre in dich hinein. Höre, was dein Herz dir sagt, dann wirst du die Welt verstehen, dann, wenn du dich selbst gefunden hast.« – Wie recht sie hatte! Sie war nicht so, wie ich es erwartet hätte. Sie war nicht verbittert, sondern gutmütig und weise. Wahnsinn, was mir heute alles durch den Kopf geht. Muss man denn durch die Wüste gehen, um zu verstehen? Ja, vielleicht.

Im Schlaf besuchen mich heute all die Seelen der Menschen, die mir Wasser und Brot gegeben haben. Es ist ein erschütternder Traum. Es ist eine hilflose Wanderung von Seele zu Seele. Ein Flug mit tausend Schutzengeln. Eine Reise mit dem Segen aller Wesen im Universum. Es ist ein Weg, der wie im Flug vergeht und keine Spuren hinterlässt – außer in mir selbst, in meiner Seele; da brennt es. Da verspüre ich den Wunsch, auch Gutes zu tun, nein: Gutes tun zu dürfen. »Gott, gib mir die Chance, Gutes tun zu dürfen. Gelegenheiten zu sehen. Nie mehr im Leben daran vorbeizugehen!« Mein Stoßgebet ist irgendwie hilflos und trotzdem schön. Ich träume von vielen Engeln, die mich nun in der Wüste neben Tsur begleiten werden.

Ein Canyon wie im Film

Vom Makhtesh Katan nach Oron durch den Nahal Yemin Canyon
Etwa 20 Kilometer, 540 Höhenmeter Gesamtanstieg.
Trinkwasserverbrauch 6 Liter.

Auch die nächste Etappe hört sich wieder einmal so an, als ginge es von einem Ort namens Makhtesh Katan in den nächsten Ort, Oron. So jedenfalls habe ich mir zu Hause die Etappen vorgestellt, als ich das erste Mal das »Red Book« in Händen hielt. Ein Blick auf Google Earth hätte meine Vorstellung da schnell auf den Boden der Tatsachen gestellt. Mit Oron ist heute die Oron Factory gemeint, ein abgeschirmter Industriekomplex zur Phosphorgewinnung mitten in der Wüste. Dazwischen liegt buchstäblich nichts.

Im ersten Morgenlicht starte ich mit Tsur am Makhtesh Night Camp. Hier würde man auch gut mit einem Fahrzeug hinkommen. Wir kreuzen eine kleine, aber gesperrte Straße, und dann beginnt gleich unser erster kleiner Anstieg. Heute scheint es nach der Karte eine leichte Tour zu werden, etwa 20 Kilometer und vielleicht 500 Höhenmeter Gesamtanstieg. Die ersten 5 Kilometer geht es auf etwa 450 Meter über null recht beschaulich dahin. Ein paarmal auf und ab und ein paar schöne Kurven. So bleibt der Israel Trail am Anfang sehr angenehm. Tsur möchte nach einer halben Stunde dennoch allein sein eigenes Tempo gehen. Wir verabreden uns wieder. Diesmal für den Abstieg in den Canyon Nahal Yemin.

Die Farben der Landschaft haben sich hier ein weiteres Mal verändert. Zahlreiche wunderschöne Rottöne sind dazugekommen und lassen die Landschaft in schönen, warmen Farben erstrahlen. Man darf den Blick aber nicht in die Ferne schweifen lassen, sondern muss ihn hier ganz besonders auf den Boden richten. Denn hier ist der Shvil Israel ein sehr schmaler Bergpfad, auf dem viele Steine herumliegen. Nichts wäre hier leichter, als zu stolpern.

Die Landschaft kommt nun meinen Träumen, die ich zu Hause von der Negev-Wüste hatte, schon sehr nahe. Genau in dieser Kulisse sind bestimmt viele der beeindruckenden Wüstenbilder entstanden, die man im Internet findet. Jede Kurve, die der Trail einschlägt, bietet ein neues, spektakuläres Fotomotiv. Ich möchte nur nicht ständig stehen bleiben. Wer fotografiert, sieht die Welt gar nicht mehr mit den eigenen Augen, heißt es. Man hat es ja im Kasten. Dann landet es auf einer Festplatte, und da wiederum verstaubt es.

Heute fühle ich mich leicht beim Gehen. Ich spüre, dass mir die Kalorien gestern gutgetan haben, und das gestrige Abendessen wird mich nicht nur heute noch satt machen, es wird mich morgen auch über den Mount Karbolet bringen. Danach könnte es knapp werden, aber einen Tag nach dem Mount Karbolet ist wieder Zivilisation in Sicht.

Schließlich hat Levi mir vorgestern noch viel mit auf den Weg gegeben: zwei Dosen Thunfisch, eine Dose Sardellen, viel frisches Brot, eine Fertigsuppe, eine halbe Gurke, ein paar Feigen und eine Handvoll Nüsse. Genug für die nächsten Tage! Ich traue mich heute also, schon in der Früh einmal Pause zu machen und eine Feige mit einem Stück Brot zu essen. Das tue ich sonst nie. Vor Mittag habe ich hier in Israel selten etwas gegessen. Heute spüre ich sogar so etwas wie Luxus. Beim Pausenbrot mit Feige mache ich mir bewusst, wie gut es mir gerade geht. Ich brauche mir heute weder Sorgen um meine Nahrung zu machen, noch muss ich Angst vor morgen haben. Selbst für Tsur hätte ich noch etwas dabei. Da kommt er gerade!

Er ist schnell gegangen, und ich freue mich über seine Gesellschaft. Bevor er da ist, bückt er sich wieder einmal und zündet ein Taschentuch an, das er am Weg entdeckt hat. »Das kann man doch nicht einfach so wegwerfen!« Tsur wartet, bis die letzte Glut verloschen ist und – richtig: Sicherheitshalber tröpfelt er dann auch noch ein wenig Trinkwasser drauf, als könnte hier in der Wüste irgendetwas Feuer fangen. Aber so ist er. Und genau so, wie er ist, fange ich langsam an, ihn wirklich zu mögen. Heute hat er seinen weißen Pullover als Sonnenschutz über seinen Kopf gebunden. Sieht witzig aus. Weil Tsur hier noch länger verweilen möchte, trennen wir uns wieder – bis zum Abstieg in den Canyon.

Ich folge den vielen Windungen des Trails und entdecke trotz aller Trockenheit immer wieder kleine Blümchen. In einigen Wochen wird man von dieser Pracht nichts mehr sehen. Dann wird es hier für ein halbes Jahr unerträglich heiß. Dass der Wechsel schon begonnen hat, merkt man nun ganz deutlich. Mir läuft die Zeit davon.

Mitten auf dem Weg stoße ich abermals auf römische Spuren. Die Römer hätten mich damals eher mit »Salve« als mit »Schalom« begrüßt, wenn sie mir überhaupt freundlich gesinnt gewesen wären. Schlagartig ändert sich das vor mir liegende Gelände. Ich widme meine volle Aufmerksamkeit nun wieder dem Terrain vor mir. Links und rechts begrenzen Steilwände das Gelände. Nach vorn jedoch weitet sich das Gebiet geheimnisvoll. In 200 Metern Entfernung breitet sich ein Felsplateau vor mir aus. Ich entdecke einen Metallpfahl, der eine Art Markierung darstellen soll. Dann ahne ich plötzlich, dass jeder weitere Schritt mich näher an den Rand eines irrsinnigen Naturschauspiels bringen wird, das mir hier ganz allein zuteilwird. Ich sehe, dass das Felsplateau nur wenige Meter vor mir zu enden scheint. Die steilen Felswände im heißen Hintergrund sind kilometerweit entfernt. Was mag dazwischen sein?

Noch einen Schritt vorwärts, und dann tut sich eine Hölle für mich auf: Ich bin nicht schwindelfrei! Unter meinen Füßen ist buchstäblich nichts mehr. Mit einem Schlag pocht mein Herz wie wild. Wie weit mag es da vor mir vollkommen senkrecht hinuntergehen? Ich gehe einige Schritte nach hinten und krieche nun auf dem Hosenboden wieder hierher. Puh! Angsterregend, aber atemberaubend schön! Tief unter mir liegt etwas, was man am ehesten mit den Worten »Grand Canyon« beschreiben kann. Das Loch, welches die Erosion hier in die Erde gerissen hat, ist schier gigantisch. Der Wind heult durch den engen Kamin und macht Geräusche wie in einem schlechten Cowboyfilm.

Hier mit dem Zeitauslöser ein Selfie zu machen, war keine gute Idee. Ich habe mich fast nicht mehr zurückgetraut. Jedenfalls wollte ich für ein Foto meine Füße in der Luft baumeln lassen und habe dann plötzlich Todesangst verspürt. Ich habe meine Fingernägel in den Fels gekrallt, mich ganz langsam auf den Rücken gelegt und dann nach hinten gezogen. Exakt hier wäre wohl der ideale Hotspot für einen Basejumper. Mit einem coolen Rückwärtssalto würde es abgehen in die Tiefe. Vielleicht könnte man von hier aus mit einem *Wingsuit* (Flügelanzug) direkt in den Canyon fliegen. Mein Puls beruhigt sich erst, als ich einen Rastplatz weg von der Kante gewählt habe. Der Ort hier ist einer der beeindruckendsten, den ich in meinen 47 Jahren gesehen habe.

Alles erscheint mir ein wenig abstrakt. Ich empfinde es als surreal, dass hier weit und breit kein Busparkplatz ist und dass es keine doppelt und dreifach gesicherten Absperrungen gibt. Keine Kasse, kein Eintritt, nicht einmal Warnschilder gibt es. Dabei könnte man hier völlig berechtigt überlebensgroße gelbe Tafeln mit einem in die Tiefe stürzenden Männchen anbringen. Israel hat sich an dieser Stelle aber einfach auf das Wesentliche beschränkt: die Natur zu erhalten, wie sie ist, und den Weg ordentlich mit Markierungen zu versehen.

Wer es also »echt« möchte, der ist hier richtig. Und wer nicht schwindelfrei ist, der kann sich hier auch einmal vor Angst in die Hose machen oder einfach von der Kante wegbleiben. Aber dann versäumt er etwas! Die gewaltigen Felsmassive, die den Canyon begrenzen, sind spektakulär. Sie sind allesamt waagerecht geschichtet und von der Erosion zerfurcht. Es gibt Bänder mit nahezu senkrechten Felswänden, die sich wie die Cremeschicht einer Torte durch den gesamten Canyon ziehen. Unter den senkrechten Abschnitten türmen sich steile Schutthänge auf, die ebenfalls als lange Bänder in der Waagerechten entlanglaufen, darunter wiederum die nächste Senkrechte und so weiter. Ein wenig erinnert das an die Konstruktion einer gigantischen Stufenpyramide, deren waagerechte Treppen halb mit Geröll aufgeschüttet sind.

Hier irgendwo ansteigen oder gar bis oben hinaufsteigen zu können erscheint mir völlig abwegig. In einiger Entfernung höre ich einen Steinschlag, der wie ein Donner im Canyon grollt. Sein Echo bringt mich auf die Idee, es mit einem »Juhuu« selbst einmal auszuprobieren. Und tatsächlich höre ich ein lautstarkes »Juhuu« zurückschallen. Nur, es ist nicht meine eigene Stimme, sondern

die von Tsur. Er pfeift respektvoll durch die Zähne, als er die Felskante vor sich sieht. Er kehrt sofort um und sucht sich einen Platz
im Schatten, weit weg vom Abgrund. »Nothing for me!«, meint er
und schüttelt den Kopf. Dann versuchen wir zu zweit noch einmal
die Sache mit dem Echo. Wir kommen auf sieben Sekunden Nach-
hall und sind beeindruckt.

Plötzlich hören wir Kinderstimmen und viel Gekicher. Und
ebenso plötzlich kommt eine Gruppe mit gut 25 Teenagern um die
Ecke. Die meisten dürften zwischen zwölf und fünfzehn sein. Es
ist die Geburtstagsfeier von Chana, die sich diesen Ausflug mit
ihren Freunden gewünscht hat. Mir ist nicht ganz klar, ob Shmuel
ihr Vater ist oder ein Tourenguide. Er ist sonnengebräunt, durchtrainiert und könnte deutlich über sechzig sein. So wie er aussieht,
stellt man sich einen echten Bergführer für dieses Gelände vor.
Sandfarbene Kleidung, die einen Hauch Militärisches an sich hat.
Shmuel ist einer, dem man sofort zutraut, das Gelände und alles
drumherum zu kennen. Er wirkt erfahren, ruhig und hat den Überblick. Während ich mit ihm spreche, sehe ich, dass er unter seiner
Jacke eine Waffe trägt. Und die ist bestimmt auch geladen.

Shmuel führt seine Gruppe noch vor uns bergab in den Canyon. Und das nötigt mir meine volle Hochachtung ab. Ich würde
es mir nicht zutrauen, als einziger Erwachsener mit einer so großen Horde Jugendlicher da hinabzusteigen. Respekt! Doch Shmuel
macht das nicht zum ersten Mal. Er war lange beim Militär, immer
hier draußen in der Natur. Seit seiner zweiten Lebenshälfte sei
er nun schon Tourenführer, sagt er. Er macht das, was die anderen sich nicht trauen, und dann lacht er spitzbübisch. Jetzt
müsse er aber seinen Jungs und Mädels nach, meint er und verabschiedet sich. »See you later«, ruft er uns zu, und Shmuel glaube
ich das.

Wenig später machen auch Tsur und ich uns auf den Weg in das
Nahal Yemin. Der Bergpfad ist steil und mit Geröll übersät, aber
durchaus gut angelegt. Auf dem Weg nach unten spüre ich von

Minute zu Minute die klimatische Veränderung. Es wird unerhört heiß im Tal. Ich folge einem uralten Flusslauf, der nur gerade kein Wasser führt. Doch da ist noch etwas Magisches, tief verborgen im Erdreich. Etwas, das man sich als Mensch nicht vorstellen kann, denn wir haben keine Wurzeln, die tief in die Erde wachsen können. Zwischen großen geschliffenen Steinkugeln wachsen knorrige alte Akazien und stark verästelte Tamarisken. Das Klima fühlt sich tropisch heiß an. Plötzlich ist es grün um uns herum. Der Boden des Flussbetts überrascht mich mit feinem weißem Sand, der unter den Füßen dahinzufließen scheint. Die rötlichen Felsbrocken reflektieren die nun fast senkrecht einstrahlende Sonnenwärme wie ein Parabolspiegel. Innerhalb von wenigen Hundert Metern beginne ich sehr stark zu schwitzen. Und nichts verdunstet hier unten.

Tsur pflückt eine Handvoll Blätter von einem Gewächs, das ich noch nie gesehen habe. »Der beste Isodrink«, sagt er zu mir, »probier!« Die Blätter schmecken sehr salzig. Tsur erklärt mir, dass die Pflanze Salz aufnehme und den Beduinen früher als Salzersatz gedient habe. Man finde hier alles, man müsse es nur wissen, erzählt er stolz. Die Gruppe von Shmuel hat sich hier unter ein paar großen Akazien niedergelassen. So schön es hier unten ist, wenn man aber zu wenig Wasser dabeihat, befindet man sich schnell in Lebensgefahr. So ohne ist das alles nicht.

Für den Aufstieg trennen Tsur und ich uns wieder. Jeder möchte die Wand, auf die wir gerade zulaufen, selbst bezwingen. Beide möchten wir mit unseren Gefühlen allein sein. Unbeobachtet. Es mag merkwürdig klingen, und ein Nichtwanderer mag das vielleicht nicht verstehen. Es ist ein gutes Gefühl zu wissen, dass da einer ist. Es ist aber auch ein gutes Gefühl, es allein machen zu dürfen. Auch für Tsur. So eine lockere Verbundenheit ist gar nicht so locker. Sie verbindet schon sehr. Und wenn sie dir dann Raum für dich selbst lässt, umso schöner. Für einen Außenstehenden ist das womöglich nicht so nachvollziehbar, dass man sich zum Wandern einen Begleiter wünscht, aber dann doch jeder für sich allein geht.

Fast unbemerkt hat der Israel Trail die Waagerechte des Wadis wieder verlassen und beginnt nun erneut mit den ersten Höhenmetern. Noch eine Kurve, dann bäumt sich eine mächtige Steilwand vor mir auf. Ich muss erst einmal tief durchatmen. Zunächst kommt da noch dieses steile Schotterband, auf dem ich jetzt, entsprechend den Markierungen, nach oben gehen soll. Wie es dann weitergehen soll, kann ich mir noch nicht einmal mit viel Fantasie vorstellen. Im Buch habe ich etwas von Stahlleitern gelesen. Und Shmuel hat mir erzählt, dass Beduinen die Felswand für Menschen für absolut unbezwingbar gehalten haben sollen. Deshalb habe sie auch den Spitznamen »Die Unbezwingbare« gehabt. Mitgliedern einer israelischen Spezialeinheit, der »Palmach« Commando Unit, gelang es 1948, die Passage zu erklettern, die seitdem Ma'ale Palmach genannt wird.

Rechts von mir stürzt Israels größter Trockenwasserfall, der Hatira Waterfall, in die Tiefe. Der gut 45 Grad steile Schotteranstieg bringt mich mächtig ins Schnaufen. Mir wird klar, dass ein Zwanzig-Kilometer-Marsch unter diesen Bedingungen nicht mit einem Spaziergang am Jakobsweg vergleichbar ist. Wobei man natürlich auch in Spanien keinesfalls leichtsinnig werden sollte, denn auch der Jakobsweg hat mich des Öfteren in die Schranken gewiesen. Für das Schotterband brauche ich mehr als eine halbe Stunde, obwohl man das sicher auch in zehn Minuten machen könnte. Als wäre der Anstieg nicht schon steil genug, stehe ich dann vor der senkrechten Felswand. Unweigerlich muss man sich hier festhalten.

Was früher waghalsige Kletterei war, ist heute ein Aufstieg auf einer Stahlleiter. Doch auch der ist für mich eine echte Herausforderung, denn mittlerweile bin ich stark entkräftet. Die lang anhaltende Hitze hat mich mürbe gemacht, und mein Rucksack bereitet mir sehr starke Schmerzen. Nach einer kurzen Verschnaufpause ziehe ich mich an der Leiter in die Höhe. Mittendrin wird mir gerade ein anderes Problem sehr bewusst: Die Sprossen sind so heiß, dass ich mir die Hände verbrenne. Um sie kurz zu entlasten, klammere ich mich mit den Oberarmen an die Sprossen, und beim Blick nach unten bekomme ich wieder starke Schwindelanfälle. Ein richtiger Bergsteiger würde mich auslachen. Für mich ist es aber alles andere als einfach. Der Aufstieg jagt mir Angst ein.

Und die wird nicht weniger. Denn mitten in der Wand gilt es jetzt, der Waagerechten zu folgen. Wer schwindelfrei ist, könnte hier einen Ausblick genießen, der durch nichts zu überbieten ist. Die Israelis haben es gut gemeint und ein paar Seile und Haken in die Wand geschlagen. Trotzdem geht es nur wenige Zentimeter neben meinen Füßen in der gefühlten Höhe eines Eiffelturms frei nach unten. »Ist alles nicht so wild«, muss ich mir einreden. »Komm schon, Christian. Noch ein Schritt. Gut gemacht. Und noch einer. Nicht nach unten sehen! Gut machst du das. Schau nach vorn, nicht nach oben, und auf gar keinen Fall nach unten. Einfach gehen. Du kannst das.« Immer wieder muss ich mir vorsagen, dass hier schon Zehntausende andere vor mir gegangen sind, und ich habe nichts davon gelesen, dass hier schon einmal etwas Schlimmes passiert wäre. Also kannst du das auch!

Endlich habe ich wieder festen Boden unter den Füßen. Ich meine, auch links und rechts von mir. Mein Pausenbrot muss ich mit Vögeln teilen. In meinen Augen so eine Art Bergdohlen. Schöne Kerle mit gelben Schnäbeln. Sie wissen, dass ich ihnen etwas geben werde, und sie holen sich die Brotkrümel im Flug aus der Luft. Mit einem Stückchen Brot im Schnabel gleiten sie dann über die Felskante vor mir in das scheinbare Nichts. Getragen von der Thermik und wenigen eleganten Flügelschlägen. Sie scheinen mir zu zeigen, wie man es macht. Einfach seinen Flügeln und seiner Leichtigkeit vertrauen und sich von der Luft tragen lassen. Ich traue mich nicht nach vorne. Hier könnte ich sicher Wahnsinnsfotos machen. Hier wäre für einen Basejumper wohl ein noch gigantischerer Absprungpunkt, denn das Felsplateau schiebt sich wie ein überdimensionaler Felsvorsprung über den Abhang hinaus und wirft einen riesigen Schatten auf den Überhang. Gewaltig!

Nach einer Weile kommt auch Tsur an. Auch ihm war auf den letzten Metern ein wenig mulmig zumute. Gleich werden wir Meizad Yorkeam erreichen, ein geheimnisvolles Wasserbecken, in dem schon die Römer gebadet haben. Wasser kann ich mir nach all der Wüste schon gar nicht mehr richtig vorstellen. Hier auf eine idyllische Wasserquelle zu stoßen hat schon etwas. Allerdings merkt Tsur auch, dass ich als Kind der Alpen schon ein wenig anders ticke als der klassische Israeli. Die Quelle mag aus Sicht eines Beduinen so abgedreht sein, wie es für mich die Wüste ist. Als ich das sage, ist Tsur entsetzt. »You don't like it?«, fragt Tsur mich fassungslos. »Doch, äh, ja schon.« Aber da ist nichts mehr zu machen. Was soll ich auch sagen. Wasser kenne ich. Bei mir zu Hause ist das eben nichts Besonderes, versuche ich ihm zu sagen. Aber damit mache ich es nicht besser. Aber es ist eben so, dass sich meine ganz große Begeisterung in Grenzen hält. Schön ist es hier, klar! Aber es gibt eben auch eine kleine Straße von Dimona zur Oron Factory. Damit gibt es Busse, die Touristen hierherkarren. Zwar ist alles recht überschaubar, doch exakt 126 sensationshungrige Urlauber in einem kleinen Wasserloch? Der Finne würde sagen: Was machen die alle hier? Natürlich findet sich ein solches oder ähnliches Wasserloch – sorry: Oase – auf jedem israelischen Reiseprospekt, weil es aus deren Sicht etwas Herausragendes ist. Die Touris wiederum können sich nicht vorstellen, was ich an der Wüste finde. Davon hat man hier ja genug.

Auch Shmuel ist nun mit seiner Gruppe angekommen. Während Tsur sich wie ein kleines Kind auf seine Badefreuden vorbereitet, lasse ich mich von Shmuel auf einen frisch gebrühten Kaffee im Schatten einladen. Vor lauter Juhuu und Hurra höre ich erst gar nicht, dass Tsur da, wo er reingegangen ist, leider nicht mehr allein herauskommt. Erst als es langsam ernst wird, schreien auch die Jugendlichen um Hilfe. Klar, das kann nur Tsur passieren. In der Wüste ertrinken. In ein Wasserloch springen und nicht mehr herauskommen. Shmuel und ich stoßen mit unserem Kaffee an und müssen schallend lachen. Dann ist es Zeit zu helfen, denn Tsur ist inzwischen recht erschöpft, und der anfängliche Badespaß hat sich bei ihm in nackte Panik verwandelt. Er strampelt wie wild herum. Da ist nichts mehr lustig. Eine wagemutige Sechserkette Jugendlicher befreit Tsur dann, bevor Shmuel und ich eingreifen können. Shmuel zieht seine Pistole heraus und lacht. Bevor er gelitten hätte, hätten wir ihn erlöst, meint er. Na gut, der Humor ist eben überall auf der Welt anders. Immerhin bekommt Tsur einen starken Kaffee. Er zittert am ganzen Körper vor Angst, und er tut mir leid. Ob ich es nicht versuchen will, fragt er mich. Ich werde es irgendwann bereuen, hier nicht gebadet und meine Klamotten gewaschen zu haben. Wie sehr wird er recht haben.

Mount Karbolet – die Angst-Etappe

Von der Oron Factory über den Mount Karbolet zum Mador Night Camp
Etwa 19 Kilometer, 860 Höhenmeter Gesamtanstieg.
Trinkwasserverbrauch 9 Liter.

Jacob Saar beschreibt diese Etappe als die härteste der fünfzig Etappen des gesamten Israel Trails. Es soll auch die schönste sein. Der zweite Satz seiner Kurzvorstellung besänftigt mich überhaupt nicht. Seit Tagen geistert der von ihm beschriebene »alleranstrengendste Tag« in meinem Gehirn herum. Bisher konnte ich diesen Mount Karbolet einfach verdrängen, vor mir herschieben. Ich war mir nie ganz sicher, ob ich es bis hierher überhaupt schaffen würde.

Im Pilgerforum von Yankale hat sich schon vor einer Woche ein gewisser Paul bei mir gemeldet. Er wolle den Mount Karbolet mit mir gemeinsam machen. Aus der E-Mail-Kommunikation mit Paul sind sogar echte Handygespräche entstanden, die ich meist irgendwo auf einem Berggipfel geführt habe. »Ruf mich an, wenn du ein Netz hast«, hatte Paul mir zuvor geschrieben. Paul kommt aus Maryland, ist 52 Jahre alt, Lehrer und ein erfahrener Bergsteiger, Extrembergsteiger, würde ich sagen. Irgendwann hat er mir dann erzählt, dass er schon am Mount Everest war, am Kilimandscharo, fast überall. Nur eben, dass er am Mount Karbolet gescheitert sei und es jetzt noch einmal versuchen wolle. Diese letzte Aussage hat sich tief in mein Gehirn eingebrannt. Er war am höchsten Berg der Welt und ist hier … ähm – ich will das Wort »gescheitert« gar nicht aussprechen! Allein der Gedanke an diesen aberwitzigen Vergleich jagt mir seit Tagen Angst ein.

Da macht es die liebevolle Beschreibung der Bergtour von Jacob Saar nicht besser. Auch bei den mir entgegenkommenden Hikern war »der Karbolet« immer ein heiß diskutiertes Thema. Viele haben sich nicht getraut und haben mich gefragt, ob ich da wirklich drüber möchte oder außen herumlaufen würde. Dies sei wesentlich sicherer, gerade wo jetzt die Sommerhitze die Besteigung des Karbolet so gut wie unmöglich mache. Tsur wird mich nicht begleiten. Er will von Dimona aus nach Jerusalem zurückfahren oder am anderen Ende des Karbolet auf mich warten. Ich weiß es nicht. Mit meiner Stirnlampe lese ich am Vorabend der Tour immer wieder die Streckenbeschreibung und studiere die Karten. Ich versuche mir jedes noch so kleine Detail gut einzuprägen. Verlaufen darf ich mich auf keinen Fall, dann wäre ich verloren. »Under no circumstances do this« – »Tue dies auf gar keinen Fall«, lese ich im Buch. Und die Warnungen sind extra fett gedruckt. Hier gibt es kein Wasser, keinen Notarzt, keine Straße. Der Mount Karbolet sei wie eine Gratwanderung auf den Zacken eines geschliffenen Messers.

Die spektakulären Fotos in Saars Reisebeschreibung versetzen mich in pure Aufregung. Ich muss heute noch mit Paul telefonieren. Er würde erst in sieben Tagen hier ankommen. So lange kann ich nicht warten. Ich werde es also allein versuchen. Doch leider habe ich kein Netz und kann hier auch niemanden anrufen.

Tsur habe ich mein zweites T-Shirt geschenkt, und dann habe ich ihm auch noch meinen Schlafsack gegeben. Zu viel Gewicht. Auch meine Ölsardinen von Levi habe ich ihm gegeben. Ich möchte nur noch mit dem aufbrechen, was ich auch tragen kann. Und dazu gehört Wasser. Tsur hat mir 3 Liter Wasser geschenkt. So kann ich statt den für mich vergrabenen 8 Litern nun 11 Liter mitnehmen. Danach ist mir mein schweres Zelt aufgefallen. Mit dem werde ich es niemals über den Mount Karbolet schaffen. Also habe ich Tsur mein Zelt geschenkt. »Ich werde es dir eines Tages zurückgeben«, meint er unbeholfen. Er war nicht scharf auf mein Zelt. Tsur hat dann sogar seine alte, violette Isomatte von seinem Rucksack abgeschnürt und mir gereicht. »Ich nehme deine kaputte Supermatte«, sagte er. »Ist bestimmt ein Kilo«, fügte er an.

Beim Blick in den pechschwarzen Sternenhimmel fühle ich mich heute nicht nur klein, sondern auch hilflos. Jetzt habe ich fast nichts mehr, außer dem lieben Gott und meinem Willen. Und Letzteren stelle ich gerade infrage.

Meine weltlichen Dinge bestehen nun nur noch aus einem martialisch reduzierten Rucksack mit wenig Inhalt. Im Wesentlichen Wasser, Verbandszeug und Notfallapotheke. Selbst hier habe ich überflüssige Dinge wie Pflaster im Feuer verbrannt. Meine Notfallnahrung wird nur für heute reichen. Außer einer Ersatzunterhose trage ich nun sämtliche Klamotten am Leib. Ich habe nichts anderes mehr. Trotz Aufregung schlafe ich dann doch ein. Und es ist diesmal Tsur, der wie ein Soldat über mich wacht und mich um Punkt 5:00 Uhr zum Losgehen antreibt.

Jetzt spielt sich alles wie im Film ab. In der Dunkelheit umarmt mich Tsur. »Geh jetzt. Los, du schaffst das!« Tsur drückt mich weg von sich und schiebt mich mit seinen Händen nach vorn in die finstere Nacht. »Los jetzt. Du musst deinen Weg finden«, sagt er. Und diese Worte hallen lange nach. Er hat viel mehr gesagt damit, als mir lieb und recht ist. Ja, ich muss meinen Weg finden. Tsur hat mein Leben erkannt. Er hat mich gelesen wie ein Buch, kennt mich fast besser als meine Frau. Und er sagt, ich muss mich finden. Tsur weiß nichts über mich. Und doch fühlt er, wie groß meine Angst vor dem eigenen Weg ist. Und der geht hier gleich mit einem sehr beklemmenden Moment los.

Die ersten Meter meines heutigen Weges beginnen schwarz. Ich habe gelesen, dass ich gleich zu Beginn durch eine enge Betonröhre auf die andere Seite einer industriellen Bahnlinie kriechen muss. Das ist dann für mich wie der Weg vom Mutterleib in meine neue Welt. Es ist schlagartig furchtbar eng hier und dunkel. Sofort bekomme ich Angst. Todesangst. »Tsu-u-u-r«, schreie ich in den finsteren Tunnel hinein. Ich höre nichts mehr. Mein Rücken stößt an der Decke an, ich schlurfe nach vorn gebeugt langsam vorwärts. Da ist kein Tsur mehr, er ist gleichzeitig weggegangen. Er wollte keine Gefühle zeigen. Aber ich habe gespürt, dass er furchtbar bewegt war. Die Betonröhre ist für mich mit meiner Platzangst der reine Albtraum. Innerhalb weniger Sekunden bin ich von Kopf bis Fuß durchgeschwitzt. Mein Puls rast. Ich möchte rennen, aber das geht hier nicht. Endlich komme ich am anderen Ende der Röhre heraus. Weil meine Augen sich nun an die absolute Dunkelheit gewöhnt haben, sehe ich plötzlich ein paar Umrisse. Vor mir erkenne ich eine Wand und im Schein meiner Lampe den Weg. Jetzt gibt es kein Zurück mehr.

Als Erstes ziehe ich meine grüne Jacke aus und nehme die unteren Teile meiner Ziphose ab. Es ist jetzt kühl und gut zum Laufen. Die Steigung macht mir körperlich nichts aus. Mit meinem leichten Gepäck fühle ich mich stark und völlig befreit von einer großen Last. Ich habe aufgehört zu planen. Ich habe kein Netz mehr und keinen doppelten Boden, den ich mit mir herumtrage. Ich habe mich nun reduziert auf mich selbst und meine Sinne. Ich freue mich auf den Karbolet!

In meinem Gehirn ist es ganz still geworden. Ich spüre, dass da gerade etwas passiert, was wie eine große Schneelawine all meine Bedenken fortspült und meine Geisteslandschaft in eine stille, weite Welt verwandelt, in der man alles ganz anders wahrnimmt. Heute muss etwas mit mir passiert sein. Jeder Schritt geht leicht vonstatten, ganz so, als ob ich in Trance nach oben steigen würde. Mir ist zwar bewusst, dass es steil nach oben geht, aber ich spüre es nicht. Zum ersten Mal habe ich das Gefühl, dass ich mich mit voller Aufmerksamkeit tatsächlich in meiner eigenen Gegenwart bewege. Tsur, der gerade eben noch bei mir war, scheint schon eine Ewigkeit fort zu sein von mir. Mit der engen Betonröhre habe ich alles hinter mir gelassen, vielleicht sogar einen früheren Teil meiner Ängste und einen früheren Teil meines Lebens. Das Heilige Land zeigt mir plötzlich ganz andere Dimensionen in meinem »Ich«. Es zeigt mir, wie gewaltig schön diese Welt da draußen ist, wenn wir unsere enge Welt im Gehirn loslassen. Das Heilige Land hat mich nun an die Hand genommen und ist für mich wie ein Fenster in meine eigene Seele geworden.

Der Mount Karbolet ist keine Herausforderung mehr für mich. Nicht, weil ich ihn nicht respektieren würde, sondern weil ich mich keinem Ziel mehr verpflichtet fühle, welches es zu erreichen gilt. Mein Ziel habe ich längst überschritten. Hier fühle ich mich wie im luftleeren Raum. Ich bin hier Menschen begegnet, die in mir keinen Fremden sahen. Diese »anderen« haben in mir mehr gesehen, als ich in mir selbst zu sehen vermochte. Jeden Meter, den ich ganz mit mir allein nach oben gehe, fühle ich mich, als ob ich eben den Gipfel meines eigenen Lebens erreicht habe. Hier, wo ich mich gerade bewege, ist so ein Ort, den ich in meinen Träumen gesehen habe. Und hier ist auch das Land, in dem Abermillionen Juden ein neues Zuhause gefunden haben. Hier sind sie angekommen. Die Dankbarkeit für ihr Heiliges Land hat etwas Magisches an sich. Ich darf hier als Fremder durch das Land der Juden gehen. Ich darf dieses Land so fühlen, als wäre ich hier selbst zu Hause, und ich darf mich hier selbst kennenlernen.

Inzwischen hat die erste Morgendämmerung eingesetzt. Meine Stirnlampe brauche ich nicht mehr. Unter meinen Füßen schlängelt sich ein verwegener Bergpfad nach oben. Und genau in dem Augenblick, als die Sonne aufgeht, stehe ich am Bergrücken des Mount Karbolet. Innerhalb von Sekunden wechselt der Himmel von Tiefblau nach Violett und nun in ein mystisches Orange. Der Ausblick ist atemberaubend. Die Felsen haben eine rötliche Farbe angenommen. Lange Schatten schärfen das Profil der Kanten. Der Karbolet ist gar kein einzelner Berg, wie ich es mir vorgestellt hatte. Er ist eine etwa 45 Grad abfallende Bergflanke, auf deren scharf gezacktem Grat ich nun viele Kilometer entlangwandern werde. Hier oben fühle ich mich erhaben. Auf beiden Seiten des Grates breitet sich eine endlose Marslandschaft tief unter mir aus.

So etwas Gigantisches habe ich noch nie zuvor gesehen. Da ist nichts, was von Menschenhand geschaffen wurde. Nur wenn ich zurückblicke, entdecke ich entfernt unter mir die im Dunst liegende Oron Factory. Dort würde man auf Menschen stoßen. In der Richtung, die vor mir liegt, ist nur noch eine unwirkliche Weite. Von hier oben sieht es links und rechts von mir jeweils aus, als ob riesige Talbecken, die noch nie von einem Menschen entdeckt wurden, meinen Horizont bestimmen. Wenn man bei uns auf einem Gipfel der Alpen steht, entdeckt man Kulturlandschaften. Man sieht Autobahnen und Flüsse, Städte und Wälder. Hier zu stehen dagegen ist ganz anders. Einfach überwältigend.

Der Wind, der mir hier um die Ohren pfeift, wird auch da unten durch die Täler fegen. Er wird Staub vor sich hertragen und vereinzelt vertrocknetes Gestrüpp über die Ebene blasen. Staubteufel werden da unten wirbeln, und die einsetzende Hitze wird jegliche Restfeuchtigkeit der Nacht aufsaugen. Ob da unten gerade irgendwo ein Mensch ist? Einer so wie ich, ganz allein in der Wildnis? Ob er genug Wasser hat, und ob er sich gerade die gleiche Frage stellt? »Bin ich allein, oder ist hier noch jemand?«

Die unendliche, unbelebte Weite ist für mich völlig unfassbar. Entfernt erinnert es mich an einen Landeanflug auf das ägyptische Hurghada. Der Blick aus dem Flugzeugfenster hatte mir da eine Märchenlandschaft aus Sand, Steinen und Staub unter mir gezeigt, die an Größe und Schönheit einfach nicht zu begreifen war. Vom Rücken des Mount Karbolet habe ich nun diesen irrsinnigen Ausblick wie aus einem Flugzeug heraus. Wadis und andere landschaftliche Strukturen wirken von hier aus so surreal, als wenn man in Google Earth auf die Negev zoomen würde. Die Kulisse sprengt schlicht und ergreifend meinen Horizont. Aus der Angst ist ein Gefühl des Respekts und der Leichtigkeit geworden. Trotzdem peitscht mich heute pures Adrenalin an. Malen müsste man das hier. Bergrücken, die steil wie eine Pyramide abfallen. Nur eben gleich viele Hundert Meter, auf der einen Seite von der Sonne bestrahlt, auf der anderen Seite messerscharfe Schatten in tiefem Blau werfend.

Ich rufe mir ins Gedächtnis, dass Jacob Saar anmahnt, hier oben die Zeit exakt zu messen. Liege man nicht im Plan, müsse man umkehren. Man komme womöglich nur mit maximal einem Kilometer pro Stunde voran, das müsse man dringend bedenken, schreibt er. Doch ich bin heute in der Zeit. Ich erreiche bereits um exakt 9:00 Uhr den eigentlichen Gipfel des Mount Karbolet. Während man in den Alpen wohl überall auf andere Bergsteiger stoßen würde, erklimme ich auch die letzten Meter ganz allein. In dem Moment, als die Augen die Schwelle zum 360-Grad-Blick erreichen, bin ich überwältigt. Ganz langsam bewege ich mich auf das Steinmännchen zu, das den Gipfel des Mount Karbolet markiert. Ich nehme meinen Rucksack ab und streife mit meiner rechten Hand über den Steinmann. Was mag er schon alles erlebt haben?

Ein wenig außer Atem laufe ich am Gipfel ziellos herum. Das Gefühl, diesen Moment nicht teilen zu können, zerreißt mir das

Herz. Wie gern hätte ich jetzt meine Frau und meine Kinder hier oben in die Arme genommen. »Wow, habt ihr so etwas schon einmal gesehen?«, würde ich sagen. Vielleicht würde ich auch einfach schweigen und mich wegdrehen. Und Selina würde mich fragen: »Papa, warum weinst du eigentlich?« Weil ich glücklich bin? Ja, weil es solche Augenblicke im Leben nicht oft gibt. Vielleicht kommt man in seinem Leben überhaupt nicht so weit, einmal vor Glück zu weinen. Vielleicht im Leben danach?

Mit meinem schwarzen Folienstift schreibe ich die Namen meiner beiden Kinder und meiner Frau auf einen faustgroßen Stein. Wie durch Zufall hat er eine Vertiefung, die aussieht wie ein Herz. Die zeichne ich nun zu einem Herzen nach und lege dann mein Andenken sehr bedächtig auf die »Schulter« des Steinmännchens. Außer starken Gefühlen wird hier am Mount Karbolet nichts verbleiben. Es ist ein magischer Ort hier oben, einer der Plätze, die ich in meinem Leben nicht mehr vergessen werde. Wenn man hier einen Mars-Rover aussetzen würde, würde man ihn wahrscheinlich nie mehr finden. Die felsige Umgebung hat inzwischen etwas von ihrem roten Teint verloren. Sie wirkt jetzt sandig beige, wobei man sich unter Sand etwas Weiches vorstellt, aber das ist hier völlig falsch, denn der Untergrund ist steinhart.

Niemand legt allein eine lange Pause ein. So entschließe ich mich schon nach wenigen Minuten zum Aufbruch. Ohne die vielen zurückliegenden Wochen, die mich ganz langsam hierhergeführt haben, hätte ich mir in Anbetracht der Einsamkeit nun sicher in die Hosen gemacht. Ganz klar habe ich hier meine eigene Angstschranke weit überschritten, sehr weit sogar! Seit vielen Stunden fühle ich eine Art Spannungszustand zwischen Ungläubigkeit gegenüber dieser noch nie gesehenen Natur und einem recht merkwürdigen Unbehagen darüber, dass ich die Grenzen meines eigenen Vorstellungsvermögens wissentlich überschritten habe.

Dass der Karbolet dabei gerade einmal auf 700 Höhenmeter

kommt, mutet schon fast lächerlich an. Hier oben erhält der Bergrücken aber eine ganz andere Bedeutung. Man hat einfach keinen Anhaltspunkt, um die Weite richtig einzuschätzen. Auch bergab geht es noch lange nicht. Ich begreife, dass die Herausforderung des Karbolet in einer einzigen, unendlichen Gratwanderung besteht. Mitnichten ist der Karbolet ein allein stehender Berggipfel. Er ist eine lange, im sandigen Horizont verschwindende Perlenkette kleinerer Minigipfel. Exakt so, wie Yankale den Karbolet beschrieben hat: wie die Schneide eines Brotmessers, auf der man entlangreitet.

Durch die ungewöhnliche Belastung des schrägen Antritts fängt mein linker Fuß an zu schmerzen. Viele andere haben sich hier ihre Füße ruiniert und mussten den Weg deshalb abbrechen. Auch spektakuläre Rettungsaktionen mit dem Helikopter soll es hier schon gegeben haben. Nicht daran denken, weitergehen. Der Abstieg hinab zum Nahal Afran gestaltet sich dann schwieriger als erwartet. Hier wären richtige Bergschuhe gut. Gegen Mittag kommen mir erste Wanderer entgegen. Zwei Mädels und dann ein paar Minuten später zwei Jungs und eine Mama in meinem Alter. Sie ist augenscheinlich die Fitteste und auch die mit dem meisten Gepäck auf dem Rücken. Sie scheint die Bergtour zu genießen. Wir unterhalten uns nur kurz und lachen miteinander. Dann kommen mir etwas später noch zwei etwa dreißigjährige Wanderer entgegen, Männer. Sie fragen mich recht erschöpft, wie weit es denn noch zum Gipfel sei. Ich schätze ihr Tempo und frage nach der Zeit. Es ist nun schon fast Mittag. Während ich bergab viel Strecke zurückgelegt habe, werden sie wohl sicher mehr als vier Stunden zum Gipfel benötigen. Das wäre dann gegen 16:00 Uhr. Aus meiner Sicht müssten sie umkehren. Sie fragen mich, ob ich etwas Wasser hätte, denn sie hätten nur noch je 2 Liter dabei. Ich gebe ihnen 3 Liter Wasser ab. Mir wird es heute reichen.

Gute Ratschläge erspare ich mir. Schließlich bin ich der fremde, unerfahrene Wüstenwanderer. Die beiden haben das Buch von

Saar dabei, auf Hebräisch. Auch darin werden die Warnhinweise stehen – oder hat Saar seinen Hebräisch sprechenden Lesern hier mehr zugetraut? In meinem Buch lese ich für die Stelle, an der ich mich gerade bei Kilometer 13,7 befinde: »Wenn du nicht sicher bist, ob du es heute noch bis zum Mador Night Camp schaffst, bevor die Dunkelheit hereinbricht, dann gehe auf keinen Fall auf dem Karbolet weiter.« Und dann heißt es da: »Nachdem du die Zeit und deinen Fortschritt doppelt gecheckt hast, klettere den blauen Pfad 200 Meter steil bergab …«

Noch lange sehe ich die beiden den Bergrücken hochkriechen. Ich selbst habe bereits ein Tal überwunden und stehe gerade auf der letzten Anhöhe dieses Tages. Ab hier wird es laut Saar nun nur noch nach unten gehen. Und wie es nach unten geht! Wenn es hier Schnee gäbe, wären das gigantische Extremhänge für einen Snowboard-Downhill, bei dem dir selbst als Zuschauer vor dem Bildschirm noch der Atem stockt. Mir ist heute durchaus bewusst, dass ich in grenzwertig leichter Ausrüstung unterwegs bin. Skistöcke und halbhohe Bergschuhe wären hier ebenso Pflicht wie ein Bergkamerad. All das habe ich nicht.

Ein Sturz auf den messerscharfen Felsen wäre nicht ohne. Beim Abstieg muss ich mich extrem konzentrieren, stellenweise schlottern mir die Knie. Dass der trockene Bachlauf nach unten schon seit gut zehn Minuten nicht mehr zum Trail gehört, ahne ich längst. Und längst habe ich mich in eine – sagen wir – lebensgefährliche Situation begeben. In dem engen Kamin ist es steil und rutschig geworden. Erst war es noch schön hier. Ich habe mehrere kleine, grüne Wasserlöcher entdeckt. Bis hierhin habe ich bereits eine abenteuerliche Rutschpartie auf dem Hosenboden hinter mir. Der Weg zurück nach oben ist mir so versperrt. Nachdem ich an einem der etwa 3 Meter im Durchmesser großen Wasserlöcher vorbeigeklettert bin, stehe ich an einem Trockenwasserfall. Vor mir mündet eine Rutschbahn, die immer steiler wird und in der Senkrechten verschwindet. Was ich dann unter mir sehe, ist tödlich tief entfernt. Meinen Herzschlag spüre ich im linken Ohr. Mit beiden Händen klammere ich mich an den Seitenwänden fest, meine Situation ist plötzlich durchaus bedrohlich. Es fällt mir schwer, mich in der Hitze zu zwingen, ruhig zu bleiben. Panik bringt mich nicht weiter.

So wie es aussieht, bin ich nun ohne Seil und Kletterhaken recht aufgeschmissen. Der Abgrund vor meinen Füßen ist wirklich böse.

»So, nun bin ich gefangen«, sage ich zu mir im Selbstgespräch. »Nicht so lustig«, sage ich laut vor mich hin. Irgendwie bin ich starr vor Angst. Nach unten geht nichts. Ich kam von oben. Dort bin ich auf der linken Seite des Kamins herabgerutscht. Ich versuche es nun auf der rechten Seite. Alles ist so glatt und rieselig, dass ich mich nicht richtig festhalten kann.

Und dann, ja dann richte ich mich auf. »Fürchte dich nicht«, fällt mir ein. Ich kenne kaum Momente in meinem Leben, wo es mir wirklich gelungen wäre, jegliche Furcht abzulegen. Jetzt ist ein solcher Moment. Es fühlt sich an, als hätte irgendwer diesen eigentlich lebenserhaltenden Teil meines Gehirns einfach ausgeknipst. Gott scheint mich an meinen Händen hochgerissen zu haben. Er scheint plötzlich das Ruder zu übernehmen. Und ich spüre diese Hilfe, die mir gerade zuteilwird. Nicht rutschen, nicht abrutschen! Aufstehen, auf der Schräge gehen, hüpfen, springen. Wie in Zeitlupe. So, als wärst du nicht mehr du selbst, sondern ein Wesen, das dich beobachtet und das aus dem Staunen nicht mehr herauskommt.

Mit schnellen Schritten und Sprüngen treibt Gott mich angstlos nach oben, wie einen Steinbock, der über jedes Hindernis springt und dabei schwerelos zu sein scheint.

Ich renne nach oben. Alles läuft ab wie ein Film, der an mir vorbeizieht. Wie oft habe ich meinen Kindern zu Hause versichert: »Nein, der Papa macht nichts Gefährliches.« O Gott, was tue ich da nur gerade? Da ist kein Gehirn mehr, das mich steuert. Urinstinkte haben die Kontrolle über die Bewegungsabläufe vollständig übernommen. Dass ich mir das Schienbein und den Kopf blutig geschlagen habe, bemerke ich nicht mehr. Auch dass ich die Gefahrenstelle längst überwunden habe und einfach nur noch blind nach oben renne, registriere ich nicht mehr. Ich laufe wie ein wildes Tier auf der Flucht vor etwas Schrecklichem. Und doch durchströmen mich Glückshormone. Vielleicht gehört auch das zu dem Steinzeitprogramm in unserer Amygdala, dass man in den letzten Sekunden mit etwas Schönem belohnt wird, egal, was gerade passiert. Abgedreht, so etwas zu erleben. Abgedreht allein schon deshalb, weil unser gesamter Geist sowie unser Körper seit Urzeiten wohl auf exakt solche Situationen ausgelegt sind.

Die freie Natur scheint der Körper zu kennen. So, als ob ich das schon Tausende Male erlebt hätte und nun jeden Schritt, jeden Stein und jeden Griff wie in einer fest einstudierten Choreografie abrufen könnte. Langsam holt mich Atemnot zurück auf den Boden der Tatsachen. Exakt in dem Moment, als ich außer Atem und absurderweise viel zu spät laut ausrufe: »Lieber Gott, bitte hilf mir«, renne ich mit dem Kopf gegen eine Felswand, auf der eine verblasste Wegmarkierung zu sehen ist. Unfassbar!

Ich möchte mir gar nicht ausmalen, was passiert wäre, wenn … Auf dem weiteren Weg überwinde ich mit Stahlleitern und in den Fels geschlagenen Griffen einige brenzlige Passagen. Wenn man nicht vom Weg abkommt, ist alles ganz gut machbar. Meine Kräfte sind allerdings für heute aufgebraucht. Ich fühle mich nun schlapp und zittrig. Auf dem gesamten Abstieg kommt mir keine Menschenseele mehr entgegen. Ich kämpfe plötzlich gegen die übermächtige Hitze und registriere gar nicht mehr die überwältigend schöne Landschaft.

Hier tun sich viele Fotomotive vor mir auf. Jedes einzelne würde einen Extraflug nach Israel rechtfertigen. Nur im Augenblick fehlt mir die Muße, mich für grüne Wasserpfützen zu bücken oder pflanzliche Überlebenskünstler zu bestaunen.

Fünfte Woche

Für heute bin ich mit einem blauen Auge davongekommen. Bin ich? Nein, bin ich noch nicht: Den Mount Karbolet habe ich überstanden. Der Abstieg in das Nahal-Afran-Tal ist gut verlaufen. Doch urplötzlich stimmt die Wegbeschreibung mit der Realität nicht mehr überein. Irgendetwas muss ich übersehen haben. Nun kommt richtig Panik in mir auf. Ich sehe keine Markierungen mehr. Das Mador Night Camp sollte Luftlinie von hier nur etwa 3 Kilometer entfernt sein. Nur wo?

Wie sehr ich am Ende bin, bemerke ich, als ich mitten in der flachen Wüste einfach zu Boden gehe. Es ist so, als wenn mir die Hitze mit einem Stein auf den Kopf geschlagen hätte. Noch so eine Situation, in der meine Urinstinkte mich zur Flucht antreiben würden, wenn ich noch die Kraft dazu hätte. Mein Buch kann ich fast nicht mehr aufschlagen, weil der Wind es unmöglich macht. Gerade erlebe ich das erste Mal eine Art Sandsturm. Zumindest ist auf einen Schlag so viel Staub und Gestein in der Luft, dass ich mein T-Shirt über die Nase ziehe. Schon wieder stehe ich vermutlich kurz vor dem Ziel und bin doch gefühlt noch so weit weg. Heute ist wirklich ein Tag, an dem mich die Angst nicht zur Ruhe kommen lässt. Meine Wasservorräte haben sich auf 2 Liter reduziert. Nicht genug, um eine Nacht und einen weiteren Tag im Sandsturm zu überleben.

Natürlich haben viele meiner Freunde und Bekannten zu Hause gesagt: verrückt, was du machst. Das hat bis jetzt nicht gestimmt. Heute aber kämpfe ich. Die Option, mit meinem Handy Hilfe zu holen, habe ich gerade auch nicht. Im Sandsturm kann man das Display nicht lesen und auch nicht bedienen. Ein altes Handy, so wie Tsur es hat, wäre Gold wert. Ein Handy mit echten Tasten. Ein Handy, dessen Batterie eine ganze Woche hält. So etwas können sich meine Kinder heute gar nicht mehr vorstellen. Und ein verlässliches Display, auf dem man nicht viel mehr als eine Nummer lesen kann, allerdings bei jedem Licht. Was für eine gute Erfindung damals.

Anhand einer alten Stromleitung, die auch in der Karte eingezeichnet ist, bestimme ich die Himmelsrichtung. Grob geschätzt geht es in Richtung Mador Night Camp. Ich sehe mich überall um, aber das ist wie die Suche nach der Nadel im Heuhaufen! So schnell, wie er gekommen war, hat sich der Sturm auch wieder gelegt. Merkwürdig aussehende Gewitterwolken spiegeln am Himmel meine innere Stimmung, wie mit einem überdimensionalen Beamer dorthin gestrahlt. In Deutschland könnte bei einer solchen Wolkenformation jede Sekunde der Blitz neben dir einschlagen. Die urplötzliche Ruhe und die gefühlte Elektrizität in der Luft flößen mir großes Unbehagen ein. Wäre am Horizont jetzt eine Straße, ich würde rennen, bis ich dort erschöpft vor ein Auto fiele!

Ich laufe mittlerweile in Schieflage. Verletzt, erschöpft und gepeinigt. Mein linker Fuß ist extrem dick angeschwollen. Ich denke gerade an Tsur. Wie schön wäre es jetzt, ihn hier an meiner Seite zu haben! Was habe ich mich über ihn lustig gemacht. Ich habe ihm nie die Chance gelassen, die er verdient hat. Er ist ein komischer Typ, aber er ist auch ein herzensguter Mensch, einer, der nur so sprudelt vor Energie, und auch einer, der zuhören kann.

Mein Weg kommt mir langsam vor wie eine Unendlichkeit. Wie eine Waschmaschine hat mich der Trail durchgeschüttelt. Er hat mich mürbe gemacht, hat mich ständig immer weiter über meine Grenzen hinausgeführt. Jetzt habe ich Heimweh. So weit weg zu sein, ja, hier in der Natur verloren zu sein, kann ich fast nicht mehr aushalten. Seit 35 Tagen bin ich nun unterwegs, immer so weit meine Füße mich tragen. Und immer so weit mir Fremde etwas zu trinken und zu essen geben. Hier in der Wüste schaffe ich es kaum noch, an den erfolgreichen Fortgang meiner Unternehmung zu glauben. Was bis jetzt funktioniert hat, kann in ein oder zwei Stunden vorbei sein. Wie schnell es gehen kann, ist mir heute schon einmal bewusst geworden. Und jetzt führt mich Gott an der Leine auf einem schmerzvollen Weg.

Fünfte Woche

Plötzlich schallt ein lautes »Chriiiis-tiaaan« durch die Weite der Negev. Ich muss lachen. Ja, das ist mein Name. Gleich werde ich einen Süßwassersee vor mir erblicken. Meerjungfrauen werden emporsteigen und mir frisches Quellwasser reichen. Oder ich werde meine Augen aufmachen und feststellen, dass ich an lauter Schläuche angeschlossen bin. Tagelang im Koma, künstlich ernährt, gefunden im letzten Moment von einem Israeli namens Tsur. Dann höre ich abermals meinen Namen, und in weiter Ferne sehe ich eine Gestalt mit Jeans und weißem Sweatshirt. Das muss Tsur sein. Unglaublich! Ich brauche noch eine knappe halbe Stunde, um vor ihm zu stehen, und dann umarme ich ihn einfach – ungläubig, aber glücklich.

Tsur hat hier in der Hitze bei etwa 45 Grad Bodentemperatur auf mich gewartet. »Du musstest ja irgendwo vom Karbolet herunterkommen. Ich habe dich schon lange gesehen. Aber dann kam der Sturm, und du warst plötzlich weg.« Tsur war mit einem Wachmann der Oron Factory nach Dimona getrampt, dann hat ihn Ahmad, ein Beduine, hier in die Nähe gebracht. Den Rest ist er gelaufen. »Nach Gefühl«, wie er sagt. Er habe mich immer im Blick gehabt, sagt er. »Also nicht so direkt gesehen, wie du denkst, aber ich habe dich schon gesehen«, sagt er. Dann meint er ganz abrupt: »Und jetzt muss ich auch einmal einen Moment allein sein. Ich laufe noch ein paar Meter den Karbolet hoch. Nur ein paar Meter. Ich bin zurück, wenn es dunkel wird.« Tsur dreht sich um und geht wortlos. Ich sehe ihm nach, bis er nach einer halben Stunde in der Ferne endgültig verschwindet. Jetzt bin ich es, der wartet. Und das kann ich gar nicht. Erst recht nicht, wenn ich Angst um jemanden habe. Tsur ist ohne Gepäck losgegangen, nur mit zwei Wasserflaschen in der Hand.

Noch immer ist die Hitze unerträglich. Ich verkrieche mich in einen kleinen Bachlauf, der natürlich völlig ausgetrocknet ist. Trotzdem, so sagt man, solle man hier auf gar keinen Fall in der Nacht schlafen. Bei plötzlichen Regenfällen würde man im Schlaf vom Wasser überwältigt, mitgespült werden und orientierungslos ertrinken.

Alle paar Minuten stehe ich auf und sehe nach Tsur. Doch weit und breit keine Spur von ihm. Kurz vor Sonnenuntergang kommen dann zwei junge Frauen mit großen Rucksäcken an. Wir begrüßen uns, setzen uns aber dann doch wie Fremde mehrere Hundert Meter auseinander. Im letzten Licht kommen noch drei männliche junge Wanderer an. Und endlich steht auch ein gut gelaunter Rückkehrer vor mir. Tsur ist wieder da und fragt mich, warum ich noch kein Feuer gemacht habe. Er habe extra Holz mitgebracht.

Erst einmal erklimme ich die große Gerölldüne vor dem Night Camp. Endlich habe ich ein Netz und kann mit meiner Familie telefonieren. Dass es mir gut geht, sage ich und höre heute nur zu, wie es ihnen selbst geht. Von der Düne aus blicke ich auf das Night Camp. Hier kann man leicht vorbeilaufen, ohne es zu erkennen. Genau genommen führen hier ein paar Reifenspuren auf steinigem Untergrund entlang. Von einem Feldweg zu sprechen wäre übertrieben. Immerhin aber ist es ein Erkennungsmerkmal. Unterhalb der Düne haben Menschen die herumliegenden Steine zu einem Feuerplatz oder zur Befestigung ihrer Isomatte umherbewegt. Wer also genau hinsieht, erkennt ein Nachtlager!

Während ich telefonierte, hat Tsur ein Feuerchen gemacht. Kochen sei seine Sache, meint er. Und ich überlasse ihm das wirklich gern. Heute Nacht sitzen wir alle zusammen an einem Feuer. Jeder gibt und jeder nimmt. Auch ich kann geben. Eine Dose Thunfisch wird mit einem Beutel Reis von Tsur zu einem sensationellen Risotto. Die anderen experimentieren mit Kartoffeln im Feuer, geröstetem Pitabrot und Obstsalat à la Negev. Dazu gehört eine kleine Prise Sand, damit es in den Zähnen knirscht. Rebecca hat gerade eine Zitrone ausgepresst und die Schale in einer Plastiktüte entsorgt. »Die brauche ich noch«, sage ich zu ihr. Rebecca sieht mich fragend an, lacht und gibt mir die ausgepresste Zitrone. Mit meinem Taschenmesser schneide ich kleine Schnipsel der Schale auf das am Feuer dampfende Risotto.

Naum, einer der drei Jungs, lacht und meint: »Möchtest du noch Chili?« Klar will ich das. Keiner kann widerstehen, schon vorab vom Risotto zu kosten, und allen läuft buchstäblich das Wasser im Mund zusammen. Ich muss es schaffen, das Ganze zu strecken, damit es für alle reicht. Also organisiere ich mir noch einen zweiten Topf und hebe »Feuerkartoffeln« mit reichlich »Raucharoma« und Zwiebeln unter.

Dennoch bin ich mit der geschmacklichen Abrundung noch nicht zufrieden. Ich begebe mich also auf die Suche nach dem gewissen Extra. Da bringt mich Rebecca auf die zündende Idee: esoterischer Aloe-Zimt & Chakra-Teebeutel? Her damit! Das wird das ultimative Geschmackserlebnis für mein Risotto. Während Rebecca nicht im Geringsten ahnt, was ich sogleich mit ihren Teebeuteln machen werde, brüllt Tsur: »Neeeeiiin!« – aber zu spät.

Das Esoterik-Pülverchen hat sich wie in der Hexenküche Gundel Gaukeleys mit einem vernehmlichen Zischen freudig auf die chemische Vereinigung von Risotto und Chakra eingelassen. Tsur ist entsetzt. Ich habe ihm Vorhaltungen gemacht, weil er sich auch in der Wüste mit Wasser die Hände wasche. Und nun vernichte ich selbst die kostbare Mahlzeit von sieben Wüstenwanderern! Jetzt erscheint mir mein erlerntes Hebräisch angebracht. »Rega, Rega!«, beschwöre ich Tsur – »Warte, warte!« Sofort sehen mich alle erstaunt an, weil ich Deutscher bin.

Ich genieße die Stille im Ring und fahre fort mit einem hebräischen »Hey – sabbaba!«, »Passt schon, beruhige dich.« Das verschafft mir in der elitären Pilgergemeinschaft heute den endgültigen Respekt. Während ich den Esoteriktee weiter unterhebe, sagen die anderen lustig zu Tsur: »Hey, sabbaba!«

Zeit für einen guten und bedächtig vorgetragenen Zauberspruch: »Risottum, Risottum, Esoterikum, mañana alles high um mich herum.« Eigentlich dachte ich nicht, dass irgendwer mich soeben verstanden haben könnte, aber exakt das ist nun der Fall. Alle haben mich verstanden, schnüffeln am Risotto und spielen »High«. Tsur lässt sich sogar wie ein toter Käfer rückwärts auf den Sand fallen und sagt: »Urgh, tot!«

Während ich meinen Zaubertrank alias Risotto aufbereite, zaubern die anderen Hummus, Gurken, Tomaten und eingelegte Oliven hervor. Es ist mittlerweile stockdunkel geworden. Während das Feuer vorn wärmt, ist der Rücken kalt. Doch jetzt ist es so weit. Auf Deutsch rutscht es mir heraus: »Jungs und Mädels, es ist angerichtet.« Rebecca versucht meine deutschen Worte nachzusprechen, und wir alle müssen lachen. Gut, bleiben wir lieber beim Englischen. Ganz ohne Eigenlob: Mein Risotto verdient fünf Sterne und noch viel mehr! »Germany, twelve points«, sage ich lachend. Und amüsiere mich darüber, dass wir im Grand Prix von anderen Ländern in der Regel kollektiv abgewatscht werden.

Im schwachen Flackern des Lagerfeuers breitet sich ein sagenhaftes Abendmahl vor uns aus: warmes Pitabrot mit Hummus, Öl, Salz, Tomaten, Gurken, eine Pampelmuse, Risotto mit Kartoffeln, und: eine unvergesslich schöne Stimmung. Das, was ich gerade erlebe, ist nicht weit entfernt von einer romantischen Vorstellung der Steinzeit. Aber man braucht wirklich nicht viel, um glücklich zu sein. Immer mehr wird mir klar, dass Geld und materielle »Werte« gar keinen Raum mehr dafür lassen, das Leben einfach einmal zu spüren.

Morgen wird jeder wieder in seine eigene Richtung aufbrechen, aber heute – jetzt – nimmt man sich die Zeit für den anderen. Rebecca erzählt mir Geschichten über ihr Leben, die sie so wahrscheinlich nicht ihrer besten Freundin erzählen würde. Und Tsur erzählt von seinem Leben, so wie er es noch nie getan hat. Sagt er. Und ich? Ich kann das nur schwer selbst beurteilen. Was ich weiß, ist: Ich spüre mein Leben so wie noch nie zuvor.

In der Nacht kommen dann noch zwei amerikanische Wanderer hier an. Ohne Wasser! Ohne zu fragen, wie so etwas passieren kann, gehe ich still mit meiner Stirnlampe auf die Düne und rufe Haim Berger an. Es ist fast Mitternacht. Er geht ans Telefon. Mit väterlicher Güte sagt er: »Hi, Christian, come down. Wie kann ich dir helfen?« Haim verrät mir ein Notlager, wo er Wasser vergraben hat. Diesmal schickt er mir keinen Plan, sondern die exakten Koordinaten auf mein Handy. Während die anderen in der Nacht aufgeregt um Wasser diskutieren, komme ich mit meinem Handy zurück und sage: »Los geht's.« Auf Deutsch. Jetzt kann sich mein Smartphone bewähren. Geocaching auf Leben und Tod, das habe ich noch nie gemacht. Mitten im Dunkeln finde ich in der Wüste weitere 12 Liter Wasser, die den beiden morgen ihr Leben retten werden.

Dann gehe ich schlafen, neben Tsur könnte man sagen. Aber hier ist für jeden so viel Platz, dass 100 Meter schon ganz nah sind. Was heute Nacht in meinem Kopf alles abläuft, kann man nicht beschreiben. Tsur wird morgen heimfahren. Wir werden über das Akev Night Camp hinauslaufen bis in das Städtchen Midreshet Ben Gurion.

Sechste Woche

Woche 6

Herzenswünsche am Wüstenboden

Vom Mador Night Camp nach Midreshet Ben Gurion
Etwa 17 Kilometer, 230 Höhenmeter Gesamtanstieg.
Trinkwasserverbrauch 6 Liter.

Heute schlafen Tsur und ich erst einmal aus, will heißen: bis sechs Uhr. Alle anderen sind schon in die Gegenrichtung aufgebrochen. Tsur und ich spülen noch mit Sand ab und sammeln jeglichen Müll ein. Man muss allerdings schon suchen, um bei der israelischen Mentalität noch etwas Weggeworfenes zu finden. Israelis haben hier eine Nulltoleranz gegenüber weggeworfenem Müll. Rauchende Wanderer nehmen sogar ihre Kippen wieder mit. Nichts wird hier in die Wüste geworfen, kein Strauch wird zertreten, kein Zweig zum Feuermachen verwendet.

Heute steht nur eine kleine Wanderung an: 17 Kilometer, lächerlich wenig. Doch unterschätzen darf man hier in der Wüste nichts. Auch wenige Kilometer vor dem Ziel kann es um Leben und Tod gehen. Tsur wollte eigentlich gestern schon nach Hause fahren, heute erzählt er mir das erste Mal mehr von sich. Schriftsteller wollte er werden. Er träume von Gerechtigkeit und von Frieden. Er könne so viel schreiben – doch für wen, frage er sich, »niemand wird meine Bücher lesen!«

»Warum möchtest du es nicht versuchen?«, antworte ich ihm. Dann schweige ich sehr lange. Als es unerträglich wird, fragt er mich: »Du meinst das ernst, oder?«

»Ja«, antworte ich ihm auf Hebräisch. »Du solltest es versuchen.« Was er schreiben wolle, frage ich ihn.

Dann streckt Tsur seine Arme weit aus und dreht sich mehrmals um seine eigene Achse, so, als ob ihn von oben jemand sehen könnte. Jetzt steht er 3 Meter neben mir. Er deutet in verschiedene Richtungen: »Da, und da, und da ... da überall sind andere Länder, die uns tot sehen wollen. Länder habe ich gesagt, nicht Menschen.« Tsur setzt sich auf den Boden, nimmt sein Gepäck ab und rollt sich eine Zigarette. »Nicht so wie bei euch«, sagt er. »Man müsste mehr über die Menschen schreiben«, sagt er nachdenklich. »Romane, wie die anderen ticken und wie man selbst tickt.«

Ich habe mich auch hingesetzt, obwohl es hier keinerlei Schatten gibt. »Man müsste einfach einmal etwas über die guten Dinge schreiben. Vielleicht sogar verpackt in einem Spionagethriller. Aber er müsste das Gute aufzeigen und die Politik lächerlich machen. Und das ist schon wieder gefährlich. Vielleicht würden wir wie am Lagerfeuer sagen, über Politik reden wir nicht, und über Religion auch nicht – um dann am Ende genau darüber zu sprechen.«

Tsur fragt mich, ob es wirklich so ist, dass man von Deutschland nach Italien fahren kann, ohne eine Grenze passieren zu müssen. Und ich beginne zu spüren, wie sehr es in Tsur brennt. »Ja, das ist so. Eigentlich ist da noch Österreich dazwischen. Aber es stimmt schon. Du hältst mit deiner Familie an einer Raststätte an und bestellst einen Kaffee, und plötzlich wirst du auf Italienisch gefragt, ob du Zucker haben möchtest. Dann ist dir klar, du bist jetzt in Italien.« Zu meiner Überraschung erzählt Tsur mir, dass er sich so etwas mit Jordanien ebenfalls vorstellen könne. Ob ich mit ihm durch Jordanien wandern will? Ein Jude und ein Deutscher durch ein arabisches Land?

Es wird Zeit aufzubrechen. Ich denke viel nach über Krieg und Frieden, viel über Gut und Böse. Dabei weiß ich, dass wir die Bösen, nicht die Guten waren. Trotzdem erzählt mir Tsur seine Träume. Das bewegt mich sehr tief. Nichts ist mehr so, wie es zu sein scheint. Tsur ist plötzlich der, von dem ich so viel lernen kann. Er beginnt wieder mit einfacheren Themen. Tsur erklärt mir die Vergangenheit vor der bösen Vergangenheit. Er erzählt vom Osmanischen Reich, von den Römern, den byzantinischen Spuren und dem Universum vor Jahrmillionen. Langsam wird mir Tsur unendlich vertraut. Er spricht davon, wie die Natur alle Wesen miteinander verbindet. »God is Jewish. Maybe. But what does this mean?« – Gott ist jüdisch. Vielleicht. Aber was bedeutet das eigentlich?

»Jeder ist stolz darauf, dass er Gott kennt. Stimmt's? Ist doch klar, dass man einen Promi kennen möchte. Und klar, dass er deine Sprache spricht. Und klar, dass er deine Hautfarbe hat, oder? Ist doch logisch, dass sein Management ihn für dich aufbereitet hat …« Tsur beginnt zu reden. »Du bist also das erste Mal in Israel. Da sind doch jahrhundertelang Lügen erzählt worden. Wenn du jetzt Muslim wärst oder sonst was und ich jetzt Jude oder Buddhist – oder egal …«

Jetzt muss ich Tsur auffordern, dass er weiterredet, denn ich merke, dass er nicht mehr will. »Was ich sagen wollte? Nun: Wir würden hier zusammen Feuer machen und einen Tee trinken. Warum sollten wir uns töten? Sag's mir!«

Während wir so schwer Verdauliches besprechen, hat sich die Landschaft um uns herum völlig geändert. Aus der beigefarbenen Umgebung ist eine graue Steinlandschaft geworden. Der Himmel ist stahlblau, und die Sonne schickt uns einen gigantischen Hitzestrahl auf die Erde. Urplötzlich stehen Tsur und ich vor einer Kulisse, die einer Fata Morgana oder einer zukünftigen Leinwandtechnik à la Wayne's World entsprungen sein könnte. Eine riesige Fläche von Wüstenboden ist bedeckt mit Schriften und Symbolen, die moderne Wanderer dort mit Steinen gelegt haben. Von Kamelen über hebräische Schriftzüge findet sich hier alles, was man sich nur vorstellen kann. Dieser Platz ist in keinem Reiseführer erwähnt und macht mich fassungslos. Was ich sehe, erinnert mich an die Nazca-Linien in Peru, nur eben nicht vor Christus entstanden, sondern aktuell jetzt entstehend, ein modernes Graffito in gewaltigen, Quadratkilometer großen Ausmaßen.

Tsur und ich gehen sofort auf Abstand. Hier möchte jeder ein paar Minuten allein sein. Nur zu gern würden wir beide ebenfalls mit Steinen eine Schrift auf den Wüstenboden legen, doch es ist zu heiß, denn im Bereich des Bodens herrschen sicherlich knapp 50 Grad. Wir gehen weiter und kommen körperlich an unsere Grenzen. Die wenigen Kilometer in der Hitze des vorzeitig hereingebrochenen Sommers sind unmenschlich.

Tsur und ich treffen uns immer wieder bei einer Pause. Beim Gehen trennen uns oft Kilometer, wir laufen vorbei am Nachtlager Akev und gehen weiter nach Midreshet Ben Gurion, etwa 3 Kilometer neben Sede Boker. Midreshet Ben Gurion hat etwa 1300 Einwohner und ist die vorletzte Siedlung am Israel National Trail bis nach Eilat. Danach kommt noch Mitzpe Ramin, dann nur noch Wüste.

Die letzten Kilometer treffen wir auf einen staubigen Wüstenweg. Wir folgen ihm nach oben in Richtung Ma'ale Zin. Die Römer damals wussten schon, wo sie den besten Ausblick auf die Weite hatten. Nur muss man erst einmal oben ankommen. Immerhin erblicken wir Zivilisation. Nur ein paar Kilometer sind es noch in das Städtchen Midreshet Ben Gurion, doch schon diese kurze Entfernung macht uns beide schlapp. Midreshet Ben Gurion kommt mir vor wie ein idyllisches, kleines Dorf in einer unwirtlichen Landschaft. Es liegt auf einem Plateau mit sagenhafter Aussicht nach unten in die Negev. Plötzlich ziehen wir durch echte Straßen.

Sich hier zu Fuß zurechtzufinden ist nicht schwer. Übernachten dürfen wir bei einer Bekannten von Haim Berger, bei Nurit. Nurit holt uns persönlich am Dorfplatz ab und begleitet uns zu ihrem Paradies. Sie hat mit ihrem Mann ein Haus gebaut. Ihr Vorgarten blüht, als ob es ringsherum keine Wüste gäbe. Tsur möchte aber nicht bleiben. Er trinkt noch etwas Wasser, und dann verabschiedet er sich endgültig von mir. Ein trauriger Moment.

Nurit schenkt mir Brot und Hummus. Am Abend mache ich mich dann auf zu Dr. Haim Berger. Es sind nur 500 Meter. Plötzlich schäme ich mich ein wenig, denn ich komme wie ein Penner daher. Meine Körperpflege war in den letzten Tagen nicht so, dass sich ein Gastgeber über mich freuen würde. Auch wenn ich bei Nurit duschen konnte, sind es ja noch die gleichen Klamotten, die ich anhabe. Ich gehe trotzdem. Und dann sehe ich vor einem netten, flachen Häuschen mehrere alte, aber gepflegte Jeeps mit Aufklebern »Negevjeep.co.il«. Hier muss ich richtig sein. Wie wird er aussehen?

Haim öffnet mir die Tür und begrüßt mich herzlich. Haim ist groß, so alt wie ich und hat gelockte, dunkelbraune Haare. Haim trägt Adventure-Kleidung, beige, so wie ich. Sofort fühle ich mich bei Haim wohl. Er zeigt mir sein kleines Büro und Fotos von seinen Wildtieren. Haim lehrt an der Uni in Midreshet Ben Gurion über Wildtiere, und sofort spüre ich seine Begeisterung.

»Wo sind deine beiden Mädels?«, fragt er mich und lacht. Dann wird er sehr ernst: »Eines Tages …«, beginnt er, »da werde ich dir und deinen Kindern und deiner Frau meine Welt zeigen. Eines Tages, hoffe ich, werden deine Kinder meine Tiere da in der Wüste sehen. Die werden Augen machen, was man da alles entdecken kann!« Haim fängt sofort an zu schwärmen, und ich fühle, dass er sein Hobby zum Beruf gemacht hat. Haim ist keiner, der irgendwem etwas erklären muss. Er ist einer, der dir die Welt vor deinen Füßen mit einem flammenden Vortrag nahebringen kann. Er lässt dich Dinge sehen, die du selbst nie bemerken würdest.

Immer wieder fragt Haim mich, welche Tiere ich schon gesehen habe, dann fragt er mich nach Tsur. Er habe ihn an der Bushaltestelle gesehen. Ob er mein Freund sei. Da schießen mir Tränen in die Augen.

Ich hatte gar nicht bemerkt, dass seine Frau hinter uns steht und uns ins Haus bitten will. Ich lerne Haims Familie kennen und werde umschwärmt von seinen Kindern. Immer wieder läutet das Telefon, und jemand fragt nach Wasser. Haim hilft geduldig. Als seine ersten Studenten den Israel Trail machen wollten, sei die Idee des Water-Caching entstanden. Er habe seinen Jeep genommen, sei die Strecke, so gut es ging, abgefahren und habe Wasser für seine Studenten im Sand vergraben. Dann habe er Schatzkarten für jeden Standort gezeichnet. Drei volle Tage habe seine erste Tour gedauert. Dass die Night Camps in der Regel mit einem Allradfahrzeug gut zu erreichen waren, kam der Idee zugute. Heute habe sich Water-Caching fest etabliert. Es gebe auch viele, die für ihren Trail eigene Versorgungsfahrten durchführten. Oft würden sie dann ihr eigenes Wasser nicht finden, weil sie die Wüste einfach unterschätzt haben. Haim gibt den Wanderern Sicherheit. Seine Frau steht dabei voll hinter ihm, denn er selbst, sagt er mir, habe schon längst aufgehört, Wasser in der Wüste auszufahren.

Es ist ein schönes Gefühl, nun dem Menschen zu begegnen, der mich die letzten Tage mit Wasser versorgt hat. Ich bin viel zu müde, um lange zu bleiben. Doch Haim werde ich ebenso wie Nurit garantiert wieder einmal besuchen, dann aber als zahlender Gast, dem Haim seine Welt zeigen darf! Darauf freue ich mich heute schon. Zurück bei Nurit sehe ich auf meinem Handy einen Anruf aus Israel. Ich rufe zurück. Es meldet sich Markus Rosch, der ARD-Nahost-Journalist, den ich aus dem Fernsehen kenne. Rosch hat mitbekommen, dass ein Deutscher ohne Geld durch Israel wandert, und fragt, ob er mich am Ende meiner Reise treffen könne. Wir werden also noch einmal telefonieren. Schon verrückt!

Am Fuße des Hod Akev

Lagerfeuer im Akev Night Camp
Etwa 7 Kilometer, 250 Höhenmeter Gesamtabstieg.
Trinkwasserverbrauch 7 Liter.

Heute geht es gerade einmal 6 Kilometer zurück in die Wüste zum Akev Night Camp. Hier bin ich gestern bereits vorbeigelaufen. Die Zwischenstation in der Zivilisation hat mir gutgetan. Die nächsten zwei Tage wird nichts mehr kommen, wo ich mich versorgen könnte. Nurit hat mir Brot geschenkt, etwas Hummus und selbst eingelegte frische Oliven. Am Ortsausgang von Midreshet Ben Gurion treffe ich auf drei junge Wanderer, dem Anschein nach Studenten. Sie schenken mir eine frische gelbe und herrlich duftende Paprika. Dafür gibt es einen richtigen Freudentanz.

Im Nachtlager treffe ich schon früh ein und bin zunächst allein. Meine Kekse von Haims Frau, Nurits Brot, die Paprika und vieles mehr sichern mir zwei gute Tage. Ich werde satt werden und habe genügend Kalorien dabei. Am Spätnachmittag treffen dann von Süden her kommend immer wieder Wanderer ein. Es sind nun gerade Ferien in Israel, und viele nutzen das für eine oder mehrere Wanderetappen. Mit viel Glück werden mir die Pessach-Ferien vielleicht sogar auch in der Wüste mein tägliches Brot bescheren.

»Du wirst keinen mehr treffen, der dir hilft«, habe ich von den Pessimisten gehört, »weil an Pessach niemand da ist. Alles ist geschlossen. Du wirst keinen Menschen treffen.« Die Optimisten haben gesagt: »An Pessach ist jeder mit viel Brotzeit unterwegs auf den Wanderwegen, viele zu Fuß, viele mit ihren Allradvehikeln. Jeder hat dann mehr Grillzeug dabei, als er jemals essen kann.«

Die Ankunft der nächsten Wanderer ist spektakulär: Ich liege gerade auf dem harten Sandboden und blicke in Richtung Hod Akev, einem staubigen Felskoloss, der sich kaum 100 Meter vor mir gute 500 Meter hoch auftürmt. Gerade kommen drei Wanderer wie kleine Figuren den sehr steilen Abhang herunter. Die schräg einstrahlende Abendsonne beleuchtet den aufgewirbelten Sand, den der Wind von den Füßen in die Luft bläst. In einer Staubfontäne rennen die drei die letzten Höhenmeter nach unten. Die letzten Meter scheinen nicht mehr felsig, sondern sandig zu sein. Und alle drei scheinen einen Riesenspaß an den letzten Metern des Downhills zu haben.

Als sie zu mir kommen, bin ich verwundert. Vor mir steht Josh mit seiner Tochter Lana (12 Jahre) und seinem Sohn Semi (8 Jahre). Die drei fragen höflich, ob sie ihr Zelt neben mir aufbauen dürfen und ob ich mit ihnen gemeinsam zu Abend essen würde. »Ja, möchte ich!« Josh zeigt seinen Kindern, wie man mit wenig Holz trotz Wind ein Feuer entfachen kann. Seine Kinder machen das gut. Es beeindruckt mich, dass Josh mit zwei Kindern unterwegs ist, die ungefähr das Alter meiner eigenen Kinder haben. Vor zwei Jahren habe er damit angefangen, zunächst seien sie von Eilat aus nur eine einzige Etappe unterwegs gewesen. Semi, damals keine sechs Jahre alt, habe sofort Feuer gefangen für das Wandern in der Wüste. Letztes Jahr seien sie dann drei Tage unterwegs gewesen. Joshs Frau sei am Anfang absolut dagegen gewesen. Sie wandert selbst nicht und hatte das mit Kindern als absolut unverantwortlich eingeschätzt, erzählt mir Josh. Er lehnt sich zurück in den Sand und lächelt. »War ein langer Weg, meine Frau zu überzeugen. Aber siehst du, mit welcher Begeisterung die Kinder das machen?«

Josh kann mir viel erzählen. Doch die Augen der Kinder sprechen Bände. Und wenn Kinder wirklich begeistert sind, dann merkt man das. Etwas Schöneres gibt es nicht, als glückliche Kinder zu sehen. Zwischen meinem Schlafplatz und Joshs Familie errichten die Kinder unsere Feuerstelle. Noch im letzten Tageslicht brennt das mitgebrachte Holz, immer nur ein Scheit nach dem anderen. Es ist eher ein kleines Feuerchen, so wie die Flamme eines Gaskochers, nur schöner.

Josh, Semi und ich – die Männer also – kümmern sich heute um die Küche. Lana chattet gerade mit ihrer besten Freundin. Empfang gibt es hier durch die Nähe Midreshet Ben Gurions. Josh und mir brennt der Funkenflug Löcher in die Klamotten. Aber was soll's? Nach einem fantastischen gemeinsamen Abendmahl entsteht eine wunderschöne Unterhaltung am offenen Feuer. Als die Kinder schon schlafen, rückt Josh mit einem großen Problem heraus: dem Mount Karbolet. Seinen Kindern würde er das schon zutrauen, aber ohne Gepäck. Und seine Frau dürfe gar nicht wissen, dass er es so weit geschafft habe. Aber es seien doch die Kinder selbst, die diesen Mount Everest erklimmen wollen. Josh sagt tatsächlich »Mount Everest« – schon komisch.

Josh fragt mich um Rat, obwohl ich ja der Fremde bin. Würde ich meinen eigenen Kindern den Mount Karbolet zutrauen? Ja, wenn sie es selbst möchten, denn hinauftragen kann man sie nicht. Und wenn sie es wirklich selbst wollen, dann würde ich als Papa sicher alles geben, das mit meinen Kindern durchzuziehen. Man bräuchte aber dann auch so eine Art Sicherheitsnetz.

»Du könntest Haim fragen«, sage ich.

»Haim Berger? Du kennst ihn?«, erwidert Josh erstaunt.

»Ein bisschen«, sage ich. »Vielleicht kann er euch mit eurem Gepäck helfen?«

Wenig später wähle ich die Nummer von Haim und gebe ihm Josh. Dann höre ich nur noch Hebräisch. Aber an der Gestik und dem Tonfall erkenne ich, dass beide sich auf Anhieb verstehen. Haim wird morgen bei Josh die Rucksäcke abholen, ihm selbst gemachte Lunchpakete bringen und sich auf der anderen Seite des Karbolet mit den dreien treffen. Es wird ein paar Schekel kosten, aber das wird es wert sein.

Könnte ich alles nur festhalten

Vom Akev Night Camp zum Hava Night Camp

Etwa 23 Kilometer, 670 Höhenmeter Gesamtanstieg.
Trinkwasserverbrauch 8 Liter.

Guten Morgen, sage ich zu mir selbst, ganz leise, denn die anderen Wanderer schlafen alle noch im Sand. Es ist noch dunkel. Meine innere Uhr hat mich also schon kurz vor der ersten Dämmerung geweckt. Zeit für die Morgentoilette. Im Freien Wasser lassen, Zähne putzen, einen halben Liter Wasser trinken. Und dann kann es leise losgehen. Ich muss nichts mehr zusammenpacken, außer Tsurs violetter Isomatte. In weniger als zwei Minuten bin ich abmarschbereit. Der Lichtkegel meiner Stirnlampe streift über Joshs Zelt. »Alles Gute!«, sage ich halblaut in Richtung des Zelts. »Schalom. God bless you.« Dann verlasse ich mit ganz leisen Schritten mein Nachtlager. Nach wenigen Schritten in der Waagerechten führt mich ein steiler Pfad im 45-Grad-Winkel nach oben. Nach meiner ersten kleinen Verschnaufpause wird es unmerklich hell. Das Nachtlager liegt völlig geräuschlos schon weit unter mir. Ich höre nichts außer einem leichten Wind. Obwohl es noch kühl ist, tropft mir Schweiß vom Gesicht zu Boden.

Ich bewege mich gerade in einer Märchenlandschaft, tauche ein in vollkommene Stille und Zufriedenheit. Der Anstieg zum Hod Akev – Hod steht für Berg, klingt aber auch wie hoch – fällt mir heute leicht. Der Weg ist gut markiert. Trotzdem erscheint er auf den ersten Blick unmöglich. Mein Verstand sagt mir, dass es da hinauf eigentlich keinen vernünftigen Weg geben kann, außer man wäre Freeclimber. Auch der Blick dahin, wo ich hergekommen bin, lässt mich staunen. Auch hier scheint der Weg, der nun zu einem dünnen Strich in der Felskulisse geworden ist, ein Extremweg zu sein. Dabei geht alles ganz leicht. Ich möchte diese unglaublich schöne Landschaft mit meiner Kamera einfangen. Zu meiner großen Enttäuschung springt die aber nicht mehr an, obwohl ich sie gestern noch geladen habe. Das ist keine gute Nachricht.

Kurz nach Sonnenaufgang erreiche ich den Gipfel des Hod Akev. Ich staune nicht schlecht, als dort Ariel und Benjamin auftauchen, zwei junge Burschen, die ich gestern schon im Nachtlager getroffen habe. Sie sind noch vor mir aufgebrochen und sitzen hier am Gipfel mit frisch gebrühtem israelischem Kaffee. »Hey, welcome! Magst du mit uns Kaffee trinken?« Und ob ich das möchte! Ariel und Benjamin waren schon auf der ganzen Welt hiken. Extremwandern in der Mongolei, in Nepal, in Peru, einfach überall. Und jetzt möchten sie von einem Deutschen aber gern wissen, wie ihm denn ihr eigenes »kleines« Israel gefällt. Noch bevor ich überhaupt antworten kann, fügt Ariel an: »Total gut, hoffe ich!«, und lacht. Zeitgleich gießt er mir duftenden, braunen Kaffee aus seiner Survivalkanne in meinen gelben Plastikbecher, den mir meine Kinder mitgegeben haben.

»Mmmm«, sage ich. »Schmeckt er dir?«, fragt Benjamin. Weil ich schon weiß, dass ohnehin jeder Israeli den besten Kaffee der Welt macht, sage ich schmunzelnd: »Der beste Kaffee der Welt.« Ich meine es aber auch so, denn kurz nach Sonnenaufgang auf einem Berggipfel wie dem Hod Akev einen frisch aufgesetzten Kaffee zu bekommen, das hat schon was!

»Überhaupt finde ich Israel gar nicht so klein«, sage ich dem sichtlich erstaunten Benjamin. »Ich bin ja schon über einen Monat unterwegs, und ein Ende ist noch nicht in Sicht«, erkläre ich. Beide lachen und Ariel meint: »Klar, weil du Schlangenlinien gelaufen bist.«

Erst als es ein wenig ernsthafter wird, erzähle ich etwas von meinen wunderschönen und bewegenden Erfahrungen in Israel. Und weil sie mir nicht glauben möchten oder vielleicht weil sie es auch gern hören, sage ich, dass Israel gerade mein neunundvierzigstes Land auf der Welt ist, das ich besucht habe. Und ich sage ihnen auch, dass ich auf eine so unglaubliche Hilfsbereitschaft und Nächstenliebe noch nie gestoßen bin. Es sei auch woanders schön. Aber diese beiden Eigenschaften habe ich ebenso intensiv und schön noch nie erfahren, und das, obwohl ich Deutscher bin.

Sofort unterbricht mich Benjamin: »Was hat das damit zu tun, ob du Deutscher bist?« Ariel schenkt mir Kaffee nach: »Dir gefällt unser Israel? Ich selbst liebe es, weil ich es mit meinen eigenen Füßen durchwandert habe. Das macht nicht jeder. Aber du, als Deutscher, auf meinem Israel National Trail. Wow!«

Ariel holt tief Luft und wird schlagartig sentimental: »Ja, ich liebe mein Israel. Aber dass es dir so gut gefällt, berührt mich zutiefst. Da gibt es nicht viele. Die meisten reden nur. Aber einer, der mit uns wandert. Einer, der mit uns tanzt ...«

Ariel ist aufgestanden und bittet mich mit einem charmanten Lächeln zu einer Art Gipfelwalzer. Und schon tanzen wir alle drei zusammen, in Israel, in der Wüste Negev, verloren in Gefühlen, vereint durch das, was man gar nicht aussprechen kann. Ariel und Benjamin möchten noch bleiben. Sie gehen heute nur bis zur Quelle Ein Akev. »Du musst los«, sagt Benjamin zu mir und blickt auf seine Uhr. »Versprich mir, dass du das Wasser in Ein Akev mit all deinen Sinnen beachtest, es ist ein Zauber. Es ist der Quell des Lebens. Geh nicht daran vorbei, versprich es mir!« Ich gebe Benjamin also ein Versprechen, von dem ich noch gar nicht weiß, was er damit gemeint hat. Beide kennen das Gesetz des Pilgerns und des Weitergehens nur zu gut.

Mein Weg ist hier, deiner ist dort, wir sind verbunden, auch über das Jetzt hinaus. Doch nun geh los, such die Weite, finde deinen eigenen Weg. Das Loslassen von gerade erst beginnenden Freundschaften ist eine irrsinnig aufwühlende Erfahrung. Es macht mich glücklich und betroffen zugleich. Benjamin und Ariel haben mir »Bon camino« nachgerufen, den Gruß am Jakobsweg. Da waren sie auch. Und auch da hätten wir uns schon begegnen können. Beide haben sich umgedreht, weg von mir, und beide wollen auch nicht, dass ich mich noch einmal umdrehe.

Der Kaffeegeschmack auf meiner Zunge ist noch frisch. Ich könnte zurückgehen. Aber ich gehe meinen Weg weiter. Die Vergangenheit ist längst schon vorbei, tot. Man kann sie nicht mehr zurückholen oder verändern. Die Zukunft ist noch nicht geschrieben. Was zählt, ist das Hier und Jetzt. Benjamin und Ariel wissen das nur zu gut. Wenn Gott will, werden wir uns wiedersehen, auf Facebook oder sonst wo, aber nicht hier. Ich würde ihren Weg stören und sie meinen. Man darf nichts festhalten, nicht auf dem Weg. Man muss loslassen, um endlich im Leben den Augenblick zu erkennen.

Benjamin und Ariel waren für mich weit mehr als eine Wegmarkierung. Es ist nicht so, wie man im Urlaub mal eben jemanden kennenlernt und Adressen austauscht. Nie wird man mehr etwas voneinander hören. Hier in der Wüste tauscht man keine Adressen aus. Unwichtig. Man tauscht echte Gefühle aus, besser gesagt: Man bekommt sie, und das ist eine wunderbare Bereicherung für das Leben.

Bergab geht es durch eine traumhafte Bergwelt. Jede Sekunde könnte ich hier Megabytes an Filmmaterial verschießen. Nur: Es bringt nichts. Auch das kann man alles nur im Herzen bewahren. Nach einigen sehr steinigen Kilometern laufe ich am Vormittag in Ein Akev ein. Eine Oase inmitten einer ausgedorrten Berglandschaft. Weil Wasser mir als Deutschem nicht wirklich viel bedeutet, möchte ich eigentlich daran vorbeilaufen. Doch die Worte: »Versprich mir, dass …« surren mir noch in den Ohren.

Die Sonne hat den kleinen Wasserfall noch nicht erreicht. Alles wäre still und romantisch, wären da nicht drei israelische Studenten, die sich hier gerade allein wie im Paradies wähnen und splitternackt in das grünblaue Wasserloch hüpfen. Wie versteinert stehe ich da, traue mich da eigentlich nicht hin. Zu absurd ist das jugendliche Treiben vor meinen Augen. Sie kichern laut und sind so begeistert, als hätten sie Wasser noch nie gesehen. Doch dann sehen sie mich da stehen.

»Ja, Mann, komm her«, rufen sie mir zu. Und ehe ich mich versehe, bin ich ebenso nackt im natürlichen Whirlpool Ein Akev. Beim Sprung in die Fluten bin ich ganz schön zusammengezuckt. Das Wasser ist eiskalt. Man schnappt unweigerlich nach Luft, der Puls schnellt in die Höhe.

Die drei Studenten besuchen heute Nachmittag einen Vortrag an der Uni in Midreshet Ben Gurion. Einen Vortrag von Prof. Dr. Haim Berger. Aber den werde ich kaum kennen, merken sie an. Ich sage nichts dazu, lasse mich aber dazu hinreißen, mit den Studenten ein improvisiertes Oasenbuffet einzunehmen. Nackt! Wie Tarzan und Jane sitzen wir am Rand des idyllischen Wasserfalls und schneiden Gurken, Tomaten und Brot. Hummus ist auch mit dabei, und eine Dose Thunfisch gibt es ebenso. Zu trinken haben wir frisches Wasser aus der Quelle, und da vertraue ich einfach: Es schmeckt köstlich.

Mein Versprechen habe ich gehalten. In bester Laune begebe ich mich wieder in die Einsamkeit der Negev. Oberhalb des Wasserfalls laufe ich eine Weile durch eine Schilflandschaft. Mitten in der Trockenheit ist das ein unwirkliches Schauspiel. Als käme das Wasser aus dem Nichts, ist es plötzlich auch verschwunden. Im Nahal Akev, dem Akev-Tal, begegnet mir eine gute Stunde später ein weiteres Mal eine kleine grüne Idylle mitten in der Wüste. Plötzlich bin ich umgeben von Vogelgezwitscher. Ich durchschreite Steinwüsten, Wadis, Täler und mystische Felsengassen.

Die heutige Etappe ist etwa 23 Kilometer lang und beinhaltet viele schöne Höhenmeter. Ebenso schön und abwechslungsreich ist die Landschaft. Felsige Enge wechselt sich ab mit erhabenen Aussichtspunkten, traumhaften Auf- und Abstiegen mit irrsinnigen Perspektiven auf die einzigartige Umgebung. Der weitere Verlauf des Trails zeichnet sich aus durch extreme Trockenheit, die mir heute die Zunge am Gaumen kleben lässt. Ständig habe ich das unangenehme Gefühl zu vertrocknen, Wasser habe ich jedoch genug dabei.

Sechste Woche

Gerade ersteige ich eine kleine Anhöhe. Der Shvil ist nun zu einem Sandweg geworden, den ich kaum verfehlen kann. Ich darf mich also entspannen und muss mich nicht dauernd darauf konzentrieren, den Weg nicht zu verlieren. Aus heiterem Himmel schießen zwei Jagdflugzeuge über meinen Kopf hinweg. Ich habe den Anflug nicht gehört. Dafür hat mich der unerwartete Krach vor Schreck nun beinahe zu Boden gerissen. Die waren bestimmt keine 50 Meter über mir. Die beiden Piloten haben mich mit meinem orangefarbenen T-Shirt sicher gesehen. Ein einschüchterndes Treffen, welches noch gar nicht vorbei ist. Am Ende meines Horizonts machen die zwei ein aberwitziges Manöver um eine fiktive Achse zwischen sich selbst herum, um im fast gleichen Augenblick in der vollkommenen Senkrechten nach oben zu steigen. Dann kippen sie langsam kopfüber zurück in meine Richtung. Im freien Fall gegen den Boden, zurück zu mir. Ein wahnsinniges Spektakel! Die beiden zeigen mir, wie klein die Wüste für ihren Düsenantrieb ist und wie unbeweglich ich als Fußgänger darin gefangen bin.

Sie kommen zurück. Erst wieder komplett lautlos, dann über meinen Kopf hinweg, gefolgt von einem zweifachen, lauten Knall. Einer der beiden hat seine Flügel zweimal geschwenkt, wie zum Gruß. So eine Art »Yeah, sei gegrüßt am Israel Trail.« Einfach irrsinnig. Ich fühle mich komplett ohnmächtig, total eingeschüchtert. Die beiden sitzen in Geräten wie aus einer anderen Welt. Aber sie haben mich gesehen. Kann man das, wenn man gerade auf der Schallwelle reitet, sie durchbricht, zu dem anderen einen Abstand von wenigen Metern hält und dabei fast den Erdboden streift? Das Ganze erscheint mir komplett verrückt. Auf dem weiteren Weg passiert mir dann das genaue Gegenteil von vorher. Immer wieder höre ich das Dröhnen der Düsentriebwerke, kann die Maschinen aber am hellen Firmament nirgendwo sehen. Eine Begegnung mit einem Düsenjäger auf wenige Meter im vollen Tiefflug werde ich so schnell nicht vergessen.

Versunken in meinen Gedanken, ist es fast klar, dass ich am Hava Night Camp vorbeilaufe, ohne es zu bemerken. Erst eine halbe Stunde später stimmt die Routenbeschreibung des »Red Books« absolut nicht mehr mit meinem Weg überein. Kann sie ja auch nicht. Denn ich bin nicht da, wo ich zu sein glaube. Dafür treffe ich in der Einsamkeit auf das Kamerateam von Igal Feuerstein, der hier in der Wildnis nach Motiven für eines seiner Projekte sucht. Igal fotografiert für große Unternehmen, macht auch Kalender und alles, was gut und spektakulär aussieht. Dass ich plötzlich vor einem vierköpfigen Kamerateam stehe, das meine hilflose Wegsuche einfängt, gefällt mir erst einmal gar nicht. Immerhin klärt mich Igal auf, dass ich an meinem Night Camp vorbeigelaufen bin. Er beschreibt es wie ein Künstler, so plastisch, dass mir auch sofort einfällt, wo das war. Und das kann nur ein Künstler. Ein Ureinwohner könnte es auch oder ein Steinzeitmensch. Aber ein heutiger Mensch?

Wie will der einen Ort in der Wüste beschreiben, wo doch die letzten Stunden alles so gleich ausgesehen hat? Igal schafft es, mit meinem kreativen Teil des Gehirns zu kommunizieren. Wir sehen vor unserem inneren Auge plötzlich die gleichen Steine, können sie beschreiben, als wären sie vor uns. Igal redet mit Händen und Füßen, er beschreibt jeden Ast eines jeden Strauches. Alles setzt er irgendwie in Szene, und so wandern wir gemeinsam zurück. Was bleibt, ist so eine Art innerer Wut über mein erneutes Verlaufen hier in der Wüste. Mir ist absolut klar, dass man hier nicht alle fünf Minuten jemanden trifft. Verlaufen kann tödlich sein! Ich war richtig wütend auf mich selbst. Doch jetzt habe ich eine gute Gelegenheit, überschüssiges Adrenalin abzubauen.

Auch Igal und seine Assistenten gehen zum Hava Night Camp. Sie haben dort irgendwo ihr Auto abgestellt. Die Assistenten von Igal haben wohl beschlossen, sich mit mir zu duellieren, mir einen Wettbewerb bergauf aufzuzwingen. Es ist ihre Wüste, ihr Heiliges Land. Beide sind voll durchtrainiert, zusammen kaum so alt wie ich. Igal hat lachend losgelassen. Er geht gemütlich sein Tempo. Die anderen jagen und provozieren mich. »Hey, wir können auch langsam gehen. Wir haben ja kein Gepäck dabei«, sagen sie ironisch. Ich habe verstanden!

Blitzschnell legt sich in mir so ein Schalter um, der mich meines Verstands beraubt, aber Urtriebe weckt. Das ist nicht einfach so, als hätte mich auf der Autobahn gerade eine junge Dame mit erhobenem Stinkefinger rechts überholt, obwohl ich selbst schon knapp 200 Kilometer pro Stunde fahre. Nein, das hier provoziert mich so sehr, dass ich mich meines Adrenalins nicht mehr erwehren kann. Die anderen haben kein Gepäck und auch noch keine 26 Kilometer hinter sich. Doch ich habe mich nun gerade erst richtig warmgelaufen.

»Yes. Israel is great«, sage ich, den Berg hochlaufend. Ich erzähle ununterbrochen und habe nun auch das Tempo der beiden übernommen. Weil ich merke, dass sie sich nicht mehr, ohne Luft zu schnappen, unterhalten können, ziehe ich noch ein wenig an. Beiläufig frage ich, ob ich der netten Dame das Stativ und die Kamera abnehmen soll. Und das meine ich nun auch sarkastisch, mit einem breiten Grinsen auf den Lippen. Ich hoffe natürlich, dass es mich nicht gleich umhaut, denn ich bewege mich am Rand meiner Kräfte. Jetzt fühle ich mich aber gerade so wie einer der beiden Düsenjäger. Ich könnte vor Kraft explodieren.

Und dann rede ich, trage das Stativ, meinen Rucksack und renne allen den Berg nach oben davon. Ich habe, Gott sei Dank, so großen Abstand, dass keiner sieht, wie ich mir oben ans Herz fassen muss und fast keine Luft mehr bekomme. Gegen die beiden Assistenten bin ich schon ein alter Mann und ein Depp, wie man in Bayern sagen würde! Da gehe ich nun einen Monat durch die Wüste und lasse mich zu einem Rennen provozieren. »Kann nur dir passieren«, würde meine Frau sagen. Mit Igal hätte ich mich gern noch länger unterhalten. Er hat mir ein paar Flaschen Wasser geschenkt und ein wenig Essbares, das er dabeihatte.

Nun bin ich wieder allein, abgesehen von den beiden Düsenjägern, die hier noch herumschwirren. Fürs Erste habe ich Wasser. In mein Büchlein hat mir Haim Berger auch für heute eine kleine Schatzkarte für frisches Wasser gezeichnet. Und das will ich nun finden. »Vom Hava Night Camp auf den Sandweg. Links. Dann der untergehenden Sonne entgegen. 250 Schritte den Fußspuren Richtung Süden folgen. Beim großen Stein …« – Nein. Das werde ich nicht tun! Der große Stein ist ein etwa ein Kubikmeter großer Betonquader, auf dem in blutrotem Graffito geschrieben steht: »D A N G E R. FIRING AREA. ENTRANCE FORBIDDEN.« Militärisches Sperrgebiet. Deutlicher kann man es nicht sagen. Dass dabei ein Teil der aufgesprühten roten Farbe wie Blut nach unten geronnen ist, finde ich besonders makaber. Was immer ich über Israel bereits gelesen habe, ich weiß: Das sollte man ernst nehmen.

Nun stehe ich vor dem Dilemma: Wasser nur im Sperrgebiet. Kein Betreten des Sperrgebiets, kein Wasser, oder habe ich meine Schatzkarte falsch gelesen? Das schließe ich nach zwei Stunden Suche aber kategorisch aus. Was tun also? Benjamin und Ariel sind gerade eingetroffen. Wir sind also in der Nacht heute zu dritt, und für heute Nacht reicht mein Wasser noch. Nur, für morgen brauche ich Wasser. Auch Ariel und Benjamin interpretieren die Karte so, dass sie in das Sperrgebiet hineinführt. Weil ich Netzempfang habe, rufe ich Haim an und erzähle ihm, dass seine Karte nicht stimmen kann. Sofort unterbricht er mich und widerspricht mir vehement.

»Wo bist du gerade, Christian?«, fragt er mich.

»Vor einem großen Betonblock, auf dem DANGER steht«, antworte ich.

»Gut so«, sagt Haim. »Und was steht auf deiner Schatzkarte?«, fragt Haim ein wenig oberlehrerhaft nach.

»Dass ich da nun 250 Meter …«

»Do this«, unterbricht mich Haim und kann gar nicht verstehen, wo eigentlich mein Problem ist.

»A-a-aber da steht doch …«, stottere ich in mein Handy hinein.

Haim antwortet mir ganz ruhig: »Christian, geh 250 Meter daran vorbei. Ganz ruhig. Ich weiß, dass du Deutscher bist …«, dann lacht er laut.

»Siehst du nun den kleinen Strauch vor dir?«

»Ja«, sage ich knapp und völlig außer Atem. Haim leitet mich am Handy zu meinen acht Wasserflaschen. Durchnässt vor Aufregung und Angst, komme ich zurück zum Night Camp, mein Wasser in der Hand. Auch Benjamin lacht mich nun aus. »Wo war dein Problem?« Er deutet mit seinen Armen einen Düsenjäger an, der mich dann »ratta, ratta, ratta« aus der Luft erschießt, und nun müssen wir alle lachen. Benjamin umarmt mich, weil er spürt, dass ich diese Art von Humor irgendwie erst noch lernen muss. Dann rückt Benjamin mit zwei Wörtern auf Deutsch heraus: »Achtung, Achtung – verboten«, sagt er fast militärisch und schmunzelt. Noch immer hält er mich fest im Arm. Benjamin hat mir gerade eine gehörige Lektion erteilt, und er macht weiter.

»Willst du sterben? Verdursten? Dehydrieren? Nur weil da ein Verbotsschild ist?«

Ob ich heute von gefährlichen Tretminen träumen werde? Oder eher davon, dass es jenseits aller großen Gefahren etwas viel Mächtigeres gibt: Humor!

Heute Nacht schlafe ich gute 200 Meter von den beiden entfernt in einer Steinkuhle, die mich vor dem Wind schützt. Die Temperaturen in der Nacht fallen fast auf null Grad. Ohne Zelt, nur im Schlafsack, fange ich an zu zittern. Meine Knochen liegen auf hartem Boden. Trotzdem werde ich mich noch in vielen Jahren danach sehnen, mein Bett zu Hause für eine einzige Nacht mit dieser unendlichen Freiheit einer Wüstennacht eintauschen zu können.

So lieb, dass ich mich schäme

Vom Hava Night Camp nach Mitzpe Ramon
Etwa 27 Kilometer, 500 Höhenmeter Gesamtanstieg.
Trinkwasserverbrauch 5 Liter.

Heute liegen knapp 30 Kilometer vor mir. Ich wache schon vor
Sonnenaufgang auf und bin völlig starr vor Kälte. Benjamin und
Ariel schlafen noch. Ich kann mich also nur spirituell von ihnen
verabschieden, indem ich ihnen meine besten Wünsche für ihre
Wanderung zuspreche. Ich bin wahnsinnig glücklich, einfach losgehen zu dürfen. Wie weit habe ich mich inzwischen von dem rea-
len Leben entfernt? Und macht es überhaupt Sinn, so ein modernes Leben zu führen, ohne jemals den Sinn dahinter gesehen zu
haben? Was das Heilige Land mir gezeigt hat, wird mein gesamtes
Leben auf andere Füße stellen. Nein, ich bin nicht mehr der Gleiche. Klar, ich bin auch kein anderer Mensch, ich bin älter und ruhiger geworden. Der Weg hat mich zu mir selbst geführt. Schon jetzt
denke ich ganz anders, als ich es je in meinem hektischen Berufs-
leben konnte. Ich will nicht sagen, dass mir nun alles egal ist. Das
trifft es nicht. Hier in der freien Natur Israels habe ich Zugang zu
echten Gefühlen gefunden. Und ich weiß noch nicht so recht, wie
ich damit in Zukunft umgehen soll. Ich kann ja zu Hause schlecht
Tränen zeigen, wenn ich gerade glücklich oder bewegt bin. Und
ich werde nicht jeden einfach so umarmen können, oder jemand
mich. Warum nur sind im echten Leben die Wände so hoch?
    Seit mehr als einer Stunde begleiten mich nun Bergantilopen.
Die werden sich über das plump wandernde Wesen lustig machen.
Über mir springen sie den Gesetzen der Schwerkraft trotzend über
die Felswände, dass mir schwindlig wird. Licht und Schatten
begleiten mich in den frühen Morgenstunden bergab und bergauf.
Auch wenn die Einsamkeit immer wieder meinen ganzen Mut
fordert, so etwas hätte ich mir oft am Jakobsweg gewünscht: die

totale Ruhe, das vollständige Eintauchen in deine Umgebung, nichts, was dich ablenkt. Nichts, was dich stört. Jeden Tag aufs Neue den Fluss genießen, in dem du dich mit deinem ganz eigenen Rhythmus durch dein Universum bewegst. Laufen dürfen ist ein so großartiges Gefühl, dass ich einfach nicht die geeigneten Worte finde, es zu beschreiben.

Ich erinnere mich an meinen Jakobsweg an der Küste. In der Nähe von Santander hatte Conny zu mir am Telefon gesagt: »Schatz, nimm doch einmal einen Tag Auszeit, mach Pause, sieh dir was an, erhol dich!« Sie hat es erst gar nicht verstanden, als ich ihr geantwortet habe: »Weißt du, dass ich jeden Tag aufstehen und einfach losziehen darf, das ist die große Pause in meinem Gehirn, das ist es, was so wunderbar ist. Ich will nicht stehen bleiben. Ich will gehen dürfen.«

Das Heilige Land zieht mich heute wieder voll und ganz in seinen Bann. Auf jedem Meter ist die Negev wieder auf eine ganz neue und mir noch unbekannte Art spannend und bezaubernd. Dann stoße ich auf eine tote Bergantilope, eine, die es nicht geschafft hat, eine, die vielleicht noch mitten im Leben war und dann ihren letzten Sprung getan hat.

Was für ein Leben! Sie hat es in Freiheit geführt, war nie eingesperrt! Wenn hier ihre Seele nach oben gestiegen ist, dann hat sie zuletzt ein steinernes Tal, voll von anmutiger Natur, gesehen. Ihre Familie war nicht weit weg von ihr. Nicht so wie bei uns Menschen, wo man getrennt lebt. Es ist schnell gegangen, jetzt müssen andere übernehmen. Beim Anblick des gerade erloschenen Lebens schüttelt es mich heftig durch. Doch ich bin sehr glücklich, so nahe bei den Elementen sein zu dürfen.

Plötzlich bekommen die Steinsäulen vor mir lebendige Wesenszüge, und ich beginne langsam Selbstgespräche zu führen. Es ist nicht die Einsamkeit und auch nicht das Extreme der Wüste, das mich so sehr berührt. Es ist die menschliche Wärme, die mich hier im Heiligen Land von Anfang an begleitet. Ich weiß, dass viele

Deutsche in den Nachrichten-Chats heute gegen Israel wettern und für alles Palästinensische eintreten. Warum nicht für beides, frage ich mich? Warum nicht einfach den ganz großen Horizont erkennen? Warum nicht einfach einmal an das Gute in den Menschen glauben? Warum nicht für einen Augenblick mit dem Herzen sehen?

Wie viel Weltpolitik könnte man machen, wenn man all diese bewegenden kleinen Geschichten in seinem Herzen tragen würde? Einer, der dir Brot und Wasser gibt, kann gar nicht dein Feind sein. Und das gilt im übertragenen Sinne durchaus auch für die Konflikte im Großen. Denn da wird Wasser gegeben, grenzüberschreitend. Da wird geheiratet, ebenfalls grenzüberschreitend. Da wird auch gearbeitet, womöglich verboten, aber doch grenzüberschreitend. Aber da wird aus der Ferne geurteilt oder verurteilt, ohne dass man je das Land mit eigenen Füßen betreten hätte. Nein, ich habe keine Angst, dass eine Rakete mich hier auf dem Israel Trail treffen könnte! Niemals, außer es wäre von Gott bestimmt!

Aber ja, ich habe Angst, mich hier im Heiligen Land seelisch zu verändern, nicht zum Schlechteren, aber womöglich zu einem viel hilfloseren Menschen, einem ohne Schutzschild. Nur – mit Schutzschild hilft dir eben auch kein anderer!

Nach endlos schönen Landschaften, die an mir im Schneckentempo vorbeiziehen, komme ich zu einem wunderbaren Hochplateau, auf dem ich Pause mache. Alles, was ich gegessen habe, wurde mir gegeben, geschenkt. Einen ganzen Monat lang lebe ich nun schon von der Gunst anderer Menschen. Das Pitabrot heute ist ein Benjamin-Pitabrot. Man kann es nicht in Worte fassen, was abgeht, wenn man als zivilisierter Mensch, völlig erschöpft, geschenktes Brot isst. Man kann es nicht glauben, dass die Welt nicht so ist, wie sie täglich in den Nachrichten dargestellt wird. Ich habe schon seit Wochen keine Nachrichten mehr gehört, weiß nicht mehr, was auf der Welt los ist. Die wichtigste Schlagzeile für mich heute ist »Genug zu essen«.

Sechste Woche

Mit glücklichen Gefühlen geht es weiter in Richtung Mitzpe Ramon, der letzten Bastion vor Eilat am Roten Meer. Am Nachmittag wird der kleine, oft unsichtbare Pfad endlich wieder zu einem erkennbaren Weg. Eine Kurve – und dann stehe ich am Abgrund des Makhtesh Ramon. Der Ramon-Krater ist der größte Erosionskrater in Israel. Bei einer Länge von über 40 Kilometern und einer Breite von 2 bis 10 Kilometern bildet er ein Loch in der Größe von etwa 200 Quadratkilometern. Mit einer Tiefe von einem halben Kilometer ist er sicher auch aus dem Weltraum als gigantischer Abgrund erkennbar. Und hier stehe ich nach einer kleinen Kurve völlig unvermittelt am Rand des Abgrunds!

Der Makhtesh Ramon stellt in Sachen Marslandschaft alles in den Schatten, was ich je in meinem Leben gesehen habe. Er ist gewaltig, dabei völlig unbewohnt und frei von jeder menschlichen Zivilisation. Mir stockt der Atem. Den Ramon-Krater zu fotografieren macht keinen wirklichen Sinn. Wie auch? Die überdimensionalen Ausmaße dieser Naturgewalt kann man nicht auf Film bannen. Ich komme mir vor wie eine Ameise, die am Rand eines übergroßen Woks in den Abgrund blickt und fassungslos in der unerreichbaren Ferne klein den gegenüberliegenden Rand des Kraters erblickt. Hier würde die Area 51 sicher locker zweimal hineinpassen. Und trotzdem wäre noch genug Raum für die Landebahnen von Aliens. Der Ramon-Krater ist mit Abstand das abgefahrenste Terrain, das ich jemals mit eigenen Augen erblickt habe.

In wenigen Stunden werde ich Mitzpe Ramon erreichen. Und da bin ich gespannt auf Aviva, die ich am Telefon kennengelernt habe. Aviva leitet mit ihrem Mann Menachem das iBex(iBike)-Hotel, eigentlich bewusst kein Hotel.

Mitzpe Ramon ist die letzte Stadt hier in der Negev vor Eilat. Stadt ist dabei ein relativer Begriff, denn mehr als 4900 Einwohner hat Mitzpe nicht. Mitzpe liegt am Rand des Kraters und kommt meiner Vorstellung einer fernen Marskolonie sehr nahe. Die Aussicht ist unbeschreiblich schön. Am Ortseingang – Pardon! Stadteingang – warte ich in einem kleinen Park des KKL auf Menachem. Hier finde ich wieder Bäume und herrlichen Schatten. Und ich treffe auf israelische Familien, die im kleinen Park die Pessach-Ferien genießen und mir etwas zu essen geben, während ich hier sitze. Es sind die Kinder, die mich entdeckt haben und ihre Eltern dazu »nötigen«, mir etwas vom Essen abzugeben.

Obwohl ich mich richtig gut fühle und die anderen mir von ihrem »Zuviel« äußerst gern etwas abgeben, begleitet mich noch immer dieses unvorstellbar große Schamgefühl. Besonders schlimm ist es, wenn Kinder mir etwas geben möchten. Ich muss mich zwingen, mir zu sagen, dass es gerade nicht aus Mitleid geschieht, sondern dass Kinder einfach mit dem Herzen sehen. Aber dass ich auch nach den vielen Wochen noch weinen muss, wenn ich etwas zu essen geschenkt bekomme, zeigt, wie tief die Zusammenhänge zwischen Hunger, Nächstenliebe, Dankbarkeit, Glück und Scham doch in unserem menschlichen Betriebssystem verankert sind.

Aus Scham setze ich mich weit weg von den anderen, gebe so auch ein optisches Zeichen, dass die da hinten – zwei glückliche Familien mit Essen – und ich nur wenig gemein haben. Oder haben wir? Natürlich haben wir. Und natürlich haben mir die jüdischen Familien einen Platz in ihren Reihen angeboten. Und wieder denke ich mir: »Natürlich?« Nichts ist natürlich. Doch Liebe und Güte scheinen stärker zu sein als der Schmerz der Vergangenheit.

Meine ständige Bitte nach Essen scheint nicht zu provozieren, wie ich es einst befürchtet hatte. Hier in Israel scheint meine Bitte nach Wasser und Brot vielmehr mitten in die Herzen der Menschen zu stoßen. Sie sehen in mir, was ich bin: einen zerbrechlichen Menschen, einen auf der Suche nach sich selbst, einen, der bereit ist, sich nackt zu zeigen, um zu finden, was er sucht.

Als Menachem mich hier mit einem großen Pick-up abholt, schäme ich mich erneut. Gerade eben wurde ich mit Essen beschenkt und habe vor Glück geweint. Jetzt brause ich in einem schwarzen Riesenfahrzeug mit Menachem davon. Nach kaum 500 Metern haben wir unser Ziel erreicht. In einer idyllischen Seitenstraße betreten wir das iBex (iBike), das kein Hotel ist, wie Aviva, Menachems Frau, konstatiert. Die Eingangstür eröffnet uns unmittelbar ein großes, lichtdurchflutetes Foyer, um das herum die Gasträume »entstanden« sind. Aviva und Menachem leben ihren Traum, andere für die Natur zu begeistern. Seit Jahrzehnten unternehmen sie mit kleinen Gruppen Fußwanderungen durch den Ramon-Krater, begleiten Mountainbiker auf traumhaften Pfaden durch die Negev. Das Foyer ist für Aviva noch immer das »Come Together«. Es ist ein Raum, in dem man Touren plant, sich verabredet, über Pflanzen spricht, Wasserblasen behandelt oder einfach einen Kaffee mit Kardamom schlürft. Aus ursprünglich sieben Doppelzimmern haben die beiden nun Raum für bis zu 32 Natur- und Sportliebhaber geschaffen.

Aviva möchte nicht, dass ich für meine Unterkunft arbeite. Nach unserem Gespräch hat sie einen anderen Wunsch. Sie möchte, dass ich mir wünsche, dass ihre Gäste die Augen öffnen für die Schönheiten da draußen. Und sie wünscht sich, dass ihre »Familie« – damit meint sie ihre Gäste – da draußen eine spirituelle Erfahrung macht. Dass sie sehen, dass es noch viel mehr gibt, als wir denken. Dass wir da draußen urplötzlich spüren, dass wir geliebt werden.

»Ja, Christian ...«, sagt Aviva noch einmal ganz langsam, und dabei blickt sie mich an, »dass wir geliebt werden und es da draußen kapieren, das wünsche ich jedem. Und das wünsche ich auch dir.« Aviva einzubeziehen in dieses Universum, Gutes zu denken, so drückt sie ihre Gefühle aus. Und jetzt sei es an der Zeit für mich zu duschen!

»Das wird nun für lange Zeit deine letzte Dusche sein. Bis Eilat kommt nichts mehr!«

Von meiner heutigen Etappe bin ich ziemlich erschöpft. Und

so muss ich mich zu einer kurzen Dusche fast zwingen. Und dann stellt sich da noch die Frage nach dem Essen. Aviva hat mir ein kleines Restaurant am Ende der Straße empfohlen. Allerdings fehlt mir heute irgendwie die Kraft, schon wieder zu betteln. Ich werde also auch nichts mehr zu essen bekommen. Trotzdem gehe ich noch einmal hinaus auf die Straße, barfuß. Meine Schuhe habe ich zum Auslüften auf die schöne Holzterrasse von Aviva gestellt. Zum Imbiss sind es kaum 100 Meter. Und hier kommt mir ein deutsches Ehepaar entgegen, welches ebenfalls im iBex logiert. Weil ich mich heute mit ihnen schon unterhalten habe, wissen sie, dass ich ohne Geld unterwegs bin. Herbert meint, dass es für ein Essen fast schon zu spät sei. Herbert öffnet sein Portemonnaie und möchte mir ein paar Schekel für ein Abendessen schenken.

Dabei blickt er voll Mitleid auf meine geschundenen Füße. »Kauf dir etwas Ordentliches zu essen«, meint er. Und seine Frau stimmt ein: »Wir dürfen unsere deutschen Landsleute ja nicht verhungern lassen.«

Doch Gott hat mir »unser tägliches Brot« heute schon gegeben, mehr als genug sogar. Alles andere wäre schierer Luxus. »Und, Herr, vergib uns unsere Schuld«, kommt es mir in den Sinn, und ich lehne das Geld für mein Abendessen ab.

Während die beiden Deutschen weiterziehen und mir alles Gute wünschen, spielt sich vor dem kleinen Restaurant eine ganz andere Szene ab. Der Chef erklärt einem gerade ankommenden israelischen Gast, dass es heute leider schon zu spät sei. Der Gast ist sichtlich verärgert und möchte sich nicht so einfach abweisen lassen. Doch anstatt zu gehen, wird er richtig unhöflich. Und das verstehe ich sogar auf Hebräisch. Als der Gast schließlich zu seinem Auto zurückgeht, wendet sich der Gastwirt mir zu, obwohl ich mich ebenfalls schon still zum Rückzug abgewendet habe.

»Möchtest du noch etwas essen?«, fragt er mich mit einem ruhigen und aufmerksamen Lächeln. Ich zucke mit den Achseln und blicke auf den Gast, der mit seinem rostfarbenen Mitsubishi gerade wendet und fortfährt.

»Ich bin Barak. Meine Frau kocht dir gern noch etwas. Komm.« Dabei legt mir Barak seinen kräftigen Arm auf die Schulter und schiebt mich in sein »HaKatze-Restaurant«.

»Ich kann nicht«, sage ich Barak verstört. »Nein, ich kann nicht! Aber trotzdem: Danke, Barak. Toda!«

»Du bist auf dem Shvil Israel?«, fragt Barak, ohne auf meine Äußerung einzugehen. »Wo bist du gestartet?«

»In Kibbuz Dan«, antworte ich ihm, während ich einen Fuß in Richtung Ausgang schiebe. »In Kibbuz Dan? Dieses Jahr? In einem durch?«

»Barak, ich kann nicht bleiben«, sage ich noch einmal. »Ich habe kein Geld dabei. Also, ich meine, ich gehe ohne Geld. Und außerdem hast du ja schon geschlossen …«

Genau in diesem Augenblick winkt einer der Gäste Barak zu. Wie es aussieht, möchte er noch einmal nachbestellen. Der kleine Raum ist bis auf den letzten Platz gefüllt, und wo immer ich hinsehe, steht extrem leckeres Essen auf dem Tisch. Barak wendet sich seinem Gast zu. Meine Chance zu gehen! Doch Barak bemerkt meinen dezenten Fluchtversuch. Er unterbricht seinen Gast, kommt zurück, legt mir seine Hand auf den Arm und meint: »Warte bitte. Hab bitte einen kleinen Augenblick Geduld.«

Dann lauscht Barak den Wünschen seines Gastes und reicht irgendwie gleichzeitig einen großen Teller mit angebratenem Gemüse zum Tisch. Als Barak wieder bei mir ist, sagt er humorvoll: »Weißt du was, wir fragen einfach den Chef in der Küche, ob er noch ein wenig für dich übrig hat.«

Obwohl mir die Situation immer unheimlicher wird, sehe ich nun die Chance, es schnell hinter mich zu bringen. Schnell rein in die Küche und schnell wieder raus. Doch Barak hat mit seinem »Chef« etwas ganz anderes gemeint. In der kleinen Küche stehen seine Ehefrau und ihre kleine Tochter.

»Darf ich dir Christian vorstellen? Er kommt aus Deutschland. Er geht unseren Shvil Israel.«

Barak und seine Frau begleiten mich an einen eigenen Tisch. Ich habe darum gebeten, im Freien sitzen zu dürfen, weg von den anderen Gästen, denn ich kämpfe gerade wieder einmal mit meinen Gefühlen. Mit Geld bekommst du Essen, ohne Geld bekommst du echte Gefühle.

Barak ist sichtlich berührt, dass mir seine Einladung so nahe geht. »Ich gehe mal kurz in die Küche zu meiner Frau«, sagt er. »Aber lauf nicht davon! Ich freue mich, wenn ich dir etwas zaubern darf.«

Wenig später kommt seine Tochter zu mir heraus. »Papa kocht selbst für dich.«

Unter Tränen bekomme ich nun ein Menü für Könige serviert. Zwei Gänge Vorspeisen mit Gemüse, Brot und selbst gemachtem Hummus, dazu kaltes Wasser. Danach kommt Reis mit frischem Gemüse und Hähnchenstücken. Fleisch habe ich nicht oft gehabt auf meiner Reise, überhaupt warmes Essen, kaltes Wasser, und dann noch diese Liebe, diese Nähe. Im richtigen Leben schaue ich auf der Menükarte auch nach dem Preis. War ich diesen Monat schon mal aus zum Essen? Kann ich es mir leisten? Oft aber lautet die Frage auch: Will ich es mir leisten? Denn nichts ist schlimmer, als viel Geld für miesen Service und schlechte Stimmung auszugeben. Barak hat mir schließlich die Reste und zusätzliches Brot als Proviant eingepackt und sagt: »Du wirst die Negev lieben. Es ist wunderschön dort. Ich wünsche dir viel Glück. Gott beschützt dich.«

Die Area 51 wäre klein dagegen: der größte Erosionskrater der Welt

Von Mitzpe Ramon zum Saharonim Night Camp
Etwa 22 Kilometer, 300 Höhenmeter Gesamtanstieg. 730 Höhenmeter Gesamtabstieg. Trinkwasserverbrauch 7 Liter.

Menachem wollte mich heute noch an die Tore von Mitzpe Ramon
bringen. Doch meine innere Uhr tickt nun nach der Sonne, obwohl
ich heute unter einem Dach geschlafen habe. Noch vor dem ersten
Lichtschein zieht es mich magisch hinaus in die Wüste. Aviva und
Menachem hinterlasse ich einen kleinen Brief, in dem ich mich
bei ihnen bedanke. Es ist frisch heute Morgen. Die Luft ist leicht
feucht, die orangefarbenen Straßenleuchten tauchen das Städtchen in ein verschlafenes künstliches Licht. Der Himmel ist nun
tiefblau. Vor mir huschen nubische Steinböcke über die Straße,
die hier in Mitzpe Ramon heimisch geworden zu sein scheinen.

Die leere Straße führt mich hinaus, vorbei am geschlossenen
Touristenbüro und hin zur bekannten Aussichtsplattform über
dem Ramon Makhtesh. Vereinzelt haben sich hier schon Touristen versammelt, die den sagenumwobenen Sonnenaufgang über
dem Ramon-Krater mit ihren Teleobjektiven einfangen wollen.
Von ihnen bekomme ich ein kleines »Water to go« gepaart mit vielen guten Wünschen für meinen Israel Trail. Schon 20 Meter weiter bin ich dann allein. Ein Wegweiser mit den Farben des Israel
Trails zeigt mir an, dass es hier wieder losgeht.

Fröhlich, munter und leichtfüßig biege ich wie beschrieben
scharf links ab. Ein paar Schritte weiter stehe ich atemlos vor dem
Anblick, der sich mir auftut. Meine Füße zittern vor Angst und
Ehrfurcht. Da geht es steinig und steil direkt hinein in den Schlund
zur Hölle. Vor meinen Augen breitet sich der Ramon-Krater in seinen schier unvorstellbaren Dimensionen aus: ein 40 Kilometer
langes, 2 bis 10 Kilometer breites und 500 Meter tiefes Loch mit

einer Fläche von über 200 Quadratkilometern. Das, was da vor mir liegt, scheint sich gerade so intensiv in mein Gehirn einzubrennen, wie ein Laserstrahl Löcher in eine DVD brennt. Die Ausmaße des Kraters sprengen alles, was ich je in meinem Leben gesehen habe. Der Ramon Makhtesh ist der größte Erosionskrater dieses Planeten. Erosion bedeutet dabei, dass dieser Krater nicht durch den Einschlag eines Kometen entstanden ist, sondern durch Gesteinsfaltung und Abtragung. Der hebräische Begriff »Makhtesh« bzw. »Machtesch« hat sich dabei auch in anderen Sprachen als Bezeichnung für »Krater« oder »Erosionskrater« durchgesetzt.

Hier in der Felswand verstumme ich bei seinem Anblick. Wie klein ich bin gegen diese Naturgewalten. Da oben – längst vergessen – stehen noch ein paar Fotografen, die auf den Sonnenaufgang warten. Wie zum Hohn versteckt sich unser Zentralgestirn aber gerade in niederen atmosphärischen Schichten mit hoher Dichte. Kurzum, ich verspüre so etwas wie aufrichtige Schadenfreude, wenn ich an die Motivjäger dort oben denke, die nichts anderes im Blickfeld haben als das, was sie gerade nicht sehen. Leider? Bei diesen absurden Gedankenspielen muss ich nun laut lachen, echt laut lachen, so, als wenn mich andere Menschen begleiten würden. Und weil ich gerade bemerke, dass ich allein laut lache, muss ich noch viel lauter lachen. Ich brülle in den Krater hinein: »Ja ha, jeah ha ha ha, hey, ha ha!« und setze mich hin, quasi um auf das Echo zu warten. Ich habe ja Zeit.

Die da oben sehen durch das Tausend-Millimeter-Teleobjektiv nur noch einen winzigen Ausschnitt des Seins. Je größer das Zoom, umso kleiner ist das, was sie sehen. Und das erinnert mich an mein richtiges Leben. Je mehr ich mich mit einem Problem beschäftige, je mehr ich es an mich heranzoome, umso weniger sehe ich vom großen Ganzen. Ich kann mit Fug und Recht von mir behaupten, viele Probleme mit so großer Vergrößerung betrachtet zu haben, dass ich den Blick für meine wirkliche Umgebung völlig verloren habe.

Sechste Woche

»Du brauchst ein Ziel. Du brauchst einen Plan, einen Willen und Controlling, du musst dich darauf konzentrieren! Das Leben bedeutet Termine, Stress, Fokussieren ...«

Was für eine große Lüge! Welch ein Selbstbetrug! Klein bin ich hier, sitze auf dem Hosenboden, blicke einfach nur in die Natur. Habe ich gerade »einfach nur« gesagt? Ja, es ist einfach. Und nein, es ist überhaupt nicht selbstverständlich, solche Momente erleben zu dürfen. Vielleicht habe ich schon oft Momente erlebt, die anderen nicht vergönnt waren. Aber habe ich sie auch wahrgenommen? Haben sie es in mein wirkliches Bewusstsein geschafft?

Ich spüre, wie der Ramon-Krater zu mir spricht. Nein, nicht so wie »Hallo, ich bin der große Ramon, und du?« – aber er zeichnet mir gerade ein umfangreiches und äußerst komplexes Bild ins Hirn. Es gewinnt mit jedem Herzschlag an Größe und Intensität. Ja, »er« kommuniziert mit mir. Und ja, »er« vermittelt mir eine ganze Gefühlsstrecke. Er scheint mir zu sagen, wie es geht.

Während ich sitze und innerlich ruhe, erlange ich eine Bewusstseinsebene zurück, die ich mir im normalen Leben so schon gar nicht mehr vorstellen konnte. Ich nehme geistig jeden Schritt in den steilen Abgrund vorweg und spüre, wie mein Körper eine schwingende Einheit ist. Das, was ich gerade »durchlebe«, ist die Vorwegnahme dessen, was in Echt erst folgen wird. Doch was im Leben ist eigentlich »echt«?

Sind es die Gedanken und Gefühle, die der Ramon Makhtesh meinem Gehirn gerade live eingibt? Sind es Vorahnungen und Bewegungsabläufe, die seit Jahrtausenden tief in uns schlummern und die uns mit wahrhaftigen Glücksgefühlen belohnen, wenn wir uns ihrer wieder erinnern? Sind wir Menschen vielleicht viel mehr in unseren Urahnen und in unserer Vergangenheit verwurzelt, als wir denken? Sind wir daran stärker gebunden als an dumme Kreditverträge und schäbige Arbeitgeber? Und leben wir wirklich das Leben, von dem wir träumen? Oder sind wir meilenweit davon entfernt und entfernen uns mit jedem Atemzug weiter von dem, was wir als Kind einmal zu träumen gewagt haben? Glück ist – ein Moment so wie jetzt. Ein zerbrechlicher Augenblick, den man nicht heranzoomen kann. Denn dann, ja dann ist es so wie bei den Touristen mit ihren Teleobjektiven. Je näher dran, desto weiter entfernt vom Glück und von freier Reinheit.

Seit einer guten halben Stunde gehe ich wieder. Ich scheine zu fliegen, und das mit völlig ungeeigneten, leichten Schuhen auf schwierigem Terrain. Ich habe nicht bemerkt, dass mein Träumen in echte Bewegung übergegangen ist. Wie kann ich so etwas beschreiben? Jeder Schritt geschieht wie in Trance, wie in Zeitlupe. Ich spüre den roten Staub, den jeder Fuß beim Abheben vom festen Boden aufwirbelt. Es fühlt sich an, als könne mein Geist in irrsinniger Zeitlupe meinen Füßen beim Abheben zusehen und noch viele andere Dinge spüren, wie er das noch nie getan hat.

Mein Oberkörper weitet sich seit einiger Zeit, mein jetziger Atemzug begleitet meinen Ereignishorizont, als wäre die Zeit völlig zum Erliegen gekommen. Meine Arme breiten sich aus, als wenn ich davonfliegen könnte vor lauter Glück. Ich spüre den steigenden Luftdruck in meinem Trommelfell und befreie mich so, wie ein Taucher es beim Abstieg in die Tiefe macht. Vor Glück bin ich gerade in die Luft gesprungen. Weil es so steil bergab geht und meine Zeit stehen geblieben ist, befinde ich mich schwerelos in einem Zustand der Ekstase.

Schlagartig beendet der Mandelkern meines Gehirns mein isoliertes Zeitfenster und schießt eine gehörige Portion Adrenalin in meine Blutbahn. Wie viel Zeit wird mir noch verbleiben, bis mich die Gravitation und der Impulserhaltungssatz mit der Masse des Ramon-Kraters kollidieren lässt? Noch immer spüre ich einen verlangsamten Zeitablauf, ich habe also genug Zeit, um die Dinge von ihrer schönsten Seite zu sehen. Rote Erde unter mir, dazu die Frage: Sieht der Huygens-Krater auf dem Mars genauso aus? Was würde passieren, wenn ich dort im Raumanzug aufschlüge und schwer verletzt auf dem Marsboden zu liegen käme? Wird mein

Sauerstoff gleich entweichen? Irgendwie höre ich es schon zischen. Mein letztes Zischen.

Meine Beine habe ich während all dieser Gedanken dem Autopiloten überlassen. Sie sind noch immer in der Luft. Drei, zwei, eins und: Bodenkontakt. Während mein linker Fußballen gerade die sensorischen Daten zur weiteren Auswertung nach oben funkt, macht sich meine rechte Schulter auf den zweiten und wesentlich heftigeren Bodenkontakt gefasst. Mit dem neu hinzugewonnenen Drehimpuls bewege ich mich nun wie eine Bowlingkugel gegen eine fest stehende Kulisse. Und der Krater kennt nur einen Weg: nach unten. Immerhin gingen die letzten Meter recht schnell vonstatten, und eine erste Schadensbilanz fällt positiv aus. Es ist noch alles dran an mir.

Mein Rucksack hat wohl Schlimmeres verhindert. Und auch, dass ich mich gegen den Sturz mit einigen Überschlägen nicht gedanklich gewehrt habe, war wohl von Vorteil. Nun liege ich gut 15 Meter weiter unten mit dem Gesicht am Boden. Direkt vor meinen Augen befindet sich ein ausgebleichter rosafarbener Einwegrasierer. Zum Spaß sage ich »Marke Venus« halblaut vor mich hin. Ich stecke ihn ein. Heute Nachmittag werde ich mich damit rasieren. Glück gehabt. Aber ich humple stark und habe Schmerzen. »Geht schon«, sage ich mir. Nach dem Abstieg in den Krater ist die Temperatur schlagartig gestiegen. Die Sonne zeigt ihre volle Kraft. Es ist heiß. Noch einmal bekomme ich einen Schreck. Was macht mein Wasservorrat, hat er den Sturz überlebt? Sofort nehme ich meinen Rucksack ab und überprüfe meine Wasserflaschen. Dass nichts passiert ist, grenzt schon fast an ein Wunder.

Mitten im Krater türmt sich ein kleiner, pechschwarzer Berg vor mir auf. Der Sand und die Steine unter meinen Füßen sind rötlich, bisweilen sogar violett. Entlang des Berges, der dort nicht hinzugehören scheint, ist mein Weg mit kleinen schwarzen Steinstücken übersät, als wenn Grillkohle am Boden liegen würde. Die Weite und das Alleinsein werden heute zu einer echten Herausforderung für mich. Ich beginne damit, Melodien im Kopf zuzulassen und sie zu summen. Singen kann ich nicht. Ich bin leider völlig unmusikalisch. Doch hier hört mich keiner.

Was macht man eigentlich den ganzen Tag, wenn man allein wandert? Solche Fragen habe ich mir zu Hause oft gestellt. Doch spätestens nach meinem Jakobsweg ist eine wahre Sehnsucht nach diesem Zustand entstanden. Ich kann das einem anderen nicht erklären. Ja, ich kenne die Angst vor dem Alleinsein, und ich kenne Zeiten, da hat mir Alleinsein eine schrecklich große Angst eingejagt. Hilflosigkeit und Panikattacken kenne ich auch sehr gut, leider.

Doch all das habe ich hier hinter mir gelassen. Allein die Erkenntnis, dass das geht, ist schon viel wert. An die Stelle von Ängsten ist ein extrem geschärftes Körpergefühl getreten. Und ich spüre inzwischen eine ganz tiefe Zufriedenheit mit Gott und der Welt.

Bei meinem Sturz habe ich nicht an Aufgeben gedacht, weil es längst egal ist, wo ich ankomme. Der heutige Tag ist eine Etappe, die man von Mitzpe Ramon sicher auch ohne große Vorbereitung mal eben so machen kann. Aber mental ist es eine ganz andere Sache, wenn man da mit seinen Gefühlen allein mit sich ist. Man lernt sich kennen, wenn man sich nicht mehr versteckt.

Gerade habe ich mich gebückt und einen glitzernden Stein aufgehoben. Ich drehe und fühle ihn in meiner linken Hand. Ich greife kraftvoll zu, und dann löse ich den Druck. Doch ich werfe den Stein nicht einfach fort. Ich bücke mich und lege ihn ganz still wieder auf den Boden. Das Wandern oder Pilgern führt einen ganz nah an sich selbst heran. Und genau dazu braucht man den eigentlichen Mut, sich selbst kennenzulernen und sich selbst anzunehmen. Sich seiner – meiner – Schwächen bewusst zu werden und sich bewusst zu machen, dass man zerbrechlich ist. Ein System mit vielen »Bugs« und Fehlern sozusagen, ein System, das seinem Ende entgegengeht, so oder so. Doch ich fühle mich keineswegs alleingelassen.

Im Gegensatz zu einem Betriebssystem, bei dem man den Support einfach eingestellt hat, scheint der Mensch etwas zu sein, das auch in seinem Alter noch interessant und liebenswert ist. Auch Gott fühle ich heute wieder bei mir. Es scheint hier so klar zu sein, dass es ihn gibt und dass er da ist für mich.

Gegen Mittag komme ich an einem uralten Israel-Trail-Blechschild vorbei. Das Ganze sieht aus wie in einem Westernfilm. Linker Hand ist ein Minicanyon, und vor mir fegt gerade ein Staubteufel jede Menge Sand in die Luft. Hier unten im Krater überquere ich dann die frisch asphaltierte Landstraße nach Mitzpe Ramon. Hier kann man also auch eine Halbtagestour planen. Weiter geht es geradeaus auf einem Sandweg. Von hier unten sieht man nicht mehr viel vom Krater. Die Ränder sind in weite Ferne gerückt. Saharonim heißt mein heutiges Nachtlager. Und dorthin sind es nur noch ein paar Kilometer.

Das Night Camp erreiche ich humpelnd. Es erinnert mich an einen sandigen Parkplatz, welcher am Fuß eines Berganstiegs liegt. Ich bin allein und suche als Erstes mein Wasser. Haim Berger hat mir hier wieder Wasser hinterlegt. Doch dann merke ich recht schnell, dass mit meinem rechten Fuß etwas nicht stimmt. Ich lege mich hin und habe starke Schmerzen. Immerhin habe ich jetzt viel Zeit zum Rasieren. Mit ein paar Tropfen Desinfektionsmittel mache ich den gefundenen Einwegrasierer etwas sauber. Doch er ist schon ziemlich stumpf. Um den Mund herum funktioniert das Rasieren noch ganz gut, danach ist es mehr ein Wegkratzen, und ich lasse es dann bleiben.

Am Abend kommt dann noch eine israelische Familie an, um hier zu campen. Vater Amitai schickt seine beiden Kinder Zohara und Michael zu mir herüber, um mich zum Abendessen auf ihrer Decke einzuladen. Seine Frau Esther hat Kerzen aufgestellt und serviert Brot mit Hummus, Gurken und Feigen.

Ein Schalom zur rechten Zeit

Vom Saharonim Night Camp über das Gev Holit Night Camp zum Zvira Night Camp

Etwa 33 Kilometer, 640 Höhenmeter Gesamtanstieg.
Trinkwasserverbrauch 8 Liter.

Im Dunkeln gehe ich zurück zu meinem eigenen Schlafplatz und wache im Dunkeln auf, mit extremen Fußschmerzen. Heute ist mir klar, dass mein Körper so nicht mehr weiterkann. Ich habe wohl auch Fieber. Soll ich jetzt aufgeben? Keine 50 Meter hinter meinem Schlafsack beginnt der kurze, aber steile Anstieg auf den Mount Saharonim. Lächerliche 200 Höhenmeter eigentlich. Aber mein Fuß macht mich zum Leidenden.

Bettina Colombo-Egerer, Apothekerin, hat mich nicht nur mit einer Reiseapotheke ausgestattet, sondern auch mit vielen wertvollen Ratschlägen. »Du bekommst deine Reiseapotheke ohne Geld. Aber du nimmst dir jetzt auch Zeit und hörst mir einmal gut zu«, hatte sie gesagt. »Und wenn du Schmerzen hast, dann nimmst du die auch. Dafür sind sie da!« Mit »die« meinte sie die Schmerztabletten, die sie mir mitgegeben hatte. Weil ich der Typ »unbelehrbar« bin, habe ich – sagen wir aus Gewichtsgründen – längst alles weggeworfen, bis auf vier einzelne Tabletten, von denen ich jetzt nicht mehr so sicher weiß, wofür sie gut sind.

Klar habe ich auch noch im Ohr, dass ich sie auf keinen Fall auf nüchternen Magen nehmen soll. Aber welche Optionen habe ich schon? Meine Lebensmittel sind, abgesehen von ein paar Brotkrümeln und einem Minirest von gestern, aufgebraucht. Also werfe ich mir zwei von den Schmerztabletten ein. Bettina verzeih, die Packungsbeilage habe ich nicht mehr – und weil es ohnehin egal ist, denke ich mir: Viel hilft viel.

Zum Gipfel des Mount Saharonim brauche ich ewig. Es geht mir wirklich schlecht. Immer wieder wird mir übel, und ich muss mich setzen. Die Schmerzen vergehen nicht. Ich möchte aber auch nicht wissen, wie sie gerade ohne Tabletten wären. Der Anstieg entwickelt sich zur absoluten Qual, und so komme ich auf die Idee, mein Leiden zu filmen. Dann kann ich später einmal sagen: »Weil es mir so schlecht gegangen ist.«

Also lege ich meine Kamera auf den Boden, drücke auf Start und gehe weg. Gerade könnte ich vor Schmerzen im Fuß schreien. Aber jetzt, wo ich mich umdrehe und auf die Kamera zulaufe, kommt mir die Situation absurd vor. Ich filme mein eigenes Elend, und das macht mich wütend. Ich armer Mensch, geschunden und gepeinigt. Gleich muss ich aufgeben. Jedenfalls schaffe ich es dann doch nicht, das so in die Kamera zu sprechen. Als wäre meine Kamera ein Mensch, auf den ich sauer bin.

Klar, wie man in den Wald hineinruft, kommt es auch zurück, diesmal in Form zweier Studenten, die mir gerade entgegenkommen und in mir Selbstmitleid und Schwäche sehen. Auf die Frage nach den Unterschriften auf meiner Kleidung erzähle ich ihnen, das seien die Menschen, die mir unterwegs etwas zu essen geschenkt haben. Ich hätte ahnen können, dass ich Hohn und Spott geradezu auf mich ziehe, so, wie ich gerade drauf bin.

Auf Hebräisch verspottet zu werden fühlt sich genauso an wie in jeder anderen Sprache der Welt. Man versteht, ohne die Sprache zu verstehen, was gerade passiert. Undankbar bin ich geworden. Meine Zweifel haben die Oberhand gewonnen. Das »Fürchtet euch nicht« ist weit weg. Ich habe gerade Angst vor dem Aufgeben, schlimmer noch, im Kopf habe ich schon aufgegeben, und das, ohne auch nur ein einziges Mal zu meinem Gott gebetet zu haben, der doch die ganze Zeit immer für mich da war.

Heute habe ich ihn vergessen, und so geschieht es, dass die beiden Witzbolde ein Firmenlogo auf meine Hose malen, das so aussieht wie ein griechisches Ornament. Ich werde gerade richtig sauer, traue mich aber auch nicht, »Stopp!« zu sagen. Dann bekomme ich von einem von ihnen – eine einzelne Dattel.

»Yes, we give you to eat«, höre ich die beiden dann laut grölen und lachen. Am meisten schmerzt mich, dass sie dann noch von mir, dem Firmenlogo und der Dattel ein Foto machen möchten:

»Ja, gut so. Noch ein bisschen höher. Halt die Dattel so in die Kamera. Fein. Very good. Möchtest du noch eine Dattel für morgen? Hahaha. Hihihi, yeaah.«

Ich drehe mich um und beginne zu laufen. Und zwar richtig schnell. In meinem Bauch spüre ich eine so große Wut, dass ich schreien könnte. Immerhin vergesse ich auf diese Weise für eine lange Weile den Schmerz in meinem Fuß. Ohne die beiden Spaßvögel hätte ich die etwa 18 Kilometer gar nicht geschafft. Selbstmitleid bietet keinen Raum für gute Erfahrungen. Das habe ich wieder einmal zu spüren bekommen. Hätte ich meinen Tag einfach dankbar angenommen, wäre ich den beiden mit einem Lächeln begegnet, auch und gerade trotz meiner Schmerzen. Ich hätte mich für die anderen interessieren können, nicht für mich. Dann hätten auch sie sich für mich interessiert, nicht für sich. Ich wäre ihnen wichtig gewesen, wenn auch sie mir wichtig gewesen wären. Und sie hätten sich selbst geliebt, wenn ich mich selbst geliebt hätte. Sie hätten auf Gott gehört, wenn ich selbst auf ihn gehört hätte. Und sie wären dankbar für meine Bekanntschaft gewesen, wenn ich dankbar für ihre Dattel gewesen wäre. »Und vergib uns unsere Schuld, wie auch wir vergeben unseren Schuldigern.« Unser Leben ist ein Geben und ein Nehmen. Nichts, aber auch gar nichts geschieht umsonst.

Ich fühle mich schuldig, obwohl ich noch wütend bin. Die beiden sind bestimmt schon zehn Minuten von mir entfernt. Doch den kleinen, freistehenden Grat mit unendlicher Fernsicht nehme ich zum Anlass, ganz laut »Todaaaaa« in ihre Richtung zurückzurufen. Mein Dank verhallt in der Ferne, aber ich fühle mich deutlich besser. Ich wünsche den beiden alles Gute auf ihrem Weg.

Im Gehen vergeht dann auch meine emotionale Verkrampfung wieder. Ich fühle mich jetzt wieder geborgen in der Natur. Das

Nachtlager Gev Holit erreiche ich schon am frühen Nachmittag. Ich nehme die Schatzkarte von Haim und mache mich auf die Suche nach meiner nächsten Wasserration. Die beschriebene Stelle an einem markanten Felsbrocken finde ich recht schnell. Doch dann erstarre ich vor Angst. Das Wasserreservoir ist bereits ausgegraben und leer. Panik macht sich nun breit. Ich laufe wirr hin und her. Haim kann ich von hier aus nicht anrufen, weil ich kein Netz habe. Er hätte bestimmt irgendwo noch ein Reserveversteck mit Wasser.

Hinsetzen, beruhigen! Mein Puls rast vor Angst. Unweit von mir liegen mehrere leere PET-Flaschen herum. Waren das meine Flaschen? Haben Tiere sie ausgebuddelt? Oder Menschen? Aber wer macht so etwas? Beduinen würden vielleicht einmal ein Feuerzeug mitgehen lassen oder eine Gabel. Aber Wasser – und darin sind sich wirklich alle einig – würde hier niemand einem anderen stehlen. Denn kein Wasser zu haben bedeutet unmittelbare Lebensgefahr.

Sofort beginne ich damit, Bilanz zu ziehen. Heute früh bin ich mit 8 Litern aufgebrochen. Ausreichend für einen Tag, aber nicht für zwei. Wie viel habe ich noch? Eine Eineinhalbliter-Flasche ist noch randvoll. Die zweite ist angebrochen, aber ein Liter wird es wohl sein. Gerade jetzt habe ich aber so großen Durst, dass ich einen Liter gut gebrauchen könnte. Den habe ich beim Erreichen des Night Camps auch so eingeplant. Jetzt klebt mir die Zunge am trockenen Gaumen. Ein paar Schluck muss ich trinken, um bei Verstand zu bleiben.

Dann setze ich mich hin, mitten in die pralle Sonne, und fange an zu beten. »Lieber Gott, bitte schick mir jemanden, der mich bei der Hand nimmt und mich hier herausführt.« Ich sage nichts vom Wasser. Ich sage ihm: »Lieber Gott, du sagst ja ›Fürchtet euch nicht‹. Aber ich fürchte mich gerade. Darum bitte ich dich: Schenk mir jemanden, der mir meine Angst nimmt.«

Für mehr als zwei Stunden habe ich mich in den Halbschatten

eines Strauchs verzogen, dann höre ich Schritte. Es ist James. Er ist gute 70 Jahre alt und aus England. Und er ist »very british«. Außer einem »Hi« erwidert er nichts und geht einfach an mir vorbei. Ich traue meinen Sinnen nicht. Da schickt mir Gott jemanden, und der läuft einfach an mir vorbei. »Halt!«, rufe ich ihm nach, packe meine Siebensachen ein und laufe ihm hinterher. James bleibt nicht stehen. Auch nicht am Nachtlager.

»Wo gehst du hin?«, frage ich ihn.

»Weiter, mal sehen.«

James erzählt mir von einem Nachtlager zwischendrin und von Sapir, wo ich wieder auf die Zivilisation stoßen könne. Bis dahin seien es etwa 20 Kilometer und zwei kleinere Bergtouren. Ich spüre zwar sehr deutlich, dass James nicht reden möchte und allein sein will, aber ich hefte mich ihm an die Fersen. Unterwegs stoßen wir dann tatsächlich auf ein Allradfahrzeug, und ich bekomme eine weitere Flasche Wasser geschenkt. Mit knapp 4 Litern hat sich die Situation für mich nun drastisch entschärft. Aber nicht jeder hat in der Wüste das Glück, mal eben jemanden mit Wasser zu treffen.

James erzählt mir von den Problemen, die er mit seinem Sohn hat. Dieser ist in meinem Alter und hat zu seinem Vater gar kein Verhältnis mehr. James scheint nicht zu wandern, sondern sich etwas mit Gewalt aus dem Hirn zu prügeln. Er ist verbittert. James geht immer wieder auf Abstand zu mir.

Wir durchwandern gerade das Nahal Nekarot, und es ist sensationell schön hier. Es ist, wie wenn sich links und rechts die Flanken des Grand Canyon auftürmen und man den sanften Windungen des Wasserlaufs folgt. Nur eben, dass unter meinen Füßen kein Wasser mehr fließt. Oder doch? Die vereinzelten knorrigen Aleppo-Kiefern scheinen hier tief unter meinen Füßen auf Wasser zu stoßen. Die tief stehende Sonne taucht das Wadi in ein goldgelbes Licht und spendet mir einen langen Schatten, der mich zum Lachen bringt. Dann entdecke ich einen Punkt auf der anderen Seite des Tals. Es muss ein Wanderer sein. Er ist schnell. Sofort diskutieren James und ich, ob da drüben wohl der Israel Trail sei und wir uns hier verlaufen hätten. James sieht auf seinen Kompass, verlässt den Sandweg und läuft querfeldein durch Steine und Gestrüpp auf den anderen Wanderer zu. Da James nicht reden will, folge ich ihm wortlos.

Nach gut 30 Minuten erreichen wir den einsam, aber zielstrebig laufenden Wanderer. Als der mich erblickt, ruft er laut durch die Wüste:

»Chriiiii-iiiiis-tian! Schalooooom!«

Noch sehe ich nicht, wer das ist. Aber wer in aller Welt kennt mich da mitten in der Negev? Große Statur, kräftig wie ein Bodybuilder. Ein Rucksack, so groß und schwer, als wenn er wochenlang auf Survivaltour unterwegs wäre. Und eine grüne Militärkappe tief ins Gesicht gezogen. Es ist Itay Kris. Ich habe ihn vor etwa drei Wochen auf der Strecke von Gimzo nach Messilat Zion auf dem Israel Trail getroffen. Er hat mich fotografiert und das Bild in meiner Facebook-Chronik gepostet. In Mitzpe Ramon habe ich ihm auf Facebook gedankt und geschrieben, dass wir ja mal irgendwann zusammen wandern könnten. Itay hat das gelesen, hat sich auf sein Motorrad gesetzt und ist auf gut Glück von Jerusalem nach Mitzpe Ramon gebraust. Dass ich dort war, hat er auf Facebook gesehen. Im Saharonim Night Camp hat er mich in der Früh nicht angetroffen, weil ich schon in der Dunkelheit losgegangen war. Und er selbst musste ja auch erst einmal viele Kilometer von der Straße zum Night Camp laufen. Unterwegs hat er aber die beiden Spaßvögel getroffen, die sich über mich lustig gemacht hatten. Sie wollten Itay Kris sogar noch eine Dattel mit auf den Weg geben. Als Itay Kris mich aber auch im nächsten Night Camp nicht antraf, war er so frustriert, dass er bis Sapir in einem durchlaufen und dann wieder heimfahren wollte. Geschlafen hätte er nur, wenn gar nichts mehr gegangen wäre. Itay Kris hat heute bestimmt schon mehr als 30 Kilometer hinter sich, im Gebirge der

Negev-Wüste wohlgemerkt. Dass mir da einer nachfährt und nachläuft, hätte ich niemals für möglich gehalten. James kann die Fröhlichkeit jedoch nicht ertragen und verschwindet auf Nimmerwiedersehen in der Ferne. Mir bleibt nur, ihm Gottes Segen zu wünschen. Möge Gott ihn beschützen. Und möge er ihm seinen Sohn wieder näherbringen.

Mit Itay geht es im Höllentempo auf die nächsten Berggipfel. Vom Mount Yahav aus haben wir einen gigantischen Blick in das trockene Wüstental unter uns. Der Blick ist fast so wie eine Kamerafahrt mit Google Earth über eine unbekannte Wüste. Selbst hier zu stehen ist unbeschreiblich schön.

Itay Kris hat bemerkt, dass ich am Gipfel gerade meine Hände gefaltet und mich bei Gott bedankt habe. Er lächelt. »Zufrieden? Schön hier, nicht?« Dann fragt er: »Wie weit wollen wir heute noch gehen?«, und zuckt dabei mit den Achseln.

»Nimm erst mal deinen Rucksack ab«, antworte ich ihm. »Lass uns eine Pause machen.«

»Da unten ist nichts. Einfach gar nichts. Habt ihr so etwas auch in Deutschland?«

Ich erzähle Itay Kris von unseren Alpen, die ebenfalls wunderschön sind. Aber da gibt es bewirtschaftete Hütten, und natürlich gibt es in den Tälern etwas zu essen.

Itay Christ lacht. »Das gibt es hier oben auch.« Es folgt eine ausgiebige Brotzeit und vor allem etwas Romantik. Denn Itay Kris setzt erst einmal seine Kaffeekanne auf den Gaskocher. Im letzten Abendlicht geht es mit der Stirnlampe weiter. Egal, wohin der Weg uns führen wird. Heute kann mir nichts mehr passieren, heute fühle ich mich wieder gut. Da heute eine Vollmondnacht ist, laufen wir in einem tiefblau-weißen Licht und können gut sehen.

»Beim Militär haben wir so was gemacht«, sagt Itay Kris.

»Wir auch«, entgegne ich ihm.

»Was, du warst beim Militär? Wofür braucht ihr denn in Deutschland noch Militär? Eure Nachbarn sind doch alle Freunde.«

»Ja, unsere Nachbarn sind alle Freunde«, sage ich ihm etwas nachdenklich. Dann entdeckt Itay Kris in der Ferne das flackernde Licht eines Feuers. Wir machen uns auf den Weg dorthin, umgeben von einer hellen Nachtstimmung. Bei Vollmond in der Wüste zu wandern, Erschöpfung nicht mehr zu spüren, weil die schönen Eindrücke alles überragen, das ist wahnsinnig intensiv. Wie wertvoll ein einziger Tag in meinem Leben sein kann, wenn man nicht an ihm festhält, sondern einfach alles fließen lässt, ist eine wundervolle Erfahrung.

Nun hören wir aus der Ferne das Knistern des Feuers. Wir treffen auf Benny und seine Familie. Benny ist Uni-Professor für Angewandte Informatik und verbringt hier draußen eine Woche seines Urlaubs. Er hat sich einen kleinen Anhänger mit Urlaubsausrüstung hierherziehen lassen. Von hier aus startet er dann jeden Tag verschiedene Wanderungen. Bennys Frau Mezada kocht gerade eine Suppe auf dem Feuer. Bennys Tochter hat ihren Freund dabei, und Bennys Sohn holt gerade Holz vom Anhänger. Benny leiht Itay Kris und mir zwei bequeme Matten zum Liegen. Nach dem steinharten Boden gestern schlafe ich deshalb heute wie auf Federn.

Frauen haben das letzte Wort. Auch in der Wüste

Vom Zvira Night Camp zum Moa Camp
Etwa 19 Kilometer, 70 Höhenmeter Gesamtanstieg.
Trinkwasserverbrauch 7 Liter.

Von einem Satelliten aus gesehen, wäre ich heute der kleine Punkt neben der Aleppo-Kiefer. Der, der sich noch nicht bewegt. Der Punkt 5 Meter neben mir ist Itay Kris. Er putzt sich gerade die Zähne, deshalb wackelt der ganze Körper. 50 Meter weiter nördlich handelt es sich um die Feuerstelle, die im Infrarotbereich des Satellitenauges bereits erhöhte Werte zeigen könnte. Benny hat die Glut zum Leben erweckt und brüht schon frischen Kaffee. Er ist der kleine Punkt direkt am Feuer. Mezada dürfte für den Satelliten unsichtbar sein. Sie sitzt unter der zweiten Aleppo-Kiefer und lächelt nun zu mir hinüber. Die beiden Verliebten sind von oben nicht zu entdecken, weil sie sich unter den Anhänger verkrochen haben. Und Bennys Sohn ist schon in der Wüste unterwegs. Ob der Satellit auch James gesehen hat? Ich hoffe, es geht ihm gut.

Itay Kris muss heute wieder zurück nach Jerusalem. Ich begleite ihn nach Sapir, obwohl das ein paar Kilometer abseits des Trails liegt. Itay Kris kauft mir dort ein paar Lebensmittel und verabschiedet sich dann in Richtung Straße. Ich erreiche heute nicht wie geplant das Moa Night Camp, sondern irrtümlicherweise das Moa Day Camp. Der Platz gefällt mir. Vor mir ist ein kleiner Berg. Auch wenn er höchstens 100 Meter hoch sein mag, sieht er von der Form her aus wie der Tafelberg in Kapstadt. Er ist jedoch vollkommen kahl und ockerfarben. Meinen Schlafplatz habe ich durch den Wurf meines Hutes ausgewählt. »Hau hei«, habe ich gerufen und meinen Hut hochgeworfen. Platz ist hier überall, schließlich bin ich allein. Was auf der sandigen Informationstafel steht, kann ich nicht wirklich lesen. Auf jeden Fall habe ich für morgen bereits den ersten Wegweiser entdeckt. Meine heutige Nacht verbringe ich unter einem sagenhaft schönen Sternenhimmel.

Ich schlafe gut, bis mich das Motorengeräusch eines Pick-ups hochreißt. Seine Scheinwerfer verbergen sich hinter einer Düne. Dann geht das Licht aus, und es wird still. Der Pick-up ist vielleicht 200 Meter von mir entfernt. Nun höre ich zwei Türen schlagen, und zwei Männer beginnen sich heftig auf Arabisch zu streiten. Sie brüllen sich so laut an, dass bei uns jeder noch Kilometer entfernt die Polizei rufen würde. Nach einer halben Stunde wird es dann mucksmäuschenstill. Einer der Männer kommt im Dunkeln auf mich zu. Mir stockt der Atem. Aber auch die Gestalt im Dunkeln erschrickt, als sie fast über meinen Schlafsack stolpert. Sofort beginnt er, auf Arabisch eine Frage nach der anderen zu stellen, ohne eine Antwort zu erwarten. Englisch bringt mich nicht wirklich weiter. Dann deute ich auf mein Handgelenk – eine Uhr habe ich nicht – und beginne auf Arabisch zu zählen: »Uahet, ednan, tälata«. Und dann mache ich mit meiner Hand einen Mund nach und sage: »Bla bla bla« – »Wie lange wollt ihr da draußen noch streiten?« Das hat er verstanden. Er verschwindet in der Dunkelheit, aber ist ja noch da. Nicht so gut, um ruhig zu schlafen.

Und dann höre ich, dass es noch mehr sind. Das hier war wohl der Großvater. Nun streiten zwei Jüngere am Fahrzeug. Sie gehen lautstark zum »Tafelberg« und brüllen eine weitere Stunde herum. So ganz plötzlich scheine ich dann aus dem Arabischen auch etwas herauszuhören. Es geht – und da würde ich wetten – um die Tochter und irgendeinen blöden Typen, der den Eltern ganz und gar nicht passt. Überhaupt passt er der ganzen Familie nicht. Doch die Meinungen sind geteilt.

»Der zerstört unsere Familie, unsere Ehre«, höre ich in meiner Fantasie. Und dann wieder: »Lass sie doch, sie ist alt genug.« Und sofort von anderer Seite: »Bist du verrückt geworden, Ahmad. Was sagst du da?«

Das Spektakel ist echt bühnenreif. Wenigstens wird nicht geschossen, denke ich mir. Steine werden jedoch vor Wut auf den Boden geworfen, und es wird gebrüllt. Es wird sogar geweint, und das nicht zu leise. Kurz wird wieder geschwiegen bis zum nächsten Akt.

Und dann passiert, was wohl überall auf der Welt ähnlich abläuft. Es siegt die Vernunft, und zwar in Gestalt der Frauen. Die nämlich sind gerade mit einem weiteren Fahrzeug angekommen, springen heraus und machen ihre Männer so sehr zur Schnecke, wie ich es noch nie gehört habe. Jedenfalls habe ich nach der ersten weiblichen Stimmenexplosion auf Arabisch keine Männerstimme mehr gehört. So kann es also laufen, wenn keiner zusieht.

Ähm, ich war ja nicht da! Aber ich hätte da auch nicht widersprochen.

Habt Dank, ihr Frauen! Jetzt kann ich schlafen – bis ein Ranger mit Suchscheinwerfer hier nach dem Rechten sieht. Und weil ich mich nicht im Moa Night Camp, sondern im unweit gelegenen Moa Day Camp befinde, kommt er mit seiner Taschenlampe auf mich zu und wünscht mir eine gute Nacht und einen guten Trail.

Siebte Woche

Woche 7

Hallo. Es ist Tsur

Vom Moa Day Camp zum Barak Night Camp
Etwa 15 Kilometer, 180 Höhenmeter Gesamtanstieg.
Trinkwasserverbrauch 8 Liter.

Der Tag beginnt traumhaft und bleibt traumhaft. Ich laufe noch bei Vollmond los, und zwar auf der alten Spice Road, der Gewürzhandelsroute, die in früheren Zeiten von Mitzpe Ramon aus nach Petra in Jordanien geführt hat. Neben mir entdecke ich auch eine der witzigsten Wegmarkierungen, die ich je gesehen habe. Ein rotes Kamel, dessen Füße künstlerisch als rote Fahrradreifen ausgestaltet sind, zeigt, dass man dieses Stück wohl auch mit dem Mountainbike fahren kann.

Heute ist die Spice Road eine staubige Sandpiste, die durch eine magische Landschaft führt. Bei uns würde man wohl sagen: ein Feldweg. Nur befinden sich neben meinem Weg eben keine Felder, sondern heller, ockerfarbener Lehm, trockene Erde und Gestein. Trotzdem begegnet mir hie und da auch widerstandsfähiges Strauchwerk.

Heute folge ich einer kleinen Felsformation, die links von mir verläuft. Sie bildet eine fast senkrechte Wand und ist waagerecht geschichtet. Man kann förmlich spüren, wie hier immer wieder trockenes Gestein herunterbröselt. Am besten könnte man die heutige Kulisse mit einem schönen Strandlauf beschreiben. Die staubigen Spuren der Allradvehikel bilden meinen »Strandweg«. Bis dato hat mich aber noch nie ein Fahrzeug überholt. Für mich waren Fahrzeuge in der Wüste ein eher seltenes Ereignis. Weil der Untergrund hart und fest ist, wäre das in meinen Augen die ideale Mountainbike-Piste. Schöner geht es fast nicht. Und auch zu Fuß fühle ich mich wohl. Der Boden ist an sich sehr hart, aber ich spüre bei jedem Schritt ein Sand- und Staubpolster unter meinen Füßen. Das mit dem Strandlauf ist kein so schlechter Vergleich.

Die schönsten Strände der Welt sind eingefasst von wunderbaren natürlichen Felsbarrieren, die einem Behaglichkeit und Schutz geben. So ist das links von mir. Die Felswände fließen wellenförmig vor mir hin und her. Mal sind sie fast zum Greifen nah, mal buchten sie sich aus und entfernen sich wieder von meinem Weg. Es ist ein friedliches und harmonisches Hin und Her, und es passt wie eine harmonische Oberschwingung zu meinem Rhythmus.

Die Felswände zu meiner Linken sind heute licht und immer wieder unterbrochen. Hier war einmal ein Meer. Jede Schicht könnte mir viele Jahrtausende unserer Erdgeschichte erzählen. Alles in allem wandere ich entlang eines prähistorischen Lexikons, welches die Geschichte von Jahrmillionen beinhaltet. Die Schichtungen vergangener Zeiten sind die waagerechten Stufen einer Treppe, die von der Urzeit in die Gegenwart aufsteigt. Und dazwischen gibt es senkrechte Bruchlinien, die das Material verschiedener Schichten durch die stete Kraft der Erosion nach unten befördern, direkt vor meine Füße. Was ich betrete und was neben mir liegt, ist ein Sammelsurium der Geochronologie.

Rechts von mir wäre dann auf meinem »Strandlauf« das Meer. Und wahrhaftig: Die Gefühle, die diese wellige Weite in mir auslöst, kommen denen beim Blick auf den Horizont eines Ozeans absolut nah. Man kann in die Ferne sehen, hat keine Grenzen vor den Augen, und doch ist es nicht langweilig, weil es andauernd etwas Neues zu entdecken gibt. Dort, wo wenig ist, übernimmt die Fantasie das Ruder. Der »blöde« Verstand schaltet endlich ab und überlässt Intuitionen und Eingebungen das Feld. Die Eindrücke überfluten dich förmlich. Ein sehr weites Feld, wie ein ganzer Ozean. Und ich bin mir sicher: Dieser Ozean, diese Weite kann süchtig machen! Während ich so über den Ozean nachdenke, nehme ich meinen Rucksack ab und trinke Wasser. Mein Rucksack ist viel leichter geworden. Er ist nun ein Teil von mir, den ich nicht mehr ablehne.

In der Ferne sehe ich immer wieder Buschwerk. Hier könnten doch eines Tages Giraffen stehen, und aus dem Boden könnte Grünzeug sprießen. Kein Witz, Tsur hat das für möglich gehalten. Wie mag es ihm gehen? Wäre es nicht völlig verrückt, dann würde ich dieser Landschaft heute einen Heiratsantrag machen. Ja, ich habe mich in sie verliebt. Sie macht mir nichts vor. Sie ist seit Wochen ganz defensiv, still und ruhig. Heute zeigt sie mir ein Farbspektrum, das in der Wahl der Farben, in ihrer Abstimmung aufeinander für mich wohl eine einzigartige Erfahrung bleiben wird. Die hellen Sandtöne bilden das eine, das bodenständige Element. Und der Himmel, der heute von einem intensiven Azurblau in ein mystisches und mit den Augen bewusst nicht mehr wahrnehmbares Violett, das Ultraviolett, übergeht, formt die Anziehungskraft, der ich folge. Es ist eine Kraft, die mich in die Weite zieht. Das Gegenteil also von den Kräften im Berufsalltag, die mich über viele Jahre immer weiter hinein in eine erdrückende Enge geführt haben.

Dieses Blau, diese unaussprechliche Öffnung des Horizonts lassen mich meine Vergangenheit hinter mich bringen. Ich will nach vorn gehen! Ich bücke mich und sammle mit meiner rechten Hand ein Häufchen scharfkantiger Steinbrösel auf, und dann reibe ich sie in der Hand, ich rieche daran, und dann entlasse ich sie im warmen Wind ihrer Bestimmung. Ich fühle mich so frei wie nie zuvor. Jeder Schritt ist einer nach vorne, einer, mit dem ich meine Depressionen bezwingen kann, ein Schritt, mit dem ich in meinem ganz eigenen Leben besser zurechtkomme.

Die kugelrunden und bestimmt 50 Kilo schweren Rundlinge am Weg haben vielleicht über Jahrtausende Wasser und Wind gesehen. Sie sind geschliffen worden, haben die Kraft des Wegreißens gespürt. Jetzt trotzen sie den unbarmherzigen Temperatursprüngen von minus 10 Grad Kälte bis zu 50 Grad Wärme. Doch sie sind frei. Niemand bedroht sie. Niemand schreibt ihnen Briefe. Und niemand pfändet sie, niemand steckt sie an, und niemand macht sie krank. Niemand macht sie gierig, und niemand manipuliert sie. Sie sind erhaben, wie die aus Stein gehauenen Moais auf den Osterinseln.

Die Entfernung zum Barak Night Camp kam mir wie ein Katzensprung vor, ich erreiche es entspannt und glücklich. Im Laufe des späten Nachmittags finden sich noch drei weitere Parteien dort ein: ein Liebespaar, welches seit einer Stunde versucht, im Sandsturm sein Zelt aufzubauen, und schließlich den Rückzug antritt, als Teile des Zeltes sich in den Himmel erheben und wohl erst in einigen Tagen in Jordanien ihren Flug beenden werden. Dann ist da gut 100 Meter neben mir ein etwa sechzigjähriges russisch-jüdisches Ehepaar, welches den Aufbau des Zeltes mit größerer Gelassenheit vornimmt. Während des schlimmsten Windes verbringt es die Zeit im Auto. Eine jüdische Familie harrt mit ihren Freunden ebenfalls in ihren beiden Fahrzeugen aus, bis das Schlimmste vorbei ist. Ich selbst habe mich in meinen Schlafsack verkrochen und meinen Rucksack mit Steinbrocken beschwert.

Als das Spektakel schließlich ein wenig nachlässt, versuchen es die russischen Einwanderer erneut. Das davonwehende Oberzelt kann ich nach einem Sprint auf die steinige Düne oberhalb meines Schlafplatzes aus der Luft fischen. Das bringt mir den Respekt und die Dankbarkeit des Ehepaars ein, und ich bekomme neben Brot auch eine vegane Leberpastete geschenkt. An Essen ist im immer noch heftigen Wind jedoch gerade nicht zu denken.

Die Großstadtfamilie hat mittlerweile eine mitgebrachte Holzpalette mit einem Benzinkanister auf brachiale Art zum Brennen gebracht. Noch bevor ich »Stopp!« schreien kann, hat der auf mich zurasende Funkenstrahl eine ganze Serie von Löchern in meinen Schlafsack gebrannt. Fluchtartig verlasse ich meine Grube am Boden und ziehe 100 Meter weiter. Beduinen können das besser mit dem Feuer. Etwa eine Stunde nach Sonnenuntergang hört der Wind schlagartig auf, und es wird ruhig. Ich gehe zu Fuß die Düne hinauf, wo ich Handynetz habe und Zeit, meine Frau und meine Kinder anzurufen. Und so schlafe ich dann auch sehr, sehr glücklich im Freien ein.

Meine Familie hat mich lieb, so wie ich sie auch. Aber ich denke, sie haben mich noch viel mehr lieb, denn sie lassen mich immer wieder einmal ziehen. Sie lassen mich ausbrechen und vertrauen mir, dass ich auch wieder zurückkomme. Sie lassen mich Dinge tun, die Teil meines ganz eigenen Weges und Wesens sind. Eine Familie zu haben, die so etwas zulässt und mir zugesteht, anders zu sein, das ist großartig. Ich vermisse heute meine Kinder. Und doch sind sie mir so nah wie nie zuvor. Zu Hause bin ich zwar physisch da, höre aber oft gar nicht zu, was sie reden. Hier fühle ich mich mit ihnen tief verbunden. Ich blicke in den Sternenhimmel und sehe die Augen meiner Kinder vor mir. Schöner kann das Leben nicht sein.

Mittlerweile habe ich mich an den harten Untergrund gewöhnt. Ich liebe es, im Schlaf Sand und Steine um mich herum zu spüren. Was ich jedoch nicht mag, ist Radau und Ruhestörung! Etwa um halb vier in der Frühe höre ich jemanden laut grölen, und ich denke: »Was soll das denn?«

»Hi, everybody. Yes, I'm here. Can you hear me?«

So schallt es aus der Wüste, aus gut einem Kilometer Entfernung. Die Stimme kenne ich doch? Ich muss lachen.

Die jüdische Familie unterhalb meines Schlafplatzes hat wohl bis gerade eben noch durchgemacht. Jetzt ruft einer von ihnen auf Hebräisch ein »Halt's Maul!« in die Wüste – so zumindest habe ich es interpretiert. Doch der verbale Angreifer, der sich aus tiefer Nacht heraus dem Barak Night Camp nähert, denkt überhaupt nicht daran, sich den Spaß verderben zu lassen.

»Wo seid ihr denn alle?«, ruft er laut. Dann folgt ein »Haloo-o? Sagt doch noch mal was!«

Es ist – Tsur! Ich glaube es nicht. Aber es muss Tsur sein. Und dann steht er plötzlich ohne Licht vor meinem Schlafsack und fängt an zu erzählen. Dass da womöglich andere schlafen möchten, scheint ihn nicht im Geringsten zu stören. »No problem, wir sind in der Wüste«, meint er und ergänzt noch: »Die Tiere sind ja auch noch alle wach.«

»Tomorrow let's go to Barak Canyon«, schlägt Tsur vor und erzählt mir, dass er seit gut zwanzig Stunden hierher unterwegs ist. Mit Bus, per Anhalter und zum Schluss eben zu Fuß. Ob er mich hier treffen würde, da war er sich nicht sicher. Aber laut dem »Red Book« von Jacob Saar lassen die Etappen nicht viel Spielraum. Hier oder dort hätte er mich dann schon getroffen. Seine Intuition habe ihm gesagt, dass er hier richtig sei. Auch eine Einstellung! Tsur und ich beschließen, einfach jetzt sofort im Dunkeln loszugehen.

Zu zweit durch die Unterwelt

Vom Barak Night Camp zur Zihor Junction
Durch den Barak Canyon und den Vardit Canyon: etwa 29 Kilometer, 390 Höhenmeter Gesamtanstieg. Trinkwasserverbrauch 8 Liter.

Wie habe ich Tsur nach dem ersten Kennenlernen in Arad noch verflucht. Und wie bitter habe ich es bereut, solch ein Depp gewesen zu sein. Nun habe ich eine zweite und dritte Chance. Er ist hier.

Und endlich habe ich einen Menschen bei mir, mit dem ich meine Gefühle teilen kann. Die Familie unterhalb schenkt uns beim Aufbruch in der Dunkelheit etwas Wasser und Pitabrot. Man versteht sich hier draußen einfach, und man ist entspannt. Da ist keiner dem anderen böse, weil er mal eben die Nachtruhe gestört hat. Das Menschliche zählt! Tsur hat natürlich keine Stirnlampe, aber nun hat er meine Reservelampe in der Hand. Wir haben immer noch fast Vollmond und machen uns auf den Weg.

Die menschliche Nähe berührt mich. Tsur merkt nicht, dass ich weine. Ich habe nun fast vierzig Tage Abenteuer hinter mir, was mich weit über meine physischen und psychischen Grenzen gebracht hat. Nichts ist mehr Normalität. Längst bin ich in einer anderen Welt angekommen. Jeden Tag aufstehen und gehen dürfen. Dabei bin ich komisch geworden. Ich hätte wohl Probleme, würde man mich jetzt auf einen Schlag zurück in meine Heimat beamen.

Tsur redet nicht viel. Er ist einfühlsamer geworden. Seinen respektvollen Abstand von über 500 Metern empfinde ich zum ersten Mal als zu weit. Wir gehen nun direkt nebeneinander. Tsur hört aus der Tiefe der Nacht heraus die Tierstimmen und erklärt sie mir. Ich entdecke eine ganz andere Seite an Tsur. Er ist nun kein Spinner mehr, sondern einer, der mit seiner verletzlichen Seele tief in dieser wunderbaren Natur verwurzelt ist. Jedem Schritt folgen Ausführungen von Tsur, über die Vergangenheit, und ja, auch über Giraffen, die man hier tatsächlich ansiedeln möchte. Was für ein komischer Zufall!

Die Morgentoilette ist ebenfalls etwas, das mir nun völlig normal vorkommt. Tsur geht weiter, und ich suche mir einen schönen Platz an der Felswand. Es geht nun auch ganz entspannt. Ich habe keine Angst mehr davor, dass mir womöglich jemand zusehen könnte oder dass es ganz einfach vor lauter Verkrampfung nicht klappen könnte. Das Papier wird danach verbrannt, und das Natürliche mit Erde aufgeschüttet. So verbleibt nichts, was stört.

Und ich mache es nun auch so wie Tsur. Ein paar Tropfen Wasser gönne ich mir für die Hygiene. Tsur ist schon weit voraus. Nach einer knappen Stunde hole ich ihn wieder ein. Er wartet auf mich. Und Tsur hat eine Überraschung für mich: einen kleinen Beutel mit Müsli.

Nach der Pause nähern wir uns einer überdimensionalen Felswand. Nur ein kleiner, schulterbreiter Felsspalt gewährt uns Einlass in eine der spektakulärsten Unterwelten dieses Planeten. Barak Canyon und Vardit Canyon heißen diese Orte lapidar. Doch was nun folgt, ist atemberaubend schön. Schlagartig ist es kühl, und mein Puls beginnt zu rasen. Ich folge Tsur hinein in eine mystische Welt der Felsstürze, der Höhlen und Zigtausend Jahre alter, ausgetrockneter Wasserfälle. Der Sandpfad schlängelt sich an einem schmalen, fiktiven Wasserlauf entlang, der sich hier vor sehr langer Zeit kilometertief in den harten Fels gesägt hat. Kaum eine Armlänge breit ist der Pfad, beklemmend eng und doch grandios, über alles je Gesehene erhaben. Auf beiden Seiten türmen sich Hunderte Meter von Felswänden senkrecht und teilweise überhängend auf.

»Christian, this is the Spirit of the Holy Land. Listen!« Tsur brüllt in die Felswände hinein: »Looooove!« – »Peace!« – »Can everybody hear me?« Dann setzt Tsur sich hin und wird ganz nachdenklich. »Wahrscheinlich hat mich keiner gehört«, sagt er. Und er sagt: »Schön, dass du da bist. Hier in Israel, meine ich. Es ist nicht wegen mir. Es ist, dass jemand sieht, wie es wirklich ist.« Tsur steht auf und signalisiert mir, ihm nicht sofort zu folgen. Ich bleibe also ein wenig auf Abstand.

Die landschaftliche Kulisse hier ist allein für sich schon Wahnsinn. Aber dass hier einer seinen Wunsch nach Liebe und Frieden in die Felswände hineinbrüllt, zerreißt mir fast das Herz. Das ist alles so anders, als man es im Fernsehen sieht. Das Menschliche und die Liebe sind so zum Greifen nah, und das über viele Dimensionen hinweg.

Ich gehe. Mit meinen Händen greife ich nach den Metallleitern, die mich die 20 Meter hohen trockenen Wasserfälle erklimmen lassen. Die Röhre, in der ich hinter Tsur nach oben klettere, ist wie eine überdimensionale Ader, in der man sich wie ein großes Blutkörperchen nach oben bewegt. Der Schrei eines Adlers lässt Tsur und mich für einen Augenblick zusammenzucken. Wir blicken nach oben in den unendlichen Himmel aus Fels und Stein. Kein Sonnenstrahl dringt hier nach unten, nur indirektes und vielfach reflektiertes Licht erreicht die Unterwelt. An Seilen und Leitern hangeln wir uns über eine Stunde lang nach oben. Wir durchqueren Wasserlöcher, voll mit kühlem, grünlich schimmerndem Wasser. Weiter oben sehe ich dann zwischen den eng stehenden Felswänden den tiefblauen Himmel. Mit etwas Übung könnte man den Barak Canyon vielleicht auch mit Kindern machen und Disneyland alt aussehen lassen.

Die Durchquerung dieser Unterwelt ist sicher einer der absoluten Höhepunkte in Israel. All das hat längst nichts mehr mit dem gemein, was man sich als Tourist unter Israel vorstellt. Der Barak Canyon ist kein Totes Meer und kein Jerusalem. Er ist kein Hotspot und Touristenort. Aber er ist eine der ganz seltenen Sensationen auf diesem Planeten, die man noch als ursprünglich bezeichnen darf. Hier gibt es keinen Busparkplatz und keinen Souvenirstand. Hier wird dein Reiseplan noch vom Staunen und von der Ehrfurcht bestimmt.

Als wir aus dem Barak Canyon oben herauskommen, haben wir schon wieder eine völlig neue Landschaft um uns herum. Ein Hochplateau, übersät mit pechschwarzen Kieseln, brutzelt uns in der Mittagssonne. Der Ausblick in die Ferne ist gewaltig und umwerfend schön. Tsur glaubt am gegenüberliegenden Berg die Form eines verschütteten Ufos zu entdecken, und sofort geht es um die Area 51. Ob man das vom Satelliten aus erkennen kann, fragt Tsur. Hier müsse man einmal graben, sagt er. Doch dann gehen wir weiter. »What goes up, must go down«, schreibt Jacob

Saar in seinem Buch zum Israel National Trail. Und damit meint er den Vardit Canyon, der uns einen ebenso schönen und atemberaubenden Abstieg in die nächste prähistorische Unterwelt beschert.

Insgesamt umfasst unsere heutige Tour knapp 29 Kilometer Fußmarsch. Die Höhenmeter halten sich in Grenzen. Das Barak Night Camp liegt auf 100 Meter über null. Der höchste Punkt des heutigen Tages auf 400 Meter über null. Die von Saar empfohlenen 6 Liter Wasser sind das absolute Minimum. Ich habe sechs Eineinhalbliter-Flaschen dabei und davon vier bereits vollständig geleert. Tsur und ich steigen gemütlich in den Vardit Canyon ab. An den steilen Stellen führen Metallgriffe und Metallleitern nach unten. Kurz vor dem Ausgang kehren wir in die verzauberte Schlucht zurück, um einen »Mittagsschlaf« einzulegen. Ausgeruht und fröhlich erreichen wir den Ausgang des Vardit Canyons und bestaunen ein dilettantisch geheimnisvolles Laienstück.

In flagranti ertappt, hebt ein amerikanischer Mittzwanziger seinen neu glänzenden Spaten in die Luft und sticht verlegen tänzelnd an verschiedenen Punkten Scheinlöcher in das Erdreich. Tsur muss lachen, und uns beiden ist klar: Das ist einer von denen, die sich mit geliehener Survivalausrüstung das Wasser selbst verbuddeln.

Tsur schießt den Vogel ab, indem er ihm laut zuruft: »Hi, how are you? Hast du die Koordinaten für dein Wasser aufgezeichnet?«

Der andere entgegnet ihm mit einem unangenehm verstörten »Äh, hi, ich weiß nicht. Was meinst du?«

Unbekümmert stochert Tsur nach und sagt hellseherisch: »Sechs Liter sind zu wenig«, um dann gekonnt die Antwort des Amerikaners abzuwarten.

»So steht es aber …«, stammelt er Tsur entgegen.

»Interessiert mich nicht«, meint Tsur. »Da steht auch nicht, dass man nächstes Jahr die Leiche eines dehydrierten Amerikaners aus dem Vardit Canyon holen wird.«

Tsur läuft gerade zur Höchstform auf: »Neun Liter, Mann, mindestens. Mach dein Loch noch mal auf oder bleib zu Hause.«

Der Amerikaner, Mike, stellt sich kurz vor und erklärt Tsur sein Konzept. Fünf Liter Wasser, eine Flasche Wein, Fertigfraß und Zigaretten. Alles hier vergraben. Was ich gut finde: Mike lässt uns unsere Flaschen auffüllen. So komme ich heute auf gut 12 Liter Wasser. Während Tsur mit dem Jeep zum Night Camp mitfährt, laufe ich zu Fuß. Ich laufe nicht, ich jogge. Die Wüste ist mein Freund. Und alles fühlt sich nun leicht und friedlich an. Ich renne mit meinem Rucksack. Und ich verbrauche viel Wasser. Aber ich fühle mich in diesem weiten Wadi sehr geborgen und vor allem unendlich glücklich. Die Bewegungsabläufe sind wie ein einziger Rausch. Stehen bleiben stört da nur. Aus der Langsamkeit herauszurennen ist meine Art, Sorgen aus mir herauszuprügeln. An die Grenzen zu gehen, mich zu peinigen, bringt mich an das Glück heran. Es mögen nur Endorphine sein, dafür aber jede Menge. Langsam fange ich an, meinen Rhythmus wieder zu verlangsamen und zu einem schnellen Gehtempo zurückzufinden.

Nach etwa zwei Stunden kommt plötzlich Tsur hinter einem Busch hervor. Er ist wieder ausgestiegen. Er hat Sehnsucht danach gehabt, den heiligen Boden mit seinen eigenen Füßen zu betreten. Schon verrückt. Hier ist er wieder. Nichts ist hier im Freien geplant. Aber Zufall und Intuition funktionieren weit besser als ein Terminplan. Gemeinsam wandere ich mit Tsur zur Zihor Junction, also dem Night Camp in der Nähe einer Verkehrskreuzung. Die Verkehrsader durchquert hier die Negev. Man überquert sie und wandert noch ein paar Schritte weiter, so ist man dennoch in der Natur. Und dann wirft man seinen Rucksack ab und sagt: »Hier bleibe ich!«

Bei Vollmond kann man weiter gehen

Von Zihor über Shizafon nach Shaharut

Etwa 46 Kilometer, 320 Höhenmeter Gesamtanstieg.
Trinkwasserverbrauch 8 Liter (Achtung: knapp bemessen).

Für die nächsten beiden Etappen empfiehlt Jacob Saar, sich im Kibbuz Ketura ein Fahrrad auszuleihen. Ich habe mit dem Kibbuz schon vor Tagen telefoniert, aber leider keinen Erfolg gehabt. Man hätte mir nach dem fünften oder sechsten Telefonat wohl gern auch ein Fahrrad ohne Geld geliehen. Wegen der Ferien waren die wenigen Mountainbikes allerdings vergriffen. Und irgendwann war dann auch mein Akku leer, und mehr konnte ich in Sachen Fahrrad nicht in Erfahrung bringen.

Die Strecke zwischen Zihor, Shizafon (Neot Semadar) und Shaharut verläuft unromantisch gerade entlang der Hauptstraße Richtung Eilat. Ausbüxen nach links oder rechts geht nicht, da hier militärisches Übungsgelände ist. Was bleibt, sind 46 Kilometer stures, flaches Geradeaus. Ohne Hilfsmittel kann man das psychisch nur meistern, wenn man sich bewusst martern möchte oder in einer vom Mond erhellten Nacht einfach durchläuft. Zugegeben: Mit Technobeat im Ohr könnte ich mir das auch zum Auspeitschen schlechter Stimmungen vorstellen. Mehr aber auch nicht.

Erst später erfuhr ich, wie lohnenswert ein Stopp im Kibbuz Neot Semadar gewesen wäre. Auch hier kann man bei einem Aufenthalt ganz bestimmt zu sich selbst finden. Neot Semadar habe ich nach meinem Israel Trail dann noch besucht. Es ist schon etwas ganz Besonderes dort. 1989 haben eine Handvoll Studenten und alternativer »Aussteiger« diesen Kibbuz gegründet, in dem mittlerweile gut zweihundert Familien leben. Was sie geschaffen haben, ist eine grüne Oase mitten in der Wüste. Ein kleines Paradies. Und mehr noch: Sie haben hier eigene Regeln für ein soziales Miteinander aufgestellt. Es gibt kein Zahlungsmittel wie Geld im Inneren der Gemeinschaft. Man produziert alles selbst und lebt vegetarisch. Gegessen wird gemeinschaftlich, schweigend. Am Morgen werden die Aufgaben und Arbeiten im Kreis gemeinsam durch Handzeichen verteilt. Israela und Anat, beides engagierte Kräfte in der Gemeinschaft, erzählen mir, dass Wanderer auf dem Israel Trail für eine Nacht hier Unterkunft und Verpflegung bekommen würden. In Neot Semadar kann man auch als Volontär arbeiten. Und wieder stoße ich auf den KKL, der hier mit Spendengeldern hilft. Mit Schulkindern habe ich für einen guten Zweck gemalt und werde die Gemälde der jungen Künstler/-innen zugunsten des KKL zu Hause versteigern lassen. Vielleicht kann hier etwas für die Bildung getan werden.

Doch erst einmal geht es weiter auf dem Israel Trail. Die nächste Übernachtung im Freien ist kurz vor Shaharut. Hier zeigt mir Tsur im Dunkeln und bei starkem Wind, wie man ein Beduinen-Feuer entfacht: Mit einem Stein und seinem Messer scharrt er eine handbreite und etwa 20 Zentimeter tiefe Kuhle in den harten Boden. Mit nur wenig Holz kocht Tsur nun eine stärkende Reissuppe am Fuß des Bergdörfchens Shaharut. Tsur möchte morgen wieder zurück. Er wird mich bei meinem Aufbruch aber noch eine Stunde begleiten und dann umkehren. Ein gutes Gefühl zum Einschlafen!

Dem Ende entgegen

Von Shaharut über Timna Park zum Raham-Etek Night Camp
Zwei Etappen auf einmal: etwa 54 Kilometer, 1150 Höhenmeter Gesamtanstieg. Trinkwasserverbrauch mehr als 12 Liter.

Es ist noch dunkel, als Tsur und ich zusammenpacken. Shaharut liegt auf einer malerischen Anhöhe. Gut vierzig Familien mögen hier mit Kind und Kegel wohnen, schätzen Tsur und ich. Ein frei laufender Hundemischling begrüßt uns schwanzwedelnd. Er stört sich nicht im Geringsten daran, dass wir sein Revier friedlich durchkreuzen. Sonst ist hier um diese Zeit noch alles verschlafen. Trotzdem bin ich mir sicher, dass wir hier im Notfall liebe Menschen und Verpflegung gefunden hätten. Eine handbeschriebene kleine Holztafel heißt den Wanderer sogar auf Englisch willkommen und bietet Unterkunft für Wanderer an. Wenige Hundert Meter außerhalb von Shaharut betreten unsere Füße rostbraunen Wüstenboden, der in der gerade aufgehenden Morgensonne nun intensiv orange leuchtet.

Es ist etwas sandiger hier als weiter im Norden. Dennoch ist der Boden recht fest und kompakt. Für die Füße ist er aber gleichzeitig weich genug, um vollkommen entspannt und genussvoll laufen zu können. Der Israel Trail ist als kleiner Trampelpfad recht gut erkennbar und doch einsam und romantisch. Links von mir blicke ich weit hinein in die Aravasenke, der aufgehenden Sonne entgegen. »Die Aravasenke ist ein Teil des großen afrikanischen Grabenbruchs. Sie erstreckt sich vom Toten Meer über 165 Kilometer bis nach Eilat und Akaba am Roten Meer und stellt damit die Fortsetzung des Jordangrabens nach Süden dar.«[8] Im dunstigen Hintergrund türmen sich in Jordanien mächtige Gebirge bis in eine Höhe von 1700 Metern auf. Zu meiner Linken sehe ich eine wunderbare Weite. Die Wanderung führt entlang eines herrlichen Hochplateaus und bietet mir einen Ausblick wie aus dem Cockpit eines Flugzeugs. Dieser Teil der Strecke gehört sicher wieder zu den schönsten Teiletappen, die man sich nur vorstellen kann.

Tsur hat mich nun schon fast zwei Stunden begleitet. Jetzt verabschieden wir uns voneinander. Wir werden uns wiedersehen. Nur wissen wir noch nicht, wann und wo. Eigentlich möchte oder muss Tsur zurück nach Jerusalem – eigentlich! Ich habe ihn fast angebettelt, dass er in Eilat auf mich wartet oder auf leichten Etappen wieder zu mir stößt. Ein Weiterwandern geht »eigentlich« aus zeitlichen Gründen bei Tsur nicht mehr. Aber auch seine schmerzenden Füße lassen eine längere Wanderung einfach nicht mehr zu. Tsurs Schuhe sind viel zu klein und drücken überall. Und seine Füße sehen, ehrlich gesagt, brutal aus. Heute bin ich es, der Tsur etwas Wasser abgibt für seinen Rückweg nach Shaharut. Zusammen teilen wir uns noch einen herrlichen Moment hier oben, bevor jeder in seine eigene Richtung losläuft.

Gut 20 Kilometer laufe ich heute erhaben auf diesem traumhaften Hochplateau dem Ende des Trails entgegen. Doch bis dahin sind es, Gott sei Dank, noch drei Tage. Und den heutigen Tag eingeschlossen sogar noch vier. Irgendwie beschleicht mich das Gefühl, dass hier plötzlich zwei Herzen in mir schlagen. Das eine scheint erstmals tatsächlich das Erreichen des Ziels in eine realistische Reichweite zu rücken, während das andere in Anbetracht dieser schleichenden Erkenntnis eine Art Sehnsucht nach der Umkehr in die Wüste zu bekommen scheint.

Das Wandern ist heute zum Kinderspiel geworden. Auf der Höhe des Ma'ale Milhan – eigentlich nur ein weiterer kleiner Gipfel unterwegs – gönne ich mir nach 20 gewanderten Kilometern meine erste kleine Pause. Ich setze mich hin und starre in die Ferne. Der bläuliche Dunst oberhalb der Aravasenke besteht ja nur aus Luft. Am Anfang des Tages hätte ich den Anblick beinahe für das Rote Meer gehalten. Alles nur Luft! Und so sehe ich gar nicht, dass dahinten vor meinen Augen tatsächlich das Rote Meer liegt! Das mögen vielleicht nur 30 Kilometer Luftlinie sein. Wahnsinn! Da unten ist es. Und beinahe hätte ich es gar nicht gesehen. Das Blau habe ich immer nur als Himmel interpretiert. Was das Gehirn sich nicht vorstellen kann, scheint auch einfach gar nicht da zu sein.

Vor meinen Füßen türmen sich beigefarbene Steinquader und bröseliger trockener lehmiger Boden auf. Der Israel Trail hebt sich in der Ferne in einem etwas helleren Beigeton ab und verschwindet dann in wilden Windungen in der bläulichen Ferne. Direkt vor meinen Füßen jedoch kann ich den Trampelpfad stellenweise nur schwer als solchen erkennen. Man muss schon aufpassen, dass man sich nicht verläuft – ja, ich gebe es zu: Ich habe mich schon wieder um eine halbe Stunde hin und eine halbe Stunde zurück verlaufen. Nun aber gebe ich wieder acht, dass mir kein markierter Stein mehr entgeht, schließlich bin ich in der Wüste. Nur noch da runter. Maximal ein Tag? Heute noch? Nur: Warum stehen dann im Reiseführer noch weitere drei Etappen? Weil der Israel National Trail eben nicht die kürzeste, sondern die schönste Verbindung zwischen zwei Punkten ist. Und wäre es nicht schön, da noch das Eilat-Massiv mitzunehmen?

Aber erst einmal geht es jetzt steinig bergab. Da treffe ich auf eine schlecht ausgerüstete Familie, der ich Wasser abgeben darf. Mit Schlappen sind sie von Timna Park hier heraufgelaufen. Umgekehrt bedeutet das für mich: Bis Timna Park ist es nur noch ein Katzensprung. Fünf Kilometer bergab, 500 Höhenmeter mit den Knien auffangen. Unterwegs bekomme ich ein paar Datteln und ein Stück Brot geschenkt.

Endlich komme ich unten an. In der Aravasenke, bei geschätzten 45 Grad Hitze. Vorbei ist es mit der Frische dort oben. Hier unten ist es erbarmungslos heiß, und mein Übermut bekommt schlagartig einen Dämpfer. Gerade eben habe ich noch 3 Liter Wasser verschenkt. Jetzt beginne ich, nur einen Kilometer vom Eingang zum Timna Park entfernt, zu rechnen: Mit 12 Litern bin ich in der Frühe aufgebrochen, 1 Liter habe ich Tsur abgetreten, 3 Liter habe ich verschenkt, bleiben also 8 Liter. Davon habe ich 7 schon getrunken, obwohl es da oben eher recht kühl und angenehm war. Klar, ich habe noch 1 ganzen Liter. Doch den bräuchte ich gerade jetzt auf der Stelle, denn ich war heute bis 14 Uhr – außer nach dem Aufstehen – noch kein einziges Mal Wasser lassen. Kein gutes Zeichen!

Eine Mittagspause habe ich nicht eingelegt. Vielmehr fühle ich mich so stark, dass ich in einem durch bis zum Roten Meer rennen könnte. Von meinen 83 Kilogramm Startgewicht ist sicher nicht mehr viel übrig geblieben. Ich denke, dass es wohl weniger als 70 Kilo sein mögen. Einerseits fühle ich mich ausgemergelt, andererseits fühle ich mich unendlich kräftig. Dass aber Gefühl und Realität nicht unbedingt im Einklang stehen, erkenne ich an kleineren Warnhinweisen wie Sternchen vor den Augen, wenn ich mich bücke.

Timna Park ist nicht Disneyland. Gott sei Dank. Der Eingang ist von ein paar grünen Palmen gesäumt. Doch es geht überschaubar zu. Keine zehn Autos stehen am Parkplatz vor dem kleinen Eingang. Überhaupt ist hier alles recht authentisch und idyllisch. Auf Steintafeln in deutscher Schrift sehe ich, dass deutsche Spenderinnen und Spender hier für Grün gesorgt haben. Dieser Teil des Israel Trails ist als »Fahrradweg in Timna« ausgewiesen, »errichtet durch die Freunde des Jüdischen Nationalfonds in Deutschland«. Es mag hier gar nicht so sehr um Fahrradtouren gehen, sondern vielmehr um Völkerverständigung und eine ganz große grüne Vision. Schon mit einer Spende von 18 Euro kann man hier einen Baum pflanzen. Und da geht es ja nicht nur um den Baum als solchen, sondern um die Kosten und Mühen, diesen in der lebensfeindlichen Umgebung durchzubringen. Er muss umsorgt und gegossen werden. Es muss also jemand da sein, der mit einem Allradfahrzeug hierher in die Wüste fährt und die Bäume gießt und pflegt. Und das über eine lange Zeit hinweg. Wer sich hier als Spender betätigt hat, hat sich mit einer einzigartigen Tat wahrlich verewigt.

Am Eingang des Timna Parks sollte eigentlich meine heutige Etappe beendet sein. Doch ich möchte noch weiter. Jetzt um halb vier weiterzugehen, davon raten mir die beiden Damen am Eingang resolut ab. Vor mir erhebt sich der Mount Timna, eine Bergtour für einen halben Tag. Dafür würde ich mehrere Stunden brauchen. Die beiden Damen sind unheimlich herzlich, nett und sorgsam. Doch sie spüren, dass sie den verrückten Deutschen heute nicht werden aufhalten können. In mir sprudelt es nur so von Kraft und Energie. Die beiden statten mich mit 8 Litern Leitungswasser aus. Und ich bekomme einen Schokoriegel geschenkt. Nach einem Telefonat mit dem »anderen Ende des Timna Parks« lassen mich die beiden dann schließlich doch ziehen, allerdings nur unter der Bedingung, dass ich mich vom anderen Ende des Parks melde und Bescheid gebe, dass ich gut durchgekommen bin. Bis dahin wollen sie auf ihren Feierabend verzichten und warten, bis sie Nachricht von mir bekommen.

Knapp 9 Kilometer liegen nun innerhalb des Parks vor mir und ein Anstieg auf den Mount Timna. Höhenmeter sind es nicht viele, vielleicht 300. Doch ich habe bereits eine komplette Wüstenetappe hinter mir und bin körperlich ausgemergelt. Das Thermometer am Timna Park hat im Schatten schon 42 Grad angezeigt. Der steile Anstieg auf den Mount Timna liegt aber in der prallen Sonne. Schnell geht mein Pulsschlag nach oben, und aus meinem Gesicht perlen die Schweißtropfen nach unten, obwohl die Luft so trocken ist, dass man normalerweise kaum merkt, wie man schwitzt.

Die Natur um mich herum ist dafür herausragend schön. Während der kleinen Bergtour bin ich vollkommen allein. Niemand außer mir ist hier unterwegs. Jeden Meter nach oben bin ich heute schon einmal nach unten gelaufen. Dafür ist der Ausblick in die Negev-Wüste mit jedem Meter nach oben umso schöner. Ich liebe es hier draußen.

Für die komplette Strecke im Park brauche ich bis zum Ausgang auf der Südseite keine zwei Stunden, einschließlich der Abmeldung im Restaurant am Südtor, inbegriffen die Entgegennahme eines riesigen Tellers mit frischen Salaten und in Öl eingelegten Gemüsen, fast im Gehen verpackt in zwei weiße Plastikbeutel, dazu eine große Flasche Cola. Die beiden jungen Frauen haben mich angekündigt und wohl gesagt: »Bitte gebt dem Deutschen beim Durchlaufen etwas zu essen mit.«

Timna war nun für mich wirklich eine Art Durchlaufen, so wie ein Marathonläufer den Plastikbecher mit Wasser im Laufen entgegennimmt. Trotzdem bewegen mich die Herzlichkeit und die ungeheure Achtsamkeit der Menschen hier. Keine Spur von der Mentalität eines Vergnügungsparks. Timna Park ist eher eine Oase in der Wüste. Mit einem kleinen See und ein paar Palmen. Bestimmt hätte ich mich hier auch waschen können. Denn seit Mitzpe Ramon gab es für mich keine Dusche mehr. Weiter geht es zum Raham-Etek Night Camp.

Zum ersten Mal verliere ich mich in einem Wadi so, dass ich nicht mehr weiß, wo ich bin. Mein Reiseführer und das Kartenmaterial bringen mich nicht weiter. Mein Handy habe ich mangels Akku mit dem Handy von Tsur getauscht. Nun stelle ich fest, dass ich mit einem alten Handy und hebräischer »Ansage« auch kein Navigationssystem für den Notfall mehr habe. Auch telefonieren klappt nicht so, wie ich mir das vorgestellt habe. Wenn man nur lange genug auf hebräischen Tasten herumdrückt, bekommt man irgendwann eine Verbindung. Vielleicht zum letzten Kontakt von Tsur. Ich weiß es nicht. Der hat jedenfalls erst einmal aufgelegt. Und beim zweiten Versuch fragt er mich auf Englisch, warum von Tsurs Handy ein anderer telefoniert. Ich erkläre ihm, dass ich Tsurs Handy nicht gestohlen habe. Aber wie soll ich ihm nun sagen, dass ich mich in der Wüste verlaufen habe? Und ob er mir überhaupt helfen kann? Doch er hat schon wieder aufgelegt.

Für einen kurzen Augenblick denke ich darüber nach, nach Timna zurückzulaufen, so wie ich mich an den Weg erinnern kann. Doch dann entdecke ich am gegenüberliegenden Ende des Wadis einen Jeep. Er ist vielleicht einen Kilometer von mir entfernt. Rufen und pfeifen hilft wenig. Ich pfeife trotzdem und renne also los. Spätestens jetzt wird mein Israel Trail zu einem Marathon. Mein Gepäck peitscht mich immer wieder zu Boden. Und ich stolpere vor Erschöpfung über Steine und trockenes Strauchwerk im Wadi. Nach und nach sehe ich ganz deutlich, dass es sich vor mir um einen uralten Defender handelt, auf dessen Ladefläche fünf Touristen mit dem Fernglas sitzen. Noch einmal pfeife ich, so laut ich kann, mit den Fingern und winke mit beiden Armen. Ich bleibe nicht stehen, sondern laufe mit vollem Gepäck auf den Jeep zu. Dann bemerke ich, dass einer aussteigt und mit beiden Armen zurückwinkt. Sie haben mich gesehen. Auf den letzten Metern muss ich mich übergeben. Aber viel ist es nicht, was meinen Magen verlässt. Es sind mehr diese Angst und das Sich-bewusst-Machen, dass es hier draußen eben doch nicht ganz so ungefährlich ist. So mit einer kleinen Gruppe unterwegs zu sein, scheint mir nicht das Schlechteste zu sein. Völlig außer Atem von meinem halbstündigen Wüstensprint, erreiche ich die wartende Gruppe. Ihr Guide fragt mich als Erstes, ob ich noch Wasser habe. Einen, der mit einem Rucksack durch die Negev joggt, hat er noch nie gesehen. Er merkt aber, dass ich Panik hatte.

Hier, wo der Jeep steht, befinde ich mich wieder auf dem Terrain des Shvil Israel. Meine Frage nach dem Weg beantwortet sich wie von selbst, als ich eine Wegmarkierung auf einem Stein sehe. Als ich dann vor dem Jeep losziehe, erklärt Reiseführer Tani seiner Gruppe: »Was Christian hier macht, ist für mich heilig! Er fährt nicht wie wir hier mit dem Jeep. Er geht mit seinen eigenen Füßen auf dem Israel National Trail. Dieser Weg verbindet jeden von uns mit den Urkräften der Natur. Er lässt uns im selben Augenblick die Gefühle unserer Vorfahren spüren und an die Zukunft glauben. Er führt uns durch das Heilige Land und durch seine ganze Geschichte. Und er zeigt uns unsere Grenzen auf. Dort, wo wir an unsere Grenzen stoßen, kommt dann ein anderer und führt uns weiter. So ist es auch mir ergangen. Da war immer ein anderer, oder Gott. Christian ist einer der ganz, ganz wenigen Ausländer, die ich hier gesehen habe. Wenn ich könnte, dann würde ich euch jetzt alle mitnehmen, ihn mit euch ein paar Kilometer begleiten. Das, was ich euch in den letzten Tagen mit großer Begeisterung gezeigt habe, ist nichts gegen das, was ihr hier entdecken und fühlen würdet, wenn wir Christian auf seiner Reise begleiten könnten. Doch wir können nicht. Habt ihr gesehen? Den kann keiner mehr aufhalten.«

Was Tani – so habe ich seinen Namen verstanden – da seiner Gruppe gerade gesagt hat, kam wohl ganz tief aus seiner Seele. Berührt mache ich mich auf und folge nun einer Sandpiste am Rand einer Hügelkette zu meiner Linken. Nach einiger Zeit überholt mich der Jeep mit der Reisegruppe. Er schaukelt sozusagen an mir vorbei. Dann klatschen mir die hinten Sitzenden zu, was mich erst recht bewegt. Das mit dem Klatschen zeigt mir, wie weit sie selbst sich von mir noch entfernt sehen. Dabei bin ich ihnen so nahe. Sie bräuchten nur auszusteigen und loszugehen. Dann spürten sie plötzlich ihre Beine, sie spürten Schmerz, sie kämen an ihre Grenzen, und dann darüber hinaus. Bereits mit dem ersten Meter beginnt sie, die Freiheit.

In der Dämmerung kommen mir zwei moderne, nagelneue Pick-ups entgegen. Es sind Städter, die ihr Pessach mit einem schönen Barbecue in der Wüste verbracht haben. Ich halte sie an, um zu fragen, wie weit es noch zum Night Camp sei.

»Gleich dahinten«, meint Alon, der Fahrer. Sofort steigt er aus und fragt mich, ob ich noch genügend Wasser habe. Dann erzählen sich zwei ihre Lebensgeschichte, während die anderen noch im Wagen sitzen. Als ich Alon sage, dass ich aus der Nähe von Dachau komme, sagt er ganz langsam: »Kein guter Name«, und dann laufen ihm die Tränen aus den Augen. Alon ist ein gestandenes Mannsbild, gut 1,90 Meter groß und ungefähr sechzig Jahre alt. Mir schießen nun auch Tränen in die Augen. Alon und ich bringen kein einziges Wort heraus. Mittlerweile sind die beiden Familien aus ihren Fahrzeugen ausgestiegen, aber sie stehen respektvoll am hinteren Wagen. Das Schlimmste für mich ist der Körperkontakt zu Alon. Er hat beide Hände auf meine Oberarme gelegt, und ich kann nicht wirklich deuten, wie ich mich gerade fühlen soll. Dann nimmt Alon seine Arme von mir und sagt: »Oh my God, I'm so sorry – das tut mir so leid.«

Hätte ich noch einen Funken Kraft in mir, würde ich jetzt laufen, so weit meine Füße mich tragen, und dann an einem einsamen Platz zusammenbrechen. Hauptsache allein! Weit weg von jedem, der hier noch seinen Senf dazugeben möchte. Dann beginnt Alon zu stottern. Ob i-ich v-von i-ihm?

Alon öffnet seinen Kofferraum. Jetzt, wo er etwas in der Hand hat, fällt es ihm leichter zu sprechen. »Darf ich dir für heute Abend etwas zu essen mitgeben? Ich meine … w-würdest du es von mir annehmen?« Nun folgt ein langes Schweigen. Natürlich hätte ich bei klarem Verstand sofort ein vernehmbares »Ja« von mir gegeben, aber die Gefühle würgen mir gerade jedes Wort ab.

Alon sieht, dass ich weine und tief betroffen bin. Dass er da einen mit einer einzigen Silbe in den freien Fall bewegt und Mitgefühl gar keiner Fremdsprache bedarf, erschüttert ihn. Seine Frau Dorit kommt Alon zu Hilfe und sagt: »Das tut mir so leid. Ich habe Alon noch niemals weinen sehen. Er kann seine Gefühle normalerweise nicht teilen. Er kann es einfach nie aussprechen.«

»Es ist okay«, sage ich zu Dorit, »es ist okay.«

Alon hat sich wieder ein wenig gefasst und klopft mir auf die Schulter. Er fragt mich nun über den Israel Trail aus, so, als wenn er einen guten Freund fragen würde. Er möchte ihn in den nächsten Jahren auch fertig begehen. Ob ich von Juden gut behandelt worden sei, fragt er mich. Ich nicke ganz still und kämpfe sofort wieder mit den Tränen.

»Ja, Alon! Ich habe hier mehr Gefühle erlebt als in meinem ganzen Leben zuvor. Und was ich erlebt habe, das sind echte Gefühle. So wie jetzt. Das sind Momente, die es im richtigen Leben nur ganz selten gibt, und ich bin dafür sehr dankbar.«

Alon und seine Familie »überschütten« mich förmlich mit übrig gebliebenen Leckereien ihres Wüstentags. All das passt nicht mehr in meinen Rucksack. Ich werde es verschenken müssen. Jetzt aber nehme ich es dankbar an und wandere mit Rucksack und zwei vollen Plastiktüten dem Night Camp entgegen. Ich bin Alon dankbar für diese echten Gefühle. Das, was ich gerade erlebt habe, kann man mit Worten sowieso nicht ausdrücken, und ich weiß auch nicht, was ich davon in mein Tagebuch schreiben werde. Gefühle niederzuschreiben ist unendlich schöner als noch so schöne Worte.

Was ich gesehen habe, waren nicht nur Erinnerung und Schmerz, sondern auch eine Art Befreiung. Allein schon die Gefühle zeigen zu können, ja, sie zulassen zu können, ist ein hoffnungsvoller Blick nach vorn, ohne das Geschehene je zu vergessen. Es ist kein historischer Moment, sondern nur der zweier Menschen, die sich rein zufällig begegnet sind. Oder unser Gott wollte einfach, dass es so geschieht, damit diese beiden Menschen nun etwas anderes vor sich sehen, an das sie glauben können.

> »Du bist der Trost Israels und sein Nothelfer. Warum stellst
> du dich, als wärst du ein Fremdling im Lande und ein
> Wanderer, der nur über Nacht bleibt?« (Jeremia 14,8)

Was da in der Bibel steht, kann ich vielleicht erst in vielen Jahren begreifen.

Zum Raham-Etek Night Camp sind es nur noch vierzig Minuten. Ich komme als Bettler aus der Wüste, laufe mit vollen Tüten in das Camp. Heute bin ich nicht allein. Mehrere Familien mit Allradfahrzeugen zelebrieren hier heute einen gemütlichen Abend am offenen Feuer. Kurz vor der Dunkelheit trifft dann zu meiner großen Freude auf der Ladeklappe eines Jeeps noch Tsur ein, zusammen mit Adi und Eran, zwei jungen Burschen aus Israel. Tsur ist also geblieben. Alle drei sind sichtlich überrascht, dass ich hier Proviant für eine ganze Reisegruppe aus der Wüste anschleppe. Tsur entfacht mit dem mitgebrachten Holz einer Holzpalette rasch ein Feuer. Heute muss keiner sparen. Zu essen gibt es genug, zu erzählen auch. Tsur wird morgen zwar nicht mitgehen, aber vielleicht, so sagt er, übermorgen in Eilat auf uns warten.

Jenseits meiner Kräfte

Vom Raham-Etek Night Camp zum Yehoram Night Camp
Etwa 22 Kilometer, 820 Höhenmeter Gesamtanstieg.
Trinkwasserverbrauch 8 Liter.

Eran und Adi wollen noch in der Nacht aufbrechen und laden mich ein mitzukommen. Obwohl ich gerade eben eine Doppeletappe hinter mir habe, kann ich der Versuchung weiterzulaufen kaum widerstehen. Ich kenne die beiden nicht, aber sie sind mir auf Anhieb sympathisch. Sie sind 24 und 25 Jahre alt, europäische Typen. Nach ihrer vor Kurzem abgeschlossenen Militärzeit haben sie sich die Haare und einen Vollbart wachsen lassen. Beide haben lockige, hellbraune Haare und sehen wie echte Abenteurer aus, durchtrainiert, muskulös und voller Energie. Gleich auf den ersten Metern wird mir klar, dass ich soeben meine Lehrmeister gefunden habe. Das Tempo, das die beiden vorlegen, ist abartig. Allein beim Wasserlassen verliere ich den Anschluss so weit, dass ich eine halbe Stunde lang die Lichtkegel ihrer Stirnlampen in weiter Ferne über den Wüstenboden streifen sehe. Von Aufholen keine Spur! Es geht von 250 Metern über null bergauf zum Ma'ale Amram, der mit 600 Metern über null und einem steilen Anstieg nicht von Pappe ist.

Als wenn sie Mitleid gehabt hätten, erwarten mich Adi und Eran im ersten Morgenlicht mit einem frisch aufgesetzten Camping-Kaffee. So schnell seien sie gar nicht gewesen, meint Eran. Dann fragt er mich nach meinem Alter. »Siebenundvierzig«, sage ich ihm und löse zwei entsetzt ungläubige Blicke aus. »Siebenundvierzig?«, wiederholt Eran staunend, um völlig ernst anzumerken: »Und in diesem Alter gehst du noch den Israel Trail?« Habe ich so deutlich noch nie gehört, stimmt aber schon. Ich bin fast doppelt so alt. Auch ich hätte früher einen Mann um die fünfzig eher als recht alt bezeichnet.

Siebte Woche

Was ich an Tempo nicht mehr kann, muss ich mir eben mit Ausdauer erarbeiten. Nach fünf Minuten Pause sage ich deshalb auf Bayrisch: »Pack'mas, Jungs«, und die beiden verstehen, dass ich wieder aufbrechen will. Nun bin ich es, der sich einen Kilometer Vorsprung herausarbeitet. Doch der schwindet recht schnell. Dem Tempo der beiden bin ich definitiv nicht gewachsen, obwohl ich mich wirklich bärenstark fühle! Adi hat mich überholt, und Eran spielt für mich geduldig den Bergführer. »Kannst schon gehen«, sage ich ihm immer wieder. Doch Eran möchte gar nicht davonlaufen. Dann erzählt er mir, dass sie beide Trainer einer Gebirgseinheit waren. Na bitte! Auf so was habe ich nur gewartet! Gut, auch ich war einmal bei der Bundeswehr. Da war ich auch in einer Gebirgstruppe, genau genommen in der Geigelsteinmannschaft. Aber das ist eben schon lange her, sehr lange. Merkwürdigerweise scheinen die beiden so eine Art Respekt vor mir aufgrund meines Alters zu haben. Erst als ich ihnen sage, dass sie die Bergführer und ich eher der Gast bin, lachen wir ständig.

Unterwegs kommt uns ein älterer Herr mit seiner Tochter entgegen. Eran und Adi wetten, dass es ein Deutscher ist. Und ich wette lachend dagegen, dass es ein Österreicher ist. Tatsächlich ist der Mann ein Schweizer Alpinist, der uns fragt, ob man im Raham-Etek Night Camp Wasser kaufen könne. Ich antworte ihm mit einem erstaunten »Nein« und frage nach, ob er nicht genug Wasser dabeihabe.

Er plane so wie in den Alpen, schließlich kenne er sich aus, antwortet er. Er gehe seit sechzig Jahren in die Berge. Hilfe von uns lehnt er ab. Eran gibt ihm den Hinweis, dass er vom Raham-Etek Night Camp zur Not zu Fuß nach Be'er Ora laufen könne. Ein wenig Wasser werde er im Notfall sicher auch von den Menschen im Night Camp bekommen. Aber Eran gibt zu bedenken, dass die wohl um diese Zeit alle weg sein werden.

Doch schon bald wird Wasser für uns selbst zum Problem. Ich bin heute mit 8 Litern aufgebrochen und habe nach 12 Kilometern bereits 7 Liter verbraucht. Es ist nun Ende April, und der Sommer ist mit einem Schlag über die Negev hereingebrochen. Eran schätzt, dass es bereits um elf Uhr deutlich über 45 Grad ist. Auch Adi und Eran haben sich mit dem Wasser verschätzt, und das ist ihnen noch nie passiert, versichern sie. Zur Not könnte man heute abbrechen, weil gut auf der halben Strecke eine Sandpiste hier hineinführt und heute urlaubsbedingt auch ganz normale Wanderer unterwegs sind.

So stoßen wir auf eine Gruppe, die gerade aus den Fahrzeugen aussteigt und mit Turnschuhen den nächsten vor uns liegenden Gipfel erklimmen möchte. Adi erbettelt für jeden eine Zweiliterflasche Wasser. Doch die ist nach dem nächsten Aufstieg auch schon fast wieder leer. Ich habe bis Kilometer 14,7 also nun 10 Liter getrunken und war dabei erst ein einziges Mal in der Frühe Wasser lassen. Deshalb geht alles nun ganz schnell. Auf dem Gipfel angekommen, umarme ich Adi und Eran und wünsche ihnen alles Gute für ihren weiteren Weg.

Ich selbst habe soeben aufgegeben. Eine halbe Stunde zurück sind Menschen mit Wasser. Und nach einem Abstieg würde ich dann auch jemanden finden, der mich zur Straße bringen kann. Hart zwar, aber wenn es nicht mehr geht, geht es nicht mehr. Schließlich haben Adi und Eran auch fast kein Wasser mehr. Vor uns würden zwar nur 7 Kilometer liegen, aber es wäre noch eine weitere kleine Bergtour bei Temperaturen, für die der Reiseführer nur eine einzige Regel kennt: »Don't do it. Under no circumstances!«

Allerdings habe ich meine Rechnung ohne Adi gemacht. Er bleibt ganz cool, bückt sich und breitet eine große hebräische Wanderkarte auf dem Sandboden aus. Adi zeigt mir, dass wir in 15 Minuten weiter vorn links eine enge Felsschlucht erreichen werden. Hier können wir mit je einem Liter Wasser in Ruhe im Schatten die Hitze abwarten und dann absteigen. Auch Eran und Adi sind auf sich selbst sauer, dass sie zu knapp mit Wasser kalkuliert haben. Aber sie sehen es eben entspannter als ich. Mittags wird nicht gewandert. Da wird Kaffee oder Tee getrunken. Und Panik darf schon gar nicht aufkommen hier draußen.

Ein wenig betreten wandern wir bergab und verkriechen uns im wahrsten Sinne des Wortes in einer trockenen Felsspalte. Hier ist es für heute vorbei, meint Eran. Im gleichen Moment holt er eine Ukulele heraus. Ich staune nicht schlecht, was hier abgeht. Adi kocht mit dem wenigen verbliebenen Wasser Kaffee und Eran hat tatsächlich eine Minigitarre mit sich herumgetragen, auf der er zu spielen anfängt. Irgendwie fühle ich mich schlagartig so hilflos und gut behütet wie ein kleines Kind auf dem Schoß der Mutter, die ihm gerade etwas vorsingt.

Aufgeben am Tag 48 – das hat schon etwas Absurdes an sich. Um 15 Uhr beschließt Eran, hoch auf einen Berggrat zu steigen, um Handyempfang zu bekommen. Falls Tsur noch hier wäre, und falls er sein Handy an hätte und falls … Adi und ich statten ihn mit 2 Litern Wasser aus und teilen uns hier einen Liter. Für einen Notabstieg wird es reichen. Auf jeden Fall verabreden wir, dass Adi und ich bis um halb sechs hierbleiben werden und dann absteigen. Ein langes Warten beginnt.

Irgendwie bin ich froh, dass die Vernunft gesiegt hat und dass ich nicht voller Unvernunft ohne Wasser in die Wüste gelaufen bin. Denn wer bereits 48 Tage hinter sich hat, könnte durchaus in die Versuchung kommen, alles auf eine Karte zu setzen – um sein Ziel erreichen zu wollen, auch wenn er mit seinem Leben dafür bezahlt oder andere in Lebensgefahr bringt.

Erst kurz vor dem geplanten Abbruch hören wir Stimmen aus dem kleinen Canyon. Es sind Eran und Tsur. Beide lachen, und das Echo bricht sich in den Felswänden zu einem einzigartigen Klang. Eran trägt mehrere Wasserflaschen in der Hand. Und Tsur hat einen ganzen Rucksack voll Wasser dabei. Eran hat es also tatsächlich geschafft, Tsur zur Rückkehr, zur Nothilfe und zur spontanen Rettung unseres Israel Trails zu bewegen. Wir haben also genug

Wasser, um es noch einmal zu versuchen. Und das möchte nun jeder für sich ganz allein tun. Eran und Adi lassen mir respektvoll eine halbe Stunde Vorsprung.

Tsur möchte zurück zur Straße nach Eilat laufen. Er verspricht, dass er uns heute Abend im Yehoram Night Camp erwarten wird. In der Zwischenzeit ist es bewölkt geworden. Als Eran auf seiner Ukulele vorher gespielt hat, habe ich vorgeschlagen, um Wasser zu beten. Gott hat uns erhört! Tsur ist gekommen. Und plötzlich nieselt es sogar aus den gerade eben erst wie von Geisterhand aufgezogenen Wolken.

Mein Aufstieg zur dritten Bergtour am heutigen Tag hat etwas Merkwürdiges und Andächtiges an sich. Ich hatte mich eben noch damit abgefunden, aufgeben zu müssen. Jetzt darf ich da hinaufsteigen, staunen und schwitzen. Regen bricht über mich herein, und ich wandere dem Ende meiner Reise entgegen. Eran und Adi holen mich nicht mehr ein. Vielleicht möchten auch sie mit ihren Gedanken ganz allein sein. Der Aufstieg nach Ein Netafim ist steil und beeindruckend schön. Ich nähere mich einer kesselförmigen Wand, durch die eine Metallleiter in einem schmalen Spalt in die Höhe führt.

Das Yehoram Night Camp erreiche ich als Erster. Es liegt hoch oben über Eilat auf knapp 700 Höhenmetern. Es stürmt nun sehr stark. Sand und leichter Regen peitschen durch die Luft. Ich weiß: Morgen wird es nur noch da hinuntergehen. Doch zuvor will ich meinen letzten Abend genießen. Tsur erreicht zwei Stunden nach mir das Night Camp mit dem Auto. Hier kann man direkt hinfahren, auf einer Teerstraße. Eilat ist eben nicht mehr weit.

Auch Eran und Adi kommen nun an. Sie haben noch lange mit den Soldaten geredet, die hier nur wenige Hundert Meter weg einen Wachposten unterhalten. Eran und Adi haben es nun hinter sich. Und sie haben von ihrem Israel Trail berichtet, den sie mit Unterbrechungen gegangen sind und morgen vollenden wollen. Was für sie zählt, ist das große Ganze.

Am Yehoram Night Camp treffen wir nun auch auf andere Menschen, die hier im Freien übernachten wollen. Einmal ist da ein älterer Herr, der im starken Wind ein großes Zelt aufschlagen möchte, was allein aber nicht gut klappt. Da helfe ich ihm ein wenig. Gesprächig ist er aber nicht. Dann ist da ein junger Bursche, der plötzlich neben uns steht. Er hat gerade die erste Etappe von Eilat hierher hinter sich und möchte zum Israel National Trail gen Norden aufbrechen. »Viel zu heiß um diese Zeit«, bemerkt Eran. Und: »Keine Chance ohne Buch und Kartenmaterial«, fügt Tsur hinzu. »Der wird es nicht schaffen. Der ist viel zu naiv«, meint Adi.

»Das war ich auch«, sage ich nachdenklich. »Ich wusste auch nicht, ob ich es schaffe.« Alle drei statten wir den jungen Fremden mit Wasser, Lebensmitteln, Karte und einem Ladegerät für sein Handy aus. An uns soll es jedenfalls nicht liegen!

Neben uns ist noch eine israelische Familie russischer Herkunft, die ein Lagerfeuer vor ihrem Zelt macht. Die Funken fliegen Hunderte von Metern weit in die staubige Luft. Auch wir haben noch ein Feuer entfacht. Aber es will keine richtige Romantik aufkommen. Viel zu sehr ist jeder in seine eigene Welt versunken. Tsur träumt davon, die restlichen Teile des Weges auch mit den Füßen zurückzulegen. Er träumt davon, andere zu begleiten und sie mit seinem Wissen und der großen Liebe zur Natur zu begeistern. Tsur wäre dafür sicher der Richtige. Er ist ein Mensch mit großem Herzen.

Intellektuell, spirituell und kulturell kann ihm keiner mehr etwas vormachen. Eran träumt von einem Studium und einem Aufenthalt im Ausland. Irgendwas mit Kommunikation soll es sein, oder mit Musik, etwas Wissenschaftliches, und etwas Einfühlsames zugleich. Für Eran ist noch alles offen. Er ist ein cooler Typ, ehrlich, liebenswert, intelligent.

Und Adi? Er ist heute sehr still, fast depressiv, genauso wie ich. Mit dem heutigen Abend kann ich nichts anfangen. Ich bekomme Angst davor, meine guten Freunde, die ich gerade eben gewonnen habe, wieder zu verlieren. Überhaupt bekomme ich Angst davor, mich in der richtigen Welt mit meinen Gefühlen wieder verstecken zu müssen. Ob ich je wieder da hineinpassen werde? Ich weiß es nicht.

Angst anzukommen!

Vom Yehoram Night Camp nach Eilat

Etwa 14 Kilometer, 230 Höhenmeter Gesamtanstieg.
890 Höhenmeter Gesamtabstieg. Trinkwasserverbrauch 6 Liter.

Heute drehe mich in der Frühe erst einmal wieder um, als der erste Lichtstrahl meine Augen blendet. Keine Eile mehr heute, es ist ja auch keine weltbewegende Strecke mehr. Nach Eilat geht es im Wesentlichen nur 13,5 Kilometer bergab. Es folgt also in aller Ruhe ein israelisches Frühstück mit Brot, Hummus und Kaffee.

Der alte Wegverlauf des Trails existiert hier nicht mehr, denn zwischen dem Sinai und Israel wird gerade das Projekt »Stundenglas« umgesetzt. Dabei handelt es sich um einen 5 Meter hohen Grenzzaun, für dessen Errichtung ganze Bergflanken weggesprengt werden. Die Sperranlage zu unserer Rechten mutet schon gespenstisch an. Doch dann lasse ich mich noch einmal auf einen schönen Tag in traumhafter Natur ein. Bergab passieren wir zuerst einen Checkpoint. Hier werden wir als Wanderer sehr freundlich mit vielen guten Wünschen bedacht.

Nach wenigen Metern auf der Straße biegt die neue Wegstrecke sofort scharf links ab und führt in ein enges Wadi hinein. Ich fühle mich wie in einem schmalen Bachlauf in den Alpen, der gerade sein Wasser verloren hat. Der Boden ist sandig und rostrot. Manche Stellen heben sich in intensiven Violetttönen ab. Mehrere einzelne Aleppo-Kiefern trotzen in den Spalten der Felswände den harten Bedingungen der Sommermonate. Die Felsbrocken sind hier teilweise pechschwarz. Jeder Geologe oder Mineraliensammler hätte hier wohl seine helle Freude. Urplötzlich folgen dann wieder Passagen mit feuerroten Felsen und einer durch und durch orangefarbenen, sandigen Umgebung.

Vom Roten Meer sieht man in diesem Labyrinth, welches das Eilat-Massiv durchzieht, noch nichts. Heute spüre ich das erste Mal, wie sehr mein Körper von der langen Wanderung ausgezehrt ist. Das Gefühl einer großen Müdigkeit macht sich breit. Meine Hose hängt nur noch an mir herunter. Ich muss sie ständig wieder hochziehen.

Zusammen erklimmen wir die letzten Meter des Mount Zefahot. Dann liegt plötzlich der Golf von Akaba unter uns. Es ist ein merkwürdiges Gefühl, dem Ziel des Israel Trails so nahe zu sein. Die Wasseroberfläche wirkt aufgewühlt grau und könnte meine innere Stimmung nicht besser widerspiegeln. Freude und Jubel sehen anders aus. Auch Stolz wäre das exakte Gegenteil von dem, was ich gerade fühle. Eher herrscht eine große Leere in mir. Und: Es fühlt sich für mich extrem unwirklich an, fast wie in einem Film, zu dem ich selbst gar nicht gehöre. Bin ich das gerade selbst? Stehe ich wirklich hier? War's das schon? Dass ich nun seit sieben Wochen zu Fuß unterwegs bin, kommt mir völlig surreal vor.

Tsur scheint es jedoch ähnlich zu gehen. Irgendwie sarkastisch streckt er seine Arme nach oben und ruft laut: »Yes.« Doch ganz ohne Ausrufezeichen! Tsur dreht sich nach links und nach rechts. Hat das jemand gehört? Dann schüttelt Tsur über sich selbst den Kopf und senkt ihn verlegen nach unten. Was geht da gerade vor in uns?

Da unten ist keine Ziellinie, die wir freudig durchlaufen werden, die Zeit im Blick, stolz auf unsere Leistung. Es war ja auch kein sportliches Ereignis, keines, für das man eine Medaille oder eine Urkunde erwarten würde. Der Israel Trail – und so scheinen plötzlich alle zu fühlen – ist ein Weg der inneren Einkehr. Es ist eine Strecke, die dich ganz tief in dich selbst hineinführt, ein Pfad, der dich niemals mehr so sein lässt, wie du zuvor gewesen bist. Es ist ein Pfad der Selbsterkenntnis. Wenn du dich darauf einlässt, dann wanderst du in eine ganz andere Welt hinein, in eine, in der es noch echte Gefühle gibt, und eine, in der du das Gute in dir und deinen Mitmenschen entdecken wirst. Es ist auch ein steiniger Pfad, einer, der dir deine Grenzen aufzeigt. Aber eben auch einer, der dich hin und wieder weit über deine Grenzen hinausführt, hinaus in eine neue, völlig neue Welt!

Was ich da unten nun sehe, ist wie das Schnipsen des Hypnotiseurs, der dich wieder in die richtige Welt zurückholen möchte. Doch was du gesehen hast, ist nicht vergessen. Es ist real, und es ist ein Teil von dir geworden. Was ich gesehen habe, war ich selbst. Und da war – wie man es auch immer nennen mag – ein göttliches Wesen, das mir gezeigt hat, dass es da ist. Vielleicht ist der »Vater unser im Himmel« gar nicht weit entfernt da draußen. Vielleicht können wir uns auch vorstellen, dass der Himmel etwas ist, das in uns selbst wohnt, etwas, das uns ganz nahe ist und das da ist, wenn wir nur danach rufen.

Wir verweilen nicht lange hier oben. Ein paar Fotos, ein paar Umarmungen. Das war's. Ab nach unten! Ich spüre überall Schmerzen. Schlimmer aber noch ist meine plötzlich fehlende Motivation zum Laufen. Adi scheint es noch viel schlechter zu gehen. Er ist total depressiv, es fällt ihm schwer zu erzählen. Immer wieder frage ich ihn nach privaten Dingen. Gerade hat er seine Freundin verloren, erzählt er mir beim Abstieg von den Gishron Cliffs. Immer wieder möchte er losrennen und allein sein. Irgendwann setzt er sich dann wie ein kleines Kind auf den Boden und will nicht mehr. Schon seit einer guten halben Stunde warten wir auf ihn. Er sitzt mitten auf dem Trampelpfad, gut 100 Meter oberhalb von uns. Alle drei haben wir betreten weggesehen. Nun unterhalten wir uns noch mit einem entgegenkommenden Wanderer, der seinen Shvil Israel erst heute beginnt. Obwohl es unhöflich ist, drehe ich mich mitten im Gespräch weg und laufe zurück zu Adi.

Meinen Rucksack habe ich stehen gelassen, aber mein Tagebuch habe ich dabei.

Bei Adi angekommen, setze ich mich stumm zu ihm, schlage mein Büchlein auf und blättere ebenso stumm bis zu dem Familienfoto vor, das mir meine Kinder eingeklebt haben. »Das ist meine Familie«, sage ich Adi und umarme ihn dann. »Du gehörst nun auch zu meiner Familie. Da unten ist nicht das Ende. Da unten wartet ein neues Leben auf uns«, sage ich zu Adi. Dann drehe ich mich wortlos um und gehe wieder hinab zu Tsur und Eran.

Ich sehe, wie Adi sein Gepäck schultert und auf uns zukommt. »Danke«, sagt er im Vorübergehen. Bis zum Meer wird es sein letztes Wort bleiben. Ich folge Adi in gebührendem Abstand. Eran wiederum hält mehrere Hundert Meter Abstand zu mir. Und Tsur scheint gerade ebenfalls sein gesamtes Leben durch den Kopf zu gehen. Wie konnte ich mich in Tsur am Anfang nur so täuschen? Wie konnte ich ihn nur so ablehnen?

Und nun? Jetzt geht es bergab. Und ich bin mir ganz sicher: Jeder hat hier am Israel Trail im Heiligen Land gerade seine ganz neuen Pfade gefunden. Nein, nicht die Pfade, denen meine Füße nun Millionen von Schritten gefolgt sind. Es geht um die Pfade in unserem Gehirn. Auch und gerade hier habe ich alte Spuren verlassen, Milliarden von Synapsen neu verknüpft. Gängige Denkmuster sind verkümmert, neue Denkmuster sind nun zu flüssigen und schlüssigen »Verkehrsverbindungen« geworden.

Die wenigen Hundert Meter bergab werden zu einer seltsamen Mischung aus Demut, Einsamkeit und Depression. Plötzlich kann ich die Stadtluft und das Salz des aufgewühlten Meeres riechen. Ich höre wieder Autos hupen. Menschen schreien laut und fröhlich in den Straßen. Ich vernehme ein Schiffshorn, und aus einem entfernt vorbeifahrenden Auto höre ich arabische Popmusik. Adi schüttelt den Kopf. Er muss es auch gehört haben.

Dann bleibt Adi stehen. Vom Strand trennen uns noch 100 Meter. Adi und ich warten auf Eran und Tsur. Tsur braucht fast zehn Minuten bis hierher. In diesen zehn Minuten fällt kein einziges Wort. Dann, als er eintrudelt und ebenfalls stehen bleibt, sehen alle auf den Strand, von dem uns nur noch eine Straße und ein Zaun trennen.

In diesem Moment fühle ich eine große Sehnsucht nach meiner Frau und meinen Kindern. Als ob es mich innerlich zerreißen würde, möchte ich zurückrennen in die Wüste, zurück in die Natur, zurück zu den Menschen, die mir geholfen haben, mich selbst kennenlernen zu dürfen. Zurück, um noch ein letztes Mal diese Nächstenliebe zu erleben.

»Das, was du gesagt hast, dass ich zu deiner Familie gehöre, hat mich bewegt«, sagt Adi sehr nachdenklich. »Das macht den Israel Trail plötzlich ganz klein.«

Und dann umarmt mich Tsur und sagt: »Da unten ist es, dein Ziel. Sag mir, hat dir Israel gefallen?«

»Ja«, antworte ich Tsur mit leuchtenden Augen.

»Dann lass uns losgehen«, sagt Tsur. »Genau jetzt beginnt ein neuer Weg!«

Was mir wichtig ist

Danksagung

Mein Dank gilt zuerst den wunderbaren *Menschen in Israel*, die mir mit ihrer gelebten Nächstenliebe diesen Weg überhaupt erst ermöglicht haben. Diese Geschichte ist das Verdienst all dieser lieben Seelen, die an mich geglaubt haben.

Das Wichtigste in meinem Leben sind meine Frau *Conny* und meine Töchter *Selina* und *Stella*. Danke, dass ihr mich nehmt, wie ich bin!

Danke, lieber *Tsur*. In dir habe ich einen großartigen Freund gefunden!

Danke, liebe Frau Dr. *Charlotte Knobloch*. Sie haben mir meine Ängste genommen, zugehört und dann mein Herz berührt. Danke auch an *Marcus Schroll*, den Leiter des religiösen Erziehungswesens der Israelitischen Kultusgemeinde, für seine guten Ratschläge bei meiner Vorbereitung. Danke an Generalkonsul Dr. *Dan Shaham* und an *Uri Sharon*, den Leiter des Israelischen Verkehrsbüros.

Und danke an *Romy Fehrmann*, die mich mit ihrem wunderbaren Buch »Barfuß durch die Wüste« begeistert hat.

Auch meine Ausrüstung habe ich mir erbettelt.

Da gibt es keine großen Sponsoren, sondern liebe Menschen, die mir einfach gegeben haben, ohne je zu fordern. Danke Gabriel Ament und Kai Fetzer von Solarpower, Augsburg. Danke, lieber Christian Tannek (Optik Tannek), und danke, liebe Bettina Colombo-Egerer (St.-Georg-Apotheken Dachau, Eching & Hebertshausen).

Danke auch, lieber Volker Stuth (vsappware GeoMeterPro) und lieber Thomas Sommeregger (Telekommunikation Sommeregger). GPS und Telefon waren wichtige Begleiter. Und danke, lieber Jürgen Grusa, danke, Anne Riechel für mein Nokia Windows Phone.

Danke an den JNF-KKL, dass ich auch als Habenichts ein Bäumchen pflanzen durfte. Danke an Dr. Schaul Chorev, Katja Tsafrir, Avi Mousan, Stephanie Reisinger, Jana Markus, Zohar Zafon und alle, die sich unermüdlich für eine grüne Welt einsetzen.

Danke an Charles Bärthel, der die Welt ein wenig grüner gemacht hat und leider viel zu früh von uns gegangen ist.

Danke an Sandra Baur und Andreas Scheunig für euren Glauben an mein Vorhaben.

Danke, lieber Willi Renauer von Folio Werbedesign für meine T-Shirts.

Danke an Dr. Haim Berger, dem ich in Sachen Wasser mein Leben anvertrauen konnte. Und danke an Jacob Saar, den Autor des bislang einzigen Reiseführers über den Israel Trail.

Ich danke ganz besonders allen Trail Angels, die mir ein Dach über dem Kopf gegeben haben, und allen, die mich gegen ein wenig Arbeit versorgt haben.

Ich danke ganz besonders Carmit und Oren Israeli sowie Stefan und Einat Kedmi für die großartige Gastfreundschaft.

Und ich danke Aviva und Menachem vom iBex (iBike) sowie HaKatze für Unterkunft und Essen.

Danke, Itay Kris, danke, Levi und danke allen, die mir mitten in der Wüste geholfen haben.

Lieben Dank auch an Anat, Israela und alle im Kibbuz Neot Semadar, in dem ich nach meiner Reise mit Kindern für einen guten Zweck malen durfte! Danke, *Adi* und *Eran* für die letzten Tage. Danke, *Markus Rosch* und *Michael Shubitz*, die mich einen ganzen Tag durch die Wüste begleitet haben.

Ich danke meinen Eltern und Schwiegereltern, gerade weil ich nicht einfach bin.

Ich danke allen, die ich hier nicht erwähnen kann und die ich für immer in meinem Herzen bewahren werde. *Und allen, die an mich geglaubt haben!* Allen, die mich in Gedanken begleitet haben. Nur darum geht es: um den Glauben.

Besonderen Dank auch an *Otto Wolf*, der mir eine unerlässliche Hilfe bei der Suche nach Rechtschreibfehlern war. Und: *ganz herzlichen Dank an dich, lieber Leser und liebe Leserin.* Du hast mich begleitet, und nun verbindet uns etwas!

Freu dich auf deinen eigenen Weg!

Ausrüstungsliste

Outdoor[9]
1 Zelt Rigel X2 (in der Wüste verschenkt)
1 aufblasbare Isomatte (unbrauchbar, schnell undicht)
1 warmer Schlafsack
1 Rucksack, 55 Liter
1 Israel Trail Wanderführer von Jacob Saar mit Wegbeschreibung und Kartenmaterial

Reiseapotheke[10]
1 stark klebendes Tape (supernützlich)
Leukoplast (sehr nützlich)

Salben und Materialien jeweils ausgedrückt und reduziert auf einen kleinen Rest:
1 Rest Sonnenschutz 50
1 Rest Fußpilzsalbe
1 Rest Bepanthen
1 Rest Desinfektionsmittel
1 Rest Stützverband
1 Rest Kyttasalbe
1 Rest Wasserdesinfektionstabletten (werden in Israel normalerweise nicht benötigt)
1 Nagelzwicker
1 Nagelschere
1 Rest Sonnenbrandmittel

1 Rest Pflaster
1 Feuerzeug
1 Rest Fenistil (Cortisol)
4 Durchfalltabletten
4 Schmerztabletten
1 Rest Hirschtalg sowie
Zahnbürste, 1 Rest Zahnpasta,
Zahnseide (vielfach einsetzbar)
1 Hotelportion Kernseife
(verschenkt)
Einwegrasierer (später erbettelt
oder gebraucht gefunden)
Mininähset

Kleidung
Regenhose (verschenkt)
2 T-Shirts (ausreichend)
1 Hemd (in der Wüste als
Brennmaterial verwendet)
2 Unterhosen kurz
Mütze (wichtig)
2 Paar Sportsocken (zu wenig)
1 Hut, 1 Falthut mit Sonnenschutz
1 Trekkinghose
1 dünne, regenabweisende Jacke
(verschenkt in Tel Aviv)
1 leicht gefütterte Jacke
1 Reserveschuhband
1 zweites Paar Schuhe
(am ersten Tag verschenkt)

Survival
6 bis 8 Eineinhalbliter-PET-
Flaschen für Wasser
1 Taschenmesser (Achtung:
Einreisebestimmungen!)
1 Stirnlampe, 1 Notlicht vom
Fahrrad
0 Kochgeschirr, 0 Kocher
1 Plastikbecher (sehr hilfreich)
1 kleiner Löffel
2 Sonnenbrillen mit hohem
UV-Faktor, Blaufilter und Seiten-
schutz (extrem wichtig)[11]

Technik
Lumia 1020 (als Fotoapparat mit
43 Megapixel Auflösung, als
Notfallhandy, als Notfall-Navi
und als Videocam)
2 Stative (beide sofort
verschenkt)
2 Camcorder mit Weitwinkel
(einen davon eigentlich
verschenkt, er kam per Post an
mich zurück. Wow, danke!)
1 GoPro Hero Actioncam (Videocam und Ersatzfotoapparat)
1 Outdoor-Solarpanel zur Strom-
versorgung
5 SD-Karten mit jeweils 64 GB
1 Richtmikrofon, Blitzschuh
(sofort verschenkt)
1 Navigationsapp GeoMeterPro[12]

Diverse Ladekabel
1 israelische Handykarte mit
Flatrate für das Internet[13]
(wichtig zum Auffinden von
Trail Angels)

1 Hinflugticket nach Israel[14]
1 versiegelter Briefumschlag
(Notfallset von meinen Kindern)
1 Tagebuch (Danke an meine
beiden Töchter)

Das Wichtigste
1 Pass (mindestens 6 Monate
gültig)

Shvil-Israel Pilgergesellschaft e.V.

Der Verein hat sich ausschließlich gemeinnützigen Zwecken verschrieben und will u. a. »Israelneulingen« und Wanderern bei der Planung und Vorbereitung unterstützen. Der Verein ist politisch, ethnisch und konfessionell neutral.

Als Mitglied oder mit einer Spende können Sie helfen, die Vereinsarbeit zu unterstützen:

www.shvil-israel.org | info@shvil-israel.org

Bankverbindung:
Empfänger: Shvil Israel Pilgergesellschaft e. V.
IBAN DE68700915000001200828
BIC: GENODEV1DCA

Shvil Israel

LIBANON
Kibbuz Dan
Tel Hai
Nimrod
Ramot Naftali
Mt. Meron
1208 m
Dishon
GOLAN-
HÖHEN
Naharija
Hula Valley
Ein Koves
KKL Golani
Planting Center
SYRIEN
Haifa
Migdal
-212
See Genezareth
Isfiya
Tabor
Tiberias
Ein Hod
Deganja
Kerem Maharal
Kfar Kish
Jisr az-Zarka
Karmel-
gebirge
Nazareth
Alon
HaGalil
Hadera
Netanja
WEST-
JORDAN-
LAND

Mittelmeer

Israel National Trail
Tel Aviv
Mazor
ISRAEL
Gimzo
Ashdod
Messilat Zion
Aminadav-Wald
Bar Giora
Jerusalem
Srigim Li-On
Tel Lakish
Einat's Shoes
Totes Meer
Philip Farm
GAZA-
STREIFEN
Kibbuz Dvir
Yatir-Wald
Meitar
Amasa
Arad
Be'er Efe NC
Meizad Tamar NC
Dimona
Negev
Oron F.
700 m
Mt. Karbolet
Makhtesh K. NC
JORDANIEN
Midreshet
Ben Gurion
Mador NC
Akev NC
Hava NC
Makhtesh Ramon
Gev Holit NC
Zvira NC
Mitzpe Ramon
Sapir
Saharonim NC
Moa NC
Barak Canyon
Negev
Zihor NC
Shitim NC
ÄGYPTEN
Sinai
Neot Semadar
Shaharut
Timna Park

0   50 km

Raham-Etek NC
Yehoram NC
Eilat

1014 Kilometer
20120 Höhenmeter

NC = Night Camp

Rotes Meer

Die Etappen der sieben Wochen

Mit Entfernungen und Höhenmetern

Erste Woche	Zwischen	km	Hm
Kibbuz Dan – Tel Hai (Kfar Giladi)	km 0 – km 14	14	210
Kfar Giladi – Ramot Naftali (Yesha Fort)	km 14 – km 31	17	640
Ramot Naftali – Dishon	km 31 – km 41	10	280
Dishon – Mount Meron	km 41 – km 59	18	640
Mount Meron – Ein Koves (Safed)	km 59 – km 77	18	180
Zweite Woche		**km**	**Hm**
Zu Fuß zum See Genezareth	km 77 – km 97	20	0
Baumpflanzen mit KKL			
Migdal – Degania	km 97 – km 122	25	640
Degania – Kfar Kish	km 122 – km 143	21	470
Kfar Kish – Nazareth	km 143 – km 165	22	1190
Nazareth – Alon HaGalil	km 165 – km 178	13	350
Alon HaGalil – Isfiya	km 178 – km 209	31	920
Dritte Woche		**km**	**Hm**
Isfiya – Kerem Maharal	km 209 – km 232	23	430
Kerem Maharal – Jisr az-Zarka	km 232 – km 266	34	580
Jisr az-Zarka – Poleg Beach (Netanja)	km 266 – km 304	38	280
Netanja – Tel Aviv	km 304 – km 329	25	110
Tel Aviv – Mazor	km 329 – km 356	27	70
Mit Oren nach Jerusalem			
Mazor – Gimzo	km 356 – km 383	27	290
Vierte Woche		**km**	**Hm**
Gimzo – Messilat Zion	km 383 – km 407	24	560
Messilat Zion über Tzova – Bar Giora	km 407 – km 441	34	1280
Aminadav-Wald – Srigim Li-On	km 441 – km 461	20	620
Li-On – Tel Lakish	km 461 – km 488	27	640
Tel Lakish – Philip Farm	km 488 – km 503	15	180

		km	Hm
Philip Farm – Kibbuz Dvir	km 503 – km 525	22	300
Kibbuz Dvir – Meitar	km 525 – km 542	17	290
Meitar – Amasa	km 542 – km 562	20	650
Fünfte Woche		**km**	**Hm**
Amasa – Arad	km 562 – km 583	21	120
Arad – Be'er Efe	km 583 – km 606	23	260
Be'er Efe – Meizad Tamar	km 606 – km 624	18	330
Meizad Tamar – Makhtesh Katan NC	km 624 – km 645	21	710
Makhtesh Katan NC – Oron NC	km 645 – km 665	20	540
Mount Karbolet: Oron – Mador NC	km 665 – km 684	19	860
Sechste Woche		**km**	**Hm**
Mador NC – Midreshet Ben Gurion	km 684 – km 701	17	230
Zurück zum Akev Night Camp	km 701 – km 708	7	
Akev Night Camp – Hava Night Camp	km 708 – km 733	25	670
Hava Night Camp – Mitzpe Ramon	km 733 – km 760	27	500
Mitzpe Ramon – Saharonim NC	km 760 – km 782	22	300
Saharonim NC – Gev Holit und Zvira	km 782 – km 815	33	640
Zvira Night Camp – Moa Camp	km 815 – km 834	19	70
Siebte Woche		**km**	**Hm**
Moa Day Camp – Barak Night Camp	km 834 – km 849	15	180
Barak Night Camp – Zihor Junction	km 849 – km 878	29	390
Zihor – Shizafon – Shaharut	km 878 – km 924	46	320
Shaharut, Timna Park, Raham-Etek NC	km 924 – km 978	54	1150
Raham-Etek NC – Yehoram NC	km 978 – km 1000	22	820
Yehoram Night Camp – Eilat	km 1000 – km 1014	14	230

NC: Night Camp

Wegstrecke (km), Gesamtanstieg in Höhenmetern. In Gegenrichtung sind 200 Hm zu addieren[15]		1014	20 120

Was mir wichtig ist

Internet-Links

- Der Israel Trail: www.israel-trail.com
- Ein Forum zum Israel Tail:
  www.tapatalk.com/groups/israeltrail
- Liste von Trail Angels: shvil.wikia.com/wiki/INT_Trail_Angels
- Bäume spenden über JNF-KKL in Deutschland: www.jnf-kkl.de
- Shvil Israel Pilgergesellschaft e.V.: www.shvil-israel.org
- Reiseblog IsraelAbenteurer: www.israelabenteurer.de
- Wasser und Touren in der Negev (Haim Berger):
  www.negevjeep.co.il
- Guestroom bei Nurit, Mitzpe Ramon: www.bguy.022.co.il
- Berger Hotel, Tiberias: www.bergerhotel.co.il
- Carmel Hotel, Safed: www.safed.co.il/carmel-hotel.html
- Philipp Carriage Farm: www.philipfarm.co.il
- Aktuelle Israel-Informationen bei »ILI – I like Israel«:
  i-like-israel.de, und bei compass-Infodienst:
  compass-infodienst.de
- St. Gabriel Hotel Nazareth: www.stgabrielhotel.com
- iBex (iBike) Hotel, Har Ardon St 4, Mitzpe Ramon, 80 600
  Israel: www.ibexhotel.co.il
- HaKatze-Restaurant: HaKatze, Mitzpe Ramon, Har Ardon St. 2
- Juha's Guesthouse, Jisr Zarqa, Hefa: www.zarqabay.com
- A.A. Quality Hospitality Arad, Nurit Lavi, Irit 13, Arad; E-Mail:
  yoeltours@gmail.com
- Einat Kedmi Shoes, Li-On:
  www.etsy.com/de/people/EinatsShoes
- Kibbuz Neot Semadar: www.neot-semadar.com
- Timna-Park, nahe Eilat: www.parktimna.co.il

Buchtipps

Christian Seebauer: »Jakobsweg an der Küste. Burnout: Eine Wanderung auf schmalem Grat«. Pro Business Verlag 2012 (www.kuestenweg.de)

Jacob Saar: »Israel National Trail and the Jerusalem Trail. Hike the Land of Israel«. Eshkol Publishing 2011 (»The Red Book«)

Romy Christel Fehrmann: »Barfuß durch die Wüste. Das Buch zur Reise«.

(www.romyland.de/buch_sinai_barfuss_durch_die_wueste.htm)

Anmerkungen

1. Jacob Saar, Autor des Buchs »Israel National Trail and the Jerusalem Trail«. Eshkol Publishing 2011, am 29.03.2015.
2. Siehe: www.jnf-kkl.de.
3. Baumpflanzen im Golani Planting Center: www.kkl.org.il/eng/tourism-and-recreation/plant-a-tree-israel/info-planting-centers.
4. Der JNF-KKL ist auch in Deutschland tätig: www.jnf-kkl.de.
5. Vgl. Wikipedia zu »Burma Road«: de.wikipedia.org/wiki/Burma_Road_(Israel).
6. Das Internet-Forum von Jacob Saar zum Israel Trail: israeltrail.myfastforum.org.
7. Christian Seebauer: »Jakobsweg an der Küste. Burnout: Eine Wanderung auf schmalem Grat«. Pro Business Verlag 2012.
8. Vgl. de.wikipedia.org/wiki/Arava.
9. Geschenkt von der Fa. Solarpower, Augsburg. Danke an Gabriele Ament und Kai Fetzer.
10. Geschenkt von den St.-Georg-Apotheken in Dachau, Eching & Hebertshausen. Danke an Bettina Colombo-Egerer.
11. Geschenkt von der Fa. Optik Tannek. Danke an Christian Tannek.
12. Danke, Volker Stuth!

13 Geschenk von der Fa. Telekommunikation Sommeregger, danke, Thomas Sommeregger!

14 Danke an meine Frau Conny, dass sie mich nach meiner Reise wieder zurückgeholt hat.

15 Kilometerangaben und Höhenmeter sind Circaangaben nach eigenen Auswertungen und mit freundlicher Unterstützung von Jacob Saar (»Israel National Trail«/»The Red Book«), OpenStreet-Map ausgewertet mit GeoMeterPro/vsappware und zum Abgleich GPS-Tracks, mit freundlicher Genehmigung von Itai/Shvilnet.net. Die Etappen entsprechen nicht immer den von Saar vorgeschlagenen Etappen.

Mehr als nur ziemlich beste Freunde

Hier reinlesen!

Patrick Gray / Justin Skeesuck

I'll push you

Der Jakobsweg, zwei beste Freunde
und ein Rollstuhl

Aus dem Englischen von
Annemarie Pumpernig,
Eva Pumpernig und Regina Berger
320 Seiten
€ 16,00 [D], € 16,50 [A]*
ISBN 978-3-492-40628-4

Mit fünfzehn erleidet Justin einen Verkehrsunfall, der eine Autoimmunerkrankung auslöst. Als er seine Arme und Beine nicht mehr bewegen kann, ist er auf den Rollstuhl angewiesen. Sein großer Traum: eine Pilgerreise auf dem Jakobsweg. Als er Patrick, seinem Freund seit Kindertagen, davon erzählt, zögert dieser keinen Moment, sich mit ihm auf das Abenteuer einzulassen. Ein ungewöhnlich starkes Zeugnis von Mut, Glauben und wahrer Freundschaft, das anregt, zu wagen, was man nie für möglich hielt.

»Voll Witz und tiefer Einsichten.«

Hape Kerkeling in seinem Vorwort

Hier reinlesen!

Anne Butterfield

Ich bin da noch mal hin

Mit Gott und Hape auf dem Jakobsweg

Aus dem Englischen von Katharina Förs und Thomas Wollermann
368 Seiten
€ 16,00 [D], € 16,50 [A]*
ISBN 978-3-492-40497-6

Zurück auf dem Jakobsweg: Die skurrile Engländerin Anne Butterfield, die 2001 an der Seite von Hape Kerkeling nach Santiago de Compostela pilgerte, erkundet erneut den geheimnisvollen Zauber des Camino. Um mehr Zeit für die besonderen Momente am Wegesrand zu haben, bricht die leidenschaftliche Wanderin diesmal mit dem Fahrrad auf – ein tückisches Unterfangen, wie sie bald einsehen muss. Humorvoll und offenherzig schildert die Autorin, was es heißt, sich dem Weg ein zweites Mal zu stellen ...

Wandern extrem

Hier reinlesen!

Christine Thürmer

**Laufen. Essen.
Schlafen.**

Eine Frau, drei Trails
und 12 700 Kilometer Wildnis

304 Seiten
€ 14,00 [D], € 14,40 [A]*
ISBN 978-3-492-40488-4

Als Christine Thürmer gekündigt wird, beschließt sie, auf dem Pacific Crest Trail von Mexiko nach Kanada zu wandern – 4277 Kilometer. Eigentlich unsportlich bricht sie zu ihrem Abenteuer auf und schafft es tatsächlich bis ans Ziel. Und sie wandert weiter, läuft den Continental Divide Trail (4900 Kilometer) und den Appalachian Trail (3508 Kilometer). Humorvoll beschreibt Christine Thürmer die Geschichte ihrer inneren Suche, ihre Erlebnisse und landschaftlichen Eindrücke.